普通高等教育“十二五”规划教材

线性代数

（第二版）

杨万才　主　编

李二强　李培峦　李小朝　副主编

科学出版社

北　京

内 容 简 介

本书内容主要包括导论、行列式、矩阵、线性方程组、特征值与特征向量、二次型、线性空间与线性变换、线性方程组与矩阵特征值的数值解法、MATLAB软件应用，以及常见的线性代数模型，共10章. 书中每章配有习题，且编有总结，书末附有习题答案，以便读者预习和自学.

本书可作为普通高等院校的工科类、非数学专业的理科类、经济类、管理类、农学类的本科生学习线性代数课程的教材，也可作为教师的教学参考书.

图书在版编目(CIP)数据

线性代数 / 杨万才主编. —2版. —北京 ：科学出版社，2013. 4
普通高等教育"十二五"规划教材
ISBN 978-7-03-037276-5

Ⅰ. 线… Ⅱ. 杨… Ⅲ. 线性代数 Ⅳ. O151. 2

中国版本图书馆 CIP 数据核字(2013)第 071615 号

责任编辑：昌 盛 胡海霞 / 责任校对：邹慧卿
责任印制：徐晓晨 / 封面设计：迷底书装

科 学 出 版 社 出版
北京东黄城根北街 16 号
邮政编码：100717
http://www.sciencep.com
北京凌奇印刷有限责任公司印刷
科学出版社发行 各地新华书店经销
*
2008 年 8 月第 一 版 开本：720×1000 B5
2013 年 4 月第 二 版 印张：15 1/4
2021 年 1 月第十次印刷 字数：332 000

定价：27. 00 元

(如有印装质量问题，我社负责调换)

前 言

教育部颁布实施的《普通高中数学课程标准》(简称高中新课标),已贯穿于全国普通高中新课程教学中,河南省于2008年起普遍使用于普通高中的数学课程教学.新课标中的教学要求已涵盖了部分大学数学课程的知识,以至于目前大学数学教学与高中新课标培养出来的入校学生(2011级始)基础不相适应,高校教师的大学数学教学遇到了困难和问题.鉴于此种现状,河南省教育厅高教处、基础教育教学研究室,郑州大学,河南科技大学等单位针对新课标实施后大学数学的教学改革召开了座谈会、研讨会,并以河南省教育教学改革立项形式开展了研究.河南省数学会的教学、科研研讨会上,不少专家、教授对此问题发表了看法,并提出了改革意见.通过多种形式的会议研讨及意见征询,大家普遍认为高等数学、线性代数、概率论与数理统计是大学理、工、经、管、农、医等学科专业的必修基础课,也是大学数学教学与高中新课标教学联系最为紧密的课程,所以这三门公共基础数学的课程体系、教学内容及教学要求必须与中学数学教学接轨,否则在各高校课程教学学时减少的情况下,会产生时间上的浪费及教学效果的低下,不利于因材施教、人才培养,影响教学质量的提高.因此,这三门课程的教材建设是一个十分紧迫而又重要的工作,是大学数学教学改革的核心问题之一.

本书第二版是在线性代数的课程体系、教学内容及教学要求与高中新课标接轨的情况下编写而成的.编写的基本指导思想和目的是:以教育部数学教学指导委员会制定的线性代数教学体系、教学内容、教学基本要求为指导,以做好与中学新课标的衔接为原则,以现行的教学大纲、教学要求为基础,以兼顾部分学生继续深造的入学要求为基本点,以为教师、学生提供一套使用方便、适于现实教学的良好教材为目的.编写中基本保留了第一版的编写风格和内容框架,对第一版中涉及的与中学数学内容重复的知识点做了较大修改,其中Mathematica软件应用改为第9章MATLAB软件应用,例题、习题也做了精选、调整和补充.为便于学生了解线性代数课程的基本知识,作为知识背景增加了导论一章,对相关知识给予直观的几何解释,为后继章节起着引导和铺垫作用.为帮助学生系统掌握每章知识,提高学习效果,增加了每章小结.

参加本书编写的有杨万才(第5,6章),李二强(第1,2,3,10章),李培峦(第7,

8,9章),李小朝(第4章及全书习题答案).其中,杨万才教授担任主编,李二强、李培峦、李小朝担任副主编.郑州大学、河南理工大学、河南工业大学、许昌学院、华北水利水电学院、郑州轻工业学院、洛阳师范学院、安阳师范学院、周口师范学院、洛阳理工学院、黄淮学院等高校同仁为本书的编写提出了一些意见和建议,科学出版社的编辑为本书的出版付出了辛勤劳动,对此我们表示衷心感谢.

由于编者水平有限,加之时间仓促,书中定有一些不当之处,恳请各位读者能惠予批评,不吝赐教.

编　者

2012年7月

目　录

第1章 导　论

线性代数源于欧几里得(Euclid,约公元前 330～前 275)几何、解析几何及线性方程组理论.随着数学抽象水平的提高及公理化方法的发展,佩亚诺(Peano,1858～1932)于 1888 年第一次提出了实数域上的线性空间(向量空间)的公理化定义.20 世纪中叶以后,线性空间的公理化定义得到普遍认可.现在线性代数作为数学的一个分支,主要研究线性空间及它们之间的线性映射,理论颇为抽象;此外,随着计算机的普及,这些抽象的理论结果得到了广泛而实际的应用.

n 维欧几里得空间 $\mathbf{R}^n$ 是线性空间的基本模型.由于 $\mathbf{R}^2$,$\mathbf{R}^3$ 中的向量及运算有鲜明的几何意义,领悟它们的基本特性对于摹想抽象的有限维线性空间不无裨益.本章以 $\mathbf{R}^2$ 为背景介绍线性代数的一些基本概念.

1.1 $\mathbf{R}^2$的线性变换

1.1.1 线性空间 $\mathbf{R}^2$

考虑集合 $\mathbf{R}^2=\mathbf{R}\times\mathbf{R}=\{(a_1,a_2)\mid a_1,a_2\in\mathbf{R}\}$.在 $\mathbf{R}^2$ 中定义两种运算:

向量的加法:

$$(a_1,a_2)+(b_1,b_2)=(a_1+b_1,a_2+b_2);\tag{1.1}$$

数与向量的乘法(数量乘法):

$$k(a_1,a_2)=(ka_1,ka_2),\quad k\in\mathbf{R}.\tag{1.2}$$

配置了加法和数量乘法运算的集合 $\mathbf{R}^2$ 就构成实数域上的**线性空间**,仍记作 $\mathbf{R}^2$,并将其中的元素称为**向量**.通常用黑体希腊字母 $\boldsymbol{\alpha},\boldsymbol{\beta},\boldsymbol{\gamma},\cdots$表示向量.

$\mathbf{R}^2$ 中的加法和数量乘法运算满足下列运算律(设 $\boldsymbol{\alpha},\boldsymbol{\beta},\boldsymbol{\gamma}\in\mathbf{R}^2,k,l\in\mathbf{R}$).

(1)$\boldsymbol{\alpha}+\boldsymbol{\beta}=\boldsymbol{\beta}+\boldsymbol{\alpha}$;

(2)$(\boldsymbol{\alpha}+\boldsymbol{\beta})+\boldsymbol{\gamma}=\boldsymbol{\alpha}+(\boldsymbol{\beta}+\boldsymbol{\gamma})$;

(3)在 $\mathbf{R}^2$ 中存在零元(记作 $\mathbf{0}$),满足对于任何 $\boldsymbol{\alpha}\in\mathbf{R}^2$,都有 $\boldsymbol{\alpha}+\mathbf{0}=\boldsymbol{\alpha}$;

(4)对任何 $\boldsymbol{\alpha}\in\mathbf{R}^2$,存在唯一的 $\boldsymbol{\beta}\in\mathbf{R}^2$,使得 $\boldsymbol{\alpha}+\boldsymbol{\beta}=\mathbf{0}$,称此 $\boldsymbol{\beta}$ 为 $\boldsymbol{\alpha}$ 的负元,记作 $\boldsymbol{\beta}=-\boldsymbol{\alpha}$;

(5) $1\boldsymbol{\alpha}=\boldsymbol{\alpha}$;

(6) $k(l\boldsymbol{\alpha})=(kl)\boldsymbol{\alpha}$;

(7) $(k+l)\boldsymbol{\alpha}=k\boldsymbol{\alpha}+l\boldsymbol{\alpha}$;

(8) $k(\boldsymbol{\alpha}+\boldsymbol{\beta})=k\boldsymbol{\alpha}+k\boldsymbol{\beta}$.

注 (i)零元(也称为零向量)是 $(0,0)$,而 $\boldsymbol{\alpha}=(a_1,a_2)$ 的负元是 $(-a_1,-a_2)$,定义向量的减法 $\boldsymbol{\alpha}-\boldsymbol{\beta}=\boldsymbol{\alpha}+(-\boldsymbol{\beta})$.

(ii)在中学,我们把既有大小、又有方向的量称为向量,并用有向线段表示向量.在平面直角坐标系 xOy 中,以 $A(a_1,a_2)$ 为起点、$B(b_1,b_2)$ 为终点的平面向量记为 $\overrightarrow{AB}$. 如果 $\overrightarrow{OM}=\overrightarrow{AB}$,则 M 点坐标为 (b_1-a_1,b_2-a_2). 将平面向量 $\overrightarrow{AB}$ 对应于 $\mathbf{R}^2$ 中向量 (b_1-a_1,b_2-a_2),即把对应向量的起点置于坐标原点时向量终点的坐标(图 1-1).以后,说到 $\mathbf{R}^2$ 中向量(向量集)对应的点(点集)总是在此对应下理解.

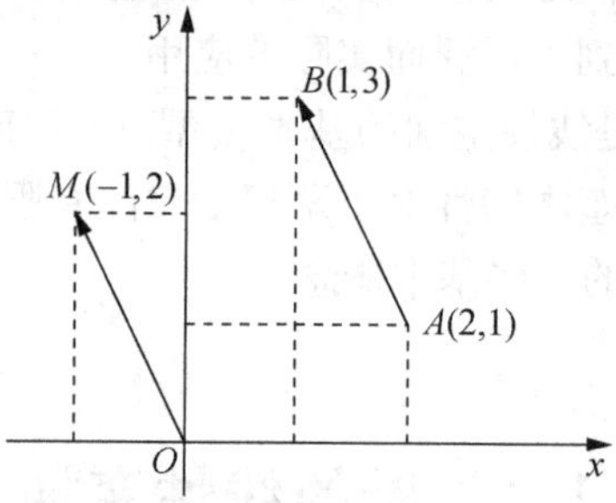

图 1-1　平面向量与 $\mathbf{R}^2$ 的对应

(iii)有时也把平面向量写成一列,即考虑集合 $\left\{\begin{pmatrix}a_1\\a_2\end{pmatrix}\middle|\, a_1,a_2\in\mathbf{R}\right\}$. 类似的定义加法和数量乘法运算分别为

$$\begin{pmatrix}a_1\\a_2\end{pmatrix}+\begin{pmatrix}b_1\\b_2\end{pmatrix}=\begin{pmatrix}a_1+b_1\\a_2+b_2\end{pmatrix},\tag{1.3}$$

$$k\begin{pmatrix}a_1\\a_2\end{pmatrix}=\begin{pmatrix}ka_1\\ka_2\end{pmatrix},\quad k\in\mathbf{R}.\tag{1.4}$$

它们也满足运算律(1)~(8),仍用 $\mathbf{R}^2$ 表示此集合,称其元素为**列向量**. 以后总是讨论列向量.

定义 1.1 设 $\boldsymbol{\alpha},\boldsymbol{\beta}\in\mathbf{R}^2$. 若存在实数 $k\in\mathbf{R}$,使得 $\boldsymbol{\alpha}=k\boldsymbol{\beta}$,或存在实数 $l\in\mathbf{R}$,使得 $\boldsymbol{\beta}=l\boldsymbol{\alpha}$,则称 $\boldsymbol{\alpha},\boldsymbol{\beta}$ **线性相关**,否则称 $\boldsymbol{\alpha},\boldsymbol{\beta}$ **线性无关**.

定义 1.2 设 $\boldsymbol{\alpha},\boldsymbol{\beta}\in\mathbf{R}^2$. 若 $\boldsymbol{\alpha},\boldsymbol{\beta}$ 线性无关,则称 $\boldsymbol{\alpha},\boldsymbol{\beta}$ 为 $\mathbf{R}^2$ 的**基**.

定理 1.1 设 $\boldsymbol{\alpha}=\begin{pmatrix}a_1\\a_2\end{pmatrix}$,$\boldsymbol{\beta}=\begin{pmatrix}b_1\\b_2\end{pmatrix}$,则 $\boldsymbol{\alpha},\boldsymbol{\beta}$ 线性相关的充分必要条件是

$$a_1b_2-b_1a_2=0.$$

定理 1.2 设 $\boldsymbol{\alpha}_1,\boldsymbol{\alpha}_2$ 为 $\mathbf{R}^2$ 的基，则对于任何 $\boldsymbol{\alpha}\in\mathbf{R}^2$，存在唯一的一对实数 $k_1,k_2\in\mathbf{R}$，使得 $\boldsymbol{\alpha}=k_1\boldsymbol{\alpha}_1+k_2\boldsymbol{\alpha}_2$.

注 称定理 1.2 中的 k_1,k_2 为 $\boldsymbol{\alpha}$ 在基 $\boldsymbol{\alpha}_1,\boldsymbol{\alpha}_2$ 下的**坐标**，记作 $\begin{pmatrix}k_1\\k_2\end{pmatrix}$. 又由于 $\boldsymbol{\alpha}=\begin{pmatrix}a_1\\a_2\end{pmatrix}=a_1\begin{pmatrix}1\\0\end{pmatrix}+a_2\begin{pmatrix}0\\1\end{pmatrix}$，故 $\begin{pmatrix}a_1\\a_2\end{pmatrix}$ 本身可以看成在基 $\boldsymbol{\varepsilon}_1=\begin{pmatrix}1\\0\end{pmatrix},\boldsymbol{\varepsilon}_2=\begin{pmatrix}0\\1\end{pmatrix}$ 下的坐标. 以后总是用 $\boldsymbol{\varepsilon}_1,\boldsymbol{\varepsilon}_2$ 表示 $\begin{pmatrix}1\\0\end{pmatrix},\begin{pmatrix}0\\1\end{pmatrix}$ 这组基. 关于基与坐标更深入的概念将在第 4 章、第 7 章中介绍.

1.1.2 $\mathbf{R}^2$ 的线性变换

对于轴对称平面图形 F，如果将 y 轴置于其对称轴上建立直角坐标系，那么图形 F 关于 y 轴对称等价于在映射 σ：$\begin{pmatrix}x\\y\end{pmatrix}\mapsto\begin{pmatrix}-x\\y\end{pmatrix}$ 下 F 的像集为其自身，即 $\sigma(F)=F$（图 1-2）. 这表明取定 $\mathbf{R}^2$ 的基后，可以通过代数方法研究几何问题. 下面讨论 $\mathbf{R}^2$ 到自身的一类特殊的映射.

图 1-2 轴对称图形

定义 1.3 称映射 $\sigma:\mathbf{R}^2\to\mathbf{R}^2$ 为 $\mathbf{R}^2$ 的一个线性变换，若对任意 $\boldsymbol{\alpha},\boldsymbol{\beta}\in\mathbf{R}^2$ 及任意实数 $k\in\mathbf{R}$，成立

$$\sigma(\boldsymbol{\alpha}+\boldsymbol{\beta})=\sigma(\boldsymbol{\alpha})+\sigma(\boldsymbol{\beta}),\tag{1.5}$$

$$\sigma(k\boldsymbol{\alpha})=k\sigma(\boldsymbol{\alpha}).\tag{1.6}$$

例 1.1 设 c 为任意给定的实数，映射 $\sigma:\mathbf{R}^2\to\mathbf{R}^2$，$\sigma(\boldsymbol{\alpha})=c\boldsymbol{\alpha}$ 为 $\mathbf{R}^2$ 的线性变换.

证明 对任意 $\boldsymbol{\alpha},\boldsymbol{\beta}\in\mathbf{R}^2$，有

$$\sigma(\boldsymbol{\alpha}+\boldsymbol{\beta})=c(\boldsymbol{\alpha}+\boldsymbol{\beta})=c\boldsymbol{\alpha}+c\boldsymbol{\beta}=\sigma(\boldsymbol{\alpha})+\sigma(\boldsymbol{\beta});$$

又对任意实数 $k\in\mathbf{R}$，

$$\sigma(k\boldsymbol{\alpha})=c(k\boldsymbol{\alpha})=(ck)\boldsymbol{\alpha}=(kc)\boldsymbol{\alpha}=k(c\boldsymbol{\alpha})=k\sigma(\boldsymbol{\alpha}).$$

称此变换为由 c 决定的**数乘变换**. 当 $c=1$ 时称为**恒等变换**，当 $c=0$ 时称为**零变换**.

设 $\boldsymbol{\alpha}_1,\boldsymbol{\alpha}_2$ 为 $\mathbf{R}^2$ 的基，$\boldsymbol{\alpha}=k_1\boldsymbol{\alpha}_1+k_2\boldsymbol{\alpha}_2$. 若 σ 为 $\mathbf{R}^2$ 的线性变换，则

$$\sigma(\boldsymbol{\alpha})=\sigma(k_1\boldsymbol{\alpha}_1+k_2\boldsymbol{\alpha}_2)=\sigma(k_1\boldsymbol{\alpha}_1)+\sigma(k_2\boldsymbol{\alpha}_2)=k_1\sigma(\boldsymbol{\alpha}_1)+k_2\sigma(\boldsymbol{\alpha}_2).\tag{1.7}$$

可见线性变换 σ 由其对基 $\boldsymbol{\alpha}_1,\boldsymbol{\alpha}_2$ 的作用完全决定.

取 $\mathbf{R}^2$ 的基 $\boldsymbol{\varepsilon}_1=\begin{pmatrix}1\\0\end{pmatrix},\boldsymbol{\varepsilon}_2=\begin{pmatrix}0\\1\end{pmatrix}$. 若设

$$\sigma(\boldsymbol{\varepsilon}_1)=a_{11}\boldsymbol{\varepsilon}_1+a_{21}\boldsymbol{\varepsilon}_2=\begin{pmatrix}a_{11}\\a_{21}\end{pmatrix},$$

$$\sigma(\boldsymbol{\varepsilon}_2)=a_{12}\boldsymbol{\varepsilon}_1+a_{22}\boldsymbol{\varepsilon}_2=\begin{pmatrix}a_{12}\\a_{22}\end{pmatrix}, \tag{1.8}$$

则对于任意$\boldsymbol{\alpha}=\begin{pmatrix}x\\y\end{pmatrix}$，有

$$\sigma(\boldsymbol{\alpha})=x\sigma(\boldsymbol{\varepsilon}_1)+y\sigma(\boldsymbol{\varepsilon}_2)=x\begin{pmatrix}a_{11}\\a_{21}\end{pmatrix}+y\begin{pmatrix}a_{12}\\a_{22}\end{pmatrix}=\begin{pmatrix}a_{11}x+a_{12}y\\a_{21}x+a_{22}y\end{pmatrix}. \tag{1.9}$$

由式(1.8)及式(1.9)可知，当取定基$\boldsymbol{\varepsilon}_1,\boldsymbol{\varepsilon}_2$后，线性变换$\sigma$完全由两个向量$\sigma(\boldsymbol{\varepsilon}_1),\sigma(\boldsymbol{\varepsilon}_2)$决定，且把$\boldsymbol{\alpha}=\begin{pmatrix}x\\y\end{pmatrix}$对应到$\sigma(\boldsymbol{\alpha})=\begin{pmatrix}a_{11}x+a_{12}y\\a_{21}x+a_{22}y\end{pmatrix}$.

定义 1.4　称两行两列的数表$\begin{bmatrix}a_{11}&a_{12}\\a_{21}&a_{22}\end{bmatrix}$为**二阶矩阵**，其中$a_{ij}(i=1,2;j=1,2)$称为**矩阵的元素**，记作$\boldsymbol{A}=(a_{ij})$. 通常用大写的英文字母$\boldsymbol{A},\boldsymbol{B},\boldsymbol{C},\cdots$表示矩阵. 本书重点讨论$a_{ij}$为实数的矩阵，这样的矩阵称为**实矩阵**.

定义 1.5　设$\boldsymbol{A}=\begin{bmatrix}a_{11}&a_{12}\\a_{21}&a_{22}\end{bmatrix}$，$\boldsymbol{\alpha}=\begin{pmatrix}x\\y\end{pmatrix}$，规定矩阵$\boldsymbol{A}$与向量$\boldsymbol{\alpha}$的乘积为向量$\begin{pmatrix}a_{11}x+a_{12}y\\a_{21}x+a_{22}y\end{pmatrix}$，记作$\boldsymbol{A\alpha}$或$\begin{bmatrix}a_{11}&a_{12}\\a_{21}&a_{22}\end{bmatrix}\begin{pmatrix}x\\y\end{pmatrix}$，即

$$\boldsymbol{A\alpha}=\begin{bmatrix}a_{11}&a_{12}\\a_{21}&a_{22}\end{bmatrix}\begin{pmatrix}x\\y\end{pmatrix}=\begin{pmatrix}a_{11}x+a_{12}y\\a_{21}x+a_{22}y\end{pmatrix}. \tag{1.10}$$

定义 1.6　设$\boldsymbol{\alpha}_1,\boldsymbol{\alpha}_2$为$\mathbf{R}^2$的基，$\sigma$为$\mathbf{R}^2$的线性变换. 若

$$\sigma(\boldsymbol{\alpha}_1)=a_{11}\boldsymbol{\alpha}_1+a_{21}\boldsymbol{\alpha}_2,$$
$$\sigma(\boldsymbol{\alpha}_2)=a_{12}\boldsymbol{\alpha}_1+a_{22}\boldsymbol{\alpha}_2, \tag{1.11}$$

则称$\boldsymbol{A}=\begin{bmatrix}a_{11}&a_{12}\\a_{21}&a_{22}\end{bmatrix}$为线性变换$\sigma$在基$\boldsymbol{\alpha}_1,\boldsymbol{\alpha}_2$下的**矩阵**.

注　若线性变换σ在基$\boldsymbol{\varepsilon}_1,\boldsymbol{\varepsilon}_2$下的矩阵为$\boldsymbol{A}$，则$\sigma(\boldsymbol{\alpha})=\boldsymbol{A\alpha}$.

若σ在基$\boldsymbol{\alpha}_1,\boldsymbol{\alpha}_2$下的矩阵为$\boldsymbol{A}$，$\boldsymbol{\alpha}$在基$\boldsymbol{\alpha}_1,\boldsymbol{\alpha}_2$下的坐标为$\begin{pmatrix}k_1\\k_2\end{pmatrix}$，则$\sigma(\boldsymbol{\alpha})$在基$\boldsymbol{\alpha}_1,\boldsymbol{\alpha}_2$下的坐标为$\boldsymbol{A}\begin{pmatrix}k_1\\k_2\end{pmatrix}$.

这样就实现了用二阶矩阵与向量乘积表示线性变换的目的，也就是说$\mathbf{R}^2$的线性变换在指定基下表现为二阶矩阵与向量的乘积.

例 1.2　求由c决定的数乘变换、恒等变换及零变换在基$\boldsymbol{\varepsilon}_1,\boldsymbol{\varepsilon}_2$下的矩阵.

解　由数乘变换的定义知$\sigma(\boldsymbol{\varepsilon}_1)=c\boldsymbol{\varepsilon}_1=\begin{pmatrix}c\\0\end{pmatrix}$，$\sigma(\boldsymbol{\varepsilon}_2)=c\boldsymbol{\varepsilon}_2=\begin{pmatrix}0\\c\end{pmatrix}$，从而数乘变换

在基 $\boldsymbol{\varepsilon}_1,\boldsymbol{\varepsilon}_2$ 下的矩阵为 $\begin{pmatrix} c & 0 \\ 0 & c \end{pmatrix}$，特别地，恒等变换在基 $\boldsymbol{\varepsilon}_1,\boldsymbol{\varepsilon}_2$ 下的矩阵为 $\begin{pmatrix} 1 & 0 \\ 0 & 1 \end{pmatrix}$，零变换在基 $\boldsymbol{\varepsilon}_1,\boldsymbol{\varepsilon}_2$ 下的矩阵为 $\begin{pmatrix} 0 & 0 \\ 0 & 0 \end{pmatrix}$.

例 1.3 线性变换 $\boldsymbol{R}_\theta$：$\begin{pmatrix} x \\ y \end{pmatrix} \mapsto \begin{pmatrix} \cos\theta & -\sin\theta \\ \sin\theta & \cos\theta \end{pmatrix}\begin{pmatrix} x \\ y \end{pmatrix}$ 把每个向量 $\boldsymbol{\alpha}=\begin{pmatrix} x \\ y \end{pmatrix}$ 逆时针旋转 θ 角，故此变换称为 $\mathbf{R}^2$ 的**旋转变换**. 事实上，设 A 点的极坐标为 (r,φ)，则 $x=r\cos\varphi$，$y=r\sin\varphi$，从而

$$\begin{aligned}
\begin{pmatrix} \cos\theta & -\sin\theta \\ \sin\theta & \cos\theta \end{pmatrix}\begin{pmatrix} x \\ y \end{pmatrix} &= \begin{pmatrix} \cos\theta & -\sin\theta \\ \sin\theta & \cos\theta \end{pmatrix}\begin{pmatrix} r\cos\varphi \\ r\sin\varphi \end{pmatrix} \\
&= \begin{pmatrix} r\cos\theta\cos\varphi - r\sin\theta\sin\varphi \\ r\sin\theta\cos\varphi + r\cos\theta\sin\varphi \end{pmatrix} \\
&= \begin{pmatrix} r\cos(\varphi+\theta) \\ r\sin(\varphi+\theta) \end{pmatrix}.
\end{aligned}$$

例 1.4 设 $\mathbf{A}$ 是二阶矩阵，$\boldsymbol{\alpha},\boldsymbol{\beta}\in\mathbf{R}^2$，$k$ 为任意实数，则

$$\mathbf{A}(\boldsymbol{\alpha}+\boldsymbol{\beta})=\mathbf{A}\boldsymbol{\alpha}+\mathbf{A}\boldsymbol{\beta},$$
$$\mathbf{A}(k\boldsymbol{\alpha})=k(\mathbf{A}\boldsymbol{\alpha}).$$

证明 直接计算可得.

1.1.3 $\mathbf{R}^2$ 的线性变换的性质

定理 1.3 设 $\sigma:\mathbf{R}^2\to\mathbf{R}^2$ 为 $\mathbf{R}^2$ 的一个线性变换，在基 $\boldsymbol{\varepsilon}_1,\boldsymbol{\varepsilon}_2$ 下的矩阵为 $\mathbf{A}=\begin{pmatrix} a_{11} & a_{12} \\ a_{21} & a_{22} \end{pmatrix}$，则下列三条等价.

(1) σ 为一一映射；

(2) σ 只把零向量 $\mathbf{0}=\begin{pmatrix} 0 \\ 0 \end{pmatrix}$ 映为 $\mathbf{0}=\begin{pmatrix} 0 \\ 0 \end{pmatrix}$；

(3) $a_{11}a_{22}-a_{12}a_{21}\neq 0$.

证明略.

定理 1.4 设 $\sigma:\mathbf{R}^2\to\mathbf{R}^2$ 为 $\mathbf{R}^2$ 的一个线性变换，在基 $\boldsymbol{\varepsilon}_1,\boldsymbol{\varepsilon}_2$ 下的矩阵为 $\mathbf{A}=\begin{pmatrix} a_{11} & a_{12} \\ a_{21} & a_{22} \end{pmatrix}$，且 $a_{11}a_{22}-a_{12}a_{21}\neq 0$，则线性变换 σ 把 $\mathbf{R}^2$ 上的直线映为直线.

证明 任取平面上一直线 l 以及 l 上不同的两点 $A(a_1,a_2)$，$B(b_1,b_2)$. 记 $\boldsymbol{\alpha}=\overrightarrow{OA}=\begin{pmatrix} a_1 \\ a_2 \end{pmatrix}$，$\boldsymbol{\beta}=\overrightarrow{AB}=\begin{pmatrix} b_1-a_1 \\ b_2-a_2 \end{pmatrix}$，则直线(看成向量终点的集合) l 为

$$\{\boldsymbol{\alpha}+k\boldsymbol{\beta}\mid k\in\mathbf{R}\}. \tag{1.12}$$

从而,直线 l 的像集合 $\sigma(l)$ 为

$$\sigma(l)=\{\sigma(\boldsymbol{\alpha}+k\boldsymbol{\beta})\mid k\in\mathbf{R}\}=\{\sigma(\boldsymbol{\alpha})+k\sigma(\boldsymbol{\beta})\mid k\in\mathbf{R}\}. \tag{1.13}$$

又由定理 1.3 知 σ 为一一映射,从而 $\sigma(\boldsymbol{\alpha})\neq\sigma(\boldsymbol{\beta})$,故 $\sigma(l)$ 是由向量 $\sigma(\boldsymbol{\alpha})$,$\sigma(\boldsymbol{\beta})$ 的终点确定的直线.

例 1.5 设线性变换 σ 在基 $\boldsymbol{\varepsilon}_1,\boldsymbol{\varepsilon}_2$ 下的矩阵 $\boldsymbol{A}=\begin{pmatrix}3&2\\1&4\end{pmatrix}$,求正方形区域 $\{x\boldsymbol{\varepsilon}_1+y\boldsymbol{\varepsilon}_2\mid 0\leqslant x\leqslant 1,0\leqslant y\leqslant 1\}$在线性变换 σ 下的像.

解 由题意知 $\sigma(\boldsymbol{\varepsilon}_1)=\boldsymbol{A}\boldsymbol{\varepsilon}_1=\begin{pmatrix}3\\1\end{pmatrix}$,$\sigma(\boldsymbol{\varepsilon}_2)=\boldsymbol{A}\boldsymbol{\varepsilon}_2=\begin{pmatrix}2\\4\end{pmatrix}$,又

$$\{\sigma(x\boldsymbol{\varepsilon}_1+y\boldsymbol{\varepsilon}_2)\mid 0\leqslant x\leqslant 1,0\leqslant y\leqslant 1\}=\{x\sigma(\boldsymbol{\varepsilon}_1)+y\sigma(\boldsymbol{\varepsilon}_2)\mid 0\leqslant x\leqslant 1,0\leqslant y\leqslant 1\},$$

故所求像集为平行四边形所围区域(图 1-3)

$$\left\{x\begin{pmatrix}3\\1\end{pmatrix}+y\begin{pmatrix}2\\4\end{pmatrix}\middle|\, 0\leqslant x\leqslant 1,0\leqslant y\leqslant 1\right\}.$$

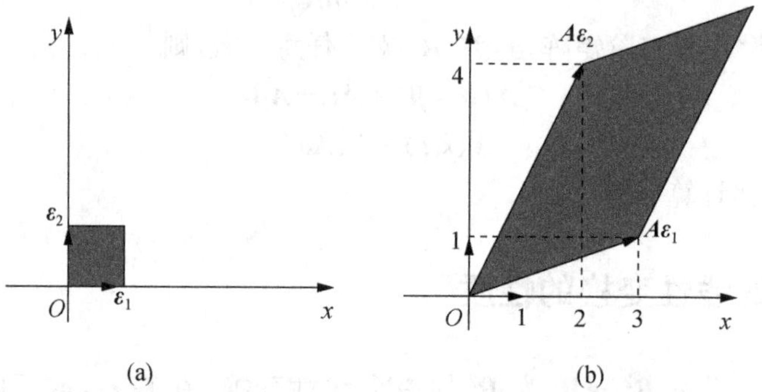

图 1-3 单位正方形及其在线性变换 σ 下的像

1.2 二阶行列式的几何意义

定义 1.7 二阶行列式定义为

$$\begin{vmatrix}a_{11}&a_{12}\\a_{21}&a_{22}\end{vmatrix}=a_{11}a_{22}-a_{12}a_{21}. \tag{1.14}$$

定义 1.8 称 $\sqrt{a_1^2+a_2^2}$ 为向量 $\boldsymbol{\alpha}=\begin{pmatrix}a_1\\a_2\end{pmatrix}$ 的**长度**(**范数**),记作 $\|\boldsymbol{\alpha}\|$. 长度为 1 的向量称为**单位向量**. 向量 $\boldsymbol{\alpha},\boldsymbol{\beta}$ 之间的**距离**定义为 $\|\boldsymbol{\alpha}-\boldsymbol{\beta}\|$.

定义 1.9 以 $\boldsymbol{\alpha}=\overrightarrow{OA},\boldsymbol{\beta}=\overrightarrow{OB}$ 为邻边的平行四边形的**有向面积**定义为 $S(\boldsymbol{\alpha},\boldsymbol{\beta})=\|\boldsymbol{\alpha}\|\|\boldsymbol{\beta}\|\sin(\varphi-\theta)$,其中 φ,θ 分别为点 B,点 A 的极角(图 1-4).

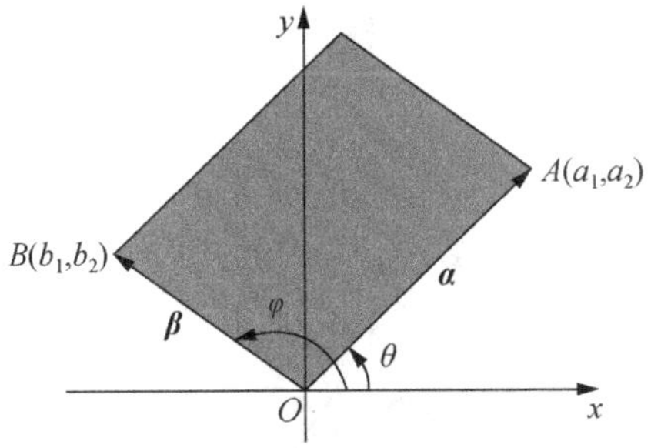

图 1-4 平行四边形的有向面积

例 1.6 设 $\boldsymbol{\alpha}=\begin{pmatrix}a_1\\a_2\end{pmatrix}$，$\boldsymbol{\beta}=\begin{pmatrix}b_1\\b_2\end{pmatrix}$，求证：$S(\boldsymbol{\alpha},\boldsymbol{\beta})=\begin{vmatrix}a_1 & b_1\\a_2 & b_2\end{vmatrix}$.

证明 若$\|\boldsymbol{\alpha}\|\cdot\|\boldsymbol{\beta}\|=0$，结论显然正确. 下面考虑$\|\boldsymbol{\alpha}\|\neq0$，$\|\boldsymbol{\beta}\|\neq0$ 的情形. 如图 1-4 所示，点 A，点 B 的极坐标分别为 $A(\|\boldsymbol{\alpha}\|,\theta)$，$B(\|\boldsymbol{\beta}\|,\varphi)$，故

$$a_1=\|\boldsymbol{\alpha}\|\cos\theta,\quad a_2=\|\boldsymbol{\alpha}\|\sin\theta,\quad b_1=\|\boldsymbol{\beta}\|\cos\varphi,\quad b_2=\|\boldsymbol{\beta}\|\sin\varphi.$$

从而

$$\begin{aligned}S(\boldsymbol{\alpha},\boldsymbol{\beta})&=\|\boldsymbol{\alpha}\|\,\|\boldsymbol{\beta}\|\sin(\varphi-\theta)=\|\boldsymbol{\alpha}\|\,\|\boldsymbol{\beta}\|(\sin\varphi\cos\theta-\cos\varphi\sin\theta)\\&=a_1b_2-b_1a_2=\begin{vmatrix}a_1 & b_1\\a_2 & b_2\end{vmatrix}.\end{aligned}$$

由例 1.5 知，若 $\mathbf{R}^2$ 的线性变换 σ 在基 $\boldsymbol{\varepsilon}_1$，$\boldsymbol{\varepsilon}_2$ 下的矩阵为 $\boldsymbol{A}=\begin{pmatrix}a_{11} & a_{12}\\a_{21} & a_{22}\end{pmatrix}$，则单位正方形像集的面积为 $\begin{vmatrix}a_{11} & a_{12}\\a_{21} & a_{22}\end{vmatrix}$ 的绝对值.

一般地，设 D 为平面上一个面积有限的区域，记其像集为 $\sigma(D)=\{\sigma(\boldsymbol{\alpha})\mid\boldsymbol{\alpha}\in D\}$. 我们对 $\sigma(D)$ 的面积与 D 的面积相对比有何变化感兴趣.

定理 1.5 设 $\sigma:\mathbf{R}^2\to\mathbf{R}^2$ 为 $\mathbf{R}^2$ 的一个线性变换，它在基 $\boldsymbol{\varepsilon}_1$，$\boldsymbol{\varepsilon}_2$ 下的矩阵为 $\boldsymbol{A}=\begin{pmatrix}a_{11} & a_{12}\\a_{21} & a_{22}\end{pmatrix}$，且 $\det(a_{ij})=\begin{vmatrix}a_{11} & a_{12}\\a_{21} & a_{22}\end{vmatrix}\neq0$. D 为平面上一简单光滑闭曲线所围的有界闭区域，记 D 的面积为 $\mathrm{Area}(D)$，$\sigma(D)$ 的面积为 $\mathrm{Area}(\sigma(D))$，则

$$\mathrm{Area}(\sigma(D))=|\det(a_{ij})|\,\mathrm{Area}(D).$$

证明 为简单起见，设 D 的边界曲线 C 为 $x=x(t)$，$y=y(t)$，$t\in[a,b]$，且随着 t 的增加给出 C 的正向(图 1-5). 由格林公式知

$$\mathrm{Area}(D)=\frac{1}{2}\oint_C x\mathrm{d}y-y\mathrm{d}x=\frac{1}{2}\int_a^b\begin{vmatrix}x(t) & x'(t)\\y(t) & y'(t)\end{vmatrix}\mathrm{d}t.$$

$\sigma(D)$ 的边界 $\widetilde{C}$ 为

$$X=a_{11}x(t)+a_{12}y(t),\quad Y=a_{21}x(t)+a_{22}y(t),$$

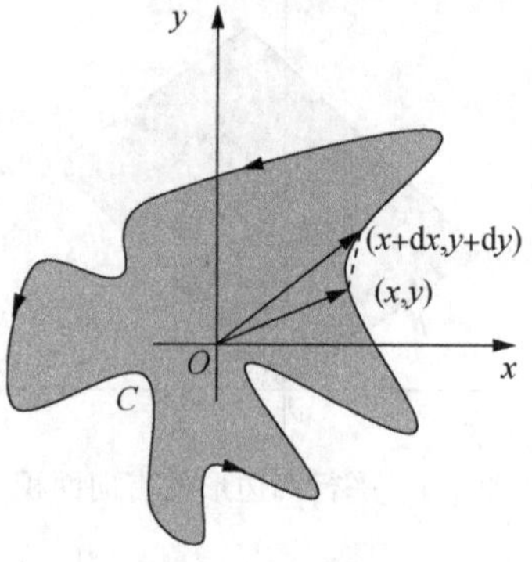

图 1-5　光滑简单闭曲线所围区域的面积

$t\in[a,b]$,从而

$$\begin{aligned}\mathrm{Area}(\sigma(D)) &= \left|\frac{1}{2}\oint_{\tilde{C}} X\mathrm{d}Y - Y\mathrm{d}X\right| \\ &= \frac{1}{2}\left|\int_a^b \begin{vmatrix} a_{11}x(t)+a_{12}y(t) & a_{11}x'(t)+a_{12}y'(t) \\ a_{21}x(t)+a_{22}y(t) & a_{21}x'(t)+a_{22}y'(t)\end{vmatrix}\mathrm{d}t\right| \\ &= |\det(a_{ij})|\frac{1}{2}\int_a^b \begin{vmatrix} x(t) & x'(t) \\ y(t) & y'(t)\end{vmatrix}\mathrm{d}t.\end{aligned}$$

1.3　特征值与特征向量

在平面直角坐标系 xOy 中,关于直线 $x-y=0$ 的反射 σ 是一个线性变换,且 σ 在基 $\boldsymbol{\varepsilon}_1,\boldsymbol{\varepsilon}_2$ 下的矩阵为 $\boldsymbol{A}=\begin{pmatrix}0&1\\1&0\end{pmatrix}$. 从几何上看,直线 $x-y=0$ 上的向量在线性变换 σ 下不变,而直线 $x+y=0$ 上的向量在线性变换 σ 下变为其负元(从而仍在此直线上),即

$$\sigma\begin{pmatrix}k\\k\end{pmatrix}=\boldsymbol{A}\begin{pmatrix}k\\k\end{pmatrix}=\begin{pmatrix}0&1\\1&0\end{pmatrix}\begin{pmatrix}k\\k\end{pmatrix}=\begin{pmatrix}k\\k\end{pmatrix},$$

$$\sigma\begin{pmatrix}-k\\k\end{pmatrix}=\boldsymbol{A}\begin{pmatrix}-k\\k\end{pmatrix}=\begin{pmatrix}0&1\\1&0\end{pmatrix}\begin{pmatrix}-k\\k\end{pmatrix}=-\begin{pmatrix}-k\\k\end{pmatrix}.$$

作为集合两条直线在线性变换 σ 下不变. 记 $\boldsymbol{\alpha}_1=\begin{pmatrix}1\\1\end{pmatrix},\boldsymbol{\alpha}_2=\begin{pmatrix}-1\\1\end{pmatrix}$,则线性变换 σ 在基 $\boldsymbol{\alpha}_1,\boldsymbol{\alpha}_2$ 下的矩阵为 $\boldsymbol{B}=\begin{pmatrix}1&0\\0&-1\end{pmatrix}$(图 1-6).

对于一般的线性变换 σ,有没有直线在 σ 的作用下保持不变呢? 若设线性变换 σ 在基 $\boldsymbol{\varepsilon}_1,\boldsymbol{\varepsilon}_2$ 下的矩阵为 $\boldsymbol{A}$,此时 $\sigma(\boldsymbol{\alpha})=\boldsymbol{A}\boldsymbol{\alpha}$,从而 $\sigma(\boldsymbol{\alpha})=\lambda\boldsymbol{\alpha}$,即 $\boldsymbol{A}\boldsymbol{\alpha}=\lambda\boldsymbol{\alpha}$. 为此,给出矩阵的特征值、特征向量的定义.

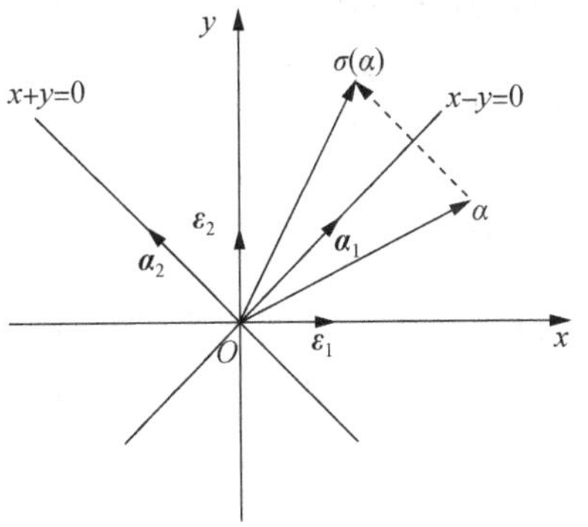

图 1-6　关于直线的反射变换

定义 1.10　对二阶矩阵 $\boldsymbol{A}=\begin{pmatrix} a_{11} & a_{12} \\ a_{21} & a_{22} \end{pmatrix}$，如果存在数 λ 以及非零向量 $\boldsymbol{\xi}$，使得

$$\boldsymbol{A\xi}=\lambda\boldsymbol{\xi}, \tag{1.15}$$

则称 λ 是矩阵 $\boldsymbol{A}$ 的一个**特征值**，$\boldsymbol{\xi}$ 是矩阵 $\boldsymbol{A}$ 对应于特征值 λ 的一个**特征向量**.

设定义中 $\boldsymbol{\xi}=\begin{pmatrix} x \\ y \end{pmatrix}$，则式(1.15)即

$$\begin{pmatrix} a_{11} & a_{12} \\ a_{21} & a_{22} \end{pmatrix}\begin{pmatrix} x \\ y \end{pmatrix}=\lambda\begin{pmatrix} x \\ y \end{pmatrix}, \tag{1.16}$$

也就是

$$\begin{cases} (\lambda-a_{11})x-a_{12}y=0, \\ -a_{21}x+(\lambda-a_{22})y=0. \end{cases} \tag{1.17}$$

由于方程组(1.17)有非零解的充分必要条件是

$$\begin{vmatrix} \lambda-a_{11} & -a_{12} \\ -a_{21} & \lambda-a_{22} \end{vmatrix}=0, \tag{1.18}$$

即

$$\lambda^2-(a_{11}+a_{22})\lambda+(a_{11}a_{22}-a_{12}a_{21})=0, \tag{1.19}$$

称关于 λ 的一元二次方程(1.19)为矩阵 $\boldsymbol{A}$ 的**特征方程**. 若 λ_1,λ_2 是特征方程的两个实根，则将 $\lambda=\lambda_1,\lambda=\lambda_2$ 分别代入方程组(1.17)，分别求出它们的非零解，就得到相应的特征向量.

定理 1.6　设 $\boldsymbol{A}=\begin{pmatrix} a_{11} & a_{12} \\ a_{21} & a_{22} \end{pmatrix}$，$\lambda_1,\lambda_2$ 为矩阵 $\boldsymbol{A}$ 的两个特征值，则

(1) $\lambda_1+\lambda_2=a_{11}+a_{22}$，$\lambda_1\lambda_2=\begin{vmatrix} a_{11} & a_{12} \\ a_{21} & a_{22} \end{vmatrix}$；

(2) 若 $\boldsymbol{\xi}_1,\boldsymbol{\xi}_2$ 分别是 $\boldsymbol{A}$ 对应于特征值 λ_1,λ_2 的特征向量且 $\lambda_1\neq\lambda_2$，则 $\boldsymbol{\xi}_1,\boldsymbol{\xi}_2$ 线性无关；

(3)设线性无关的向量 $\boldsymbol{\xi}_1,\boldsymbol{\xi}_2$ 分别是 $\boldsymbol{A}$ 对应于特征值 λ_1,λ_2 的特征向量,则线性变换 $\sigma(\boldsymbol{\alpha})=\boldsymbol{A\alpha}$ 在基 $\boldsymbol{\xi}_1,\boldsymbol{\xi}_2$ 下的矩阵为 $\begin{bmatrix}\lambda_1 & 0\\ 0 & \lambda_2\end{bmatrix}$.

定理 1.7　设 $\boldsymbol{A}=\begin{pmatrix}a & b\\ b & c\end{pmatrix}$,则

(1)若 $(a-c)^2+b^2\neq 0$,则 $\boldsymbol{A}$ 有两个不同的特征值 λ_1,λ_2;

(2)若 $(a-c)^2+b^2\neq 0$,$\boldsymbol{\xi}_1,\boldsymbol{\xi}_2$ 分别是 $\boldsymbol{A}$ 对应于特征值 λ_1,λ_2 的特征向量,则 $\boldsymbol{\xi}_1,\boldsymbol{\xi}_2$ 垂直,即 $\boldsymbol{\xi}_1,\boldsymbol{\xi}_2$ 的内积 $\langle\boldsymbol{\xi}_1,\boldsymbol{\xi}_2\rangle=0$(见习题 12).

例 1.7　设 $\boldsymbol{A}=\begin{pmatrix}3 & 2\\ 1 & 4\end{pmatrix}$,求 $\boldsymbol{A}$ 的特征值与特征向量.

解　由式(1.19)知 $\boldsymbol{A}$ 的特征方程为 $\lambda^2-7\lambda+10=0$,解得 $\lambda_1=5,\lambda_2=2$. 由式(1.17)可解得 λ_1,λ_2 相应的特征向量分别为 $\boldsymbol{\xi}_1=k\begin{pmatrix}1\\ 1\end{pmatrix}$,$\boldsymbol{\xi}_2=l\begin{pmatrix}2\\ -1\end{pmatrix}$,$k\neq 0,l\neq 0$.

注　由线性变换 $\sigma(\boldsymbol{\alpha})=\boldsymbol{A\alpha}$ 在基 $\boldsymbol{\xi}_1,\boldsymbol{\xi}_2$ 下的矩阵为 $\begin{bmatrix}\lambda_1 & 0\\ 0 & \lambda_2\end{bmatrix}$,结合定理 1.6 的结论(1),定理 1.5 的结论可以从直观上理解(见习题 15).

例 1.8　将二次曲线 $f(x,y)=4x^2+4xy+4y^2=3$ 化为标准形式.

解　记 $\boldsymbol{A}=\begin{pmatrix}4 & 2\\ 2 & 4\end{pmatrix}$,$\boldsymbol{\xi}=\begin{pmatrix}x\\ y\end{pmatrix}$,则 $f(x,y)=\langle\boldsymbol{\xi},\boldsymbol{A\xi}\rangle$. 由计算可知,$\boldsymbol{A}$ 的对应于特征值 $\lambda_1=6$ 有特征向量 $\boldsymbol{\xi}_1=\begin{bmatrix}\frac{1}{\sqrt{2}}\\ \frac{1}{\sqrt{2}}\end{bmatrix}$,对应于特征值 $\lambda_2=2$ 有特征向量 $\boldsymbol{\xi}_2=\begin{bmatrix}-\frac{1}{\sqrt{2}}\\ \frac{1}{\sqrt{2}}\end{bmatrix}$. 令 $\boldsymbol{\xi}=X\boldsymbol{\xi}_1+Y\boldsymbol{\xi}_2$,则

$$\begin{aligned}f(x,y)&=\langle X\boldsymbol{\xi}_1+Y\boldsymbol{\xi}_2,\boldsymbol{A}(X\boldsymbol{\xi}_1+Y\boldsymbol{\xi}_2)\rangle\\&=\langle X\boldsymbol{\xi}_1+Y\boldsymbol{\xi}_2,6X\boldsymbol{\xi}_1+2Y\boldsymbol{\xi}_2\rangle\\&=6X^2\langle\boldsymbol{\xi}_1,\boldsymbol{\xi}_1\rangle+6YX\langle\boldsymbol{\xi}_2,\boldsymbol{\xi}_1\rangle+2XY\langle\boldsymbol{\xi}_1,\boldsymbol{\xi}_2\rangle+2Y^2\langle\boldsymbol{\xi}_2,\boldsymbol{\xi}_2\rangle\\&=6X^2+2Y^2.\end{aligned}$$

注意到 $\boldsymbol{\xi}=X\boldsymbol{\xi}_1+Y\boldsymbol{\xi}_2$,即

$$\begin{pmatrix}x\\ y\end{pmatrix}=\begin{bmatrix}\frac{1}{\sqrt{2}} & -\frac{1}{\sqrt{2}}\\ \frac{1}{\sqrt{2}} & \frac{1}{\sqrt{2}}\end{bmatrix}\begin{pmatrix}X\\ Y\end{pmatrix}=\boldsymbol{R}_{\frac{\pi}{4}}\begin{pmatrix}X\\ Y\end{pmatrix},$$

故二次曲线 $f(x,y)=4x^2+4xy+4y^2=3$ 在逆时针旋转 $\frac{\pi}{4}$ 后的直角坐标系 XOY 下化为标准形(图 1-7)

$$\frac{X^2}{\left(\sqrt{\frac{1}{2}}\right)^2}+\frac{Y^2}{\left(\sqrt{\frac{3}{2}}\right)^2}=1.$$

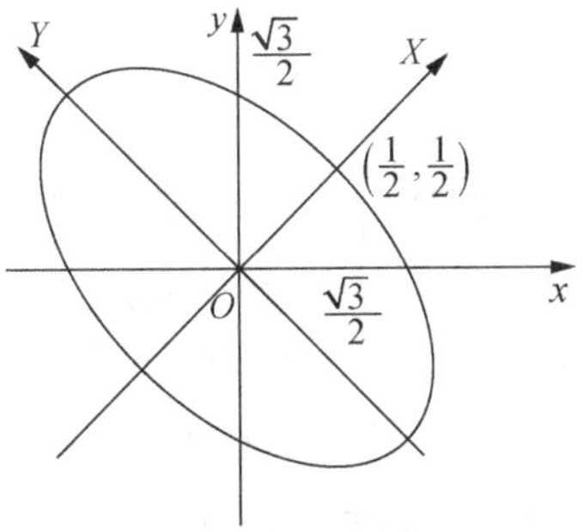

图 1-7　椭圆及其对称轴

本 章 小 结

本章主要以线性空间 $\mathbf{R}^2$ 为例介绍了线性代数的一些基本概念,包括线性空间、基、维数、线性变换、二阶行列式、二阶矩阵的特征值、特征向量等. 这里主要强调相关概念的几何意义,以帮助学生借助直观更好地把握和理解相关的抽象概念. 由于中学新课程试验对二维向量已有系统的介绍,教师可以在适当的时候点拨.

习　题　1

1. 设 $A(a_1,a_2)$, $B(b_1,b_2)$, $C(a_1+b_1,a_2+b_2)$. 求证:四边形 $OABC$ 为平行四边形.

2. 考虑二阶矩阵的全体 $M_2(\mathbf{R})=\left\{\mathbf{A}=\begin{pmatrix}a_{11}&a_{12}\\a_{21}&a_{22}\end{pmatrix}\middle|\, a_{11},a_{12},a_{21},a_{22}\in\mathbf{R}\right\}$,定义加法和数量乘法分别为

$$\begin{pmatrix}a_{11}&a_{12}\\a_{21}&a_{22}\end{pmatrix}+\begin{pmatrix}b_{11}&b_{12}\\b_{21}&b_{22}\end{pmatrix}=\begin{pmatrix}a_{11}+b_{11}&a_{12}+b_{12}\\a_{21}+b_{21}&a_{22}+b_{22}\end{pmatrix};\quad k\begin{pmatrix}a_{11}&a_{12}\\a_{21}&a_{22}\end{pmatrix}=\begin{pmatrix}ka_{11}&ka_{12}\\ka_{21}&ka_{22}\end{pmatrix}.$$

求证:这两种运算满足运算律(1)~(8). 零元是什么矩阵? 写出 $\mathbf{A}$ 的负元.

3. 设 $\boldsymbol{\alpha}=\begin{pmatrix}a_1\\a_2\end{pmatrix}$, $\boldsymbol{\beta}=\begin{pmatrix}b_1\\b_2\end{pmatrix}$. 求证:$\boldsymbol{\alpha}$, $\boldsymbol{\beta}$ 线性无关的充要条件是 $k\boldsymbol{\alpha}+l\boldsymbol{\beta}=\mathbf{0}$,当且仅当 $k=l=0$ 时成立.

4. 设 $\boldsymbol{\alpha}_1$, $\boldsymbol{\alpha}_2$ 为 $\mathbf{R}^2$ 的基,$\boldsymbol{\alpha}$, $\boldsymbol{\beta}$ 在基 $\boldsymbol{\alpha}_1$, $\boldsymbol{\alpha}_2$ 下的坐标分别为 $\begin{pmatrix}k_1\\k_2\end{pmatrix}$, $\begin{pmatrix}l_1\\l_2\end{pmatrix}$. 求证:$\boldsymbol{\alpha}+\boldsymbol{\beta}$ 在基 $\boldsymbol{\alpha}_1$, $\boldsymbol{\alpha}_2$ 下的坐标为 $\begin{pmatrix}k_1+l_1\\k_2+l_2\end{pmatrix}$, $c\boldsymbol{\alpha}$ 在基 $\boldsymbol{\alpha}_1$, $\boldsymbol{\alpha}_2$ 下的坐标为 $\begin{pmatrix}ck_1\\ck_2\end{pmatrix}$.

5. 映射 $T:\begin{pmatrix}x\\y\end{pmatrix}\mapsto\begin{pmatrix}x\\y\end{pmatrix}+\begin{pmatrix}h\\k\end{pmatrix}$ (h, k 是不全为零的实数)是否为线性变换?

6. 线性变换 σ: $\begin{pmatrix} x \\ y \end{pmatrix} \mapsto \boldsymbol{A}\begin{pmatrix} x \\ y \end{pmatrix}$，把单位正方形区域变成什么集合？其中二阶矩阵 $\boldsymbol{A}$ 分别为

$\begin{pmatrix} 2 & 0 \\ 0 & 1 \end{pmatrix}$，$\begin{pmatrix} 1 & 3 \\ 0 & 1 \end{pmatrix}$，$\begin{pmatrix} \frac{1}{2} & -\frac{\sqrt{3}}{2} \\ \frac{\sqrt{3}}{2} & \frac{1}{2} \end{pmatrix}$.

7. 在第 6 题中，每个线性变换各把椭圆 $\frac{x^2}{4}+y^2=1$ 变成什么曲线？求其方程.

8. 设 $A(a_1,a_2)$，$B(b_1,b_2)$，$C(c_1,c_2)$ 为平面上不同的三点. 求证：

(1) 点 $P(p_1,p_2)$ 落在线段 AB 上的充分必要条件是存在 $\lambda\in[0,1]$，使得

$$\overrightarrow{OP}=\lambda\overrightarrow{OA}+(1-\lambda)\overrightarrow{OB};$$

(2) A,B,C 三点不在一直线上的充分必要条件是 $\begin{vmatrix} a_1-b_1 & a_1-c_1 \\ a_2-b_2 & a_2-c_2 \end{vmatrix}=0$；

(3) $P(p_1,p_2)$ 落在 $\triangle ABC$ 内的充分必要条件是存在 $k,l,m\in(0,1)$，且 $k+l+m=1$，使得 $\overrightarrow{OP}=k\overrightarrow{OA}+l\overrightarrow{OB}+m\overrightarrow{OC}$.

9. 求证：非零线性变换 σ 的值域要么是 $\mathbf{R}^2$，要么是过原点的直线.

10. 设 σ 在基 $\boldsymbol{\alpha}_1,\boldsymbol{\alpha}_2$ 下的矩阵为 (a_{ij})，求证：$S(\sigma(\boldsymbol{\alpha}),\sigma(\boldsymbol{\beta}))=\det(a_{ij})S(\boldsymbol{\alpha},\boldsymbol{\beta})$.

11. 设 σ,τ 都是 $\mathbf{R}^2$ 上的线性变换，定义 τ 和 σ 的**复合**（记为 $\sigma\circ\tau$）是由下式定义的映射 $(\sigma\circ\tau)(\boldsymbol{\alpha})=\sigma(\tau(\boldsymbol{\alpha}))$，$\forall\boldsymbol{\alpha}\in\mathbf{R}^2$.

(1) 求证：$\sigma\circ\tau$ 也是线性变换；

(2) 若 τ,σ 在基 $\boldsymbol{\alpha}_1,\boldsymbol{\alpha}_2$ 下的矩阵分别为 $\boldsymbol{A},\boldsymbol{B}$，求 $\sigma\circ\tau$ 在基 $\boldsymbol{\alpha}_1,\boldsymbol{\alpha}_2$ 下的矩阵；

(3) 将 $\sigma\circ\sigma$ 记为 σ^2，定义 $\sigma^{n+1}=\sigma^n\circ\sigma$，$n\geqslant 2$. 在例 1.5 中，求出第一象限在 σ^n 下的像.

12. 设 $\boldsymbol{\alpha}=\begin{pmatrix} a_1 \\ a_2 \end{pmatrix}$，$\boldsymbol{\beta}=\begin{pmatrix} b_1 \\ b_2 \end{pmatrix}$，称数 $a_1b_1+a_2b_2$ 为 $\boldsymbol{\alpha},\boldsymbol{\beta}$ 的内积，记作 $\langle\boldsymbol{\alpha},\boldsymbol{\beta}\rangle$. 当 $\langle\boldsymbol{\alpha},\boldsymbol{\beta}\rangle=0$ 时，称向量 $\boldsymbol{\alpha}$ 与 $\boldsymbol{\beta}$ 正交. 求证：$|\langle\boldsymbol{\alpha},\boldsymbol{\beta}\rangle|^2=\|\boldsymbol{\alpha}\|^2\|\boldsymbol{\beta}\|^2-(a_1b_2-b_1a_2)^2$.

13. 若线性变换 σ: $\begin{pmatrix} x \\ y \end{pmatrix} \mapsto \boldsymbol{A}\begin{pmatrix} x \\ y \end{pmatrix}=\begin{pmatrix} a_{11} & a_{12} \\ a_{21} & a_{22} \end{pmatrix}\begin{pmatrix} x \\ y \end{pmatrix}$，满足：

(1) 对于任意 $\boldsymbol{\alpha}=\begin{pmatrix} x \\ y \end{pmatrix}$，有 $\|\boldsymbol{A\alpha}\|=\|\boldsymbol{\alpha}\|$；(2) $\begin{vmatrix} a_{11} & a_{12} \\ a_{21} & a_{22} \end{vmatrix}=1$.

求证：σ 为旋转变换，即存在 θ 使得矩阵 $\boldsymbol{A}=\begin{pmatrix} \cos\theta & -\sin\theta \\ \sin\theta & \cos\theta \end{pmatrix}$.

14. 求证：$S(\boldsymbol{\alpha}+k\boldsymbol{\beta},\boldsymbol{\beta})=S(\boldsymbol{\alpha},\boldsymbol{\beta})$. 解释其几何意义.

15. 例 1.7 中 $\sigma(\boldsymbol{\alpha})=\boldsymbol{A\alpha}$ 在基 $\boldsymbol{\xi}_1,\boldsymbol{\xi}_2$ 下的矩阵为 $\begin{pmatrix} \lambda_1 & 0 \\ 0 & \lambda_2 \end{pmatrix}$.

(1) 说明 σ 等于 $\rho\circ\tau$，其中 ρ,τ 在基 $\boldsymbol{\xi}_1,\boldsymbol{\xi}_2$ 下的矩阵分别为 $\begin{pmatrix} 1 & 0 \\ 0 & \lambda_2 \end{pmatrix}$，$\begin{pmatrix} \lambda_1 & 0 \\ 0 & 1 \end{pmatrix}$；

(2) 画出单位正方形 $\{x\boldsymbol{\varepsilon}_1+y\boldsymbol{\varepsilon}_2 \mid 0\leqslant x\leqslant 1, 0\leqslant y\leqslant 1\}$ 在变换 τ 下的像，从几何上说明像集合的面积为 λ_1，接着分析此像集合在 ρ 下的像，说明该单位正方形在变换 σ 作用下的像集的面积为 $\lambda_1\lambda_2$.

16. 设 $f(x,y)=ax^2+2bxy+cy^2=\langle \mathbf{A}\boldsymbol{x},\boldsymbol{x}\rangle$(称为 x,y 的**二次型**),其中 $\mathbf{A}=\begin{pmatrix} a & b \\ b & c \end{pmatrix}$,$\boldsymbol{x}=\begin{pmatrix} x \\ y \end{pmatrix}$.

又设矩阵 $\mathbf{A}$ 的特征值为 $\lambda_1,\lambda_2(\lambda_1<\lambda_2)$.

(1)利用拉格朗日求条件极值的方法证明 $f(x,y)$ 在约束 $\|\boldsymbol{x}\|=1$ 下的最小(大)值分别为 $\lambda_1(\lambda_2)$;

(2)令 $x=\cos t$,$y=\sin t$,利用一元函数求最值的方法证明上述事实;

(3)用定理 1.7 证明上述事实.

17. 设平面上多边形的顶点按逆时针方向依次为 $A_i(x_i,y_i)(i=1,2,\cdots,n)$,记

$$\boldsymbol{\alpha}_i=\overrightarrow{OA_i}=\begin{pmatrix} x_i \\ y_i \end{pmatrix} \quad (i=1,2,\cdots,n).$$

(1)求证:多边形的面积为 $\frac{1}{2}[S(\boldsymbol{\alpha}_1,\boldsymbol{\alpha}_2)+S(\boldsymbol{\alpha}_2,\boldsymbol{\alpha}_3)+\cdots+S(\boldsymbol{\alpha}_{n-1},\boldsymbol{\alpha}_n)+S(\boldsymbol{\alpha}_n,\boldsymbol{\alpha}_1)]$.

(2)若 $A_1(2,1)$,$A_2(5,2)$,$A_3(4,5)$,$A_4(3,3)$,$A_5(2,5)$,$A_6(1,2)$,试用上述公式求此六边形的面积.

18. 设平面直角坐标系 xOy 中的正方形 $F=\{(x,y)\,|\,|x|+|y|\leqslant 1\}$. 求出所有保持 F 不变($\sigma(F)=F$)的线性变换 σ,并写出这些变换在基 $\boldsymbol{\varepsilon}_1,\boldsymbol{\varepsilon}_2$ 下的矩阵.

19. 如图 1-8 所示,A,B,C 三点在一条直线上,X,Y,Z 三点在一条直线上. 直线 AY 与 BX 交于 P,直线 AZ 与 CX 交于 Q,直线 BZ 与 CY 交于 R. 求证:P,Q,R 三点在一条直线上,这条直线称为帕普斯(Pappus)线,这个结论称为帕普斯定理.

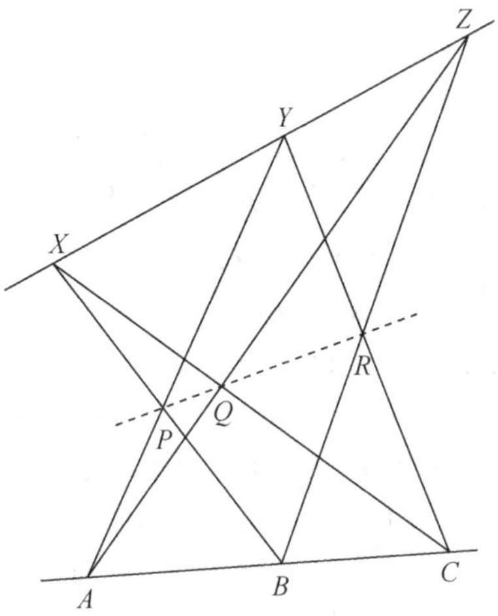

图 1-8 帕普斯定理

第2章　行　列　式

行列式是线性代数中的一个基本概念,它是研究线性代数的重要工具.在对线性方程组求解及线性变换的讨论中都要用到行列式,在数学的其他一些分支及实际问题中也常用到它.本章主要介绍 n 阶行列式的定义、性质和计算方法,此外还要介绍用 n 阶行列式求解 n 元线性方程组的克拉默法则.

2.1　二阶、三阶行列式

2.1.1　二阶行列式

对于给定具体系数的二元、三元线性方程组的加减消元法,在中学已经学过.考虑具有一般系数 $a_{ij}(i=1,2;j=1,2)$ 的二元线性方程组

$$\text{I}\quad \begin{cases} a_{11}x_1+a_{12}x_2=b_1, & (2.1)\\ a_{21}x_1+a_{22}x_2=b_2. & (2.2)\end{cases}$$

若要求出 x_1,先要设法消去 x_2.这可以由下述办法做到.

$$a_{22}\times(2.1)-a_{12}\times(2.2)\Rightarrow(a_{11}a_{22}-a_{12}a_{21})x_1=(b_1a_{22}-a_{12}b_2),$$

所以如果 $a_{11}a_{22}-a_{12}a_{21}\neq 0$,可以唯一解得 x_1.同样,也可以先消去 x_1 得

$$a_{11}\times(2.2)-a_{21}\times(2.1)\Rightarrow(a_{11}a_{22}-a_{12}a_{21})x_2=(a_{11}b_2-b_1a_{21}).$$

由此可见,同样的条件 $a_{11}a_{22}-a_{12}a_{21}\neq 0$ 也可保证唯一解得 x_2.

综上可知,当 $a_{11}a_{22}-a_{12}a_{21}\neq 0$ 时,解得

$$x_1=\frac{b_1a_{22}-a_{12}b_2}{a_{11}a_{22}-a_{12}a_{21}},\quad x_2=\frac{a_{11}b_2-b_1a_{21}}{a_{11}a_{22}-a_{12}a_{21}}. \tag{2.3}$$

可以验证式(2.3)确实为方程组Ⅰ的解,从而是其唯一解.所以,方程组Ⅰ有唯一解的充分必要条件是 $a_{11}a_{22}-a_{12}a_{21}\neq 0$.

为了方便,引入二阶行列式的概念,定义

$$\begin{vmatrix} a_{11} & a_{12}\\ a_{21} & a_{22}\end{vmatrix}=a_{11}a_{22}-a_{12}a_{21} \tag{2.4}$$

为**二阶行列式**. 可以用字母 D 表示此二阶行列式，并记 $D=\det(a_{ij})$，其中 $a_{ij}(i=1,2;j=1,2)$ 称为行列式(2.4)的元素. 利用二阶行列式的概念，方程组 Ⅰ 的唯一解可表示为

$$x_1=\frac{\begin{vmatrix} b_1 & a_{12} \\ b_2 & a_{22} \end{vmatrix}}{\begin{vmatrix} a_{11} & a_{12} \\ a_{21} & a_{22} \end{vmatrix}},\quad x_2=\frac{\begin{vmatrix} a_{11} & b_1 \\ a_{21} & b_2 \end{vmatrix}}{\begin{vmatrix} a_{11} & a_{12} \\ a_{21} & a_{22} \end{vmatrix}}. \tag{2.5}$$

2.1.2　三阶行列式

考虑三元线性方程组

$$\begin{cases} a_{11}x_1+a_{12}x_2+a_{13}x_3=b_1, \\ a_{21}x_1+a_{22}x_2+a_{23}x_3=b_2, \\ a_{31}x_1+a_{32}x_2+a_{33}x_3=b_3. \end{cases} \tag{2.6}$$

为了从方程组(2.6)中同时消去 x_2，x_3 以便求出 x_1 的值，用 α,β,γ 分别乘以方程组(2.6)的三个方程并相加，得

$$\begin{aligned}&(a_{11}\alpha+a_{21}\beta+a_{31}\gamma)x_1+(a_{12}\alpha+a_{22}\beta+a_{32}\gamma)x_2+(a_{13}\alpha+a_{23}\beta+a_{33}\gamma)x_3\\&=b_1\alpha+b_2\beta+b_3\gamma.\end{aligned} \tag{2.7}$$

可见，要同时消去 x_2，x_3，只要 α,β,γ 满足下面的方程组

$$\begin{cases} a_{12}\alpha+a_{22}\beta+a_{32}\gamma=0, \\ a_{13}\alpha+a_{23}\beta+a_{33}\gamma=0. \end{cases} \tag{2.8}$$

设 $\begin{vmatrix} a_{12} & a_{22} \\ a_{13} & a_{23} \end{vmatrix}\neq 0$，视 α,β 为未知数，可得

$$\begin{aligned}\alpha&=\frac{\begin{vmatrix} -a_{32}\gamma & a_{22} \\ -a_{33}\gamma & a_{23} \end{vmatrix}}{\begin{vmatrix} a_{12} & a_{22} \\ a_{13} & a_{23} \end{vmatrix}}=-\gamma\frac{\begin{vmatrix} a_{32} & a_{22} \\ a_{33} & a_{23} \end{vmatrix}}{\begin{vmatrix} a_{12} & a_{22} \\ a_{13} & a_{23} \end{vmatrix}}=\gamma\frac{\begin{vmatrix} a_{22} & a_{32} \\ a_{23} & a_{33} \end{vmatrix}}{\begin{vmatrix} a_{12} & a_{22} \\ a_{13} & a_{23} \end{vmatrix}}=\gamma\frac{\begin{vmatrix} a_{22} & a_{23} \\ a_{32} & a_{33} \end{vmatrix}}{\begin{vmatrix} a_{12} & a_{13} \\ a_{22} & a_{23} \end{vmatrix}},\\ \beta&=\frac{\begin{vmatrix} a_{12} & -a_{32}\gamma \\ a_{13} & -a_{33}\gamma \end{vmatrix}}{\begin{vmatrix} a_{12} & a_{22} \\ a_{13} & a_{23} \end{vmatrix}}=-\gamma\frac{\begin{vmatrix} a_{12} & a_{32} \\ a_{13} & a_{33} \end{vmatrix}}{\begin{vmatrix} a_{12} & a_{22} \\ a_{13} & a_{23} \end{vmatrix}}=-\gamma\frac{\begin{vmatrix} a_{12} & a_{13} \\ a_{32} & a_{33} \end{vmatrix}}{\begin{vmatrix} a_{12} & a_{13} \\ a_{22} & a_{23} \end{vmatrix}}.\end{aligned} \tag{2.9}$$

注意在式(2.9)中用到了二阶行列式的性质(见例 2.1). 取 $\gamma=\begin{vmatrix} a_{12} & a_{13} \\ a_{22} & a_{23} \end{vmatrix}$，便有

$$\alpha=\begin{vmatrix} a_{22} & a_{23} \\ a_{32} & a_{33} \end{vmatrix},\quad \beta=-\begin{vmatrix} a_{12} & a_{13} \\ a_{32} & a_{33} \end{vmatrix},\quad \gamma=\begin{vmatrix} a_{12} & a_{13} \\ a_{22} & a_{23} \end{vmatrix}. \tag{2.10}$$

式(2.10)是在$\begin{vmatrix} a_{12} & a_{13} \\ a_{22} & a_{23} \end{vmatrix} \neq 0$的条件下得到的，但是可以验证只要式(2.10)中有一个行列式是非零的，那么α,β,γ不全为零且依然满足方程组(2.8).

把式(2.9)代入式(2.8)，就得到x_1满足的方程

$$\left(a_{11}\begin{vmatrix} a_{22} & a_{23} \\ a_{32} & a_{33} \end{vmatrix} - a_{21}\begin{vmatrix} a_{12} & a_{13} \\ a_{32} & a_{33} \end{vmatrix} + a_{31}\begin{vmatrix} a_{12} & a_{13} \\ a_{22} & a_{23} \end{vmatrix}\right)x_1$$

$$= b_1\begin{vmatrix} a_{22} & a_{23} \\ a_{32} & a_{33} \end{vmatrix} - b_2\begin{vmatrix} a_{12} & a_{13} \\ a_{32} & a_{33} \end{vmatrix} + b_3\begin{vmatrix} a_{12} & a_{13} \\ a_{22} & a_{23} \end{vmatrix}. \tag{2.11}$$

定义

$$\begin{vmatrix} a_{11} & a_{12} & a_{13} \\ a_{21} & a_{22} & a_{23} \\ a_{31} & a_{32} & a_{33} \end{vmatrix} = a_{11}\begin{vmatrix} a_{22} & a_{23} \\ a_{22} & a_{33} \end{vmatrix} - a_{21}\begin{vmatrix} a_{12} & a_{13} \\ a_{32} & a_{33} \end{vmatrix} + a_{31}\begin{vmatrix} a_{12} & a_{13} \\ a_{22} & a_{23} \end{vmatrix} \tag{2.12}$$

$$= a_{11}a_{22}a_{33} + a_{12}a_{23}a_{31} + a_{13}a_{21}a_{32} - a_{11}a_{23}a_{32} - a_{12}a_{21}a_{33} - a_{13}a_{22}a_{31}$$

为三阶行列式.

利用上述三阶行列式的概念来重写式(2.11)，则有

$$\begin{vmatrix} a_{11} & a_{12} & a_{13} \\ a_{21} & a_{22} & a_{23} \\ a_{31} & a_{32} & a_{33} \end{vmatrix} x_1 = \begin{vmatrix} b_1 & a_{12} & a_{13} \\ b_2 & a_{22} & a_{23} \\ b_3 & a_{32} & a_{33} \end{vmatrix}. \tag{2.13}$$

对于x_2,x_3类似地可得

$$\begin{vmatrix} a_{11} & a_{12} & a_{13} \\ a_{21} & a_{22} & a_{23} \\ a_{31} & a_{32} & a_{33} \end{vmatrix} x_2 = \begin{vmatrix} a_{11} & b_1 & a_{13} \\ a_{21} & b_2 & a_{23} \\ a_{31} & b_3 & a_{33} \end{vmatrix}, \quad \begin{vmatrix} a_{11} & a_{12} & a_{13} \\ a_{21} & a_{22} & a_{23} \\ a_{31} & a_{32} & a_{33} \end{vmatrix} x_3 = \begin{vmatrix} a_{11} & a_{12} & b_1 \\ a_{21} & a_{22} & b_2 \\ a_{31} & a_{32} & b_3 \end{vmatrix}.$$

综上所述，若$\begin{vmatrix} a_{11} & a_{12} & a_{13} \\ a_{21} & a_{22} & a_{23} \\ a_{31} & a_{32} & a_{33} \end{vmatrix} \neq 0$，可以解得

$$x_1 = \frac{\begin{vmatrix} b_1 & a_{12} & a_{13} \\ b_2 & a_{22} & a_{23} \\ b_3 & a_{32} & a_{33} \end{vmatrix}}{\begin{vmatrix} a_{11} & a_{12} & a_{13} \\ a_{21} & a_{22} & a_{23} \\ a_{31} & a_{32} & a_{33} \end{vmatrix}}, \quad x_2 = \frac{\begin{vmatrix} a_{11} & b_1 & a_{13} \\ a_{21} & b_2 & a_{23} \\ a_{31} & b_3 & a_{33} \end{vmatrix}}{\begin{vmatrix} a_{11} & a_{12} & a_{13} \\ a_{21} & a_{22} & a_{23} \\ a_{31} & a_{32} & a_{33} \end{vmatrix}}, \quad x_3 = \frac{\begin{vmatrix} a_{11} & a_{12} & b_1 \\ a_{21} & a_{22} & b_2 \\ a_{31} & a_{32} & b_3 \end{vmatrix}}{\begin{vmatrix} a_{11} & a_{12} & a_{13} \\ a_{21} & a_{22} & a_{23} \\ a_{31} & a_{32} & a_{33} \end{vmatrix}}. \tag{2.14}$$

可以验证式(2.14)确实为方程组(2.6)的解，从而为其唯一解.

注 用公式(2.14)求方程组(2.6)的唯一解便是著名的克拉默法则在三元线性方程组上应用的特殊情形. 上述推理可以应用到四个、五个乃至更多的方程构成的方程组上，只要方程组中未知数的个数与方程的个数相同. 读者不妨试一试.

例 2.1 证明二阶行列式有下列性质:

(1) $\begin{vmatrix} a_{11} & a_{21} \\ a_{12} & a_{22} \end{vmatrix} = \begin{vmatrix} a_{11} & a_{12} \\ a_{21} & a_{22} \end{vmatrix}$;

(2) $\begin{vmatrix} ka_{11} & a_{21} \\ ka_{12} & a_{22} \end{vmatrix} = \begin{vmatrix} a_{11} & ka_{12} \\ a_{21} & ka_{22} \end{vmatrix} = k\begin{vmatrix} a_{11} & a_{12} \\ a_{21} & a_{22} \end{vmatrix}$,

$\begin{vmatrix} a_{11}+b_{11} & a_{12} \\ a_{21}+b_{21} & a_{22} \end{vmatrix} = \begin{vmatrix} a_{11} & a_{12} \\ a_{21} & a_{22} \end{vmatrix} + \begin{vmatrix} b_{11} & a_{12} \\ b_{21} & a_{22} \end{vmatrix}$;

(3) $\begin{vmatrix} a_{11} & a_{12} \\ a_{21} & a_{22} \end{vmatrix} = -\begin{vmatrix} a_{12} & a_{11} \\ a_{22} & a_{21} \end{vmatrix}$.

证明 直接计算即可. 以性质(2)中第二个等式为例证明.

$$\begin{aligned}\begin{vmatrix} a_{11}+b_{11} & a_{12} \\ a_{21}+b_{21} & a_{22} \end{vmatrix} &= (a_{11}+b_{11})a_{22} - a_{12}(a_{21}+b_{21}) \\ &= a_{11}a_{22} + b_{11}a_{22} - a_{12}a_{21} - a_{12}b_{21} \\ &= (a_{11}a_{22} - a_{12}a_{21}) + (b_{11}a_{22} - a_{12}b_{21}) \\ &= \begin{vmatrix} a_{11} & a_{12} \\ a_{21} & a_{22} \end{vmatrix} + \begin{vmatrix} b_{11} & a_{12} \\ b_{21} & a_{22} \end{vmatrix}.\end{aligned}$$

例 2.2 计算三阶行列式 $\begin{vmatrix} 4 & 9 & 2 \\ 3 & 5 & 7 \\ 8 & 1 & 6 \end{vmatrix}$.

解 $\begin{vmatrix} 4 & 9 & 2 \\ 3 & 5 & 7 \\ 8 & 1 & 6 \end{vmatrix} = 4\begin{vmatrix} 5 & 7 \\ 1 & 6 \end{vmatrix} - 3\begin{vmatrix} 9 & 2 \\ 1 & 6 \end{vmatrix} + 8\begin{vmatrix} 9 & 2 \\ 5 & 7 \end{vmatrix} = 4\times 23 - 3\times 52 + 8\times 53 = 360.$

例 2.3 求平面上过点(1,−3),(4,−2),(−2,6)的圆的方程.

解 设所求圆的方程为 $x^2+y^2+Ax+By+C=0$,由题意得下列方程组

$$\begin{cases} 1+9+A-3B+C=0, \\ 16+4+4A-2B+C=0, \\ 4+36-2A+6B+C=0, \end{cases} \quad 即 \quad \begin{cases} A-3B+C=-10, \\ 4A-2B+C=-20, \\ -2A+6B+C=-40. \end{cases}$$

由 $D=\begin{vmatrix} 1 & -3 & 1 \\ 4 & -2 & 1 \\ -2 & 6 & 1 \end{vmatrix} = 1\begin{vmatrix} -2 & 1 \\ 6 & 1 \end{vmatrix} - 4\begin{vmatrix} -3 & 1 \\ 6 & 1 \end{vmatrix} + (-2)\begin{vmatrix} -3 & 1 \\ -2 & 1 \end{vmatrix} = -8+36+2=30$ 知此方程组有唯一解. 由式(2.14)可得

$$A = \frac{\begin{vmatrix} -10 & -3 & 1 \\ -20 & -2 & 1 \\ -40 & 6 & 1 \end{vmatrix}}{D} = \frac{-10\begin{vmatrix} -2 & 1 \\ 6 & 1 \end{vmatrix} - (-20)\begin{vmatrix} -3 & 1 \\ 6 & 1 \end{vmatrix} + (-40)\begin{vmatrix} -3 & 1 \\ -2 & 1 \end{vmatrix}}{30}$$

$$=\frac{80-180+40}{30}=-2,$$

$$B=\frac{\begin{vmatrix}1&-10&1\\4&-20&1\\-2&-40&1\end{vmatrix}}{D}=\frac{\begin{vmatrix}-20&1\\-40&1\end{vmatrix}-4\begin{vmatrix}-10&1\\-40&1\end{vmatrix}+(-2)\begin{vmatrix}-10&1\\-20&1\end{vmatrix}}{30}$$

$$=\frac{20-120-20}{30}=-4,$$

$$C=\frac{\begin{vmatrix}1&-3&-10\\4&-2&-20\\-2&6&-40\end{vmatrix}}{D}=\frac{\begin{vmatrix}-2&-20\\6&-40\end{vmatrix}-4\begin{vmatrix}-3&-10\\6&-40\end{vmatrix}+(-2)\begin{vmatrix}-3&-10\\-2&-20\end{vmatrix}}{30}$$

$$=\frac{200-720-80}{30}=-20.$$

从而所求圆的方程为 $x^2+y^2-2x-4y-20=0$.

2.2 n 阶行列式的定义

通过研究二元、三元线性方程组的求解，引入了二阶、三阶行列式.这是否能够一般性推广呢？为此，把二阶、三阶行列式的定义重新写出来，即

$$D_2=\begin{vmatrix}a_{11}&a_{12}\\a_{21}&a_{22}\end{vmatrix}=a_{11}a_{22}-a_{12}a_{21}, \tag{2.15}$$

$$D_3=\begin{vmatrix}a_{11}&a_{12}&a_{13}\\a_{21}&a_{22}&a_{23}\\a_{31}&a_{32}&a_{33}\end{vmatrix}=a_{11}\begin{vmatrix}a_{22}&a_{23}\\a_{32}&a_{33}\end{vmatrix}-a_{21}\begin{vmatrix}a_{12}&a_{13}\\a_{32}&a_{33}\end{vmatrix}+a_{31}\begin{vmatrix}a_{12}&a_{13}\\a_{22}&a_{23}\end{vmatrix}. \tag{2.16}$$

观察发现，在式(2.16)中分别与 a_{11},a_{21},a_{31} 相乘的三个二阶行列式恰好是左端行列式中划去 a_{11},a_{21},a_{31} 各自所在行列后剩下的元素(按原顺序)构成的，分别称它们为 a_{11},a_{21},a_{31} 的**余子式**，依次记为 M_{11},M_{21},M_{31}. 于是

$$D_3=\begin{vmatrix}a_{11}&a_{12}&a_{13}\\a_{21}&a_{22}&a_{23}\\a_{31}&a_{32}&a_{33}\end{vmatrix}=a_{11}M_{11}-a_{21}M_{21}+a_{31}M_{31}. \tag{2.17}$$

若规定 $|a|=a$ 为一阶行列式，那么 D_2 中的 a_{22},a_{12} 可以分别理解为 a_{11},a_{21} 的余子式，仍分别记为 M_{11},M_{21}. 于是式(2.15)也可以写为

$$D_2=\begin{vmatrix}a_{11}&a_{12}\\a_{21}&a_{22}\end{vmatrix}=a_{11}M_{11}-a_{21}M_{21}. \tag{2.18}$$

仿照式(2.18)、式(2.17)的形式，可以给出行列式的一般定义.

定义 2.1 对于 $n\geqslant 2$，若 $(n-1)$ 阶行列式已有定义，则定义 ***n* 阶行列式**为由 n^2 个数 $a_{ij}(i=1,2,\cdots,n;j=1,2,\cdots,n)$ 排成 n 行 n 列，得到下面的展开式

$$D_n=\begin{vmatrix} a_{11} & a_{12} & \cdots & a_{1n} \\ a_{21} & a_{22} & \cdots & a_{2n} \\ \vdots & \vdots & & \vdots \\ a_{n1} & a_{n2} & \cdots & a_{nn} \end{vmatrix}=a_{11}M_{11}-a_{21}M_{21}+\cdots+(-1)^{n+1}a_{n1}M_{n1}$$

$$=\sum_{i=1}^{n}(-1)^{i+1}a_{i1}M_{i1}, \tag{2.19}$$

其中 $M_{i1}(i=1,2,\cdots,n)$ 是 a_{i1} 的余子式，即在 D_n 中划去第 i 行第 1 列后得到的 $(n-1)$ 阶行列式. 常把行列式(2.19)简记为 $D=\det(a_{ij})$ 或 $|a_{ij}|$. a_{ij} 称为**行列式的元素**.

例如，M_{21} 就是把 D_n 的第二行和第一列划去，等式最右边所示的 $(n-1)$ 阶行列式，即

$$M_{21}=\begin{vmatrix} a_{11} & a_{12} & \cdots & a_{1n} \\ a_{21} & a_{22} & \cdots & a_{2n} \\ a_{31} & a_{32} & \cdots & a_{3n} \\ \vdots & \vdots & & \vdots \\ a_{n1} & a_{n2} & \cdots & a_{nn} \end{vmatrix}=\begin{vmatrix} a_{12} & \cdots & a_{1n} \\ a_{32} & \cdots & a_{3n} \\ \vdots & & \vdots \\ a_{n2} & \cdots & a_{nn} \end{vmatrix}.$$

注 行列式的定义有多种，下面给出定义行列式的另一方法.

为此，先指出什么是排列的奇偶性. 设正整数 $1,2,\cdots,n$ 的一个全排列(简称为排列)为 $(j_1,j_2,\cdots,j_n)$，若当 $s<t$ 时，$j_s>j_t(s,t=1,2,\cdots,n)$(大数 j_s 排在比其小的数 j_t 前面)，则称 j_s 与 j_t 构成一个**逆序**. 排列 $(j_1,j_2,\cdots,j_n)$ 所有逆序的总数称为排列的**逆序数**，记作 $\tau(j_1,j_2,\cdots,j_n)$. 逆序数为奇数的排列称为**奇排列**，逆序数为偶数的排列称为**偶排列**. 例如，1,2,3,4,5 的排列(4,5,1,3,2)的逆序为 41,43,42,51,53,52,32，从而 $\tau(4,5,1,3,2)=7$.

由此，***n* 阶行列式**定义为

$$\begin{vmatrix} a_{11} & a_{12} & \cdots & a_{1n} \\ a_{21} & a_{22} & \cdots & a_{2n} \\ \vdots & \vdots & & \vdots \\ a_{n1} & a_{n2} & \cdots & a_{nn} \end{vmatrix}=\sum_{(j_1,j_2,\cdots,j_n)}(-1)^{\tau(j_1,j_2,\cdots,j_n)}a_{1j_1}a_{2j_2}\cdots a_{nj_n},$$

其中右端的 $\sum\limits_{(j_1,j_2,\cdots,j_n)}$ 表示对 $1,2,\cdots,n$ 的所有排列求和，故展开式中共有 $n!$ 项.

可以证明(此处从略)，定义 2.1 与此定义是一致的.

例 2.4 若 $i>j$ 时 $a_{ij}=0$，则称行列式 $|a_{ij}|$ 为**上三角行列式**. 求证：上三角行列式

$$\det(a_{ij})=\begin{vmatrix} a_{11} & a_{12} & \cdots & a_{1n} \\ 0 & a_{22} & \cdots & a_{2n} \\ \vdots & \vdots & & \vdots \\ 0 & 0 & \cdots & a_{nn} \end{vmatrix}=a_{11}a_{22}\cdots a_{nn}=\prod_{i=1}^{n} a_{ii},$$

其中 $\prod$ 为连乘符号.

证明　由定义 $\det(a_{ij})=a_{11}M_{11}=a_{11}\begin{vmatrix} a_{22} & \cdots & a_{2n} \\ \vdots & & \vdots \\ 0 & \cdots & a_{nn} \end{vmatrix}=\cdots=a_{11}a_{22}\cdots a_{nn}$.

例 2.4 表明:上三角行列式等于主对角线上的元素(即 $a_{11},a_{22},\cdots,a_{nn}$)的乘积.作为这种行列式的特殊情形,有

$$\begin{vmatrix} a_{11} & 0 & \cdots & 0 \\ 0 & a_{22} & \cdots & 0 \\ \vdots & \vdots & & \vdots \\ 0 & 0 & \cdots & a_{nn} \end{vmatrix}=a_{11}a_{22}\cdots a_{nn},$$

此处形式的行列式称为**对角行列式**.

例 2.5　计算四阶行列式 $D=\begin{vmatrix} -2 & 2 & -4 & 0 \\ 4 & -1 & 3 & 5 \\ 3 & 1 & -2 & -3 \\ 2 & 0 & 5 & 1 \end{vmatrix}$.

解　由定义可知

$$D=a_{11}M_{11}-a_{21}M_{21}+a_{31}M_{31}-a_{41}M_{41}$$

$$=-2\begin{vmatrix} -1 & 3 & 5 \\ 1 & -2 & -3 \\ 0 & 5 & 1 \end{vmatrix}-4\begin{vmatrix} 2 & -4 & 0 \\ 1 & -2 & -3 \\ 0 & 5 & 1 \end{vmatrix}+3\begin{vmatrix} 2 & -4 & 0 \\ -1 & 3 & 5 \\ 0 & 5 & 1 \end{vmatrix}-2\begin{vmatrix} 2 & -4 & 0 \\ -1 & 3 & 5 \\ 1 & -2 & -3 \end{vmatrix}$$

$$=-2\left\{(-1)\times\begin{vmatrix} -2 & -3 \\ 5 & 1 \end{vmatrix}-\begin{vmatrix} 3 & 5 \\ 5 & 1 \end{vmatrix}+0\begin{vmatrix} 3 & 5 \\ -2 & -3 \end{vmatrix}\right\}$$

$$-4\left\{2\begin{vmatrix} -2 & -3 \\ 5 & 1 \end{vmatrix}-\begin{vmatrix} -4 & 0 \\ 5 & 1 \end{vmatrix}+0\begin{vmatrix} -4 & 0 \\ -2 & -3 \end{vmatrix}\right\}$$

$$+3\left\{2\begin{vmatrix} 3 & 5 \\ 5 & 1 \end{vmatrix}-(-1)\times\begin{vmatrix} -4 & 0 \\ 5 & 1 \end{vmatrix}+0\begin{vmatrix} -4 & 0 \\ 3 & 5 \end{vmatrix}\right\}$$

$$-2\left\{2\begin{vmatrix} 3 & 5 \\ -2 & -3 \end{vmatrix}-(-1)\times\begin{vmatrix} -4 & 0 \\ -2 & -3 \end{vmatrix}+\begin{vmatrix} -4 & 0 \\ 3 & 5 \end{vmatrix}\right\}$$

$$=-2\times 9-4\times 30+3\times(-48)-2\times(-6)=-270.$$

例 2.5 表明,按定义计算行列式是很麻烦的,而且随着行列式阶数 n 的增加甚至变为不可能. 2.3 节转而讨论行列式的性质.

2.3 行列式按列(行)展开

为了讨论行列式的性质,先给出下面一般性的定义.

定义 2.2 在 n 阶行列式中,将 a_{ij} 所在的第 i 行和第 j 列划去后,剩下的元素按原来的顺序构成的 $(n-1)$ 阶行列式,称为元素 a_{ij} 的**余子式**,记作 M_{ij}. 而称 $A_{ij}=(-1)^{i+j}M_{ij}$ 为元素 a_{ij} 的**代数余子式**.

例如,在行列式 $D=\begin{vmatrix}-2 & 2 & -4 & 0\\ 4 & -1 & 3 & 5\\ 3 & 1 & -2 & -3\\ 2 & 0 & 5 & 1\end{vmatrix}$ 中划去第三行第三列可得元素 a_{33} 的余子式 M_{33},即

$$M_{33}=\begin{vmatrix}-2 & 2 & -4 & 0\\ 4 & -1 & 3 & 5\\ 3 & 1 & -2 & -3\\ 2 & 0 & 5 & 1\end{vmatrix}=\begin{vmatrix}-2 & 2 & 0\\ 4 & -1 & 5\\ 2 & 0 & 1\end{vmatrix}=14,$$

而 $A_{33}=(-1)^{(3+3)}M_{33}=14$.

例 2.6 考虑例 2.5 的四阶行列式,即 $D=\begin{vmatrix}-2 & 2 & -4 & 0\\ 4 & -1 & 3 & 5\\ 3 & 1 & -2 & -3\\ 2 & 0 & 5 & 1\end{vmatrix}$. 求:

(1) $a_{12}M_{12}-a_{22}M_{22}+a_{32}M_{32}-a_{42}M_{42}$;

(2) $a_{12}A_{12}+a_{22}A_{22}+a_{32}A_{32}+a_{42}A_{42}$.

解 (1)由余子式的定义得

$$\begin{aligned}&a_{12}M_{12}-a_{22}M_{22}+a_{32}M_{32}-a_{42}M_{42}\\ &=2\begin{vmatrix}4 & 3 & 5\\ 3 & -2 & -3\\ 2 & 5 & 1\end{vmatrix}-(-1)\begin{vmatrix}-2 & -4 & 0\\ 3 & -2 & -3\\ 2 & 5 & 1\end{vmatrix}+1\begin{vmatrix}-2 & -4 & 0\\ 4 & 3 & 5\\ 2 & 5 & 1\end{vmatrix}-0\begin{vmatrix}-2 & -4 & 0\\ 4 & 3 & 5\\ 3 & -2 & -3\end{vmatrix}\\ &=2\times120-(-1)\times10+20=270.\end{aligned}$$

(2)由代数余子式的定义得

$$\begin{aligned}&a_{12}A_{12}+a_{22}A_{22}+a_{32}A_{32}+a_{42}A_{42}\\ &=2\times(-1)^{1+2}\begin{vmatrix}4 & 3 & 5\\ 3 & -2 & -3\\ 2 & 5 & 1\end{vmatrix}+(-1)\times(-1)^{2+2}\begin{vmatrix}-2 & -4 & 0\\ 3 & -2 & -3\\ 2 & 5 & 1\end{vmatrix}+1\end{aligned}$$

$$\times(-1)^{3+2}\begin{vmatrix}-2 & -4 & 0\\ 4 & 3 & 5\\ 2 & 5 & 1\end{vmatrix}+0\times(-1)^{4+2}\begin{vmatrix}-2 & -4 & 0\\ 4 & 3 & 5\\ 3 & -2 & -3\end{vmatrix}$$

$$=-2\times 120+(-1)\times 10-20=-270.$$

注意到 $\sum\limits_{i=1}^{4} a_{i2}A_{i2}=D$,那么是否有 $\sum\limits_{i=1}^{4} a_{i3}A_{i3}=\sum\limits_{i=1}^{4} a_{i4}A_{i4}=D$ 呢? 答案是肯定的. 为了在一般情形下证明结论,先给出如下重要引理.

引理 互换行列式的任意两列(或两行),行列式变号.

证明* 用数学归纳法证明. 分两种情形证明.

(1)互换行列式的两行,行列式变号.

对二阶行列式,只有一种换行方式,且

$$\begin{vmatrix}a_{21} & a_{22}\\ a_{11} & a_{12}\end{vmatrix}=a_{21}a_{12}-a_{22}a_{11}=-(a_{11}a_{22}-a_{12}a_{21})=-\begin{vmatrix}a_{11} & a_{12}\\ a_{21} & a_{22}\end{vmatrix},$$

故对二阶行列式命题成立. 假设对$(n-1)$阶行列式命题成立. 下面来看 n 阶行列式的情形.

不妨设互换 n 阶行列式 D 的第 i 行与第 j 行$(i<j)$,并记互换两行后的行列式为 $\overline{D}$. 按行列式的定义式(2.19),分别计算 D 和 $\overline{D}$ 得

$$D=\begin{vmatrix}a_{11} & \cdots & a_{1n}\\ \vdots & & \vdots\\ a_{i1} & \cdots & a_{in}\\ \vdots & & \vdots\\ a_{j1} & \cdots & a_{jn}\\ \vdots & & \vdots\\ a_{n1} & \cdots & a_{nn}\end{vmatrix}$$

$$=a_{11}M_{11}+\cdots+(-1)^{i+1}a_{i1}M_{i1}+\cdots+(-1)^{j+1}a_{j1}M_{j1}+\cdots+(-1)^{n+1}a_{n1}M_{n1},$$

$$\overline{D}=\begin{vmatrix}a_{11} & \cdots & a_{1n}\\ \vdots & & \vdots\\ a_{j1} & \cdots & a_{jn}\\ \vdots & & \vdots\\ a_{i1} & \cdots & a_{in}\\ \vdots & & \vdots\\ a_{n1} & \cdots & a_{nn}\end{vmatrix}$$

$$=a_{11}\overline{M}_{11}+\cdots+(-1)^{i+1}a_{j1}\overline{M}_{i1}+\cdots+(-1)^{j+1}a_{i1}\overline{M}_{j1}+\cdots+(-1)^{n+1}a_{n1}\overline{M}_{n1}.$$

由归纳假设易知 $M_{s1}=-\overline{M}_{s1}(s\neq i,j)$.

对$(n-1)$阶行列式 M_{i1},把其第$(j-1)$行依次与上面的$(j-i-1)$行互换可变为 $\overline{M}_{j1}$,由归纳假设 $M_{i1}=(-1)^{j-i-1}\overline{M}_{j1}$,从而

$$(-1)^{i+1}a_{i1}M_{i1}=(-1)^{i+1}a_{i1}(-1)^{j-i-1}\overline{M}_{j1}=(-1)^{j}a_{i1}\overline{M}_{j1}.$$

类似地,可得$(-1)^{j+1}a_{j1}M_{j1}=(-1)^{i}a_{j1}\overline{M}_{i1}$. 把这些关系式代入上述 D 和 $\overline{D}$ 的展开式,可得 $D=-\overline{D}$,即对 n 阶行列式命题成立. 由数学归纳法,对任意阶行列式命题都成立.

(2)互换行列式的两列,则行列式变号.

对二阶行列式,只有一种交换两列的方式,且

$$\begin{vmatrix} a_{12} & a_{11} \\ a_{22} & a_{21} \end{vmatrix}=a_{12}a_{21}-a_{11}a_{22}=-(a_{11}a_{22}-a_{12}a_{21})=-\begin{vmatrix} a_{11} & a_{12} \\ a_{21} & a_{22} \end{vmatrix}.$$

故对二阶行列式命题成立. 假设对$(n-1)$阶行列式命题成立. 下面来看 n 阶行列式的情形.

设互换 n 阶行列式 D 的第 l 列与第 m 列$(l<m)$,并记互换两列后所得的行列式为 $\overline{D}$.

(a)$1<l<m$ 的情形,即所换的两列不涉及第一列.

从定义 2.1 直接看到,其中的每个 M_{i1} 也都相应地换列. 由归纳假设可知,此种换列使得每个 $M_{i1}(i=1,2,\cdots,n)$变为$-M_{i1}$,而 a_{i1} 则全都不变,故此种换列使得 D 变为$-D$.

(b)$l=1,m=2$ 的情形,即互换前两列.

行列式的定义式(2.19)中,第一列有别于其余各列. 因为用来写下定义式的"系数"是取于第一列,而其他列的元素则全部包括在它们的余子式内,所以当第一列和第二列互换后的行列式按定义展开时,初看起来会变得面目全非,难以处理. 为此,需要把这些余子式进一步按定义展开,并把原来行列式第二列的元素也提出来. 这样第二列和第一列的元素便处于同等地位.

用 $M_{ij}^{12}(i\neq j)$表示行列式 D 中划去第 i 行与第 j 行及前两列后的行列式,显然有 $M_{ij}^{12}=M_{ji}^{12}(i\neq j)$. 从而

$$\begin{aligned}
D &=a_{11}M_{11}-a_{21}M_{21}+\cdots+(-1)^{i+1}a_{i1}M_{i1}+\cdots+(-1)^{n+1}a_{n1}M_{n1}.\\
&= a_{11}[a_{22}M_{12}^{12}-a_{32}M_{13}^{12}+a_{42}M_{14}^{12}-\cdots+(-1)^{n}a_{n2}M_{1n}^{12}]\\
&\quad -a_{21}[a_{12}M_{21}^{12}-a_{32}M_{23}^{12}+a_{42}M_{24}^{12}-\cdots+(-1)^{n}a_{n2}M_{2n}^{12}]\\
&\quad +a_{31}[a_{12}M_{31}^{12}-a_{22}M_{32}^{12}+a_{42}M_{34}^{12}-\cdots+(-1)^{n}a_{n2}M_{3n}^{12}]\\
&\quad -\cdots+(-1)^{n+1}a_{n1}[a_{12}M_{n1}^{12}-a_{22}M_{n2}^{12}+a_{32}M_{n3}^{12}-\cdots+(-1)^{n}a_{n-1,2}M_{n,n-1}^{12}]\\
&=\sum_{1\leqslant i<j\leqslant n}(-1)^{i+j+1}(a_{i1}a_{j2}-a_{i2}a_{j1})M_{ij}^{12}\\
&=\sum_{1\leqslant i<j\leqslant n}(-1)^{i+j+1}\begin{vmatrix} a_{i1} & a_{i2} \\ a_{j1} & a_{j2} \end{vmatrix}M_{ij}^{12}.
\end{aligned} \tag{2.20}$$

由式(2.20)立刻可以看到,若把 D 的前两列互换,则 M_{ij}^{12} 都保持不变,但其系数却都引入了负号,所以整体上 D 便转为$-D$.

(c)$l=1,m>2$ 的情形.

把 D 的第 m 列依次与前面的$(m-2)$列互换变为 D',由(a)知 $D'=(-1)^{m-2}D$;

把 D'的前两列互换变为 D'',由(b)知 $D''=-D'$;

再把 D'' 的第二列与其后的 $(m-2)$ 列互换即得 $\overline{D}$，由(a)知 $\overline{D}=(-1)^{m-2}D''$，从而 $\overline{D}=(-1)^{m-2}D''=-(-1)^{m-2}D'=-(-1)^{m-2}(-1)^{m-2}D=-D$.

由数学归纳法，对任意阶行列式命题都成立.

行列式的定义式是取第一列的系数来展开，借助引理我们可以把行列式按任意列(行)展开. 确切地说，有下述定理.

定理 2.1　$n(n\geqslant 2)$ 阶行列式按任何一列(行)的展开式均相等. 若记

$$D=\begin{vmatrix} a_{11} & a_{12} & \cdots & a_{1n} \\ a_{21} & a_{22} & \cdots & a_{2n} \\ \vdots & \vdots & & \vdots \\ a_{n1} & a_{n2} & \cdots & a_{nn} \end{vmatrix},$$

则

$$D=a_{1j}A_{1j}+a_{2j}A_{2j}+\cdots+a_{nj}A_{nj}=\sum_{k=1}^{n}a_{kj}A_{kj}\,(j=1,2,\cdots,n), \tag{2.21}$$

$$D=a_{i1}A_{i1}+a_{i2}A_{i2}+\cdots+a_{in}A_{in}=\sum_{k=1}^{n}a_{ik}A_{ik}\,(i=1,2,\cdots,n). \tag{2.22}$$

其中式(2.21)与式(2.22)分别表示行列式按第 j 列与第 i 行展开的公式.

证明　(1)先证式(2.21). 当 $j=1$ 时，式(2.21)就是行列式的定义式(2.19). 对于一般的 j，根据引理 1 先把第一列与第 j 列互换，然后再按定义展开有

$$\begin{vmatrix} a_{11} & \cdots & a_{1j} & \cdots & a_{1n} \\ a_{21} & \cdots & a_{2j} & \cdots & a_{2n} \\ \vdots & & \vdots & & \vdots \\ a_{n1} & \cdots & a_{nj} & \cdots & a_{nn} \end{vmatrix} = -\begin{vmatrix} a_{1j} & \cdots & a_{11} & \cdots & a_{1n} \\ a_{2j} & \cdots & a_{21} & \cdots & a_{2n} \\ \vdots & & \vdots & & \vdots \\ a_{nj} & \cdots & a_{n1} & \cdots & a_{nn} \end{vmatrix}$$

　　　　　　　　　　　　　　　↑ 列 j

$$=-a_{1j}\begin{vmatrix} a_{22} & \cdots & a_{21} & \cdots & a_{2n} \\ a_{32} & \cdots & a_{31} & \cdots & a_{3n} \\ \vdots & & \vdots & & \vdots \\ a_{n2} & \cdots & a_{n1} & \cdots & a_{nn} \end{vmatrix}+a_{2j}\begin{vmatrix} a_{12} & \cdots & a_{11} & \cdots & a_{1n} \\ a_{32} & \cdots & a_{31} & \cdots & a_{3n} \\ \vdots & & \vdots & & \vdots \\ a_{n2} & \cdots & a_{n1} & \cdots & a_{nn} \end{vmatrix}$$

　　　　↑ 列 $(j-1)$　　　　　　　↑ 列 $(j-1)$

$$-\cdots+(-1)^{n+2}a_{nj}\begin{vmatrix} a_{12} & \cdots & a_{11} & \cdots & a_{1n} \\ a_{22} & \cdots & a_{21} & \cdots & a_{2n} \\ \vdots & & \vdots & & \vdots \\ a_{n-1,2} & \cdots & a_{n-1,1} & \cdots & a_{n-1,n} \end{vmatrix}$$

　　　　　　　↑ 列 $(j-1)$

$$=(-1)^{1+j}a_{1j}M_{1j}+(-1)^{2+j}a_{2j}M_{2j}+\cdots+(-1)^{n+j}a_{nj}M_{nj}$$
$$=a_{1j}A_{1j}+a_{2j}A_{2j}+\cdots+a_{nj}A_{nj}.$$

注意到 D 的第一列元素位于余子式(第二个等号右端的$(n-1)$阶行列式)的第$(j-1)$列,通过$(j-2)$次换列(依次与前面的$(j-2)$列互换)把它们全都移回各自的第一列,就得到第三个等号右端的结果.

(2)现在考虑式(2.22)的证明.

暂且规定 $d=|a_{ij}|_d=\sum\limits_{j=1}^{n}a_{1j}A_{1j}=a_{11}M_{11}-a_{12}M_{12}+\cdots+(-1)^{1+n}a_{1n}M_{1n}$,可以认为是一种"新的"行列式,则引理的结论对 d 依然成立,即

$$\sum_{j=1}^{n}a_{1j}A_{1j}=\sum_{j=1}^{n}a_{2j}A_{2j}=\cdots=\sum_{j=1}^{n}a_{nj}A_{nj}=d,$$

故 $nd=\sum\limits_{i=1}^{n}\left(\sum\limits_{j=1}^{n}a_{ij}A_{ij}\right)=\sum\limits_{j=1}^{n}\left(\sum\limits_{i=1}^{n}a_{ij}A_{ij}\right)=nD$. 可见 d 与 D 相同. 从而结论得证.

例 2.7 求证:

$$D=\begin{vmatrix}0&0&\cdots&0&a_{1n}\\0&0&\cdots&a_{2,n-1}&a_{2n}\\\vdots&\vdots&&\vdots&\vdots\\0&a_{n-1,2}&\cdots&a_{n-1,n-1}&a_{n-1,n}\\a_{n1}&a_{n2}&\cdots&a_{n,n-1}&a_{nn}\end{vmatrix}=(-1)^{\frac{n(n-1)}{2}}a_{1n}a_{2,n-1}\cdots a_{n-1,2}a_{n1}.$$

证明 依次按第一行展开,可得

$$D=(-1)^{1+n}a_{1n}\begin{vmatrix}0&0&\cdots&a_{2,n-1}\\\vdots&\vdots&&\vdots\\0&a_{n-1,2}&\cdots&a_{n-1,n-1}\\a_{n1}&a_{n2}&\cdots&a_{n,n-1}\end{vmatrix}$$
$$=(-1)^{1+n}a_{1n}(-1)^{n}a_{2,n-1}\cdots(-1)^{2}a_{n-1,2}a_{n1}$$
$$=(-1)^{(1+n)+n+(n-1)+\cdots+2}a_{1n}a_{2,n-1}\cdots a_{n-1,2}a_{n1}$$
$$=(-1)^{\frac{n(n+3)}{2}}a_{1n}a_{2,n-1}\cdots a_{n-1,2}a_{n1}$$
$$=(-1)^{\frac{n(n-1)}{2}}a_{1n}a_{2,n-1}\cdots a_{n-1,2}a_{n1}.$$

例 2.8 设 $D=\begin{vmatrix}0&0&-1&0\\-1&6&3&-4\\0&5&2&0\\-6&0&0&2\end{vmatrix}$,求:

(1)D;

(2) $\sum\limits_{i=1}^{4}A_{i3}=A_{13}+A_{23}+A_{33}+A_{43}$ 及 $\sum\limits_{j=1}^{3}jM_{2j}=M_{21}+2M_{22}+3M_{23}$.

解 (1)注意到行列式中第一行只有一个非零元素,可先按第一行展开.

$$D=\begin{vmatrix}0&0&-1&0\\-1&6&3&-4\\0&5&2&0\\-6&0&0&2\end{vmatrix}=a_{13}A_{13}=(-1)\times(-1)^{1+3}\begin{vmatrix}-1&6&-4\\0&5&0\\-6&0&2\end{vmatrix}$$

$$=-5\begin{vmatrix}-1&-4\\-6&2\end{vmatrix}=130.$$

(2)由式(2.21)可知 $A_{13}+A_{23}+A_{33}+A_{43}$ 等于把 D 的第三列各个元素都换为 1 后的行列式,即

$$A_{13}+A_{23}+A_{33}+A_{43}=\begin{vmatrix}0&0&1&0\\-1&6&1&-4\\0&5&1&0\\-6&0&1&2\end{vmatrix}=\begin{vmatrix}-1&6&-4\\0&5&0\\-6&0&2\end{vmatrix}$$

$$=5\begin{vmatrix}-1&-4\\-6&2\end{vmatrix}=-130.$$

$$\sum_{j=1}^{3} jM_{2j}=M_{21}+2M_{22}+3M_{23}=-A_{21}+2A_{22}-3A_{23}+0A_{24}$$

$$=\begin{vmatrix}0&0&-1&0\\-1&2&-3&0\\0&5&2&0\\-6&0&0&2\end{vmatrix}$$

$$=2\begin{vmatrix}0&0&-1\\-1&2&-3\\0&5&2\end{vmatrix}=2\times(-1)\begin{vmatrix}-1&2\\0&5\end{vmatrix}=10.$$

2.4 行列式的性质

本质上,行列式是特殊的 n^2 元(行列式的元素 $a_{ij},i,j=1,2,\cdots,n$)多项式函数,它之所以重要,在于其具有的良好性质.本节就来讨论这些性质,它们不仅可以用来简化计算,而且对于行列式的理论研究,也是极为重要的.可以说,学好行列式的关键就是理解好行列式的性质并能灵活运用.

设 n 阶行列式

$$D=\begin{vmatrix}a_{11}&a_{12}&\cdots&a_{1n}\\a_{21}&a_{22}&\cdots&a_{2n}\\\vdots&\vdots&&\vdots\\a_{n1}&a_{n2}&\cdots&a_{nn}\end{vmatrix}.$$

将 D 的行、列互换得到下面的行列式:

$$D^{\mathrm{T}}=\begin{vmatrix} a_{11} & a_{21} & \cdots & a_{n1} \\ a_{12} & a_{22} & \cdots & a_{n2} \\ \vdots & \vdots & & \vdots \\ a_{1n} & a_{2n} & \cdots & a_{nn} \end{vmatrix},$$

称 D^{T}为行列式 D 的**转置行列式**.

性质 2.1 互换行列式的任意两列(或两行),行列式变号.

证明 此即引理.

推论 2.1 如果行列式中有两列(或两行)对应元素完全相同,则此行列式为零.

证明 将元素对应相等的这两列互换,则得 $D=-D$,故 $D=0$.

性质 2.2 行列式 D 与其转置行列式 D^{T}相等,即 $D=D^{\mathrm{T}}$.

证明 用数学归纳法证明.

对二阶行列式,有

$$\begin{vmatrix} a_{11} & a_{21} \\ a_{12} & a_{22} \end{vmatrix}=a_{11}a_{22}-a_{21}a_{12}=\begin{vmatrix} a_{11} & a_{12} \\ a_{21} & a_{22} \end{vmatrix}.$$

故对二阶行列式命题成立. 假设对$(n-1)$阶行列式命题成立. 下面来看 n 阶行列式的情形.

将 n 阶行列式 D 按第一列展开,有

$$D=\begin{vmatrix} a_{11} & a_{12} & \cdots & a_{1n} \\ a_{21} & a_{22} & \cdots & a_{2n} \\ \vdots & \vdots & & \vdots \\ a_{n1} & a_{n2} & \cdots & a_{nn} \end{vmatrix}=a_{11}M_{11}-a_{21}M_{21}+\cdots+(-1)^{i+1}a_{i1}M_{i1}+\cdots+(-1)^{n+1}a_{n1}M_{n1}.$$

记 D^{T}中第一行第 i 列元素的余子式为 M'_{1i},并将其按第一行展开,有

$$D^{\mathrm{T}}=\begin{vmatrix} a_{11} & a_{21} & \cdots & a_{n1} \\ a_{12} & a_{22} & \cdots & a_{n2} \\ \vdots & \vdots & & \vdots \\ a_{n1} & a_{n2} & \cdots & a_{nn} \end{vmatrix}=a_{11}M'_{11}-a_{21}M'_{12}+\cdots+(-1)^{i+1}a_{i1}M'_{1i}+\cdots+(-1)^{n+1}a_{n1}M'_{1n}.$$

注意到 M'_{1i}恰为 M_{1i}的转置行列式,由归纳假设两者相等,从而 $D=D^{\mathrm{T}}$. 由数学归纳法,对任意阶行列式命题都成立.

这个结果表明了行列式的行、列地位的对称性. 由此可知,对于列成立的性质对于行也成立. 例如,关于**下三角行列式**(当 $i<j$ 时,$a_{ij}=0$ 的行列式)的结果可以利用性质 2.2 及关于上三角行列式(见例 2.4)的结果来得到,而不必直接证明

$$\begin{vmatrix} a_{11} & 0 & \cdots & 0 \\ a_{21} & a_{22} & \cdots & 0 \\ \vdots & \vdots & & \vdots \\ a_{n1} & a_{n2} & \cdots & a_{nn} \end{vmatrix}=\begin{vmatrix} a_{11} & a_{21} & \cdots & a_{n1} \\ 0 & a_{22} & \cdots & a_{n2} \\ \vdots & \vdots & & \vdots \\ 0 & 0 & \cdots & a_{nn} \end{vmatrix}=a_{11}a_{22}\cdots a_{nn}.$$

性质 2.3 行列式的某一行(列)的各个元素都乘以同一个常数 k,等于用数 k 乘此行列式.

证明 由定理 2.1,按此行展开即可.

第 i 列乘以 k,记作 $c_i\times k$;第 i 行乘以 k,记作 $r_i\times k$. 例如,

$$\begin{vmatrix} a_{11} & a_{12} & \cdots & a_{1n} \\ \vdots & \vdots & & \vdots \\ ka_{i1} & ka_{i2} & \cdots & ka_{in} \\ \vdots & \vdots & & \vdots \\ a_{n1} & a_{n2} & \cdots & a_{nn} \end{vmatrix} = k\begin{vmatrix} a_{11} & a_{12} & \cdots & a_{1n} \\ \vdots & \vdots & & \vdots \\ a_{i1} & a_{i2} & \cdots & a_{in} \\ \vdots & \vdots & & \vdots \\ a_{n1} & a_{n2} & \cdots & a_{nn} \end{vmatrix}.$$

推论 2.2 行列式中某一行(列)的各个元素的公因子可以提到行列式符号外面.

推论 2.3 行列式中如果有两行(列)元素成比例,则此行列式为零.

性质 2.4 如果行列式中某一行(列)的各个元素均为两项之和,则此行列式等于两个相应的行列式之和.

例如,第 i 行的每个元素均是两项的和,则

$$\begin{vmatrix} a_{11} & a_{12} & \cdots & a_{1n} \\ \vdots & \vdots & & \vdots \\ a_{i1}+a'_{i1} & a_{i2}+a'_{i2} & \cdots & a_{in}+a'_{in} \\ \vdots & \vdots & & \vdots \\ a_{n1} & a_{n2} & \cdots & a_{nn} \end{vmatrix} = \begin{vmatrix} a_{11} & a_{12} & \cdots & a_{1n} \\ \vdots & \vdots & & \vdots \\ a_{i1} & a_{i2} & \cdots & a_{in} \\ \vdots & \vdots & & \vdots \\ a_{n1} & a_{n2} & \cdots & a_{nn} \end{vmatrix} + \begin{vmatrix} a_{11} & a_{12} & \cdots & a_{1n} \\ \vdots & \vdots & & \vdots \\ a'_{i1} & a'_{i2} & \cdots & a'_{in} \\ \vdots & \vdots & & \vdots \\ a_{n1} & a_{n2} & \cdots & a_{nn} \end{vmatrix}.$$

证明 按这一行展开即可.

性质 2.5 把行列式中某一行(列)的各个元素都乘以同一个数后加到另一行(列)对应元素上,行列式不变.

例如,把第 j 行的各个元素同乘常数 k 后加到第 i 行相应的元素上(记作 r_i+kr_j),有

$$\begin{vmatrix} a_{11} & a_{12} & \cdots & a_{1n} \\ \vdots & \vdots & & \vdots \\ a_{i1} & a_{i2} & \cdots & a_{in} \\ \vdots & \vdots & & \vdots \\ a_{j1} & a_{j2} & \cdots & a_{jn} \\ \vdots & \vdots & & \vdots \\ a_{n1} & a_{n2} & \cdots & a_{nn} \end{vmatrix} \xlongequal{r_i+kr_j} \begin{vmatrix} a_{11} & a_{12} & \cdots & a_{1n} \\ \vdots & \vdots & & \vdots \\ a_{i1}+ka_{j1} & a_{i2}+ka_{j2} & \cdots & a_{in}+ka_{jn} \\ \vdots & \vdots & & \vdots \\ a_{j1} & a_{j2} & \cdots & a_{jn} \\ \vdots & \vdots & & \vdots \\ a_{n1} & a_{n2} & \cdots & a_{nn} \end{vmatrix} \quad (i\neq j).$$

请读者自己证明.

性质 2.6 行列式中某一列(行)的各个元素与另一列(行)对应元素的代数余子式的乘积之和为零,即

$$a_{1i}A_{1j}+a_{2i}A_{2j}+\cdots+a_{ni}A_{nj}=\sum_{k=1}^{n}a_{ki}A_{kj}=0(i\neq j),\tag{2.23}$$

$$a_{i1}A_{j1}+a_{i2}A_{j2}+\cdots+a_{in}A_{jn}=\sum_{k=1}^{n}a_{ik}A_{jk}=0(i\neq j).\tag{2.24}$$

证明 以式(2.24)为例证明.把行列式 D 中第 j 行各个元素换成其第 i 行相应的元素($i\neq j$),得到另外一个行列式 $\overline{D}$. 由推论 1 知 $\overline{D}=0$. 再将 $\overline{D}$ 按第 j 行展开,得

$$0=\overline{D}=\begin{vmatrix} a_{11} & a_{12} & \cdots & a_{1n} \\ \vdots & \vdots & & \vdots \\ a_{i1} & a_{i2} & \cdots & a_{in} \\ \vdots & \vdots & & \vdots \\ a_{i1} & a_{i2} & \cdots & a_{in} \\ \vdots & \vdots & & \vdots \\ a_{n1} & a_{n2} & \cdots & a_{nn} \end{vmatrix}=a_{i1}\overline{A}_{j1}+a_{i2}\overline{A}_{j2}+\cdots+a_{in}\overline{A}_{jn}.$$

注意到行列式 $\overline{D}$ 的第 j 行第 k 列元素的代数余子式 $\overline{A}_{jk}$ 与行列式 D 的第 j 行第 k 列元素的代数余子式 A_{jk} 相同,可得结论.

将性质 2.6 与定理 2.1 结合,可得

$$\sum_{k=1}^{n}a_{ki}A_{kj}=\begin{cases}0, i\neq j,\\ D, i=j,\end{cases}\quad \sum_{k=1}^{n}a_{ik}A_{jk}=\begin{cases}0, i\neq j,\\ D, i=j.\end{cases}\tag{2.25}$$

例 2.9 求行列式 $D=\begin{vmatrix} -2 & 2 & -4 & 0 \\ 4 & -1 & 3 & 5 \\ 3 & 1 & -2 & -3 \\ 2 & 0 & 5 & 1 \end{vmatrix}$.

解 我们把每一步应用的行列式性质写在演算的后面,请读者对照理解.

$$\begin{vmatrix} -2 & 2 & -4 & 0 \\ 4 & -1 & 3 & 5 \\ 3 & 1 & -2 & -3 \\ 2 & 0 & 5 & 1 \end{vmatrix}\overset{①}{=}\begin{vmatrix} -2 & 2 & -4 & 0 \\ 0 & 3 & -5 & 5 \\ 3 & 1 & -2 & -3 \\ 2 & 0 & 5 & 1 \end{vmatrix}\overset{②}{=}\begin{vmatrix} -2 & 2 & -4 & 0 \\ 0 & 3 & -5 & 5 \\ 0 & 4 & -8 & -3 \\ 2 & 0 & 5 & 1 \end{vmatrix}$$

$$\overset{③}{=}\begin{vmatrix} -2 & 2 & -4 & 0 \\ 0 & 3 & -5 & 5 \\ 0 & 4 & -8 & -3 \\ 0 & 2 & 1 & 1 \end{vmatrix}\overset{④}{=}\begin{vmatrix} -2 & 2 & -4 & 0 \\ 0 & 3 & -5 & 5 \\ 0 & 0 & -\frac{4}{3} & -\frac{29}{3} \\ 0 & 2 & 1 & 1 \end{vmatrix}$$

$$\overset{⑤}{=}\begin{vmatrix} -2 & 2 & -4 & 0 \\ 0 & 3 & -5 & 5 \\ 0 & 0 & -\frac{4}{3} & -\frac{29}{3} \\ 0 & 0 & \frac{13}{3} & -\frac{7}{3} \end{vmatrix} \overset{⑥}{=} \begin{vmatrix} -2 & 2 & -4 & 0 \\ 0 & 3 & -5 & 5 \\ 0 & 0 & -\frac{4}{3} & -\frac{29}{3} \\ 0 & 0 & 0 & -\frac{135}{4} \end{vmatrix}$$

$$\overset{⑦}{=}(-2)\times 3\times\left(-\frac{4}{3}\right)\times\left(-\frac{135}{4}\right)=-270.$$

①根据性质 2.5 把第一行的四个元素都乘以 2 加到第二行相应的元素上. 这可以简单说成第一行乘以 2 加到第二行上，记作 r_2+2r_1；②根据①的解释及记号规定，这一步是对①的结果作用 $r_3+\frac{3}{2}r_1$；③r_4+r_1；④$r_3+\left(-\frac{4}{3}\right)r_2$；⑤$r_4+\left(-\frac{2}{3}\right)r_2$；⑥$r_4+\frac{13}{4}r_3$；⑦利用例 2.4 关于上三角行列式的结论.

注　在例 2.9 求解的第四步(④)，没有回避分数的计算(请读者思考，怎样避免分数出现). 这个例子表明了一种计算行列式的一般方法，即对于给定具体数值的行列式，总可以利用性质 2.5(习题 9)将其化为上三角行列式来计算.

2.5　行列式的计算

行列式的计算是一个专门的课题，有很多理论和计算方法. 本节将通过几个例子说明利用行列式的性质及展开定理计算行列式的常用方法.

例 2.10　求行列式 $D=\begin{vmatrix} a & b & 0 & \cdots & 0 & 0 & 0 \\ 0 & a & b & \cdots & 0 & 0 & 0 \\ 0 & 0 & a & \cdots & 0 & 0 & 0 \\ \vdots & \vdots & \vdots & & \vdots & \vdots & \vdots \\ 0 & 0 & 0 & \cdots & a & b & 0 \\ 0 & 0 & 0 & \cdots & 0 & a & b \\ b & 0 & 0 & \cdots & 0 & 0 & a \end{vmatrix}$.

解　考虑到行列式中每列只有两个非零元素，按第一列展开得

$$D=a\begin{vmatrix} a & b & \cdots & 0 & 0 & 0 \\ 0 & a & \cdots & 0 & 0 & 0 \\ \vdots & \vdots & & \vdots & \vdots & \vdots \\ 0 & 0 & \cdots & a & b & 0 \\ 0 & 0 & \cdots & 0 & a & b \\ 0 & 0 & \cdots & 0 & 0 & a \end{vmatrix}+(-1)^{n+1}b\begin{vmatrix} b & 0 & \cdots & 0 & 0 & 0 \\ a & b & \cdots & 0 & 0 & 0 \\ 0 & a & \cdots & 0 & 0 & 0 \\ \vdots & \vdots & & \vdots & \vdots & \vdots \\ 0 & 0 & \cdots & a & b & 0 \\ 0 & 0 & \cdots & 0 & a & b \end{vmatrix}$$

$$=a^n+(-1)^{n+1}b^n.$$

例 2.11　求 $D=\begin{vmatrix} a & b & \cdots & b & b \\ b & a & \cdots & b & b \\ \vdots & \vdots & & \vdots & \vdots \\ b & b & \cdots & a & b \\ b & b & \cdots & b & a \end{vmatrix}$，其中主对角线元素为 a，其余元素都为 b.

解　在行列式 D 中，各行元素的和是相同的，都是 $a+(n-1)b$. 若利用性质 2.5 逐次把第二列，第三列，…，第 n 列都加到第一列上，则第一列元素都变成 $a+(n-1)b$. 再应用推论 2.2，把第一列的公因子提到行列式符号外，就可以简化行列式的形式.

$$\begin{vmatrix} a & b & \cdots & b & b \\ b & a & \cdots & b & b \\ \vdots & \vdots & & \vdots & \vdots \\ b & b & \cdots & a & b \\ b & b & \cdots & b & a \end{vmatrix}=\begin{vmatrix} a+(n-1)b & b & \cdots & b & b \\ a+(n-1)b & a & \cdots & b & b \\ \vdots & \vdots & & \vdots & \vdots \\ a+(n-1)b & b & \cdots & a & b \\ a+(n-1)b & b & \cdots & b & a \end{vmatrix}$$

$$=[a+(n-1)b]\begin{vmatrix} 1 & b & \cdots & b & b \\ 1 & a & \cdots & b & b \\ \vdots & \vdots & & \vdots & \vdots \\ 1 & b & \cdots & a & b \\ 1 & b & \cdots & b & a \end{vmatrix}$$

$$=[a+(n-1)b]\begin{vmatrix} 1 & b & \cdots & b & b \\ 0 & a-b & \cdots & 0 & 0 \\ \vdots & \vdots & & \vdots & \vdots \\ 0 & 0 & \cdots & a-b & 0 \\ 0 & 0 & \cdots & 0 & a-b \end{vmatrix}$$

$$=[a+(n-1)b](a-b)^{n-1}.$$

在上面的计算中，第三个等号是把$(n-1)$次运算一次写出的，即把第一行乘-1后加到下面各行上而省略了中间过程. 例 2.11 的处理方法是常用的.

例 2.12　设

$$D=\begin{vmatrix} a_{11} & \cdots & a_{1s} & 0 & 0 & \cdots & 0 \\ \vdots & & \vdots & \vdots & \vdots & & \vdots \\ a_{s1} & \cdots & a_{ss} & 0 & 0 & \cdots & 0 \\ c_{11} & \cdots & c_{1s} & b_{11} & b_{12} & \cdots & b_{1r} \\ c_{21} & \cdots & c_{2s} & b_{21} & b_{22} & \cdots & b_{2r} \\ \vdots & & \vdots & \vdots & \vdots & & \vdots \\ c_{r1} & \cdots & c_{rs} & b_{r1} & b_{r2} & \cdots & b_{rr} \end{vmatrix},\quad D_1=\begin{vmatrix} a_{11} & \cdots & a_{1s} \\ \vdots & & \vdots \\ a_{s1} & \cdots & a_{ss} \end{vmatrix},$$

$$D_2=\begin{vmatrix} b_{11} & b_{12} & \cdots & b_{1r} \\ b_{21} & b_{22} & \cdots & b_{2r} \\ \vdots & \vdots & & \vdots \\ b_{r1} & b_{r2} & \cdots & b_{rr} \end{vmatrix},$$

求证：$D=D_1D_2$.

证明　经过一系列运算 $r_i+kr_j(i\neq j)$，可把 D_1 化为下三角行列式，设为

$$D_1=\begin{vmatrix} e_{11} & & \\ \vdots & \ddots & \\ e_{s1} & \cdots & e_{ss} \end{vmatrix}=e_{11}\cdots e_{ss}.$$

同样地，经过一系列运算 $c_i+kc_j(i\neq j)$，可把 D_2 化为下三角行列式，设为

$$D_2=\begin{vmatrix} d_{11} & & & \\ d_{21} & d_{22} & & \\ \vdots & \vdots & \ddots & \\ d_{r1} & d_{r2} & \cdots & d_{rr} \end{vmatrix}=d_{11}d_{22}\cdots d_{rr}.$$

于是将 D 的前 s 行作运算 r_i+kr_j，再将 D 的后 r 列作运算 c_i+kc_j，可把 D 化为下三角行列式，且

$$D=\begin{vmatrix} e_{11} & & & & & & \\ \vdots & \ddots & & & & & \\ e_{s1} & \cdots & e_{ss} & & & & \\ c_{11} & \cdots & c_{1s} & d_{11} & & & \\ c_{21} & \cdots & c_{2s} & d_{21} & d_{22} & & \\ \vdots & & \vdots & \vdots & \vdots & \ddots & \\ c_{r1} & \cdots & c_{rs} & d_{r1} & d_{r2} & \cdots & d_{rr} \end{vmatrix}=e_{11}\cdots e_{ss}d_{11}d_{22}\cdots d_{rr}=D_1D_2.$$

例 2.13　求证：

$$D_n=\begin{vmatrix} 1 & 1 & \cdots & 1 \\ x_1 & x_2 & \cdots & x_n \\ x_1^2 & x_2^2 & \cdots & x_n^2 \\ \vdots & \vdots & & \vdots \\ x_1^{n-1} & x_2^{n-1} & \cdots & x_n^{n-1} \end{vmatrix}=\prod_{1\leqslant j<i\leqslant n}(x_i-x_j).$$

行列式 D_n 称为**范德蒙德**(Vandermonde，1735～1796)**行列式**. 这个例子表明，n 阶范德蒙德行列式等于 $x_1,x_2,\cdots,x_n$ 这 n 个数的所有可能的差 $x_i-x_j\ (1\leqslant j<i\leqslant n)$ 的乘积.

证明　用数学归纳法证明.

当 $n=2$ 时，$D_2=\begin{vmatrix} 1 & 1 \\ x_1 & x_2 \end{vmatrix}=x_2-x_1$，即命题对二阶范德蒙德行列式成立.

假设对$(n-1)$阶范德蒙德行列式命题成立,下面来看n阶的情形.

在D_n中,从第n行开始,由下而上地每一行减去它上一行的x_1倍,按第一列展开,然后再提取各列的公因子,得

$$D_n=\begin{vmatrix}1 & 1 & \cdots & 1\\ x_1 & x_2 & \cdots & x_n\\ x_1^2 & x_2^2 & \cdots & x_n^2\\ \vdots & \vdots & & \vdots\\ x_1^{n-1} & x_2^{n-1} & \cdots & x_n^{n-1}\end{vmatrix}=\begin{vmatrix}1 & 1 & \cdots & 1\\ 0 & x_2-x_1 & \cdots & x_n-x_1\\ 0 & x_2^2-x_1x_2 & \cdots & x_n^2-x_1x_{n-1}\\ \vdots & \vdots & & \vdots\\ 0 & x_2^{n-1}-x_1x_2^{n-2} & \cdots & x_n^{n-1}-x_1x_{n-1}^{n-2}\end{vmatrix}$$

$$=\begin{vmatrix}x_2-x_1 & \cdots & x_n-x_1\\ x_2^2-x_1x_2 & \cdots & x_n^2-x_1x_{n-1}\\ \vdots & & \vdots\\ x_2^{n-1}-x_1x_2^{n-2} & \cdots & x_n^{n-1}-x_1x_{n-1}^{n-2}\end{vmatrix}$$

$$=(x_2-x_1)(x_3-x_1)\cdots(x_n-x_1)\begin{vmatrix}1 & \cdots & 1\\ x_2 & \cdots & x_{n-1}\\ \vdots & & \vdots\\ x_2^{n-2} & \cdots & x_{n-1}^{n-2}\end{vmatrix}.$$

上式第三个等号右端的行列式是$(n-1)$阶范德蒙德行列式,由归纳假设,得

$$D_n=(x_2-x_1)(x_3-x_1)\cdots(x_n-x_1)\prod_{2\leqslant j<i\leqslant n}(x_i-x_j)=\prod_{1\leqslant j<i\leqslant n}(x_i-x_j).$$

由数学归纳法,对任意阶范德蒙德行列式命题都成立.

2.6 克拉默法则

借助于行列式理论,对于方程个数与未知数个数相等的线性方程组,有下面的克拉默(Cramer,1704～1752)法则,它是关于二元、三元线性方程组相应结论的推广.

克拉默法则

设含有n个未知数$x_1,x_2,\cdots,x_n$的n个线性方程的方程组

$$\begin{cases}a_{11}x_1+a_{12}x_2+\cdots+a_{1n}x_n=b_1,\\ a_{21}x_1+a_{22}x_2+\cdots+a_{2n}x_n=b_2,\\ \quad\cdots\cdots\\ a_{n1}x_1+a_{n2}x_2+\cdots+a_{nn}x_n=b_n.\end{cases}\tag{2.26}$$

若其系数行列式不等于零,即

$$D=\begin{vmatrix}a_{11} & a_{12} & \cdots & a_{1n}\\ a_{21} & a_{22} & \cdots & a_{2n}\\ \vdots & \vdots & & \vdots\\ a_{n1} & a_{n2} & \cdots & a_{nn}\end{vmatrix}\neq 0,$$

那么,方程组(2.26)有唯一解

$$x_1=\frac{D_1}{D},x_2=\frac{D_2}{D},\cdots,x_n=\frac{D_n}{D},\tag{2.27}$$

其中 $D_j(j=1,2,\cdots,n)$是把 D 中第 j 列的各个元素 a_{kj} 分别换为 $b_k(k=1,2,\cdots,n)$后所得的行列式,即

$$D_j=\begin{vmatrix} a_{11} & \cdots & a_{1,j-1} & b_1 & a_{1,j+1} & \cdots & a_{1n} \\ a_{21} & \cdots & a_{2,j-1} & b_2 & a_{2,j+1} & \cdots & a_{2n} \\ \vdots & & \vdots & \vdots & \vdots & & \vdots \\ a_{n1} & \cdots & a_{n,j-1} & b_n & a_{n,j+1} & \cdots & a_{nn} \end{vmatrix}.$$

证明　首先,证明当 $D\neq 0$ 时,方程组(2.26)有解. 为此只要把式(2.27)代入方程组(2.26),验证它确实满足方程即可.

把式(2.27)代入方程组(2.26)的第 k 个方程,得

$$\begin{aligned}\sum_{j=1}^{n}a_{kj}x_j &= \sum_{j=1}^{n}\left(a_{kj}\frac{D_j}{D}\right)=\frac{1}{D}\sum_{j=1}^{n}a_{kj}D_j=\frac{1}{D}\sum_{j=1}^{n}a_{kj}\left(\sum_{i=1}^{n}b_iA_{ij}\right)\\ &=\frac{1}{D}\sum_{i=1}^{n}\left[b_i\left(\sum_{j=1}^{n}a_{kj}A_{ij}\right)\right]=b_k.\end{aligned}$$

从而式(2.27)确实给出方程组(2.26)的解.

其次,证明解必由式(2.27)给出. 设 $x_1=c_1,x_2=c_2,\cdots,x_n=c_n$是方程组的解,则有

$$Dc_j=c_j\begin{vmatrix} a_{11} & \cdots & a_{1,j-1} & a_{1,j} & a_{1,j+1} & \cdots & a_{1n} \\ a_{21} & \cdots & a_{2,j-1} & a_{2,j} & a_{2,j+1} & \cdots & a_{2n} \\ \vdots & & \vdots & \vdots & \vdots & & \vdots \\ a_{n1} & \cdots & a_{n,j-1} & a_{n,j} & a_{n,j+1} & \cdots & a_{nn} \end{vmatrix}$$

$$=\begin{vmatrix} a_{11} & \cdots & a_{1,j-1} & a_{1,j}c_j & a_{1,j+1} & \cdots & a_{1n} \\ a_{21} & \cdots & a_{2,j-1} & a_{2,j}c_j & a_{2,j+1} & \cdots & a_{2n} \\ \vdots & & \vdots & \vdots & \vdots & & \vdots \\ a_{n1} & \cdots & a_{n,j-1} & a_{n,j}c_j & a_{n,j+1} & \cdots & a_{nn} \end{vmatrix}$$

$$=\begin{vmatrix} a_{11} & \cdots & a_{1,j-1} & \sum\limits_{k=1}^{n}a_{1,k}c_k & a_{1,j+1} & \cdots & a_{1n} \\ a_{21} & \cdots & a_{2,j-1} & \sum\limits_{k=1}^{n}a_{2,k}c_k & a_{2,j+1} & \cdots & a_{2n} \\ \vdots & & \vdots & \vdots & \vdots & & \vdots \\ a_{n1} & \cdots & a_{n,j-1} & \sum\limits_{k=1}^{n}a_{n,k}c_k & a_{n,j+1} & \cdots & a_{nn} \end{vmatrix}$$

$$=\begin{vmatrix} a_{11} & \cdots & a_{1,j-1} & b_1 & a_{1,j+1} & \cdots & a_{1n} \\ a_{21} & \cdots & a_{2,j-1} & b_2 & a_{2,j+1} & \cdots & a_{2n} \\ \vdots & & \vdots & \vdots & \vdots & & \vdots \\ a_{n1} & \cdots & a_{n,j-1} & b_n & a_{n,j+1} & \cdots & a_{nn} \end{vmatrix}=D_j,$$

上式第三个等号右端的行列式是把第二个等号右端行列式的第 $k(k=1,\cdots,j-1,j+1,\cdots,n)$列乘以 c_k加到第 j 列后所得. 第四个等号利用了 $x_1=c_1,x_2=c_2,\cdots,x_n=c_n$ 是方程组的解. 由此可得 $c_j=\dfrac{D_j}{D}$.

例 2.14 求平面上过三点 $A(4,5),B(3,8),C(2,9)$的抛物线的方程.

解 设所求的抛物线方程为 $y=a+bx+cx^2$,依题意可得方程组

$$\begin{cases} a+4b+4^2c=5, \\ a+3b+3^2c=8, \\ a+2b+2^2c=9. \end{cases}$$

此方程组的系数行列式

$$D=\begin{vmatrix} 1 & 4 & 4^2 \\ 1 & 3 & 3^2 \\ 1 & 2 & 2^2 \end{vmatrix}=\begin{vmatrix} 1 & 1 & 1 \\ 4 & 3 & 2 \\ 4^2 & 3^2 & 2^2 \end{vmatrix}=(3-4)(2-4)(2-3)=-2.$$

由克拉默法则,此方程组的唯一解为

$$a=\frac{\begin{vmatrix} 5 & 4 & 4^2 \\ 8 & 3 & 3^2 \\ 9 & 2 & 2^2 \end{vmatrix}}{D}=5,\quad b=\frac{\begin{vmatrix} 1 & 5 & 4^2 \\ 1 & 8 & 3^2 \\ 1 & 9 & 2^2 \end{vmatrix}}{D}=4,\quad c=\frac{\begin{vmatrix} 1 & 4 & 5 \\ 1 & 3 & 8 \\ 1 & 2 & 9 \end{vmatrix}}{D}=-1.$$

故所求抛物线为 $y=5+4x-x^2$.

线性方程组(2.26)的右端常数项 $b_1,b_2,\cdots,b_n$不全为零时,称为**非齐次线性方程组**. 当常数项 $b_1,b_2,\cdots,b_n$全为零时,称

$$\begin{cases} a_{11}x_1+a_{12}x_2+\cdots+a_{1n}x_n=0, \\ a_{21}x_1+a_{22}x_2+\cdots+a_{2n}x_n=0, \\ \cdots\cdots \\ a_{n1}x_1+a_{n2}x_2+\cdots+a_{nn}x_n=0 \end{cases} \tag{2.28}$$

为**齐次线性方程组**. 显然,$x_1=0,x_2=0,\cdots,x_n=0$ 是齐次线性方程组(2.28)的解,这个解称为**零解**. 而 $x_i(i=1,2,\cdots,n)$不全为零的解,称为**非零解**.

对于齐次线性方程组,需要讨论的问题,不是有没有解,而是有没有非零解. 对于方程个数与未知数个数相等的齐次线性方程组(2.28),应用克拉默法则,有定理 2.2.

定理 2.2 如果齐次线性方程组(2.28)的系数行列式 $D\neq0$,则它只有零解. 也就是说,若齐次线性方程组(2.28)有非零解,则必有 $D=0$.

注 在第 4 章中还将证明当齐次线性方程组(2.28)的系数行列式 $D=0$ 时,它一定有非零解.另外,克拉默法则的结果虽漂亮,但解方程组时常不用它,因为其计算量太大.

本章小结

本章主要介绍了行列式的概念、性质及计算.这以求解线性方程组为出发点,归纳地给出行列式的定义(式(2.19)),定义本身即给出了行列式展开(参考定理 2.1)、降阶计算行列式的方法.

$$D=\begin{vmatrix} a_{11} & a_{12} & \cdots & a_{1n} \\ a_{21} & a_{22} & \cdots & a_{2n} \\ \vdots & \vdots & & \vdots \\ a_{n1} & a_{n2} & \cdots & a_{nn} \end{vmatrix}=a_{11}M_{11}-a_{21}M_{21}+\cdots+(-1)^{n+1}a_{n1}M_{n1}=\sum_{i=1}^{n}(-1)^{i+1}a_{i1}M_{i1}.$$

借助定理 2.1,证明了行列式(它是特殊的 n^2 元,即行列式的元素 a_{ij}, $i,j=1,2,\cdots,n$ 的多项式函数)具有良好的性质.这些性质可用来简化行列式的计算.现把这些性质总结如下.

性质 2.1 互换行列式的任意两列(或两行),行列式变号.

性质 2.2 行列式 D 与其转置行列式 D^{T} 相等,即 $D=D^{\mathrm{T}}$.

性质 2.3 行列式的某一行(列)的各个元素都乘以同一个常数 k,等于用数 k 乘此行列式.

性质 2.4 如果行列式中某一行(列)的各个元素均为两项之和,则此行列式等于两个相应的行列式之和.

性质 2.5 把行列式中某一行(列)的各个元素都乘以同一个数后加到另一行(列)对应元素上,行列式不变.

性质 2.6 行列式中某一列(行)的各个元素与另一列(行)对应元素的代数余子式的乘积之和为零.

对于这些性质的把握可以借助二阶行列式的几何意义直观的理解.应用较多的是性质 2.5.反复利用此性质,可将行列式化为上三角行列式来计算(例 2.9).另外例 2.12 和例 2.13 的结果读者也应当熟悉.总之,学好行列式的关键就是理解好行列式的性质并能灵活运用,这只有通过适当的练习、独立的思考和及时的总结方可达到.

习 题 2

1. 方程 $ax=b$(其中 a,b 为常数,x 为未知数)的解会出现几种情况?说明方程组 I 的解也会出现类似的几种情况,找到相应的条件.

2. 按定义计算下列三阶行列式.

$$\begin{vmatrix} 0 & x & y \\ -x & 0 & z \\ -y & -z & 0 \end{vmatrix},\quad \begin{vmatrix} a & b & c \\ b & c & a \\ c & a & b \end{vmatrix},\quad \begin{vmatrix} x-2 & x-3 & x-4 \\ x+1 & x-1 & x-3 \\ x-4 & x-7 & x-10 \end{vmatrix}.$$

3. 按定义计算下列四阶行列式.

$$\begin{vmatrix} 1 & 0 & 0 & 0 \\ 2 & 3 & 0 & 0 \\ 4 & 5 & 6 & 0 \\ 7 & 8 & 9 & 10 \end{vmatrix},\quad \begin{vmatrix} 1 & 2 & 3 & 4 \\ 5 & 6 & 7 & 0 \\ 8 & 9 & 0 & 0 \\ 10 & 0 & 0 & 0 \end{vmatrix},\quad \begin{vmatrix} 3 & 1 & -1 & 2 \\ -5 & 1 & 3 & -4 \\ 2 & 0 & 1 & -1 \\ 1 & -5 & 3 & -3 \end{vmatrix}.$$

4. 把排列(4,5,1,3,2)中的 1,3 对调得到 1,2,3,4,5 的另外一个排列(4,5,3,1,2),求其所有逆序及逆序数;1,2,3,4,5 的全排列共有多少个? 其中奇排列有多少个?

5. 确定下列行列式中 x^3,x^4 的系数.

$$\begin{vmatrix} x-2 & 4 & 3 & 1 \\ -1 & x & -1 & 2 \\ 7 & 9 & x+1 & 5 \\ 3 & 2 & 1 & x-2 \end{vmatrix}.$$

6. 求下列两个行列式中第一列元素的余子式及代数余子式.

$$\begin{vmatrix} a & 3 & 1 & 4 \\ b & 1 & 5 & 9 \\ c & 2 & 6 & 5 \\ d & 3 & 5 & 8 \end{vmatrix},\quad \begin{vmatrix} 0 & 3 & 1 & 4 \\ 0 & 1 & 5 & 9 \\ 0 & 2 & 6 & 5 \\ 0 & 3 & 5 & 8 \end{vmatrix}.$$

7. 利用行列式的性质重新计算第 2 题和第 3 题中的行列式.

8. 按运算 $c_2+c_1 \to c_3-2c_1 \to r_2-5r_4 \to r_3+3r_4 \to r_2-2r_3$ 求例 2.5 中的行列式.

9. 求证:任何行列式可以经过一系列运算 r_i+kr_j 化为上(下)三角行列式;

任何行列式也可以经过一系列运算 c_i+kc_j 化为上(下)三角行列式.

10. 用行列式的性质证明下列等式.

(1) $$\begin{vmatrix} a & b & c & d \\ p & q & r & s \\ u & v & w & z \\ la+mp+tu & lb+mq+tv & lc+mr+tw & ld+ms+tz \end{vmatrix}=0;$$

(2) $$\begin{vmatrix} ax+by & ay+bz & az+bx \\ ay+bz & az+bx & ax+by \\ az+bx & ax+by & ay+bz \end{vmatrix}=(a^3+b^3)\begin{vmatrix} x & y & z \\ y & z & x \\ z & x & y \end{vmatrix};$$

(3) $$\begin{vmatrix} a^2 & (a+x)^2 & (a+y)^2 & (a+z)^2 \\ b^2 & (b+x)^2 & (b+y)^2 & (b+z)^2 \\ c^2 & (c+x)^2 & (c+y)^2 & (c+z)^2 \\ d^2 & (d+x)^2 & (d+y)^2 & (d+z)^2 \end{vmatrix}=0.$$

11. 计算下面的行列式.

(1) $$\begin{vmatrix} 1 & 1 & 1 & 1 \\ -1 & 1 & 1 & 1 \\ -1 & -1 & 1 & 1 \\ -1 & -1 & -1 & 1 \end{vmatrix};$$ (2) $$\begin{vmatrix} 1 & 1 & 1 & 1 \\ 1 & 2 & 3 & 4 \\ 1 & 3 & 6 & 10 \\ 1 & 4 & 10 & 20 \end{vmatrix};$$ (3) $$\begin{vmatrix} a & b & c & d \\ a^2 & b^2 & c^2 & d^2 \\ a^3 & b^3 & c^3 & d^3 \\ a^4 & b^4 & c^4 & d^4 \end{vmatrix};$$

(4) $\begin{vmatrix} 0.141 & 0.132 & 0.206 \\ 0.148 & 0.389 & 0.426 \\ 0.528 & 0.319 & 0.268 \end{vmatrix}$；(5) $\begin{vmatrix} 8n^2+8n & 2n+1 & 4n \\ 4n^2+4n & n+1 & 2n+1 \\ 4n^2+4n+1 & n & 2n-1 \end{vmatrix}$；

(6) $\begin{vmatrix} 9 & 7 & 9 & 0 & 0 \\ 3 & 2 & 3 & 0 & 0 \\ 8 & 4 & 6 & 0 & 0 \\ 2 & 6 & 4 & 3 & 3 \\ 8 & 3 & 2 & 7 & 9 \end{vmatrix}$；　(7) $\begin{vmatrix} a & 0 & 0 & 0 & p \\ 0 & b & 0 & q & 0 \\ 0 & 0 & c & 0 & 0 \\ 0 & r & 0 & d & 0 \\ s & 0 & 0 & 0 & e \end{vmatrix}$.

12. 计算下面的行列式.

(1) $\begin{vmatrix} 1 & 2 & 3 & \cdots & n-1 & n \\ -1 & 0 & 3 & \cdots & n-1 & n \\ -1 & -2 & 0 & \cdots & n-1 & n \\ \vdots & \vdots & \vdots & & \vdots & \vdots \\ -1 & -2 & -3 & \cdots & 0 & n \\ -1 & -2 & -3 & \cdots & -(n-1) & 0 \end{vmatrix}$；(2) $\begin{vmatrix} 1 & 2 & 3 & 4 & \cdots & n-1 & n \\ 1 & 1 & 2 & 3 & \cdots & n-2 & n-1 \\ 1 & x & 1 & 2 & \cdots & n-3 & n-2 \\ 1 & x & x & 1 & \cdots & n-4 & n-3 \\ \vdots & \vdots & \vdots & \vdots & & \vdots & \vdots \\ 1 & x & x & x & \cdots & 1 & 2 \\ 1 & x & x & x & \cdots & x & 1 \end{vmatrix}$ $(n\geqslant 3)$；

(3) $\begin{vmatrix} 1 & 2 & 3 & \cdots & n \\ 2 & 3 & 4 & \cdots & 1 \\ 3 & 4 & 5 & \cdots & 2 \\ \vdots & \vdots & \vdots & & \vdots \\ n & 1 & 2 & \cdots & n \end{vmatrix}$；(4) $\begin{vmatrix} 1 & a_1 & a_2 & \cdots & a_n \\ 1 & a_1+b_1 & a_2 & \cdots & a_n \\ 1 & a_1 & a_2+b_2 & \cdots & a_n \\ \vdots & \vdots & \vdots & & \vdots \\ 1 & a_1 & a_2 & \cdots & a_n+b_n \end{vmatrix}$.

13. 已知下列线性方程组有非零解，求 λ 的值.

$$\begin{cases} (1-\lambda)x_1-x_2+x_3=0, \\ 2x_1+(4-\lambda)x_2-2x_3=0, \\ x_1+x_2+(1-\lambda)x_3=0. \end{cases}$$

14. 若方程组 $\begin{cases} a_{11}x_1+a_{12}x_2+a_{13}x_3=0, \\ a_{21}x_1+a_{22}x_2+a_{23}x_3=0, \\ a_{31}x_1+a_{32}x_2+a_{33}x_3=0 \end{cases}$ 中的系数都是实数且满足下面的条件：

(1) a_{11}, a_{22}, a_{33} 都是正数；

(2) 其余的所有系数都是负数；

(3) 对每一个方程，它的所有系数的和是正数.

求证：方程组只有零解 $x_1=x_2=x_3=0$.

15. 记 $\boldsymbol{\alpha}_1=\begin{pmatrix} a_{11} \\ a_{21} \end{pmatrix}$，$\boldsymbol{\alpha}_2=\begin{pmatrix} a_{12} \\ a_{22} \end{pmatrix}$，$\boldsymbol{\beta}=\begin{pmatrix} b_1 \\ b_2 \end{pmatrix}$，则式(2.5)，即 $x_1=\dfrac{S(\boldsymbol{\beta},\boldsymbol{\alpha}_2)}{S(\boldsymbol{\alpha}_1,\boldsymbol{\alpha}_2)}$，$x_2=\dfrac{S(\boldsymbol{\alpha}_1,\boldsymbol{\beta})}{S(\boldsymbol{\alpha}_1,\boldsymbol{\alpha}_2)}$. 给出此公式的几何解释(图 2-1).

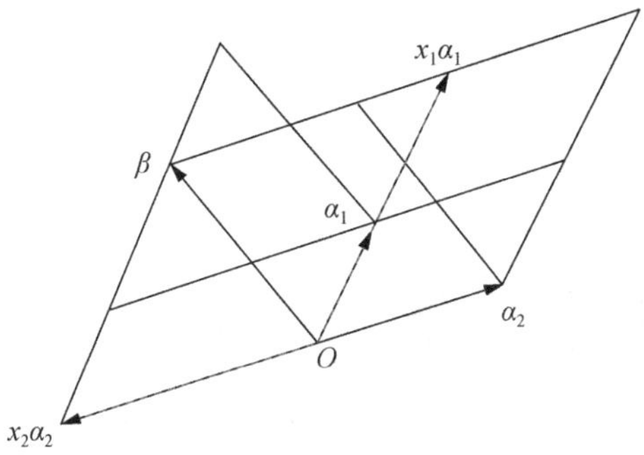

图 2-1 克拉默法则的几何意义

16. 牛顿(Newton)在 1707 年提出了如下一个有趣的问题：

a 头母牛将 b 块草地上的牧草在 c 天内吃完了；

a'头母牛将 b'块草地上的牧草在 c'天内吃完了；

a''头母牛将 b''块草地上的牧草在 c''天内吃完了.

假设每块草地起初的牧草数量相同，每块草地每日长草量保持不变，而且每头母牛每天的吃草量也相同. 求出从 a 到 c''九个数量之间的关系.

17. 借助图 2-2 展开二阶、三阶行列式的方法称为萨鲁斯法则(Sarrus rule)，亦称对角线法则. 现在，你是否更清晰地记住了二阶、三阶行列式？

$$D=a_{11}a_{22}a_{33}+a_{12}a_{23}a_{31}+a_{13}a_{21}a_{32}-a_{11}a_{23}a_{32}-a_{12}a_{21}a_{33}-a_{13}a_{22}a_{31}.$$

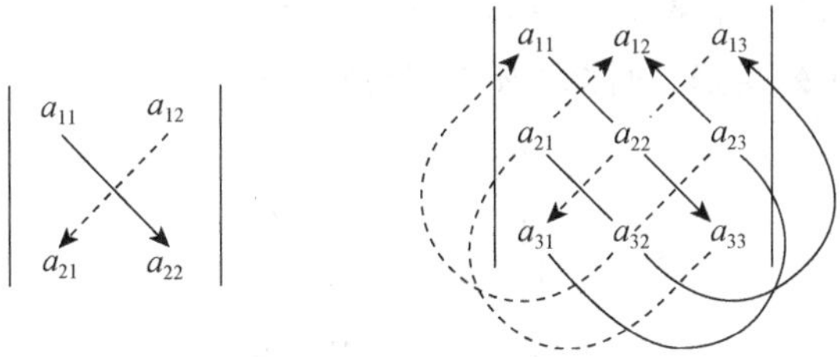

图 2-2 萨鲁斯法则

第3章 矩　　阵

矩阵是数学中一个极其重要的概念.矩阵及其理论已广泛应用于现代科技的各个领域.本章介绍矩阵理论的基本知识.

3.1 矩阵的定义

3.1.1 矩阵的定义

定义 3.1 由 $m\times n$ 个数 $a_{ij}(i=1,2,\cdots,m;j=1,2,\cdots,n)$ 排成的 m 行 n 列的矩形数表,称为 **m 行 n 列矩阵**,简称为 **$m\times n$ 矩阵**,记作

$$\boldsymbol{A}=\begin{pmatrix} a_{11} & a_{12} & \cdots & a_{1n} \\ a_{21} & a_{22} & \cdots & a_{2n} \\ \vdots & \vdots & & \vdots \\ a_{m1} & a_{m2} & \cdots & a_{mn} \end{pmatrix}. \tag{3.1}$$

数 a_{ij} 位于矩阵 $\boldsymbol{A}$ 的第 i 行第 j 列,称为矩阵 $\boldsymbol{A}$ 的 (i,j) **元素**.式(3.1)也可简记为 $\boldsymbol{A}=(a_{ij})$ 或 $\boldsymbol{A}=(a_{ij})_{m\times n}$. $m\times n$ 矩阵 $\boldsymbol{A}$ 也记作 $\boldsymbol{A}_{m\times n}$.通常,矩阵用大写字母 $\boldsymbol{A},\boldsymbol{B},\cdots$ 表示.

元素是实数的矩阵称为**实矩阵**,元素是复数的矩阵称为**复矩阵**,本书讨论的矩阵除特别说明外,均指实矩阵.

例 3.1 如图 3-1 所示,在平面直角坐标系 xOy 中,把点 $P(x,y)$ 绕原点沿逆时针方向旋转 $120°$ 得到点 $P'(x',y')$,则

$$\begin{cases} x'=-\dfrac{1}{2}x-\dfrac{\sqrt{3}}{2}y, \\ y'=\dfrac{\sqrt{3}}{2}x-\dfrac{1}{2}y. \end{cases} \tag{3.2}$$

称式(3.2)为**坐标变换公式**(习题 1).容易看出,此坐标变换公式完全由式(3.2)中的

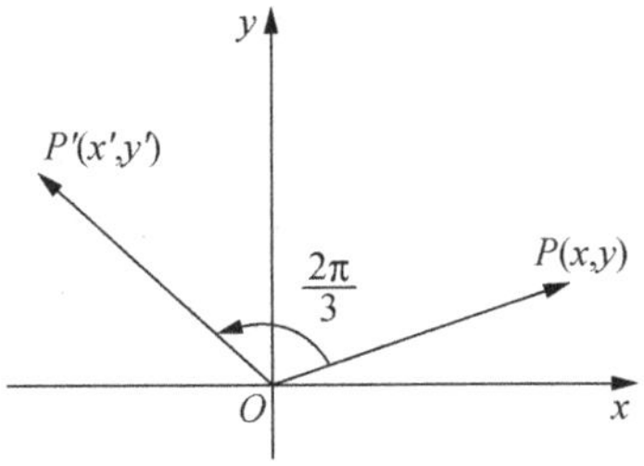

图 3-1　R^2 的旋转变换

系数及其排列顺序所确定,于是可将这些系数简记作矩阵 $\boldsymbol{R}=\begin{pmatrix}-\frac{1}{2} & -\frac{\sqrt{3}}{2}\\ \frac{\sqrt{3}}{2} & -\frac{1}{2}\end{pmatrix}$.

例 3.2　考虑非齐次线性方程组

$$\begin{cases}x_1+\qquad x_3=1,\\ x_1+x_2\qquad =1,\\ \qquad x_2+x_3=1.\end{cases}\tag{3.3}$$

方程组中未知数的系数及常数项按其在方程组中的顺序可构成矩阵

$$\boldsymbol{B}=\begin{pmatrix}1 & 0 & 1 & 1\\ 1 & 1 & 0 & 1\\ 0 & 1 & 1 & 1\end{pmatrix},$$

其中 $\boldsymbol{B}$ 的(1,2)元素为 0,是因为方程组(3.3)中第一个方程可理解为 $x_1+0x_2+x_3=1$. 此矩阵称为方程组(3.3)的**增广矩阵**,利用它可以方便地求方程组的解.

例 3.3　见下表,给出了五名学生在一次考试中六门课程的成绩.

表　五名学生的成绩

	语文	数学	英语	物理	经济	地理
僧一	85	100	60	83	68	90
孟二	100	70	94	72	78	75
唐三	95	65	71	64	67	100
李四	97	92	91	89	79	92
张五	83	65	74	69	100	77

将五名学生从上到下依次编号为 $i(i=1,2,\cdots,5)$,六门课程从左到右依次编号为 $j(j=1,2,\cdots,6)$,并以 s_{ij} 表示编号为 i 的学生的第 j 门课程的成绩,则有

$$S=(s_{ij})=\begin{pmatrix} 85 & 100 & 60 & 83 & 68 & 90 \\ 100 & 70 & 94 & 72 & 78 & 75 \\ 95 & 65 & 71 & 64 & 67 & 100 \\ 97 & 92 & 91 & 89 & 79 & 92 \\ 83 & 65 & 74 & 69 & 100 & 77 \end{pmatrix}.$$

利用它可以方便地讨论考试成绩.

3.1.2 几种特殊的矩阵

$1\times n$ 矩阵称为**行矩阵(行向量)**，$n\times 1$ 矩阵称为**列矩阵(列向量)**. 行(列)矩阵常用小写黑体英文字母或希腊字母表示. 例如，

$$\boldsymbol{\alpha}=\begin{pmatrix}1\\2\\3\end{pmatrix},\quad \boldsymbol{\beta}=(3,2,1),\quad \boldsymbol{w}=(0.3,0.2,0.6,0.4).$$

行数与列数相等的矩阵称为**方阵**，n 行 n 列的方阵称为 n **阶方阵**. 例如，例 3.1 中的 $\boldsymbol{R}$ 为二阶方阵.

设方阵 $\boldsymbol{A}=(a_{ij})$，如果当 $i>j$ 时，元素 $a_{ij}=0$，则称 $\boldsymbol{A}$ 为**上三角矩阵**；如果当 $i<j$ 时，元素 $a_{ij}=0$，则称 $\boldsymbol{A}$ 为**下三角矩阵**.

例如，$\begin{pmatrix} 3 & 1 & -4 & 0 \\ 0 & 2 & 6 & 12 \\ 0 & 0 & -1 & 7 \\ 0 & 0 & 0 & 8 \end{pmatrix}$ 是上三角矩阵，而 $\begin{pmatrix} 3 & 0 & 0 \\ 2 & 4 & 0 \\ 1 & 6 & 5 \end{pmatrix}$ 是下三角矩阵.

若 n 阶方阵 $\boldsymbol{A}=(a_{ij})_{n\times n}$ 除主对角线上的元素外，其余的元素都是 0(即当 $i\neq j$ 时，$a_{ij}=0$)，则称 $\boldsymbol{A}$ 为**对角矩阵**，此时

$$\boldsymbol{A}=\begin{pmatrix} a_{11} & 0 & \cdots & 0 \\ 0 & a_{22} & \cdots & 0 \\ \vdots & \vdots & & \vdots \\ 0 & 0 & \cdots & a_{nn} \end{pmatrix}. \tag{3.4}$$

对角阵 $\boldsymbol{A}$ 也可简记为 $\boldsymbol{A}=\mathrm{diag}(a_{11},a_{22},\cdots,a_{nn})$.

特别地，对角矩阵 $\mathrm{diag}(k,k,\cdots,k)$ 称为**数量矩阵**，n 阶对角矩阵 $\mathrm{diag}(1,1,\cdots,1)$ 称为 n 阶**单位矩阵**，记作 $\boldsymbol{E}_n$. 例如，三阶、四阶单位矩阵分别为

$$\boldsymbol{E}_3=\begin{pmatrix} 1 & 0 & 0 \\ 0 & 1 & 0 \\ 0 & 0 & 1 \end{pmatrix},\quad \boldsymbol{E}_4=\begin{pmatrix} 1 & 0 & 0 & 0 \\ 0 & 1 & 0 & 0 \\ 0 & 0 & 1 & 0 \\ 0 & 0 & 0 & 1 \end{pmatrix}. \tag{3.5}$$

元素全是零的矩阵称为**零矩阵**，记作 $\boldsymbol{O}_{m\times n}$，在不致混淆时简记作 $\boldsymbol{O}$.

3.2　矩阵的运算

3.2.1　矩阵的线性运算

定义 3.2　设 $\boldsymbol{A}=(a_{ij})$，$\boldsymbol{B}=(b_{ij})$都是 $m\times n$ 矩阵(此时称这两个矩阵为**同型矩阵**).若

$$a_{ij}=b_{ij}(i=1,2,\cdots,m;j=1,2,\cdots,n),$$

则称矩阵 $\boldsymbol{A}$ 与 $\boldsymbol{B}$ **相等**，记作 $\boldsymbol{A}=\boldsymbol{B}$.

定义 3.3　设 $\boldsymbol{A}=(a_{ij})$，$\boldsymbol{B}=(b_{ij})$都是 $m\times n$ 矩阵，那么**矩阵 $\boldsymbol{A}$ 与 $\boldsymbol{B}$ 的和**记作 $\boldsymbol{A}+\boldsymbol{B}$，规定为

$$\boldsymbol{A}+\boldsymbol{B}=\begin{pmatrix} a_{11}+b_{11} & a_{12}+b_{12} & \cdots & a_{1n}+b_{1n} \\ a_{21}+b_{21} & a_{22}+b_{22} & \cdots & a_{2n}+b_{2n} \\ \vdots & \vdots & & \vdots \\ a_{m1}+b_{m1} & a_{m2}+b_{m2} & \cdots & a_{mn}+b_{mn} \end{pmatrix}. \tag{3.6}$$

设 k 为实数，**数 k 与矩阵 $\boldsymbol{A}$ 的乘积**记作 $k\boldsymbol{A}$，规定为

$$k\boldsymbol{A}=\begin{pmatrix} ka_{11} & ka_{12} & \cdots & ka_{1n} \\ ka_{21} & ka_{22} & \cdots & ka_{2n} \\ \vdots & \vdots & & \vdots \\ ka_{m1} & ka_{m2} & \cdots & ka_{mn} \end{pmatrix}. \tag{3.7}$$

注　(i)只有当两个矩阵为同型矩阵时，两个矩阵才能相加；

(ii)矩阵相加及数与矩阵的乘法合起来，统称为矩阵的**线性运算**；

(iii)称$(-1)\boldsymbol{A}=(-a_{ij})$为 $\boldsymbol{A}$ 的**负矩阵**，记作$-\boldsymbol{A}$，还规定矩阵的减法为

$$\boldsymbol{A}-\boldsymbol{B}=\boldsymbol{A}+(-\boldsymbol{B}).$$

定理 3.1　矩阵的线性运算满足下列规律(设 $\boldsymbol{A},\boldsymbol{B},\boldsymbol{C}$ 都是 $m\times n$ 矩阵，$\boldsymbol{O}$ 为 $m\times n$ 零矩阵，k,l 为数)：

(1)$\boldsymbol{A}+\boldsymbol{B}=\boldsymbol{B}+\boldsymbol{A}$；

(2)$(\boldsymbol{A}+\boldsymbol{B})+\boldsymbol{C}=\boldsymbol{A}+(\boldsymbol{B}+\boldsymbol{C})$；

(3) 对于任何 $\boldsymbol{A}$，都有 $\boldsymbol{A}+\boldsymbol{O}=\boldsymbol{A}$；

(4) 对于任何 $\boldsymbol{A}$，存在唯一的 $\boldsymbol{M}_{m\times n}$，使得 $\boldsymbol{A}+\boldsymbol{M}=\boldsymbol{O}$；

(5)$1\boldsymbol{A}=\boldsymbol{A}$；

(6)$k(l\boldsymbol{A})=(kl)\boldsymbol{A}$；

(7)$(k+l)\boldsymbol{A}=k\boldsymbol{A}+l\boldsymbol{A}$；

(8)$k(\boldsymbol{A}+\boldsymbol{B})=k\boldsymbol{A}+k\boldsymbol{B}$.

证明　根据定义直接验证即可.

注 (i)根据结合律(2),可将表达式 $\boldsymbol{A}+\boldsymbol{B}+\boldsymbol{C}$ 理解为 $(\boldsymbol{A}+\boldsymbol{B})+\boldsymbol{C}$ 或 $\boldsymbol{A}+(\boldsymbol{B}+\boldsymbol{C})$;(ii)规律(4)中 $\boldsymbol{M}=-\boldsymbol{A}$.

例 3.4 设 $\boldsymbol{A}=\begin{pmatrix}1&2&3\\4&5&6\end{pmatrix}$,$\boldsymbol{B}=\begin{pmatrix}2&4&6\\2&4&6\end{pmatrix}$ 且 $4\boldsymbol{A}-3\boldsymbol{B}+2\boldsymbol{C}=\boldsymbol{O}$,求 $\boldsymbol{C}$.

解 由 $4\boldsymbol{A}=\begin{pmatrix}4&8&12\\16&20&24\end{pmatrix}$,$3\boldsymbol{B}=\begin{pmatrix}6&12&18\\6&12&18\end{pmatrix}$ 得 $4\boldsymbol{A}-3\boldsymbol{B}=\begin{pmatrix}-2&-4&-6\\10&8&6\end{pmatrix}$,故 $\boldsymbol{C}=\frac{1}{2}(2\boldsymbol{C})=\frac{1}{2}[-(4\boldsymbol{A}-3\boldsymbol{B})]=\begin{pmatrix}1&2&3\\-5&-4&-3\end{pmatrix}$.

3.2.2 矩阵的乘法

若在线性变换

$$\tau:\quad \mathbf{R}^2\to\mathbf{R}^2,$$
$$\begin{pmatrix}x\\y\end{pmatrix}\mapsto\begin{pmatrix}x'\\y'\end{pmatrix},$$

其中 $\begin{cases}x'=b_{11}x+b_{12}y,\\y'=b_{21}x+b_{22}y\end{cases}$ 后又变换

$$\sigma:\quad \mathbf{R}^2\to\mathbf{R}^2,$$
$$\begin{pmatrix}x'\\y'\end{pmatrix}\mapsto\begin{pmatrix}x''\\y''\end{pmatrix},$$

其中 $\begin{cases}x''=a_{11}x'+a_{12}y',\\y''=a_{21}x'+a_{22}y',\end{cases}$ 则 x'',y'' 与 x,y 的关系由下式给出(也就是线性变换 τ 和 σ 的复合 $\sigma\circ\tau$)

$$\begin{cases}x''=(a_{11}b_{11}+a_{12}b_{21})x+(a_{11}b_{12}+a_{12}b_{22})y,\\y''=(a_{21}b_{11}+a_{22}b_{21})x+(a_{21}b_{12}+a_{22}b_{22})y.\end{cases}$$

若认为复合 $\sigma\circ\tau$ 的矩阵是 σ 的矩阵与 τ 的矩阵的"乘积",即

$$\begin{bmatrix}a_{11}&a_{12}\\a_{21}&a_{22}\end{bmatrix}\begin{bmatrix}b_{11}&b_{12}\\b_{21}&b_{22}\end{bmatrix}=\begin{bmatrix}a_{11}b_{11}+a_{12}b_{21}&a_{11}b_{12}+a_{12}b_{22}\\a_{21}b_{11}+a_{22}b_{21}&a_{21}b_{12}+a_{22}b_{22}\end{bmatrix}.$$

一般地,我们有如下定义.

定义 3.4 设 $\boldsymbol{A}=(a_{ij})$ 是 $m\times s$ 矩阵,$\boldsymbol{B}=(b_{ij})$ 是 $s\times n$ 矩阵,定义**矩阵 $\boldsymbol{A}$ 与 $\boldsymbol{B}$ 的乘积**是一个 $m\times n$ 矩阵 $\boldsymbol{C}=(c_{ij})$,其中

$$c_{ij}=a_{i1}b_{1j}+a_{i2}b_{2j}+\cdots+a_{is}b_{sj}\ (i=1,2,\cdots,m;j=1,2,\cdots,n),\tag{3.8}$$

记作 $\boldsymbol{C}=\boldsymbol{AB}$.

注 (i)只有矩阵 $\boldsymbol{A}$ 的列数与矩阵 $\boldsymbol{B}$ 的行数一致时,定义 3.4 才能定义乘积 $\boldsymbol{AB}$;(ii)要计算 $\boldsymbol{C}=(c_{ij})$ 的元素 c_{ij},如 c_{23} 只要用 $\boldsymbol{A}$ 的第 2 行各个元素依次乘以矩阵

B 的第 3 列各个元素然后求和即可(图 3-2). 一般地,c_{ij} 完全由矩阵 **A** 的第 i 行和矩阵 **B** 的第 j 列的元素完全确定.

$$\begin{pmatrix} a_{11} & a_{12} & a_{13} \\ a_{21} & a_{22} & a_{23} \\ a_{31} & a_{32} & a_{33} \\ a_{41} & a_{42} & a_{43} \\ a_{51} & a_{52} & a_{53} \end{pmatrix}\begin{pmatrix} b_{11} & b_{12} & b_{13} & b_{14} \\ b_{21} & b_{22} & b_{23} & b_{24} \\ b_{31} & b_{32} & b_{33} & b_{25} \end{pmatrix}=\begin{pmatrix} c_{11} & c_{12} & c_{13} & c_{14} \\ c_{21} & c_{22} & c_{23} & c_{24} \\ c_{31} & c_{32} & c_{33} & c_{34} \\ c_{41} & c_{42} & c_{43} & c_{44} \\ c_{51} & c_{52} & c_{53} & c_{54} \end{pmatrix},$$

$$c_{23}=a_{21}b_{13}+a_{22}b_{23}+a_{23}b_{33}$$

图 3-2　两个矩阵相乘

例 3.5　设 $\boldsymbol{A}=(1,2,1)$,$\boldsymbol{B}=\begin{pmatrix}4\\5\\6\end{pmatrix}$. 求 **AB** 及 **BA**.

解

$$\boldsymbol{AB}=(1,2,3)\begin{pmatrix}4\\5\\6\end{pmatrix}=1\times4+2\times5+3\times6=32.$$

$$\boldsymbol{BA}=\begin{pmatrix}4\\5\\6\end{pmatrix}(1,2,3)=\begin{pmatrix}4\times1 & 4\times2 & 4\times3\\5\times1 & 5\times2 & 5\times3\\6\times1 & 6\times2 & 6\times3\end{pmatrix}=\begin{pmatrix}4 & 8 & 12\\5 & 10 & 15\\6 & 12 & 18\end{pmatrix}.$$

例 3.6　考虑例 3.1 中的矩阵 **R**,求 **RR**.

解

$$\boldsymbol{RR}=\begin{pmatrix}-\frac{1}{2} & -\frac{\sqrt{3}}{2}\\ \frac{\sqrt{3}}{2} & -\frac{1}{2}\end{pmatrix}\begin{pmatrix}-\frac{1}{2} & -\frac{\sqrt{3}}{2}\\ \frac{\sqrt{3}}{2} & -\frac{1}{2}\end{pmatrix}$$

$$=\begin{pmatrix}-\frac{1}{2}\times\left(-\frac{1}{2}\right)+\left(-\frac{\sqrt{3}}{2}\right)\times\frac{\sqrt{3}}{2} & -\frac{1}{2}\times\left(-\frac{\sqrt{3}}{2}\right)+\left(-\frac{\sqrt{3}}{2}\right)\times\left(-\frac{1}{2}\right)\\ \frac{\sqrt{3}}{2}\times\left(-\frac{1}{2}\right)+\left(-\frac{1}{2}\right)\times\frac{\sqrt{3}}{2} & \frac{\sqrt{3}}{2}\times\left(-\frac{\sqrt{3}}{2}\right)+\left(-\frac{1}{2}\right)\times\left(-\frac{1}{2}\right)\end{pmatrix}$$

$$=\begin{pmatrix}-\frac{1}{2} & \frac{\sqrt{3}}{2}\\ -\frac{\sqrt{3}}{2} & -\frac{1}{2}\end{pmatrix}.$$

例 3.7　设 $\boldsymbol{A}=\begin{pmatrix}0 & 1\\0 & 0\end{pmatrix}$,$\boldsymbol{B}=\begin{pmatrix}0 & 0\\0 & 1\end{pmatrix}$. 求 **AB** 及 **BA**.

解　$\boldsymbol{AB}=\begin{pmatrix}0 & 1\\0 & 0\end{pmatrix}\begin{pmatrix}0 & 0\\0 & 1\end{pmatrix}=\begin{pmatrix}0 & 1\\0 & 0\end{pmatrix}$,　$\boldsymbol{BA}=\begin{pmatrix}0 & 0\\0 & 1\end{pmatrix}\begin{pmatrix}0 & 1\\0 & 0\end{pmatrix}=\begin{pmatrix}0 & 0\\0 & 0\end{pmatrix}$.

例 3.8　考虑例 3.3 中的 $\boldsymbol{S}$,设 $\boldsymbol{w}=\begin{pmatrix}\frac{1}{6}\\\frac{1}{6}\\\frac{1}{6}\\\frac{1}{6}\\\frac{1}{6}\\\frac{1}{6}\end{pmatrix}$,$\boldsymbol{u}=\left(\frac{1}{5},\frac{1}{5},\frac{1}{5},\frac{1}{5},\frac{1}{5}\right)$. 求 $\boldsymbol{Sw}$ 及 $\boldsymbol{uS}$.

解

$$\boldsymbol{Sw}=\begin{pmatrix}85&100&60&83&68&90\\100&70&94&72&78&75\\95&65&71&64&67&100\\97&92&91&89&79&92\\83&65&74&69&100&77\end{pmatrix}\begin{pmatrix}\frac{1}{6}\\\frac{1}{6}\\\frac{1}{6}\\\frac{1}{6}\\\frac{1}{6}\\\frac{1}{6}\end{pmatrix}=\begin{pmatrix}81\\81.5\\77\\90\\78\end{pmatrix},$$

$$\boldsymbol{uS}=\left(\frac{1}{5},\frac{1}{5},\frac{1}{5},\frac{1}{5},\frac{1}{5}\right)\begin{pmatrix}85&100&60&83&68&90\\100&70&94&72&78&75\\95&65&71&64&67&100\\97&92&91&89&79&92\\83&65&74&69&100&77\end{pmatrix}$$

$$=(92,78.4,78,75.4,78.4,86.8).$$

请读者解释列向量 $\boldsymbol{Sw}$ 及行向量 $\boldsymbol{uS}$ 的意义.

注　(i)矩阵乘法不满足交换律,即一般来说 $\boldsymbol{AB}\neq\boldsymbol{BA}$.

这可能有如下三种情形：

①乘积 $\boldsymbol{AB}$ 有定义,而乘积 $\boldsymbol{BA}$ 无定义；

②乘积 $\boldsymbol{AB}$ 与 $\boldsymbol{BA}$ 都有定义,但 $\boldsymbol{AB}$ 与 $\boldsymbol{BA}$ 不是同型矩阵；

③乘积 $\boldsymbol{AB}$ 与 $\boldsymbol{BA}$ 都有定义且为同型矩阵(此时矩阵 $\boldsymbol{A}$ 与矩阵 $\boldsymbol{B}$ 一定是同阶方阵),仍然有可能 $\boldsymbol{AB}\neq\boldsymbol{BA}$.

一般地,若两个方阵 $\boldsymbol{A},\boldsymbol{B}$ 满足 $\boldsymbol{AB}=\boldsymbol{BA}$,则称 $\boldsymbol{A}$ 与 $\boldsymbol{B}$ 可交换.

(ii)两个非零矩阵的乘积可以是零矩阵,从而由 $\boldsymbol{AC}=\boldsymbol{AC}$ 且 $\boldsymbol{C}\neq\boldsymbol{O}$ 不能推出$\boldsymbol{A}=\boldsymbol{B}$.

定理 3.2 设$\boldsymbol{A}$是$m\times n$矩阵,矩阵$\boldsymbol{B},\boldsymbol{C}$使得下列各式的运算有定义,$k$为实数,则

(1)$\boldsymbol{A}(\boldsymbol{BC})=(\boldsymbol{AB})\boldsymbol{C}$;

(2)$\boldsymbol{A}(\boldsymbol{B}+\boldsymbol{C})=\boldsymbol{AB}+\boldsymbol{AC},(\boldsymbol{B}+\boldsymbol{C})\boldsymbol{A}=\boldsymbol{BA}+\boldsymbol{CA}$;

(3)$k(\boldsymbol{AB})=(k\boldsymbol{A})\boldsymbol{B}=\boldsymbol{A}(k\boldsymbol{B})$;

(4)$\boldsymbol{E}_m\boldsymbol{A}=\boldsymbol{A}=\boldsymbol{AE}_n$.

证明 利用定义,直接计算即可.

注 根据乘法结合律(1),可用表达式$\boldsymbol{ABC}$表示$(\boldsymbol{AB})\boldsymbol{C}$或$\boldsymbol{A}(\boldsymbol{BC})$.

例 3.9 设$\boldsymbol{A}=\begin{pmatrix}1&2\\3&4\end{pmatrix},\boldsymbol{B}=\begin{pmatrix}0&1&2\\1&2&3\end{pmatrix},\boldsymbol{C}=\begin{pmatrix}1\\-4\\3\end{pmatrix}$,求$(\boldsymbol{AB})\boldsymbol{C}$及$\boldsymbol{A}(\boldsymbol{BC})$.

解

$$(\boldsymbol{AB})\boldsymbol{C}=\left[\begin{pmatrix}1&2\\3&4\end{pmatrix}\begin{pmatrix}0&1&2\\1&2&3\end{pmatrix}\right]\begin{pmatrix}1\\-4\\3\end{pmatrix}=\begin{pmatrix}2&5&8\\4&11&18\end{pmatrix}\begin{pmatrix}1\\-4\\3\end{pmatrix}=\begin{pmatrix}6\\14\end{pmatrix},$$

$$\boldsymbol{A}(\boldsymbol{BC})=\begin{pmatrix}1&2\\3&4\end{pmatrix}\left[\begin{pmatrix}0&1&2\\1&2&3\end{pmatrix}\begin{pmatrix}1\\-4\\3\end{pmatrix}\right]=\begin{pmatrix}1&2\\3&4\end{pmatrix}\begin{pmatrix}2\\2\end{pmatrix}=\begin{pmatrix}6\\14\end{pmatrix}.$$

3.2.3 方阵的特殊运算

定义 3.5 设$\boldsymbol{A}=(a_{ij})$是方阵,定义$\boldsymbol{A}$的幂为

$$\boldsymbol{A}^1=\boldsymbol{A},\quad \boldsymbol{A}^m=\boldsymbol{A}^{m-1}\boldsymbol{A}(m\geqslant 2),\tag{3.9}$$

其中m为正整数.

利用矩阵乘法的结合律,可得方阵的幂满足

$$\boldsymbol{A}^{m+l}=\boldsymbol{A}^m\boldsymbol{A}^l,\quad (\boldsymbol{A}^m)^l=\boldsymbol{A}^{ml}.$$

例 3.10 考虑例 3.1 中的矩阵$\boldsymbol{R}$,求$\boldsymbol{R}^3$.

解

$$\boldsymbol{R}^3=\boldsymbol{R}^2\boldsymbol{R}=\begin{pmatrix}-\frac{1}{2}&\frac{\sqrt{3}}{2}\\-\frac{\sqrt{3}}{2}&-\frac{1}{2}\end{pmatrix}\begin{pmatrix}-\frac{1}{2}&-\frac{\sqrt{3}}{2}\\\frac{\sqrt{3}}{2}&-\frac{1}{2}\end{pmatrix}=\begin{pmatrix}1&0\\0&1\end{pmatrix}.$$

例 3.11 设$\boldsymbol{\Lambda}=\mathrm{diag}(\lambda_1,\lambda_2,\cdots,\lambda_n)$,求证:$\boldsymbol{\Lambda}^k=\mathrm{diag}(\lambda_1^k,\lambda_2^k,\cdots,\lambda_n^k)$.

证明 用数学归纳法.当$k=1$时结论显然成立,假设当$k=m$时结论成立,则

$$\boldsymbol{\Lambda}^{m+1}=\boldsymbol{\Lambda}^m\boldsymbol{\Lambda}=\begin{pmatrix}\lambda_1^m & 0 & \cdots & 0\\ 0 & \lambda_2^m & \cdots & 0\\ \vdots & \vdots & & \vdots\\ 0 & 0 & \cdots & \lambda_n^m\end{pmatrix}\begin{pmatrix}\lambda_1 & 0 & \cdots & 0\\ 0 & \lambda_2 & \cdots & 0\\ \vdots & \vdots & & \vdots\\ 0 & 0 & \cdots & \lambda_n\end{pmatrix}=\begin{pmatrix}\lambda_1^{m+1} & 0 & \cdots & 0\\ 0 & \lambda_2^{m+1} & \cdots & 0\\ \vdots & \vdots & & \vdots\\ 0 & 0 & \cdots & \lambda_n^{m+1}\end{pmatrix},$$

即结论对于 $k=m+1$ 也成立. 从而结论对于任意的正整数都成立.

定义 3.6 设 $\boldsymbol{A}=(a_{ij})$是方阵,$f(x)=a_0+a_1x+\cdots+a_mx^m$ 为 x 的 m 次多项式,记

$$f(\boldsymbol{A})=a_0\boldsymbol{E}+a_1\boldsymbol{A}+\cdots+a_m\boldsymbol{A}^m, \tag{3.10}$$

称矩阵 $f(\boldsymbol{A})$为**矩阵 $\boldsymbol{A}$ 的 m 次多项式**.

例 3.12 设 $\boldsymbol{\Lambda}=\mathrm{diag}(\lambda_1,\lambda_2,\cdots,\lambda_n)$,则 $f(\boldsymbol{\Lambda})=\mathrm{diag}(f(\lambda_1),f(\lambda_2),\cdots,f(\lambda_n))$.

证明 由例 3.11 的结论及 $f(\boldsymbol{\Lambda})$的定义得

$$f(\boldsymbol{\Lambda})=a_0\boldsymbol{E}+a_1\boldsymbol{\Lambda}+\cdots+a_m\boldsymbol{\Lambda}^m$$

$$=a_0\begin{pmatrix}1 & 0 & \cdots & 0\\ 0 & 1 & \cdots & 0\\ \vdots & \vdots & & \vdots\\ 0 & 0 & \cdots & 1\end{pmatrix}+a_1\begin{pmatrix}\lambda_1 & 0 & \cdots & 0\\ 0 & \lambda_2 & \cdots & 0\\ \vdots & \vdots & & \vdots\\ 0 & 0 & \cdots & \lambda_n\end{pmatrix}+\cdots+a_m\begin{pmatrix}\lambda_1^m & 0 & \cdots & 0\\ 0 & \lambda_2^m & \cdots & 0\\ \vdots & \vdots & & \vdots\\ 0 & 0 & \cdots & \lambda_n^m\end{pmatrix}$$

$$=\begin{pmatrix}f(\lambda_1) & 0 & \cdots & 0\\ 0 & f(\lambda_2) & \cdots & 0\\ \vdots & \vdots & & \vdots\\ 0 & 0 & \cdots & f(\lambda_n)\end{pmatrix}.$$

定义 3.7 设 $\boldsymbol{A}=(a_{ij})$是 n 阶方阵,$\boldsymbol{A}$ 的元素按原位置排成的行列式,称为**$\boldsymbol{A}$ 的行列式**,记作$|\boldsymbol{A}|$或 $\det(\boldsymbol{A})$,即

$$|\boldsymbol{A}|=\left|\begin{pmatrix}a_{11} & a_{12} & \cdots & a_{1n}\\ a_{21} & a_{22} & \cdots & a_{2n}\\ \vdots & \vdots & & \vdots\\ a_{n1} & a_{n2} & \cdots & a_{nn}\end{pmatrix}\right|=\begin{vmatrix}a_{11} & a_{12} & \cdots & a_{1n}\\ a_{21} & a_{22} & \cdots & a_{2n}\\ \vdots & \vdots & & \vdots\\ a_{n1} & a_{n2} & \cdots & a_{nn}\end{vmatrix}.$$

例如,上三角矩阵的行列式

$$\left|\begin{pmatrix}a_{11} & a_{12} & \cdots & a_{1n}\\ 0 & a_{22} & \cdots & a_{2n}\\ \vdots & \vdots & & \vdots\\ 0 & 0 & \cdots & a_{nn}\end{pmatrix}\right|=\begin{vmatrix}a_{11} & a_{12} & \cdots & a_{1n}\\ 0 & a_{22} & \cdots & a_{2n}\\ \vdots & \vdots & & \vdots\\ 0 & 0 & \cdots & a_{nn}\end{vmatrix}=a_{11}a_{22}\cdots a_{nn}.$$

利用行列式的性质,还可得方阵行列式的下列性质($\boldsymbol{A},\boldsymbol{B}$ 都是 n 阶方阵).

(1) $|k\boldsymbol{A}|=k^n|\boldsymbol{A}|$,特别地,$|k\boldsymbol{E}_n|=k^n$;

(2) $|\boldsymbol{AB}|=|\boldsymbol{A}||\boldsymbol{B}|$,一般地,由数学归纳法可以证明

$$|\boldsymbol{M}_1\boldsymbol{M}_2\cdots\boldsymbol{M}_k|=|\boldsymbol{M}_1||\boldsymbol{M}_2|\cdots|\boldsymbol{M}_k|.$$

特别地，

$$|\boldsymbol{A}^m|=|\boldsymbol{A}|^m.$$

这里就二阶方阵来证明性质(2).

设 $\boldsymbol{A}=(a_{ij})_{2\times2}$，$\boldsymbol{B}=(b_{ij})_{2\times2}$，$\boldsymbol{C}=\boldsymbol{AB}=(c_{ij})_{2\times2}$，由例 2.12 的结论及行列式的性质得

$$|\boldsymbol{A}|\,|\boldsymbol{B}|=\begin{vmatrix}a_{11}&a_{12}&0&0\\a_{21}&a_{22}&0&0\\-1&0&b_{11}&b_{12}\\0&-1&b_{21}&b_{22}\end{vmatrix}\xlongequal[c_4+b_{12}c_1]{c_3+b_{11}c_1}\begin{vmatrix}a_{11}&a_{12}&a_{11}b_{11}&a_{11}b_{12}\\a_{21}&a_{22}&a_{21}b_{11}&a_{21}b_{12}\\-1&0&0&0\\0&-1&b_{21}&b_{22}\end{vmatrix}$$

$$\xlongequal[c_4+b_{22}c_1]{c_3+b_{21}c_1}\begin{vmatrix}a_{11}&a_{12}&a_{11}b_{11}+a_{12}b_{21}&a_{11}b_{12}+a_{12}b_{22}\\a_{21}&a_{22}&a_{21}b_{11}+a_{22}b_{21}&a_{21}b_{12}+a_{22}b_{22}\\-1&0&0&0\\0&-1&0&0\end{vmatrix}$$

$$\xlongequal[r_2\leftrightarrow r_4]{r_1\leftrightarrow r_3}(-1)^2\begin{vmatrix}-1&0&0&0\\0&-1&0&0\\a_{11}&a_{12}&c_{11}&c_{12}\\a_{21}&a_{22}&c_{21}&c_{22}\end{vmatrix}$$

$$=(-1)^2\begin{vmatrix}-1&0\\0&-1\end{vmatrix}\begin{vmatrix}c_{11}&c_{12}\\c_{21}&c_{22}\end{vmatrix}=|\boldsymbol{AB}|.$$

例 3.13　设 $\boldsymbol{A}$ 是 n 阶方阵，若 $|\boldsymbol{A}|=0$，则不存在 n 阶方阵 $\boldsymbol{B}$，使得 $\boldsymbol{AB}=\boldsymbol{E}$.

证明　反证法. 假设结论不成立，则 $|\boldsymbol{A}|\,|\boldsymbol{B}|=|\boldsymbol{AB}|=|\boldsymbol{E}|=1$，这与条件 $|\boldsymbol{A}|=0$ 矛盾.

3.2.4　矩阵的转置

定义 3.8　设矩阵 $\boldsymbol{A}=(a_{ij})m\times n$，将矩阵 $\boldsymbol{A}$ 的行换为同序数的列所得的矩阵称为 $\boldsymbol{A}$ 的**转置矩阵**，记作 $\boldsymbol{A}^{\mathrm{T}}$.

例如，$\boldsymbol{A}=\begin{pmatrix}1&0&-1\\2&3&4\end{pmatrix}$ 的转置矩阵 $\boldsymbol{A}^{\mathrm{T}}=\begin{pmatrix}1&2\\0&3\\-1&4\end{pmatrix}$.

若 $\boldsymbol{A}=\boldsymbol{A}^{\mathrm{T}}$，则称 $\boldsymbol{A}$ 为**对称矩阵**；若 $\boldsymbol{A}=-\boldsymbol{A}^{\mathrm{T}}$，则称 $\boldsymbol{A}$ 为**反对称矩阵**.

矩阵的转置具有下列性质(假设运算有定义).

(1) $(\boldsymbol{A}^{\mathrm{T}})^{\mathrm{T}}=\boldsymbol{A}$；

(2) $(\boldsymbol{A}+\boldsymbol{B})^{\mathrm{T}}=\boldsymbol{A}^{\mathrm{T}}+\boldsymbol{B}^{\mathrm{T}}$；

(3) $(k\boldsymbol{A})^{\mathrm{T}}=k\boldsymbol{A}^{\mathrm{T}}$；

(4) $(\boldsymbol{AB})^{\mathrm{T}}=\boldsymbol{B}^{\mathrm{T}}\boldsymbol{A}^{\mathrm{T}}$.

例 3.14 证明:任意一个 n 阶方阵都可以表示成一个对称矩阵与一个反对称矩阵的和.

证明 注意到任意一个 n 阶方阵 $\boldsymbol{A}$ 都可以写成

$$\boldsymbol{A}=\frac{\boldsymbol{A}+\boldsymbol{A}^{\mathrm{T}}}{2}+\frac{\boldsymbol{A}-\boldsymbol{A}^{\mathrm{T}}}{2}.$$

由于

$$\left(\frac{\boldsymbol{A}+\boldsymbol{A}^{\mathrm{T}}}{2}\right)^{\mathrm{T}}=\frac{\boldsymbol{A}^{\mathrm{T}}+(\boldsymbol{A}^{\mathrm{T}})^{\mathrm{T}}}{2}=\frac{\boldsymbol{A}+\boldsymbol{A}^{\mathrm{T}}}{2},$$

$$\left(\frac{\boldsymbol{A}-\boldsymbol{A}^{\mathrm{T}}}{2}\right)^{\mathrm{T}}=\frac{\boldsymbol{A}^{\mathrm{T}}-(\boldsymbol{A}^{\mathrm{T}})^{\mathrm{T}}}{2}=-\frac{\boldsymbol{A}-\boldsymbol{A}^{\mathrm{T}}}{2},$$

因此,$\dfrac{\boldsymbol{A}+\boldsymbol{A}^{\mathrm{T}}}{2}$为对称矩阵,$\dfrac{\boldsymbol{A}-\boldsymbol{A}^{\mathrm{T}}}{2}$为反对称矩阵.

3.3 可逆矩阵

考虑例 3.2 中的方程组

$$\begin{cases}x_1+\quad\ \ x_3=1,\\x_1+x_2\quad\ \ =1,\\\quad\ \ x_2+x_3=1.\end{cases}$$

若记 $\boldsymbol{A}=\begin{pmatrix}1&0&1\\1&1&0\\0&1&1\end{pmatrix}$,$\boldsymbol{x}=\begin{pmatrix}x_1\\x_2\\x_3\end{pmatrix}$,$\boldsymbol{b}=\begin{pmatrix}1\\1\\1\end{pmatrix}$,则此方程组等价于 $\boldsymbol{Ax}=\boldsymbol{b}$. 由定理 3.2 中的结论(4)知,如果存在三阶方阵 $\boldsymbol{B}$,使得 $\boldsymbol{BA}=\boldsymbol{E}_3$,则

$$\boldsymbol{x}=\boldsymbol{Ex}=(\boldsymbol{BA})\boldsymbol{x}=\boldsymbol{B}(\boldsymbol{Ax})=\boldsymbol{Bb}.$$

此时,一定还有 $\boldsymbol{AB}=\boldsymbol{E}_3$(见习题 20). 为此,给出如下定义.

定义 3.9 设 $\boldsymbol{A}$ 是 n 阶方阵,若存在 n 阶方阵 $\boldsymbol{B}$,使得

$$\boldsymbol{AB}=\boldsymbol{BA}=\boldsymbol{E},\tag{3.11}$$

则称 $\boldsymbol{A}$ 是**可逆的**,并称 $\boldsymbol{B}$ 是 $\boldsymbol{A}$ 的**逆矩阵**.

如果 $\boldsymbol{A}$ 是可逆的,则 $\boldsymbol{A}$ 的逆矩阵是唯一的. 事实上,若 $\boldsymbol{B}$,$\boldsymbol{C}$ 都是 $\boldsymbol{A}$ 的逆矩阵,则有

$$\boldsymbol{B}=\boldsymbol{BE}=\boldsymbol{B}(\boldsymbol{AC})=(\boldsymbol{BA})\boldsymbol{C}=\boldsymbol{EC}=\boldsymbol{C}.$$

记 $\boldsymbol{A}$ 唯一的逆矩阵为 $\boldsymbol{A}^{-1}$,则式(3.11)即为 $\boldsymbol{AA}^{-1}=\boldsymbol{A}^{-1}\boldsymbol{A}=\boldsymbol{E}$.

关于逆矩阵,有

(1)若 $\boldsymbol{A}$ 是可逆的,则 $\boldsymbol{A}^{-1}$ 也是可逆的,且 $(\boldsymbol{A}^{-1})^{-1}=\boldsymbol{A}$;

(2)若 $\boldsymbol{A}$ 是可逆的,则 $k\boldsymbol{A}(k\neq0)$ 也是可逆的,且 $(k\boldsymbol{A})^{-1}=\dfrac{1}{k}\boldsymbol{A}^{-1}$;

(3)若 n 阶方阵 $\boldsymbol{A}$,$\boldsymbol{B}$ 都是可逆的,则 $\boldsymbol{AB}$ 也是可逆的,且 $(\boldsymbol{AB})^{-1}=\boldsymbol{B}^{-1}\boldsymbol{A}^{-1}$,一般

地，若 n 阶方阵 $\boldsymbol{A},\boldsymbol{B},\cdots,\boldsymbol{C},\boldsymbol{D}$ 都是可逆的，则它们的乘积 $\boldsymbol{AB}\cdots\boldsymbol{CD}$ 也是可逆的，且 $(\boldsymbol{AB}\cdots\boldsymbol{CD})^{-1}=\boldsymbol{D}^{-1}\boldsymbol{C}^{-1}\cdots\boldsymbol{B}^{-1}\boldsymbol{A}^{-1}$；

(4)若 $\boldsymbol{A}$ 是可逆的，则 $\boldsymbol{A}^{\mathrm{T}}$ 也是可逆的，且 $(\boldsymbol{A}^{\mathrm{T}})^{-1}=(\boldsymbol{A}^{-1})^{\mathrm{T}}$；

(5)一阶矩阵 $\boldsymbol{A}=(a)$ 可逆的充分必要条件是 $a\neq0$，且 $\boldsymbol{A}$ 可逆时，$(a)^{-1}=\left(\dfrac{1}{a}\right)$.

证明　仅考虑(3)，其余的请读者自己证明. 若 $\boldsymbol{A},\boldsymbol{B}$ 都是可逆的，则

$$(\boldsymbol{AB})(\boldsymbol{B}^{-1}\boldsymbol{A}^{-1})=\boldsymbol{A}(\boldsymbol{BB}^{-1})\boldsymbol{A}^{-1}=\boldsymbol{AEA}^{-1}=\boldsymbol{AA}^{-1}=\boldsymbol{E},$$
$$(\boldsymbol{B}^{-1}\boldsymbol{A}^{-1})(\boldsymbol{AB})=\boldsymbol{B}^{-1}(\boldsymbol{AA}^{-1})\boldsymbol{B}=\boldsymbol{B}^{-1}\boldsymbol{EB}=\boldsymbol{BB}^{-1}=\boldsymbol{E}.$$

因此，$(\boldsymbol{AB})^{-1}=\boldsymbol{B}^{-1}\boldsymbol{A}^{-1}$.

例 3.15　设 $\boldsymbol{A}=\begin{pmatrix}a&b\\c&d\end{pmatrix}$. 若 $|\boldsymbol{A}|\neq0$，说明 $\boldsymbol{A}$ 是可逆的，并求其逆矩阵.

解　考虑 $\begin{pmatrix}a&b\\c&d\end{pmatrix}\begin{pmatrix}x&x'\\y&y'\end{pmatrix}=\begin{pmatrix}1&0\\0&1\end{pmatrix}$，这等价于两个方程组

$$\begin{cases}ax+by=1,\\cx+dy=0,\end{cases}\qquad\begin{cases}ax'+by'=0,\\cx'+dy'=1.\end{cases}$$

因为 $|\boldsymbol{A}|\neq0$，由克拉默法则知

$$x=\frac{\begin{vmatrix}1&b\\0&d\end{vmatrix}}{|\boldsymbol{A}|}=\frac{d}{|\boldsymbol{A}|},\quad y=\frac{\begin{vmatrix}a&1\\c&0\end{vmatrix}}{|\boldsymbol{A}|}=\frac{-c}{|\boldsymbol{A}|},\quad x'=\frac{\begin{vmatrix}0&b\\1&d\end{vmatrix}}{|\boldsymbol{A}|}=\frac{-b}{|\boldsymbol{A}|},\quad y'=\frac{\begin{vmatrix}a&0\\c&1\end{vmatrix}}{|\boldsymbol{A}|}=\frac{a}{|\boldsymbol{A}|}.$$

故 $\begin{pmatrix}x&x'\\y&y'\end{pmatrix}=\dfrac{1}{|\boldsymbol{A}|}\begin{pmatrix}d&-b\\-c&a\end{pmatrix}$. 容易验证 $\dfrac{1}{|\boldsymbol{A}|}\begin{pmatrix}d&-b\\-c&a\end{pmatrix}\begin{pmatrix}a&b\\c&d\end{pmatrix}=\begin{pmatrix}1&0\\0&1\end{pmatrix}$，从而 $\boldsymbol{A}$ 是可逆的，且

$$\boldsymbol{A}^{-1}=\frac{1}{ad-bc}\begin{pmatrix}d&-b\\-c&a\end{pmatrix}.\tag{3.12}$$

对于 $n(n\geqslant2)$ 阶方阵 $\boldsymbol{A}$，$|\boldsymbol{A}|$ 中各元素 a_{ij} 的代数余子式 $A_{ij}\,(i,j=1,2,\cdots,n)$ 构成的矩阵

$$\boldsymbol{A}^*=\begin{pmatrix}A_{11}&A_{21}&\cdots&A_{n1}\\A_{12}&A_{22}&\cdots&A_{n2}\\\vdots&\vdots&&\vdots\\A_{1n}&A_{2n}&\cdots&A_{nn}\end{pmatrix},$$

称为 $\boldsymbol{A}$ 的**伴随矩阵**. 由行列式的结论(见式(2.25))知

$$\boldsymbol{AA}^*=\boldsymbol{A}^*\boldsymbol{A}=\begin{pmatrix}|\boldsymbol{A}|&0&\cdots&0\\0&|\boldsymbol{A}|&\cdots&0\\\vdots&\vdots&&\vdots\\0&0&\cdots&|\boldsymbol{A}|\end{pmatrix}.\tag{3.13}$$

由此立刻得到定理 3.3.

定理 3.3　设 $\boldsymbol{A}$ 是 n 阶方阵,则 $\boldsymbol{A}$ 是可逆的充分必要条件是 $|\boldsymbol{A}|\neq 0$.

证明　必要性.由例 3.13 可知.

再证充分性.若 $|\boldsymbol{A}|\neq 0$,由式(3.13)易知

$$\boldsymbol{A}\left(\frac{1}{|\boldsymbol{A}|}\boldsymbol{A}^*\right)=\left(\frac{1}{|\boldsymbol{A}|}\boldsymbol{A}^*\right)\boldsymbol{A}=\boldsymbol{E},$$

从而 $\boldsymbol{A}$ 是可逆的.

推论 3.1　设 $n(n\geqslant 2)$ 阶方阵 $\boldsymbol{A}$ 是可逆的,则 $\boldsymbol{A}^{-1}=\frac{1}{|\boldsymbol{A}|}\boldsymbol{A}^*$.

推论 3.2　设 $\boldsymbol{A},\boldsymbol{B}$ 都是 n 阶方阵,若 $\boldsymbol{AB}=\boldsymbol{E}$(或 $\boldsymbol{BA}=\boldsymbol{E}$),则 $\boldsymbol{B}=\boldsymbol{A}^{-1}$.

证明　由 $|\boldsymbol{A}||\boldsymbol{B}|=|\boldsymbol{AB}|=|\boldsymbol{E}|=1$ 得 $|\boldsymbol{A}|\neq 0$,再由定理 3.3 知 $\boldsymbol{A}$ 是可逆的.所以

$$\boldsymbol{B}=\boldsymbol{BE}=\boldsymbol{B}(\boldsymbol{AA}^{-1})=(\boldsymbol{BA})\boldsymbol{A}^{-1}=\boldsymbol{EA}^{-1}=\boldsymbol{A}^{-1}.$$

例 3.16　设 $\boldsymbol{A}=\begin{pmatrix}1&0&1\\1&1&0\\0&1&1\end{pmatrix}$,求 $\boldsymbol{A}$ 的逆矩阵.

解　因为 $|\boldsymbol{A}|=\begin{vmatrix}1&0&1\\1&1&0\\0&1&1\end{vmatrix}=2\neq 0$,故 $\boldsymbol{A}$ 是可逆的.又

$$A_{11}=1,\quad A_{21}=1,\quad A_{31}=-1,$$
$$A_{12}=-1,\quad A_{22}=1,\quad A_{32}=1,$$
$$A_{13}=1,\quad A_{23}=-1,\quad A_{33}=1,$$

所以

$$\boldsymbol{A}^{-1}=\frac{1}{|\boldsymbol{A}|}\boldsymbol{A}^*=\frac{1}{2}\begin{pmatrix}1&1&-1\\-1&1&1\\1&-1&1\end{pmatrix}=\begin{pmatrix}\frac{1}{2}&\frac{1}{2}&-\frac{1}{2}\\-\frac{1}{2}&\frac{1}{2}&\frac{1}{2}\\\frac{1}{2}&-\frac{1}{2}&\frac{1}{2}\end{pmatrix}.$$

例 3.17　设 $\boldsymbol{A}=\begin{pmatrix}1&0&1\\1&1&0\\0&1&1\end{pmatrix}$,$\boldsymbol{C}=\begin{pmatrix}3&-1\\1&0\end{pmatrix}$,$\boldsymbol{B}=\begin{pmatrix}1&-1\\1&3\\1&2\end{pmatrix}$,且 $\boldsymbol{AXC}=\boldsymbol{B}$,求 $\boldsymbol{X}$.

解　由例 3.16 知 $\boldsymbol{A}$ 是可逆的,又 $|\boldsymbol{C}|=1\neq 0$,故 $\boldsymbol{C}$ 也是可逆的.从而由 $\boldsymbol{AXC}=\boldsymbol{B}$ 可得

$$\boldsymbol{A}^{-1}(\boldsymbol{AXC})\boldsymbol{C}^{-1}=\boldsymbol{A}^{-1}\boldsymbol{BC}^{-1}.$$

利用结合律可知

$$\begin{aligned}\boldsymbol{A}^{-1}(\boldsymbol{AXC})\boldsymbol{C}^{-1}&=(\boldsymbol{A}^{-1}(\boldsymbol{A}(\boldsymbol{XC})))\boldsymbol{C}^{-1}=((\boldsymbol{A}^{-1}\boldsymbol{A})(\boldsymbol{XC}))\boldsymbol{C}^{-1}\\&=(\boldsymbol{XC})\boldsymbol{C}^{-1}=\boldsymbol{X}(\boldsymbol{CC}^{-1})=\boldsymbol{X},\end{aligned}$$

从而

$$X=A^{-1}BC^{-1}.$$

具体计算得

$$X=\left[\frac{1}{2}\begin{pmatrix}1&1&-1\\-1&1&1\\1&-1&1\end{pmatrix}\right]\begin{pmatrix}1&-1\\1&3\\1&2\end{pmatrix}\left[\begin{pmatrix}0&1\\-1&3\end{pmatrix}\right]=\begin{pmatrix}-\frac{1}{2}&2\\-3&-\frac{19}{2}\\1&-\frac{5}{2}\end{pmatrix}.$$

注 一般地，称 $A_{m\times m}X_{m\times n}C_{n\times n}=B_{m\times n}$ 为**矩阵方程**. 若矩阵 A,C 都是可逆的，则此矩阵方程有唯一解 $X=A^{-1}BC^{-1}$（注意乘积的顺序）.

例 3.18 设 $A=P\Lambda P^{-1}$，其中 Λ 为对角阵. 求证：$f(A)=Pf(\Lambda)P^{-1}$.

证明 若 $A=P\Lambda P^{-1}$，由结合律及数学归纳法可得 $A^k=P\Lambda^kP^{-1}$.

事实上，当 $k=m$ 时，有 $A^m=P\Lambda^mP^{-1}$，则当 $k=m+1$ 时，有

$$A^{m+1}=A^mA=(P\Lambda^mP^{-1})(P\Lambda P^{-1})=P(\Lambda^m(P^{-1}P)\Lambda)P^{-1}=P\Lambda^{m+1}P^{-1}.$$

设 $f(x)=a_0+a_1x+\cdots+a_mx^m$ 为 x 的多项式，则

$$\begin{aligned}f(A)&=a_0E+a_1A+\cdots+a_mA^m\\&=P(a_0E)P^{-1}+P(a_1\Lambda)P^{-1}+\cdots+P(a_m\Lambda^m)P^{-1}\\&=P(a_0E+a_1\Lambda+\cdots+a_m\Lambda^m)P^{-1}\\&=Pf(\Lambda)P^{-1}.\end{aligned}$$

注 由于对角阵的幂容易计算（例 3.11），所以常用 $A^k=P\Lambda^kP^{-1}$ 来计算 $A=P\Lambda P^{-1}$ 的幂. 例如，不难验证 $\begin{pmatrix}3&2\\1&4\end{pmatrix}=\begin{pmatrix}1&2\\1&-1\end{pmatrix}\begin{pmatrix}2&0\\0&5\end{pmatrix}\begin{pmatrix}1&2\\1&-1\end{pmatrix}^{-1}$，从而

$$\begin{pmatrix}3&2\\1&4\end{pmatrix}^k=\begin{pmatrix}2&1\\-1&1\end{pmatrix}\begin{pmatrix}2&0\\0&5\end{pmatrix}^k\begin{pmatrix}2&1\\-1&1\end{pmatrix}^{-1}=\frac{1}{3}\begin{bmatrix}2^{k+1}+5^k&-2^{k+1}+2\times5^k\\-2^k+5^k&2^k+2\times5^k\end{bmatrix}.$$

例 3.19 设 $A=\begin{pmatrix}1&0&0&0&0\\0&1&0&0&0\\0&0&0&0&0\\0&0&0&0&0\end{pmatrix}$，$B=\begin{pmatrix}1&0&0&0&0\\0&1&0&0&0\\0&0&1&0&0\\0&0&0&0&0\end{pmatrix}$.

求证：不存在四阶可逆方阵 P 和五阶可逆方阵 Q，使得 $PA=BQ$.

证明 反证法. 假设结论不成立，则存在 $P=(p_{ij})_{4\times4}$，$Q=(q_{ij})_{5\times5}$ 都是可逆的，且使得

$$\begin{pmatrix}p_{11}&p_{12}&p_{13}&p_{14}\\p_{21}&p_{22}&p_{23}&p_{24}\\p_{31}&p_{32}&p_{33}&p_{34}\\p_{41}&p_{42}&p_{43}&p_{44}\end{pmatrix}\begin{pmatrix}1&0&0&0&0\\0&1&0&0&0\\0&0&0&0&0\\0&0&0&0&0\end{pmatrix}=\begin{pmatrix}1&0&0&0&0\\0&1&0&0&0\\0&0&1&0&0\\0&0&0&0&0\end{pmatrix}\begin{pmatrix}q_{11}&q_{12}&q_{13}&q_{14}&q_{15}\\q_{21}&q_{22}&q_{23}&q_{24}&q_{25}\\q_{31}&q_{32}&q_{33}&q_{34}&q_{35}\\q_{41}&q_{42}&q_{43}&q_{44}&q_{45}\\q_{51}&q_{52}&q_{53}&q_{54}&q_{55}\end{pmatrix},$$

即

$$\begin{pmatrix} p_{11} & p_{12} & 0 & 0 & 0 \\ p_{21} & p_{22} & 0 & 0 & 0 \\ p_{31} & p_{32} & 0 & 0 & 0 \\ p_{41} & p_{42} & 0 & 0 & 0 \end{pmatrix} = \begin{pmatrix} q_{11} & q_{12} & q_{13} & q_{14} & q_{15} \\ q_{21} & q_{22} & q_{23} & q_{24} & q_{25} \\ q_{31} & q_{32} & q_{33} & q_{34} & q_{35} \\ 0 & 0 & 0 & 0 & 0 \end{pmatrix}.$$

从而 $q_{ij}=0(i=1,2,3;j=3,4,5)$，故

$$|\boldsymbol{Q}| = \begin{vmatrix} q_{11} & q_{12} & 0 & 0 & 0 \\ q_{21} & q_{22} & 0 & 0 & 0 \\ q_{31} & q_{32} & 0 & 0 & 0 \\ q_{41} & q_{42} & q_{43} & q_{44} & q_{45} \\ q_{51} & q_{52} & q_{53} & q_{54} & q_{55} \end{vmatrix} = \begin{vmatrix} q_{11} & q_{12} & 0 \\ q_{21} & q_{22} & 0 \\ q_{31} & q_{32} & 0 \end{vmatrix} \begin{vmatrix} q_{44} & q_{45} \\ q_{54} & q_{55} \end{vmatrix} = 0.$$

这与 $\boldsymbol{Q}$ 是可逆的矛盾.

3.4　矩阵的分块

3.4.1　分块矩阵及其运算

矩阵可以看成一个数表，也可以看成一些列或行（例 3.3 中矩阵的每行有明显的意义）. 一般地，对矩阵进行适当的分块处理，不但可以简化记号和计算，还能使矩阵运算中的本质结构显露出来.

把一个矩阵用一些横线和竖线分成若干小矩阵（称为子块），称以子块为元素的形式上的矩阵为**分块矩阵**.

例如，将 5×3 矩阵 $\boldsymbol{A}$ 按所画虚线分块，有

$$\boldsymbol{A} = \left(\begin{array}{c:cc} a_{11} & a_{12} & a_{13} \\ a_{21} & a_{22} & a_{23} \\ \hdashline a_{31} & a_{32} & a_{33} \\ a_{41} & a_{42} & a_{43} \\ a_{51} & a_{52} & a_{53} \end{array}\right).$$

如果记

$$\boldsymbol{A}_{11} = \begin{pmatrix} a_{11} \\ a_{21} \end{pmatrix}, \quad \boldsymbol{A}_{12} = \begin{pmatrix} a_{12} & a_{13} \\ a_{22} & a_{23} \end{pmatrix}, \quad \boldsymbol{A}_{21} = \begin{pmatrix} a_{31} \\ a_{41} \\ a_{51} \end{pmatrix}, \quad \boldsymbol{A}_{22} = \begin{pmatrix} a_{32} & a_{33} \\ a_{42} & a_{43} \\ a_{52} & a_{53} \end{pmatrix},$$

则 $\boldsymbol{A}$ 可以看成 2×2 的分块矩阵，即 $\boldsymbol{A} = \begin{pmatrix} \boldsymbol{A}_{11} & \boldsymbol{A}_{12} \\ \boldsymbol{A}_{21} & \boldsymbol{A}_{22} \end{pmatrix}$.

下面讨论分块矩阵的运算.

(1)**分块矩阵的线性运算**

若 $\boldsymbol{A},\boldsymbol{B}$ 都是 $m\times n$ 矩阵,且分块的方法相同,即

$$\boldsymbol{A}=\begin{pmatrix}\boldsymbol{A}_{11} & \cdots & \boldsymbol{A}_{1s}\\ \vdots & & \vdots\\ \boldsymbol{A}_{r1} & \cdots & \boldsymbol{A}_{rs}\end{pmatrix},\quad \boldsymbol{B}=\begin{pmatrix}\boldsymbol{B}_{11} & \cdots & \boldsymbol{B}_{1s}\\ \vdots & & \vdots\\ \boldsymbol{B}_{r1} & \cdots & \boldsymbol{B}_{rs}\end{pmatrix},$$

其中相应的子块 $\boldsymbol{A}_{ij}$ 与 $\boldsymbol{B}_{ij}$ $(i=1,\cdots,r;j=1,\cdots,s)$是同型矩阵,则

$$\boldsymbol{A}+\boldsymbol{B}=\begin{pmatrix}\boldsymbol{A}_{11}+\boldsymbol{B}_{11} & \cdots & \boldsymbol{A}_{1s}+\boldsymbol{B}_{1s}\\ \vdots & & \vdots\\ \boldsymbol{A}_{r1}+\boldsymbol{B}_{r1} & \cdots & \boldsymbol{A}_{rs}+\boldsymbol{B}_{rs}\end{pmatrix},$$

$$k\boldsymbol{A}=\begin{pmatrix}k\boldsymbol{A}_{11} & \cdots & k\boldsymbol{A}_{1s}\\ \vdots & & \vdots\\ k\boldsymbol{A}_{r1} & \cdots & k\boldsymbol{A}_{rs}\end{pmatrix}.$$

(2)**分块矩阵的乘法**

若 $\boldsymbol{A}$ 是 $m\times n$ 矩阵,$\boldsymbol{B}$ 是 $n\times l$ 矩阵,且对 $\boldsymbol{A}$ 的列分法与对 $\boldsymbol{B}$ 的行分法一致,即

$$\boldsymbol{A}=\begin{pmatrix}\boldsymbol{A}_{11} & \boldsymbol{A}_{12} & \cdots & \boldsymbol{A}_{1s}\\ \boldsymbol{A}_{21} & \boldsymbol{A}_{22} & \cdots & \boldsymbol{A}_{2s}\\ \vdots & \vdots & & \vdots\\ \boldsymbol{A}_{r1} & \boldsymbol{A}_{r2} & \cdots & \boldsymbol{A}_{rs}\end{pmatrix},\quad \boldsymbol{B}=\begin{pmatrix}\boldsymbol{B}_{11} & \boldsymbol{B}_{12} & \cdots & \boldsymbol{B}_{1t}\\ \boldsymbol{B}_{21} & \boldsymbol{B}_{22} & \cdots & \boldsymbol{B}_{2t}\\ \vdots & \vdots & & \vdots\\ \boldsymbol{B}_{s1} & \boldsymbol{B}_{s2} & \cdots & \boldsymbol{B}_{st}\end{pmatrix},$$

且 $\boldsymbol{A}_{i1},\boldsymbol{A}_{i2},\cdots,\boldsymbol{A}_{is}$ 列数分别与 $\boldsymbol{B}_{1j},\boldsymbol{B}_{2j},\cdots,\boldsymbol{B}_{sj}$ 的行数一致,则

$$\boldsymbol{AB}=\begin{pmatrix}\boldsymbol{C}_{11} & \boldsymbol{C}_{12} & \cdots & \boldsymbol{C}_{1t}\\ \boldsymbol{C}_{21} & \boldsymbol{C}_{22} & \cdots & \boldsymbol{C}_{2t}\\ \vdots & \vdots & & \vdots\\ \boldsymbol{C}_{r1} & \boldsymbol{C}_{r2} & \cdots & \boldsymbol{C}_{rt}\end{pmatrix},$$

其中

$$\boldsymbol{C}_{ij}=\boldsymbol{A}_{i1}\boldsymbol{B}_{1j}+\boldsymbol{A}_{i2}\boldsymbol{B}_{2j}+\cdots+\boldsymbol{A}_{is}\boldsymbol{B}_{sj}\,(i=1,2,\cdots r;j=1,2,\cdots t).$$

例如,$\left(\begin{array}{cc:c}1 & 0 & 2\\ 0 & 1 & 3\end{array}\right)\left(\begin{array}{cc}4 & 5\\ 6 & 7\\ \hdashline 0 & 0\end{array}\right)=\begin{pmatrix}1 & 0\\ 0 & 1\end{pmatrix}\begin{pmatrix}4 & 5\\ 6 & 7\end{pmatrix}+\begin{pmatrix}2\\ 3\end{pmatrix}(0\quad 0)=\begin{pmatrix}4 & 5\\ 6 & 7\end{pmatrix}.$

(3)**分块矩阵的转置**

若分块矩阵 $\boldsymbol{A}=\begin{pmatrix}\boldsymbol{A}_{11} & \boldsymbol{A}_{12} & \cdots & \boldsymbol{A}_{1s}\\ \boldsymbol{A}_{21} & \boldsymbol{A}_{22} & \cdots & \boldsymbol{A}_{2s}\\ \vdots & \vdots & & \vdots\\ \boldsymbol{A}_{r1} & \boldsymbol{A}_{r2} & \cdots & \boldsymbol{A}_{rs}\end{pmatrix}$,则 $\boldsymbol{A}^{\mathrm{T}}=\begin{pmatrix}\boldsymbol{A}_{11}^{\mathrm{T}} & \boldsymbol{A}_{21}^{\mathrm{T}} & \cdots & \boldsymbol{A}_{r1}^{\mathrm{T}}\\ \boldsymbol{A}_{12}^{\mathrm{T}} & \boldsymbol{A}_{22}^{\mathrm{T}} & \cdots & \boldsymbol{A}_{r2}^{\mathrm{T}}\\ \vdots & \vdots & & \vdots\\ \boldsymbol{A}_{1s}^{\mathrm{T}} & \boldsymbol{A}_{2s}^{\mathrm{T}} & \cdots & \boldsymbol{A}_{rs}^{\mathrm{T}}\end{pmatrix}$.

例 3.20　设 $\boldsymbol{M}=\begin{pmatrix}1&2&0&0&0\\1&0&-1&2&3\\0&1&5&4&-2\end{pmatrix}$，$\boldsymbol{A}=\begin{pmatrix}-2&3&0\\3&0&3\\1&-2&3\\1&4&-1\\1&0&6\end{pmatrix}$，求 $\boldsymbol{MA}$.

解　将两个矩阵分块如下

$$\boldsymbol{M}=\left(\begin{array}{cc:ccc}1&2&0&0&0\\\hdashline 1&0&-1&2&3\\0&1&5&4&-2\end{array}\right)=\begin{pmatrix}\boldsymbol{\alpha}&\boldsymbol{O}\\\boldsymbol{E}_2&\boldsymbol{B}\end{pmatrix},$$

$$\boldsymbol{A}=\left(\begin{array}{c:cc}-2&3&0\\3&0&3\\\hdashline 1&-2&3\\1&4&-1\\1&0&6\end{array}\right)=\begin{pmatrix}\boldsymbol{\beta}&3\boldsymbol{E}_2\\\boldsymbol{\gamma}&\boldsymbol{C}\end{pmatrix},$$

则

$$\boldsymbol{MA}=\begin{pmatrix}\boldsymbol{\alpha\beta}+\boldsymbol{O\gamma}&\boldsymbol{\alpha}(3\boldsymbol{E}_2)+\boldsymbol{OC}\\\boldsymbol{E}_2\boldsymbol{\beta}+\boldsymbol{B\gamma}&\boldsymbol{E}_2 3\boldsymbol{E}_2+\boldsymbol{CB}\end{pmatrix}=\begin{pmatrix}\boldsymbol{\alpha\beta}&3\boldsymbol{\alpha}\\\boldsymbol{\beta}+\boldsymbol{B\gamma}&3\boldsymbol{E}_2\boldsymbol{BC}\end{pmatrix}.$$

又因为

$$\boldsymbol{\alpha\beta}=(1\quad 2)\begin{pmatrix}-2\\3\end{pmatrix}=(4),\quad 3\boldsymbol{\alpha}=3(1\quad 2)=(3\quad 6),$$

$$\boldsymbol{\beta}+\boldsymbol{B\gamma}=\begin{pmatrix}-2\\3\end{pmatrix}+\begin{pmatrix}-1&2&3\\5&4&-2\end{pmatrix}\begin{pmatrix}1\\1\\1\end{pmatrix}=\begin{pmatrix}-2\\3\end{pmatrix}+\begin{pmatrix}4\\7\end{pmatrix}=\begin{pmatrix}2\\10\end{pmatrix},$$

$$3\boldsymbol{E}_2+\boldsymbol{BC}=\begin{pmatrix}3&0\\0&3\end{pmatrix}+\begin{pmatrix}-1&2&3\\5&4&-2\end{pmatrix}\begin{pmatrix}-2&3\\4&-1\\0&6\end{pmatrix}=\begin{pmatrix}3&0\\0&3\end{pmatrix}+\begin{pmatrix}10&13\\6&-1\end{pmatrix}=\begin{pmatrix}13&13\\6&2\end{pmatrix},$$

从而

$$\boldsymbol{MA}=\begin{pmatrix}4&3&6\\2&13&13\\10&6&2\end{pmatrix}.$$

3.4.2　常见的矩阵分块方法及其应用

将 $m\times n$ 矩阵看成是 $1\times n$ 的分块矩阵，就是把矩阵按列分块，如

$$A=\left(\begin{array}{c:c:c:c:c:c} a_{11} & a_{12} & \cdots & a_{1k} & \cdots & a_{1n} \\ a_{21} & a_{22} & & a_{2k} & & a_{2n} \\ \vdots & \vdots & & \vdots & & \vdots \\ a_{m1} & a_{m2} & \cdots & a_{mk} & \cdots & a_{mn} \end{array}\right).$$

若进一步记 $\boldsymbol{\alpha}_i=\begin{pmatrix} a_{1i} \\ a_{2i} \\ \vdots \\ a_{mi} \end{pmatrix}$，$i=1,2,\cdots,n$，则矩阵 $\boldsymbol{A}=(\boldsymbol{\alpha}_1,\boldsymbol{\alpha}_2,\cdots,\boldsymbol{\alpha}_k,\cdots,\boldsymbol{\alpha}_n)$. 类似地可以得到矩阵的按行分块.

特别地，n 阶单位矩阵 $\boldsymbol{E}_n$ 的 n 列构成的列向量分别记作 $\boldsymbol{e}_i(i=1,2,\cdots,n)$.

例如，将四阶单位矩阵 $\boldsymbol{E}_4$ 的 4 列分别记作 $\boldsymbol{e}_1=\begin{pmatrix}1\\0\\0\\0\end{pmatrix}$，$\boldsymbol{e}_2=\begin{pmatrix}0\\1\\0\\0\end{pmatrix}$，$\boldsymbol{e}_3=\begin{pmatrix}0\\0\\1\\0\end{pmatrix}$，$\boldsymbol{e}_4=\begin{pmatrix}0\\0\\0\\1\end{pmatrix}$，则 $\boldsymbol{E}_4=(\boldsymbol{e}_1,\boldsymbol{e}_2,\boldsymbol{e}_3,\boldsymbol{e}_4)$.

例 3.21　考虑例 3.2 中线性方程组的矩阵形式 $\boldsymbol{Ax}=\boldsymbol{b}$，即

$$\left(\begin{array}{c:c:c} 1 & 0 & 1 \\ 1 & 1 & 0 \\ 0 & 1 & 1 \end{array}\right)\left(\begin{array}{c} x_1 \\ \hdashline x_2 \\ \hdashline x_3 \end{array}\right)=\begin{pmatrix}1\\1\\1\end{pmatrix}.$$

将 $\boldsymbol{A}$ 按列分块，则又等价于下列形式(称为**向量形式**)

$$x_1\begin{pmatrix}1\\1\\0\end{pmatrix}+x_2\begin{pmatrix}0\\1\\1\end{pmatrix}+x_3\begin{pmatrix}1\\0\\1\end{pmatrix}=\begin{pmatrix}1\\1\\1\end{pmatrix}.$$

例 3.22　设 $\boldsymbol{A}=\begin{pmatrix} a_{11} & a_{12} & a_{13} \\ a_{21} & a_{22} & a_{23} \\ a_{31} & a_{32} & a_{33} \\ a_{41} & a_{42} & a_{43} \end{pmatrix}$，$\boldsymbol{B}=\begin{pmatrix} b_{11} & b_{12} & b_{13} & b_{14} \\ b_{21} & b_{22} & b_{23} & b_{24} \\ b_{31} & b_{32} & b_{33} & b_{34} \end{pmatrix}$. 记 $\boldsymbol{e}_k(k=1,2,3,4)$ 为单位矩阵 $\boldsymbol{E}_4$ 的第 k 列，试用分块矩阵的乘法说明

$$\boldsymbol{e}_k{}^{\mathrm{T}}\boldsymbol{A}=(a_{k1},a_{k2},a_{k3}),\quad \boldsymbol{Be}_k=\begin{pmatrix} b_{1k} \\ b_{2k} \\ b_{3k} \end{pmatrix}.$$

解　取 $k=2$，分块计算如下.

$$(\boldsymbol{e}_2)^{\mathrm{T}}\boldsymbol{A}=(0 \,\vdots\, 1 \,\vdots\, 0 \,\vdots\, 0)\left(\begin{array}{ccc} a_{11} & a_{12} & a_{13} \\ \hdashline a_{21} & a_{22} & a_{23} \\ \hdashline a_{31} & a_{32} & a_{33} \\ \hdashline a_{41} & a_{42} & a_{43} \end{array}\right)$$

$$=(0)(a_{11},a_{12},a_{13})+(1)(a_{21},a_{22},a_{23})+(0)(a_{31},a_{32},a_{33})+(0)(a_{41},a_{42},a_{43})$$
$$=(a_{21},a_{22},a_{23}),$$

$$\boldsymbol{B}\boldsymbol{e}_2=\left(\begin{array}{c:c:c:c} b_{11} & b_{12} & b_{13} & b_{14} \\ b_{21} & b_{22} & b_{23} & b_{24} \\ b_{31} & b_{32} & b_{33} & b_{34} \end{array}\right)\left(\begin{array}{c} 0 \\ \hdashline 1 \\ \hdashline 0 \\ \hdashline 0 \end{array}\right)$$

$$=\begin{pmatrix} b_{11} \\ b_{21} \\ b_{31} \end{pmatrix}(0)+\begin{pmatrix} b_{12} \\ b_{22} \\ b_{32} \end{pmatrix}(1)+\begin{pmatrix} b_{13} \\ b_{23} \\ b_{33} \end{pmatrix}(0)+\begin{pmatrix} b_{14} \\ b_{24} \\ b_{34} \end{pmatrix}(0)=\begin{pmatrix} b_{12} \\ b_{22} \\ b_{32} \end{pmatrix}.$$

例 3.23 求证:不存在 3×2 矩阵 $\boldsymbol{A}$ 和 2×3 矩阵 $\boldsymbol{B}$,使得 $\boldsymbol{AB}=\boldsymbol{E}_3$.

证明 反证法.假设结论不成立,记 $\boldsymbol{M}_{3\times3}=(\boldsymbol{A}_{3\times2},\boldsymbol{O}_{3\times1})$,$\boldsymbol{N}=\begin{pmatrix} \boldsymbol{B}_{2\times3} \\ \boldsymbol{C}_{1\times3} \end{pmatrix}$,则

$$\boldsymbol{MN}=(\boldsymbol{A}_{3\times2},\boldsymbol{O}_{3\times1})\begin{pmatrix} \boldsymbol{B}_{2\times3} \\ \boldsymbol{O}_{1\times3} \end{pmatrix}=\boldsymbol{A}_{3\times2}\boldsymbol{B}_{2\times3}+\boldsymbol{O}_{3\times1}\boldsymbol{O}_{1\times3}=\boldsymbol{E}_3.$$

但这与 $\boldsymbol{M}$ 不可逆矛盾.

例 3.24 设方阵 $\boldsymbol{A}$ 满足 $\boldsymbol{A}^{\mathrm{T}}\boldsymbol{A}=\boldsymbol{O}$,求证:$\boldsymbol{A}=\boldsymbol{O}$.

证明 设 $\boldsymbol{A}=(a_{ij})_{n\times n}$,记 $\boldsymbol{A}$ 的各列分别为 $\boldsymbol{\alpha}_k=\begin{pmatrix} a_{1k} \\ a_{2k} \\ \vdots \\ a_{nk} \end{pmatrix}$,$k=1,2,\cdots,n$,视 $\boldsymbol{A}$ 为分块矩阵,则有 $\boldsymbol{A}=(\boldsymbol{\alpha}_1,\boldsymbol{\alpha}_2,\cdots,\boldsymbol{\alpha}_k,\cdots,\boldsymbol{\alpha}_n)$. 从而

$$\boldsymbol{A}^{\mathrm{T}}=\begin{pmatrix} \boldsymbol{\alpha}_1^{\mathrm{T}} \\ \boldsymbol{\alpha}_2^{\mathrm{T}} \\ \vdots \\ \boldsymbol{\alpha}_k^{\mathrm{T}} \\ \vdots \\ \boldsymbol{\alpha}_n^{\mathrm{T}} \end{pmatrix}.$$

由分块矩阵的乘法运算得

$$\boldsymbol{A}^{\mathrm{T}}\boldsymbol{A}=\begin{pmatrix} \boldsymbol{\alpha}_1^{\mathrm{T}} \\ \boldsymbol{\alpha}_2^{\mathrm{T}} \\ \vdots \\ \boldsymbol{\alpha}_k^{\mathrm{T}} \\ \vdots \\ \boldsymbol{\alpha}_n^{\mathrm{T}} \end{pmatrix}(\boldsymbol{\alpha}_1,\boldsymbol{\alpha}_2,\cdots,\boldsymbol{\alpha}_k,\cdots,\boldsymbol{\alpha}_n)$$

$$
=\begin{pmatrix}
\boldsymbol{\alpha}_1^{\mathrm{T}}\boldsymbol{\alpha}_1 & \boldsymbol{\alpha}_1^{\mathrm{T}}\boldsymbol{\alpha}_2 & \cdots & \boldsymbol{\alpha}_1^{\mathrm{T}}\boldsymbol{\alpha}_k & \cdots & \boldsymbol{\alpha}_1^{\mathrm{T}}\boldsymbol{\alpha}_n \\
\boldsymbol{\alpha}_2^{\mathrm{T}}\boldsymbol{\alpha}_1 & \boldsymbol{\alpha}_2^{\mathrm{T}}\boldsymbol{\alpha}_2 & \cdots & \boldsymbol{\alpha}_2^{\mathrm{T}}\boldsymbol{\alpha}_k & \cdots & \boldsymbol{\alpha}_2^{\mathrm{T}}\boldsymbol{\alpha}_n \\
\vdots & \vdots & & \vdots & & \vdots \\
\boldsymbol{\alpha}_k^{\mathrm{T}}\boldsymbol{\alpha}_1 & \boldsymbol{\alpha}_k^{\mathrm{T}}\boldsymbol{\alpha}_2 & \cdots & \boldsymbol{\alpha}_k^{\mathrm{T}}\boldsymbol{\alpha}_k & \cdots & \boldsymbol{\alpha}_k^{\mathrm{T}}\boldsymbol{\alpha}_n \\
\vdots & \vdots & & \vdots & & \vdots \\
\boldsymbol{\alpha}_n^{\mathrm{T}}\boldsymbol{\alpha}_1 & \boldsymbol{\alpha}_n^{\mathrm{T}}\boldsymbol{\alpha}_2 & \cdots & \boldsymbol{\alpha}_n^{\mathrm{T}}\boldsymbol{\alpha}_k & \cdots & \boldsymbol{\alpha}_n^{\mathrm{T}}\boldsymbol{\alpha}_n
\end{pmatrix}. \tag{3.14}
$$

由条件 $\boldsymbol{A}^{\mathrm{T}}\boldsymbol{A}=\boldsymbol{O}$,可得对于任意 $k=1,2,\cdots,n$ 有

$$
0=\boldsymbol{\alpha}_k^{\mathrm{T}}\boldsymbol{\alpha}_k=(a_{1k},a_{2k},\cdots,a_{nk})\begin{pmatrix} a_{1k} \\ a_{2k} \\ \vdots \\ a_{nk} \end{pmatrix}=a_{1k}^2+a_{2k}^2+\cdots+a_{nk}^2,
$$

即知 $\boldsymbol{\alpha}_k$ 为零向量,从而 $\boldsymbol{A}=\boldsymbol{O}$.

最后简单介绍对角分块矩阵的概念及性质.把形如

$$
\boldsymbol{A}=\begin{pmatrix}
\boldsymbol{A}_{11} & \boldsymbol{O} & \cdots & \boldsymbol{O} \\
\boldsymbol{O} & \boldsymbol{A}_{22} & \cdots & \boldsymbol{O} \\
\vdots & \vdots & & \vdots \\
\boldsymbol{O} & \boldsymbol{O} & \cdots & \boldsymbol{A}_{ss}
\end{pmatrix}
$$

的分块矩阵,称为**对角分块矩阵**,其中 $\boldsymbol{A}_{kk}(k=1,2,\cdots,s)$都是方阵.

对角分块矩阵 $\boldsymbol{A}$ 有如下性质.

(1) $|\boldsymbol{A}|=|\boldsymbol{A}_{11}||\boldsymbol{A}_{22}|\cdots|\boldsymbol{A}_{ss}|$;

(2) $\boldsymbol{A}$ 是可逆的充分必要条件是每个子块 $\boldsymbol{A}_{kk}(k=1,2,\cdots,s)$都是可逆的.当 $\boldsymbol{A}$ 可逆时,

$$
\boldsymbol{A}^{-1}=\begin{pmatrix}
\boldsymbol{A}_{11}^{-1} & \boldsymbol{O} & \cdots & \boldsymbol{O} \\
\boldsymbol{O} & \boldsymbol{A}_{22}^{-1} & \cdots & \boldsymbol{O} \\
\vdots & \vdots & & \vdots \\
\boldsymbol{O} & \boldsymbol{O} & \cdots & \boldsymbol{A}_{ss}^{-1}
\end{pmatrix}.
$$

3.5 矩阵的初等变换与初等矩阵

3.5.1 矩阵的初等变换

矩阵的初等行变换源于解线性方程组时常用的同解变形.例如,例 3.2 中的方程组 $\begin{cases} x_1+\quad\ x_3=1, \\ x_1+x_2\quad\ =1, \\ \quad\ x_2+x_3=1. \end{cases}$ 中用第二个方程减去第一个方程得 $\begin{cases} x_1+\quad\ x_3=1, \\ \quad\ x_2-x_3=0, \\ \quad\ x_2+x_3=1. \end{cases}$ 相应的增

广矩阵由$\boldsymbol{B}=\begin{pmatrix}1&0&1&1\\1&1&0&1\\0&1&1&1\end{pmatrix}$变为$\boldsymbol{B}'=\begin{pmatrix}1&0&1&1\\0&1&-1&0\\0&1&1&1\end{pmatrix}$.

一般地,我们给出如下定义.

定义 3.10 下面三种变换称为矩阵的**初等行变换**:

(1)对调矩阵的两行(对调第 i 行和第 j 行,记作 $r_i\leftrightarrow r_j$);

(2)用数 $k(k\neq 0)$乘矩阵的某一行所有元素(以 $k(k\neq 0)$乘第 i 行,记作 kr_i);

(3)将某一行所有元素的 k 倍加到另一行对应的元素上(第 j 行元素的 k 倍加到第 i 行,记作 r_i+kr_j).

将定义 3.10 中的"行"换为"列",便得到矩阵的**初等列变换**的定义,相应的记法为 $c_i\leftrightarrow c_j$,kc_i,c_i+kc_j.

矩阵的初等行变换和初等列变换统称为矩阵的**初等变换**.

由定义 3.10 可知,矩阵的初等变换都是可逆的,即任意矩阵经过一次初等变换后的矩阵再经过一次初等变换又可变回原矩阵.具体如下(以初等行变换为例).

若 $\boldsymbol{A}\xrightarrow{r_i\leftrightarrow r_j}\boldsymbol{B}$,则 $\boldsymbol{B}\xrightarrow{r_i\leftrightarrow r_j}\boldsymbol{A}$,故认为 $r_i\leftrightarrow r_j$ 的逆变换是其自身;

若 $\boldsymbol{A}\xrightarrow{kr_i}\boldsymbol{B}$,则 $\boldsymbol{B}\xrightarrow{\frac{1}{k}r_i}\boldsymbol{A}$,故认为 kr_i 的逆变换是$\dfrac{1}{k}r_i$;

若 $\boldsymbol{A}\xrightarrow{r_i+kr_j}\boldsymbol{B}$,则 $\boldsymbol{B}\xrightarrow{r_i-kr_j}\boldsymbol{A}$,故认为 r_i+kr_j 的逆变换是 r_i-kr_j.

如果矩阵 $\boldsymbol{A}$ 经过有限次初等变换变成矩阵 $\boldsymbol{B}$,就称矩阵 $\boldsymbol{A}$ 与矩阵 $\boldsymbol{B}$ **等价**,记作$\boldsymbol{A}\sim\boldsymbol{B}$.

矩阵 $\boldsymbol{A}$ 经过一次初等变换变为矩阵 $\boldsymbol{A}_1$,可以记为 $\boldsymbol{A}\to\boldsymbol{A}_1$ 或 $\boldsymbol{A}\sim\boldsymbol{A}_1$.

矩阵之间的等价关系满足以下性质:

(1)$\boldsymbol{A}\sim\boldsymbol{A}$(反身性);

(2)若 $\boldsymbol{A}\sim\boldsymbol{B}$,则 $\boldsymbol{B}\sim\boldsymbol{A}$(对称性);

(3)若 $\boldsymbol{A}\sim\boldsymbol{B}$,$\boldsymbol{B}\sim\boldsymbol{C}$,则 $\boldsymbol{A}\sim\boldsymbol{C}$(传递性).

3.5.2 初等矩阵

矩阵的初等变换是一种重要的运算,对矩阵 $\boldsymbol{A}$ 实施一次初等变换的结果可以用一个初等矩阵与 $\boldsymbol{A}$ 的乘积表示,从而为矩阵的研究带来方便.为此,先给出初等矩阵的定义.

定义 3.11 由单位矩阵经过一次初等变换得到的矩阵称为**初等矩阵**.

三种初等变换对应着三种初等矩阵.

(1)对调单位矩阵的两行(列).

对调单位矩阵第 i 行和第 j 行(或第 i 列和第 j 列),得初等矩阵

$$
\boldsymbol{E}(i,j)=\begin{pmatrix}
1 &&&&&&&&& \\
& \ddots &&&&&&&& \\
&& 1 &&&&&&& \\
&&& 0 && \cdots && 1 &&& \\
&&&& 1 &&&&&& \\
&&& \vdots && \ddots && \vdots &&& \\
&&&&&& 1 &&&& \\
&&& 1 && \cdots && 0 &&& \\
&&&&&&&& 1 && \\
&&&&&&&&& \ddots & \\
&&&&&&&&&& 1
\end{pmatrix}\begin{matrix} \\ \\ \\ i\text{行} \\ \\ \\ \\ j\text{行} \\ \\ \\ \\ \end{matrix},
$$

即 $\boldsymbol{E}\xrightarrow{r_i\leftrightarrow r_j}\boldsymbol{E}(i,j)$ 或 $\boldsymbol{E}\xrightarrow{c_i\leftrightarrow c_j}\boldsymbol{E}(i,j)$.

(2)用数 $k(k\neq 0)$ 乘矩阵的某一行(列)所有元素.

以 $k(k\neq 0)$ 乘以第 i 行(或第 i 列),得初等矩阵

$$
\boldsymbol{E}(i(k))=\begin{pmatrix}
1 &&&&&& \\
& \ddots &&&&& \\
&& 1 &&&& \\
&&& k &&& \\
&&&& 1 && \\
&&&&& \ddots & \\
&&&&&& 1
\end{pmatrix}\begin{matrix} \\ \\ \\ i\text{行} \\ \\ \\ \\ \end{matrix},
$$

即 $\boldsymbol{E}\xrightarrow{kr_i}\boldsymbol{E}(i(k))$ 或 $\boldsymbol{E}\xrightarrow{kc_i}\boldsymbol{E}(i(k))$.

(3)将某一行(列)的所有元素的 k 倍加到另一行(列)对应的元素上.

第 j 行的 k 倍加到第 i 行(或第 i 列的 k 倍加到第 j 列),得初等矩阵

$$
\boldsymbol{E}(i,j(k))=\begin{pmatrix}
1 &&&&&& \\
& \ddots &&&&& \\
&& 1 && k && \\
&&& \ddots &&& \\
&&&& 1 && \\
&&&&& \ddots & \\
&&&&&& 1
\end{pmatrix}\begin{matrix} \\ \\ \leftarrow i\text{行} \\ \\ \\ \\ \\ \end{matrix},
$$

$$\uparrow$$

$$j\text{列}$$

即 $\boldsymbol{E}\xrightarrow{r_i+kr_j}\boldsymbol{E}(i,j(k))$ 或 $\boldsymbol{E}\xrightarrow{c_j+kc_i}\boldsymbol{E}(i,j(k))$.

例如,二阶初等矩阵有

(1)$\begin{pmatrix}0&1\\1&0\end{pmatrix}$； (2)$\begin{pmatrix}1&a\\0&1\end{pmatrix}$，$\begin{pmatrix}1&0\\a&1\end{pmatrix}$； (3)$\begin{pmatrix}c&0\\0&1\end{pmatrix}$，$\begin{pmatrix}1&0\\0&c\end{pmatrix}$，

其中 a 是任意数，c 是任意非零数.

定理 3.4 初等矩阵都是可逆的，并且初等矩阵的逆矩阵还是初等矩阵. 具体地，有

$$\boldsymbol{E}(i,j)^{-1}=\boldsymbol{E}(i,j),\quad \boldsymbol{E}(i(k))^{-1}=\boldsymbol{E}\left(i\left(\frac{1}{k}\right)\right),\quad \boldsymbol{E}(i,j(k))^{-1}=\boldsymbol{E}(i,j(-k)).$$

定理 3.5 设 $\boldsymbol{A}$ 是 $m\times n$ 矩阵，对 $\boldsymbol{A}$ 实施一次初等行变换，相当于用 m 阶初等矩阵乘 $\boldsymbol{A}$，对 $\boldsymbol{A}$ 实施一次初等列变换，相当于 $\boldsymbol{A}$ 乘 n 阶初等矩阵. 具体地，

$$\boldsymbol{A}\xrightarrow{r_i\leftrightarrow r_j}\boldsymbol{E}_m(i,j)\boldsymbol{A},\qquad \boldsymbol{A}\xrightarrow{c_i\leftrightarrow c_j}\boldsymbol{A}\boldsymbol{E}_n(i,j);$$

$$\boldsymbol{A}\xrightarrow{kr_i}\boldsymbol{E}_m(i(k))\boldsymbol{A},\qquad \boldsymbol{A}\xrightarrow{kc_i}\boldsymbol{A}\boldsymbol{E}_n(i(k));$$

$$\boldsymbol{A}\xrightarrow{r_i+kr_j}\boldsymbol{E}_m(i,j(k))\boldsymbol{A},\qquad \boldsymbol{A}\xrightarrow{c_j+kc_i}\boldsymbol{A}\boldsymbol{E}_n(i,j(k)).$$

例如，

$$\begin{pmatrix}a&b&c\\a'&b'&c'\end{pmatrix}\xrightarrow{r_1+kr_2}\begin{pmatrix}a+ka'&b+kb'&c+kc'\\a'&b'&c'\end{pmatrix}=\begin{pmatrix}1&k\\0&1\end{pmatrix}\begin{pmatrix}a&b&c\\a'&b'&c'\end{pmatrix},$$

$$\begin{pmatrix}a&b&c\\a'&b'&c'\end{pmatrix}\xrightarrow{c_2+kc_1}\begin{pmatrix}a&b+ka&c\\a'&b'+ka'&c'\end{pmatrix}=\begin{pmatrix}a&b&c\\a'&b'&c'\end{pmatrix}\begin{pmatrix}1&k&0\\0&1&0\\0&0&1\end{pmatrix}.$$

证明 按矩阵乘法定义可直接验证. 下面用分块矩阵的乘法对第三种初等变换进行验证. 将 $\boldsymbol{E}_m(i,j(k))$ 按行分块，并用 $\boldsymbol{e}_k$ 表示 m 阶单位矩阵的第 k 列，则

$$\boldsymbol{E}_m(i,j(k))\boldsymbol{A}=\begin{pmatrix}\boldsymbol{e}_1^{\mathrm{T}}\\\vdots\\\boldsymbol{e}_i^{\mathrm{T}}+\boldsymbol{e}_j^{\mathrm{T}}\\\vdots\\\boldsymbol{e}_n^{\mathrm{T}}\end{pmatrix}\boldsymbol{A}=\begin{pmatrix}\boldsymbol{e}_1^{\mathrm{T}}\boldsymbol{A}\\\vdots\\(\boldsymbol{e}_i^{\mathrm{T}}+\boldsymbol{e}_j^{\mathrm{T}})\boldsymbol{A}\\\vdots\\\boldsymbol{e}_n^{\mathrm{T}}\boldsymbol{A}\end{pmatrix}=\begin{pmatrix}\boldsymbol{e}_1^{\mathrm{T}}\boldsymbol{A}\\\vdots\\\boldsymbol{e}_i^{\mathrm{T}}\boldsymbol{A}+k(\boldsymbol{e}_j^{\mathrm{T}}\boldsymbol{A})\\\vdots\\\boldsymbol{e}_n^{\mathrm{T}}\boldsymbol{A}\end{pmatrix}.$$

由例 3.22 的结果可知 $\boldsymbol{E}_m(i,j(k))\boldsymbol{A}$ 就是对 $\boldsymbol{A}$ 实施初等行变换 r_i+kr_j 后的结果.

类似地，将 $\boldsymbol{E}_n(i,j(k))$ 按列分块，并用 $\boldsymbol{e}_k$ 表示 n 阶单位矩阵的第 k 列，则

$$\begin{aligned}\boldsymbol{A}\boldsymbol{E}_n(i,j(k))&=\boldsymbol{A}(\boldsymbol{e}_1,\cdots,(\boldsymbol{e}_j+k\boldsymbol{e}_i),\cdots,\boldsymbol{e}_n)\\&=(\boldsymbol{A}\boldsymbol{e}_1,\cdots,\boldsymbol{A}(\boldsymbol{e}_j+k\boldsymbol{e}_i),\cdots,\boldsymbol{A}\boldsymbol{e}_n)=(\boldsymbol{A}\boldsymbol{e}_1,\cdots,(\boldsymbol{A}\boldsymbol{e}_j+k\boldsymbol{A}\boldsymbol{e}_i),\cdots,\boldsymbol{A}\boldsymbol{e}_n).\end{aligned}$$

由例 3.22 的结果可知 $\boldsymbol{A}\boldsymbol{E}_n(i,j(k))$ 就是对 $\boldsymbol{A}$ 实施初等列变换 c_j+kc_i 后的结果.

3.5.3 行化简与行阶梯形矩阵

下面讨论矩阵在初等行变换下的化简问题. 基本结论是任意矩阵经过初等行变换可以化成唯一的“简化行阶梯形矩阵”，它可以用来求解线性方程组.

首先，给出阶梯形矩阵的概念.

定义 3.12 称一个矩阵是**行阶梯形矩阵**,若它满足

(1)若有非零行,非零行在每一个零行的上方;

(2)从第一行起,每一行首个非零元前面零元的个数逐行增加.

如果行阶梯形矩阵的首个非零元为 1,所在列的其他元素均为 0,则称为**简化行阶梯形矩阵**.

例如,下列形式的矩阵

$$\begin{pmatrix} a & * & * & * & * \\ 0 & b & * & * & * \\ 0 & 0 & 0 & c & * \\ 0 & 0 & 0 & 0 & 0 \end{pmatrix}, \quad \begin{pmatrix} a & * & * & * & * & * \\ 0 & 0 & b & * & * & * \\ 0 & 0 & 0 & c & * & * \\ 0 & 0 & 0 & 0 & 0 & d \end{pmatrix}$$

都是阶梯形矩阵,其中字母 a,b,c,d 表示非零数. 而

$$\begin{pmatrix} 1 & 0 & * & 0 & * \\ 0 & 1 & * & 0 & * \\ 0 & 0 & 0 & 1 & * \\ 0 & 0 & 0 & 0 & 0 \end{pmatrix}, \quad \begin{pmatrix} 1 & * & 0 & 0 & * & 0 \\ 0 & 0 & 1 & 0 & * & 0 \\ 0 & 0 & 0 & 1 & * & 0 \\ 0 & 0 & 0 & 0 & 0 & 1 \end{pmatrix}$$

是简化行阶梯形矩阵. 利用数学归纳法可以证明下述定理.

定理 3.6 对于任意 $m\times n$ 矩阵 $\boldsymbol{A}$,经过有限次初等行变换可以将其化成行阶梯形矩阵. 此外,$\boldsymbol{A}$ 还能化成唯一的简化行阶梯形矩阵(称它为 $\boldsymbol{A}$ 的**简化行阶梯形矩阵**).

例 3.25 设 $\boldsymbol{B}=\begin{pmatrix} 1 & 0 & 1 & 1 \\ 1 & 1 & 0 & 1 \\ 0 & 1 & 1 & 1 \end{pmatrix}$,把 $\boldsymbol{B}$ 化成简化行阶梯形矩阵.

解

$$\boldsymbol{B}=\begin{pmatrix} 1 & 0 & 1 & 1 \\ 1 & 1 & 0 & 1 \\ 0 & 1 & 1 & 1 \end{pmatrix} \xrightarrow{r_2-r_1} \begin{pmatrix} 1 & 0 & 1 & 1 \\ 0 & 1 & -1 & 0 \\ 0 & 1 & 1 & 1 \end{pmatrix} \xrightarrow{r_3-r_2} \begin{pmatrix} 1 & 0 & 1 & 1 \\ 0 & 1 & -1 & 0 \\ 0 & 0 & 2 & 1 \end{pmatrix}$$

$$\xrightarrow{\frac{1}{2}r_3} \begin{pmatrix} 1 & 0 & 1 & 1 \\ 0 & 1 & -1 & 0 \\ 0 & 0 & 1 & \frac{1}{2} \end{pmatrix} \xrightarrow{r_2+r_3} \begin{pmatrix} 1 & 0 & 1 & 1 \\ 0 & 1 & 0 & \frac{1}{2} \\ 0 & 0 & 1 & \frac{1}{2} \end{pmatrix}$$

$$\xrightarrow{r_1-r_3} \begin{pmatrix} 1 & 0 & 0 & \frac{1}{2} \\ 0 & 1 & 0 & \frac{1}{2} \\ 0 & 0 & 1 & \frac{1}{2} \end{pmatrix}.$$

例 3.26 设$\boldsymbol{A}=\begin{pmatrix}1&0&2&1&5\\1&1&5&2&7\\0&-1&-3&-2&-5\\1&2&8&4&12\end{pmatrix}$,把$\boldsymbol{A}$化成简化行阶梯形矩阵.

解

$$\boldsymbol{A}=\begin{pmatrix}1&0&2&1&5\\1&1&5&2&7\\0&-1&-3&-2&-5\\1&2&8&4&12\end{pmatrix}\xrightarrow[r_4-r_1]{r_2-r_1}\begin{pmatrix}1&0&2&1&5\\0&1&3&1&2\\0&-1&-3&-2&-5\\0&2&6&3&7\end{pmatrix}$$

$$\xrightarrow[r_4-2r_2]{r_3+r_2}\begin{pmatrix}1&0&2&1&5\\0&1&3&1&2\\0&0&0&-1&-3\\0&0&0&1&3\end{pmatrix}\xrightarrow{r_4+r_3}\begin{pmatrix}1&0&2&1&5\\0&1&3&1&2\\0&0&0&-1&-3\\0&0&0&0&0\end{pmatrix}$$

$$\xrightarrow[r_2+r_3]{r_1+r_3}\begin{pmatrix}1&0&2&0&2\\0&1&3&0&-1\\0&0&0&-1&-3\\0&0&0&0&0\end{pmatrix}\xrightarrow{(-1)r_3}\begin{pmatrix}1&0&2&0&2\\0&1&3&0&-1\\0&0&0&1&3\\0&0&0&0&0\end{pmatrix}.$$

3.5.4 矩阵的标准形

对于简化行阶梯形矩阵再施行初等列变换,可以变成一种形式更简单的等价矩阵,称为标准形. 例如,在例 3.25 中

$$\begin{pmatrix}1&0&2&0&2\\0&1&3&0&-1\\0&0&0&1&3\\0&0&0&0&0\end{pmatrix}\xrightarrow{c_3\leftrightarrow c_4}\begin{pmatrix}1&0&0&3&2\\0&1&0&2&-1\\0&0&1&0&3\\0&0&0&0&0\end{pmatrix}\xrightarrow[c_4-2c_1]{c_3-3c_1}$$

$$\begin{pmatrix}1&0&0&0&0\\0&1&0&2&-1\\0&0&1&0&3\\0&0&0&0&0\end{pmatrix}\xrightarrow[c_4+c_2]{c_3-2c_2}\begin{pmatrix}1&0&0&0&0\\0&1&0&0&0\\0&0&1&0&3\\0&0&0&0&0\end{pmatrix}\xrightarrow{c_4-3c_3}\begin{pmatrix}1&0&0&0&0\\0&1&0&0&0\\0&0&1&0&0\\0&0&0&0&0\end{pmatrix}.$$

定理 3.7 对于任意 $m\times n$ 矩阵 $\boldsymbol{A}$,经过初等变换可以将其化成唯一的**标准形**,即

$$\boldsymbol{A}_{m\times n}\sim\begin{pmatrix}\boldsymbol{E}_r&\boldsymbol{O}_{r\times(n-r)}\\\boldsymbol{O}_{(m-r)\times r}&\boldsymbol{O}_{(m-r)\times(n-r)}\end{pmatrix},$$

也就是说,存在 m 阶初等矩阵 $\boldsymbol{P}_1,\boldsymbol{P}_2,\cdots,\boldsymbol{P}_k$ 及 n 阶初等矩阵 $\boldsymbol{Q}_1,\boldsymbol{Q}_2,\cdots,\boldsymbol{Q}_l$ 使得

$$\boldsymbol{P}_k\cdots\boldsymbol{P}_2\boldsymbol{P}_1\boldsymbol{A}\boldsymbol{Q}_1\boldsymbol{Q}_2\cdots\boldsymbol{Q}_l=\begin{pmatrix}\boldsymbol{E}_r & \boldsymbol{O}_{r\times(n-r)}\\ \boldsymbol{O}_{(m-r)\times r} & \boldsymbol{O}_{(m-r)\times(n-r)}\end{pmatrix}.$$

证明 存在性用数学归纳法可证(见习题 37),唯一性可仿照例 3.19 证明.

定理 3.8 方阵 $\boldsymbol{A}$ 可逆的充分必要条件是:存在初等矩阵 $\boldsymbol{P}_1,\boldsymbol{P}_2,\cdots,\boldsymbol{P}_l$,使得

$$\boldsymbol{A}=\boldsymbol{P}_1\boldsymbol{P}_2\cdots\boldsymbol{P}_l.$$

证明 充分性.若 $\boldsymbol{A}$ 是初等矩阵 $\boldsymbol{P}_1,\boldsymbol{P}_2,\cdots,\boldsymbol{P}_l$ 的乘积,由初等矩阵的可逆性及可逆矩阵的乘积仍可逆知 $\boldsymbol{A}$ 是可逆的.

再证必要性.设 $\boldsymbol{A}$ 是 n 阶方阵,由定理 3.7 可知,存在 n 阶初等矩阵 $\boldsymbol{Q}_1,\boldsymbol{Q}_2,\cdots,\boldsymbol{Q}_l$,且

$$\boldsymbol{Q}_1\boldsymbol{Q}_2\cdots\boldsymbol{Q}_s\boldsymbol{A}\boldsymbol{Q}_{s+1}\boldsymbol{Q}_{s+2}\cdots\boldsymbol{Q}_l=\begin{pmatrix}\boldsymbol{E}_r & \boldsymbol{O}_{r\times(n-r)}\\ \boldsymbol{O}_{(n-r)\times r} & \boldsymbol{O}_{(n-r)\times(n-r)}\end{pmatrix}.$$

又若 $\boldsymbol{A}$ 是可逆的,则等式左端为可逆矩阵,故右端 $r=n$(否则右端矩阵不可逆),从而右端为单位矩阵,即 $\boldsymbol{Q}_1\boldsymbol{Q}_2\cdots\boldsymbol{Q}_s\boldsymbol{A}\boldsymbol{Q}_{s+1}\boldsymbol{Q}_{s+2}\cdots\boldsymbol{Q}_l=\boldsymbol{E}_n$,解得

$$\boldsymbol{A}=\boldsymbol{Q}_s^{-1}\cdots\boldsymbol{Q}_2^{-1}\boldsymbol{Q}_1^{-1}\boldsymbol{Q}_l^{-1}\cdots\boldsymbol{Q}_{s+2}^{-1}\boldsymbol{Q}_{s+1}^{-1}.$$

又初等矩阵的逆矩阵还是初等矩阵(定理 3.4),上式就表明结论成立.

推论 3.3 方阵 $\boldsymbol{A}$ 可逆的充分必要条件是 $\boldsymbol{A}$ 的简化行阶梯形为单位矩阵.

证明 充分性.若 $\boldsymbol{A}$ 的简化行阶梯形为单位矩阵,则由定理 3.5 可知,存在初等矩阵 $\boldsymbol{P}_1,\boldsymbol{P}_2,\cdots,\boldsymbol{P}_k$,使得

$$\boldsymbol{P}_k\cdots\boldsymbol{P}_2\boldsymbol{P}_1\boldsymbol{A}=\boldsymbol{E},\tag{3.15}$$

故由推论 3.2 可知 $\boldsymbol{A}$ 可逆,且 $\boldsymbol{P}_k\cdots\boldsymbol{P}_2\boldsymbol{P}_1$ 就是其逆矩阵.

必要性.若 $\boldsymbol{A}$ 可逆,由定理 3.8,存在初等矩阵 $\boldsymbol{P}_1,\boldsymbol{P}_2,\cdots,\boldsymbol{P}_l$,使得

$$\boldsymbol{A}=\boldsymbol{P}_1\boldsymbol{P}_2\cdots\boldsymbol{P}_l.$$

从而

$$\boldsymbol{P}_1^{-1}\boldsymbol{P}_2^{-1}\cdots\boldsymbol{P}_l^{-1}\boldsymbol{A}=\boldsymbol{A}^{-1}\boldsymbol{A}=\boldsymbol{E}.$$

这表明 $\boldsymbol{A}$ 的简化行阶梯形为单位矩阵.

推论 3.4 设 $\boldsymbol{A},\boldsymbol{B}$ 都是 $m\times n$ 矩阵,则 $\boldsymbol{A}$ 与 $\boldsymbol{B}$ 等价的充分必要条件是:存在 m 阶可逆方阵 $\boldsymbol{P}$ 及 n 阶可逆方阵 $\boldsymbol{Q}$,使得 $\boldsymbol{PAQ}=\boldsymbol{B}$.

由式(3.15)得

$$\boldsymbol{P}_k\cdots\boldsymbol{P}_2\boldsymbol{P}_1\boldsymbol{E}=\boldsymbol{A}^{-1}.\tag{3.16}$$

式(3.15)和式(3.16)表明,用初等行变换将矩阵 $\boldsymbol{A}$ 化成单位矩阵 $\boldsymbol{E}$,同样一串初等变换就把 $\boldsymbol{E}$ 化成 $\boldsymbol{A}^{-1}$.利用分块矩阵,将两式合并为

$$\boldsymbol{P}_k\cdots\boldsymbol{P}_2\boldsymbol{P}_1(\boldsymbol{A}\mid\boldsymbol{E})=(\boldsymbol{E}\mid\boldsymbol{A}^{-1}),$$

还可简记作 $(\boldsymbol{A}\mid\boldsymbol{E})\xrightarrow{r}(\boldsymbol{E}\mid\boldsymbol{A}^{-1})$.这就给出了用初等行变换求逆矩阵的方法.

例 3.27 设 $\boldsymbol{M}=\begin{pmatrix}3&2\\4&3\end{pmatrix},\boldsymbol{A}=\begin{pmatrix}0&1&2\\1&0&3\\-1&5&6\end{pmatrix}$,用初等行变换求各自的逆矩阵.

解

$$(\boldsymbol{M} \mid \boldsymbol{E})=\left(\begin{array}{cc:cc}3 & 2 & 1 & 0\\ 4 & 3 & 0 & 1\end{array}\right)\xrightarrow{r_2-r_1}\left(\begin{array}{cc:cc}3 & 2 & 1 & 0\\ 1 & 1 & -1 & 1\end{array}\right)$$

$$\xrightarrow{r_1-2r_2}\left(\begin{array}{cc:cc}1 & 0 & 3 & -2\\ 1 & 1 & -1 & 1\end{array}\right)\xrightarrow{r_2-r_1}\left(\begin{array}{cc:cc}1 & 0 & 3 & -2\\ 0 & 1 & -4 & 3\end{array}\right),$$

所以 $\boldsymbol{M}^{-1}=\begin{pmatrix}3 & -2\\ -4 & 3\end{pmatrix}$.

$$(\boldsymbol{A} \mid \boldsymbol{E})=\left(\begin{array}{ccc:ccc}0 & 1 & 2 & 1 & 0 & 0\\ 1 & 0 & 3 & 0 & 1 & 0\\ -1 & 5 & 6 & 0 & 0 & 1\end{array}\right)\xrightarrow{r_1\leftrightarrow r_2}\left(\begin{array}{ccc:ccc}1 & 0 & 3 & 0 & 1 & 0\\ 0 & 1 & 2 & 1 & 0 & 0\\ -1 & 5 & 6 & 0 & 0 & 1\end{array}\right)$$

$$\xrightarrow{r_3+r_1}\left(\begin{array}{ccc:ccc}1 & 0 & 3 & 0 & 1 & 0\\ 0 & 1 & 2 & 1 & 0 & 0\\ 0 & 5 & 9 & 0 & 1 & 1\end{array}\right)\xrightarrow{r_3-5r_2}\left(\begin{array}{ccc:ccc}1 & 0 & 3 & 0 & 1 & 0\\ 0 & 1 & 2 & 1 & 0 & 0\\ 0 & 0 & -1 & -5 & 1 & 1\end{array}\right)$$

$$\xrightarrow[r_1+3r_3]{r_2+2r_3}\left(\begin{array}{ccc:ccc}1 & 0 & 0 & -15 & 4 & 3\\ 0 & 1 & 0 & -9 & 2 & 2\\ 0 & 0 & -1 & -5 & 1 & 1\end{array}\right)\xrightarrow{(-1)r_3}\left(\begin{array}{ccc:ccc}1 & 0 & 0 & -15 & 4 & 3\\ 0 & 1 & 0 & -9 & 2 & 2\\ 0 & 0 & 1 & 5 & -1 & -1\end{array}\right),$$

所以 $\boldsymbol{A}^{-1}=\begin{pmatrix}-15 & 4 & 3\\ -9 & 2 & 2\\ 5 & -1 & -1\end{pmatrix}$.

最后把答案验证一下，即

$$\boldsymbol{A}\boldsymbol{A}^{-1}=\begin{pmatrix}0 & 1 & 2\\ 1 & 0 & 3\\ -1 & 5 & 6\end{pmatrix}\begin{pmatrix}-15 & 4 & 3\\ -9 & 2 & 2\\ 5 & -1 & -1\end{pmatrix}=\begin{pmatrix}1 & 0 & 0\\ 0 & 1 & 0\\ 0 & 0 & 1\end{pmatrix}.$$

3.6 矩阵的秩

矩阵 $\boldsymbol{A}$ 的标准形中 1 的个数 r(也等于矩阵的行阶梯形矩阵的非零行的行数)由矩阵唯一决定，这个数便是矩阵的秩. 但由于这个数的存在性及唯一性没有给出证明(定理 3.7)，我们将从矩阵 $\boldsymbol{A}$ 本身来定义矩阵的秩(无需将其化为行阶梯形或标准形)，表明矩阵的秩是它的内在特征，不依赖于任何外加状况.

定义 3.13　$m\times n$ 矩阵 $\boldsymbol{A}$ 的任意 k 行 k 列($k\leqslant\min\{m,n\}$)交叉处的元素按原位置构成的 k 阶行列式，称为矩阵 $\boldsymbol{A}$ 的 k **阶子式**.

若 $\boldsymbol{A}=\boldsymbol{O}$，它的任何子式显然是零. 若 $\boldsymbol{A}\neq\boldsymbol{O}$，则 $\boldsymbol{A}$ 中至少有一个一阶子式非零；再考察二阶子式，如果二阶子式还有非零的，则继续考察三阶子式，…. 由行列式的展开定理，如果矩阵 $\boldsymbol{A}$ 的 k 阶子式全为零，则任何 $k+1$ 阶子式(如果存在)必全为零. 同理，矩阵 $\boldsymbol{A}$ 的更高阶的子式(如果存在)也为零. 所以对任意非零矩阵 $\boldsymbol{A}$，一定存在数

r 满足:$\boldsymbol{A}$ 至少有一个 r 阶非零子式,任意更高阶数的子式(如果存在)都是零,而且对于任意 $k<r$,$\boldsymbol{A}$ 一定有 k 阶子式非零. 也就是说,非零子式中阶数最高的是 r 阶子式.

定义 3.14 矩阵 $\boldsymbol{A}$ 中非零子式的最高阶数 r 称为矩阵 $\boldsymbol{A}$ 的**秩**,记作 $R(\boldsymbol{A})=r$. 并把零矩阵的秩规定为 0.

例 3.28 $\boldsymbol{A}=\begin{pmatrix}1&2&3&5\\0&1&2&4\\3&4&5&7\end{pmatrix}$ 中有二阶非零子式 $\begin{vmatrix}1&2\\0&1\end{vmatrix}=1$. 计算可知任意三阶子式为零,故 $R(\boldsymbol{A})=2$.

例 3.29 $\boldsymbol{B}=\begin{pmatrix}1&2&7&9&-1\\0&3&5&3&2\\0&0&0&4&1\\0&0&0&0&0\end{pmatrix}$ 中有三阶非零子式 $\begin{vmatrix}1&2&9\\0&3&3\\0&0&4\end{vmatrix}=12$,但任意四阶子式为零,故 $R(\boldsymbol{B})=3$.

一般地,行阶梯形矩阵的秩等于其非零行的行数.

定理 3.9 (1)设 $\boldsymbol{A}\neq\boldsymbol{O}$,则 $R(\boldsymbol{A})=r$ 的充分必要条件是 $\boldsymbol{A}$ 至少有一个 r 阶子式非零,且任意 $r+1$ 阶子式(如果存在)都是零;

(2)如果 $\boldsymbol{A}$ 的任意 $r+1$ 阶子式都是零,则 $R(\boldsymbol{A})\leqslant r$;

(3)设 $\boldsymbol{A}$ 是 n 阶方阵,则 $R(\boldsymbol{A})<n$ 的充要条件是 $|\boldsymbol{A}|=0$;

(4)对于任意矩阵 $\boldsymbol{A}$,有 $R(\boldsymbol{A})=R(\boldsymbol{A}^{\mathrm{T}})$.

下面的定理表明定义 3.14 界定的矩阵 $\boldsymbol{A}$ 的秩与 $\boldsymbol{A}$ 的标准形中 1 的个数 r 是同一个数. 同时也给出了用初等变换求矩阵秩的方法.

定理 3.10 设 $\boldsymbol{A}\sim\boldsymbol{B}$,则 $R(\boldsymbol{A})=R(\boldsymbol{B})$. 即初等变换不改变矩阵的秩.

证明 先证明若对 $\boldsymbol{A}$ 实施一次初等行变换化成 $\boldsymbol{B}$,则 $R(\boldsymbol{A})\leqslant R(\boldsymbol{B})$.

设 $R(\boldsymbol{A})=r$,且取自 $\boldsymbol{A}$ 的第 $i_1,i_2,\cdots,i_r$ 行和第 $j_1,j_2,\cdots,j_r$ 列交叉处的元素构成的 r 阶子式 $D\neq0$. 不妨设 $i_1<i_2<\cdots<i_r$. 也取 $\boldsymbol{B}$ 中第 $i_1,i_2,\cdots,i_r$ 行和第 $j_1,j_2,\cdots,j_r$ 列交叉处的元素构成 $\boldsymbol{B}$ 的 r 阶子式 D'.

对于定义 3.10 中的前两种初等行变换,即 $\boldsymbol{A}\xrightarrow{r_i\leftrightarrow r_j}\boldsymbol{B}$ 或 $\boldsymbol{A}\xrightarrow{kr_i}\boldsymbol{B}(k\neq0)$,则由行列式性质知 $D'=D$ 或 $D'=-D$ 或 $D'=kD$,故总有 $D'\neq0$,从而 $r\leqslant R(\boldsymbol{B})$.

由于当 $\boldsymbol{A}\xrightarrow{r_i\leftrightarrow r_j}\boldsymbol{B}$ 时,有 $r\leqslant R(\boldsymbol{B})$. 对于 $\boldsymbol{A}\xrightarrow{r_i+kr_j}\boldsymbol{B}$,只需考虑 $\boldsymbol{A}\xrightarrow{r_1+kr_2}\boldsymbol{B}$ 这一特殊情形(见习题 39). 此时,若 $i_1>1$,则 D' 与 D 完全相同(两个行列式的元素对应相等),从而 $D'\neq0$,故 $r\leqslant R(\boldsymbol{B})$;若 $1=i_1$,则

$$D'=\begin{vmatrix}r_1+kr_2\\r_{i_2}\\\vdots\\r_{i_r}\end{vmatrix}=\begin{vmatrix}r_1\\r_{i_2}\\\vdots\\r_{i_r}\end{vmatrix}+k\begin{vmatrix}r_2\\r_{i_2}\\\vdots\\r_{i_r}\end{vmatrix}=D+k\widetilde{D},$$

从而 $D'-k\widetilde{D}=D\neq 0$,故 $D',\widetilde{D}$ 至少有一个非零. 再注意到 $D',\widetilde{D}$ 都是 $\boldsymbol{B}$ 的 r 阶子式,可得 $r\leqslant R(B)$. 这就证明了:若对 $\boldsymbol{A}$ 实施一次初等行变换化成 $\boldsymbol{B}$,则 $R(\boldsymbol{A})\leqslant R(\boldsymbol{B})$.

由于对于 $\boldsymbol{B}$ 实施一次初等行变换也能化成 $\boldsymbol{A}$,则 $R(\boldsymbol{A})\geqslant R(\boldsymbol{B})$,故 $R(\boldsymbol{A})=R(\boldsymbol{B})$. 这表明实施一次初等行变换不改变矩阵的秩.

若对 $\boldsymbol{A}$ 实施一次初等列变换化成 $\boldsymbol{B}$,则有初等矩阵 $\boldsymbol{Q}$,使得 $\boldsymbol{B}=\boldsymbol{AQ}$,从而 $\boldsymbol{B}^{\mathrm{T}}=\boldsymbol{Q}^{\mathrm{T}}\boldsymbol{A}^{\mathrm{T}}$(注意到 $\boldsymbol{Q}^{\mathrm{T}}$ 为初等矩阵),从而

$$R(\boldsymbol{B})=R(\boldsymbol{B}^{\mathrm{T}})=R(\boldsymbol{Q}^{\mathrm{T}}\boldsymbol{A}^{\mathrm{T}})=R(\boldsymbol{A}^{\mathrm{T}})=R(\boldsymbol{A}).$$

也就是说对 $\boldsymbol{A}$ 实施一次初等列变换也不改变矩阵的秩.

由此可知,经过有限次初等变换不改变矩阵的秩.

推论 3.5　设 $\boldsymbol{A}$ 是 $m\times n$ 矩阵,$\boldsymbol{P}$ 是 m 阶可逆矩阵,$\boldsymbol{Q}$ 是 n 阶矩阵,则 $R(\boldsymbol{PAQ})=R(\boldsymbol{A})$.

例 3.30　设 $\boldsymbol{A}=\begin{pmatrix}1&3&3&-9&2\\-2&-2&2&2&-8\\0&1&2&3&-1\\-1&0&3&-4&-5\end{pmatrix}$,求 $R(\boldsymbol{A})$ 及 $\boldsymbol{A}$ 的一个最高阶非零子式.

解

$$\boldsymbol{A}=\begin{pmatrix}1&3&3&-9&2\\-2&-2&2&2&-8\\0&1&2&3&-1\\-1&0&3&-4&-5\end{pmatrix}\xrightarrow[r_4+r_1]{r_2+2r_1}\begin{pmatrix}1&3&3&-9&2\\0&4&8&-16&-4\\0&1&2&3&-1\\0&3&6&-13&-3\end{pmatrix}$$

$$\xrightarrow[r_4-3r_3]{r_2-4r_3}\begin{pmatrix}1&3&3&-9&2\\0&0&0&-28&0\\0&1&2&3&-1\\0&0&0&-22&0\end{pmatrix}\xrightarrow{r_2\leftrightarrow r_3}\begin{pmatrix}1&3&3&-9&2\\0&1&2&3&-1\\0&0&0&-28&0\\0&0&0&-22&0\end{pmatrix}$$

$$\xrightarrow{r_4-\frac{11}{14}r_3}\begin{pmatrix}1&3&3&-9&2\\0&1&2&3&-1\\0&0&0&-28&0\\0&0&0&0&0\end{pmatrix},$$

由于最后的行阶梯形矩阵的秩为 3,由定理 3.10 知 $R(\boldsymbol{A})=3$.

再求 $\boldsymbol{A}$ 的一个最高阶非零子式. 因 $R(\boldsymbol{A})=3$,故最高阶非零子式为三阶子式. 考虑 $\boldsymbol{A}$ 的 1,2,4 列构成的矩阵 $\boldsymbol{A}_0=\begin{pmatrix}1&3&-9\\-2&-2&2\\0&1&3\\-1&0&-4\end{pmatrix}$,在上述一系列初等行变换下化成

$$\begin{pmatrix}1&3&-9\\0&1&3\\0&0&-28\\0&0&0\end{pmatrix},$$

从而 $R(\boldsymbol{A}_0)=3$，这表明一定可以在 $\boldsymbol{A}$ 的 1,2,4 列中找到三阶非零子式. 取 $\boldsymbol{A}$ 的 1,2,4 列的后三行构成的三阶子式计算，有

$$\begin{vmatrix}-2&-2&2\\0&1&3\\-1&0&-4\end{vmatrix}=\begin{vmatrix}-2&-2&2\\0&1&3\\0&1&-5\end{vmatrix}=16\neq0,$$

因此，这个子式就是 $\boldsymbol{A}$ 的一个最高阶非零子式.

例 3.31　证明：$R(\boldsymbol{AB})\leqslant\min\{R(\boldsymbol{A}),R(\boldsymbol{B})\}$.

证明　设 $\boldsymbol{A},\boldsymbol{B}$ 分别为 $m\times l$ 和 $l\times n$ 矩阵，且 $R(\boldsymbol{A})=r,R(\boldsymbol{B})=s$. 由定理 3.7 知，存在可逆矩阵 $\boldsymbol{P}_{m\times m},\boldsymbol{M}_{l\times l},\boldsymbol{N}_{l\times l},\boldsymbol{Q}_{n\times n}$，使得

$$\boldsymbol{A}_{m\times l}=\boldsymbol{P}_{m\times m}\begin{pmatrix}\boldsymbol{E}_r&\boldsymbol{O}_{r\times(l-r)}\\\boldsymbol{O}_{(m-r)\times r}&\boldsymbol{O}_{(m-r)\times(l-r)}\end{pmatrix}\boldsymbol{M}_{l\times l},\quad \boldsymbol{B}_{l\times n}=\boldsymbol{N}_{l\times l}\begin{pmatrix}\boldsymbol{E}_s&\boldsymbol{O}_{s\times(n-s)}\\\boldsymbol{O}_{(l-s)\times s}&\boldsymbol{O}_{(l-s)\times(n-s)}\end{pmatrix}\boldsymbol{Q}_{n\times n},$$

从而

$$\boldsymbol{A}_{m\times l}\boldsymbol{B}_{l\times n}=\boldsymbol{P}_{m\times m}\begin{pmatrix}\boldsymbol{E}_r&\boldsymbol{O}_{r\times(l-r)}\\\boldsymbol{O}_{(m-r)\times r}&\boldsymbol{O}_{(m-r)\times(l-r)}\end{pmatrix}\boldsymbol{M}_{l\times l}\boldsymbol{N}_{l\times l}\begin{pmatrix}\boldsymbol{E}_s&\boldsymbol{O}_{s\times(n-s)}\\\boldsymbol{O}_{(l-s)\times s}&\boldsymbol{O}_{(l-s)\times(n-s)}\end{pmatrix}\boldsymbol{Q}_{n\times n}.$$

由推论 3.5 知 $R(\boldsymbol{AB})=R(\boldsymbol{K})$，其中

$$\boldsymbol{K}=\begin{pmatrix}\boldsymbol{E}_r&\boldsymbol{O}_{r\times(l-r)}\\\boldsymbol{O}_{(m-r)\times r}&\boldsymbol{O}_{(m-r)\times(l-r)}\end{pmatrix}\boldsymbol{M}_{l\times l}N_{l\times l}\begin{pmatrix}\boldsymbol{E}_s&\boldsymbol{O}_{s\times(n-s)}\\\boldsymbol{O}_{(l-s)\times s}&\boldsymbol{O}_{(l-s)\times(n-s)}\end{pmatrix}.$$

记 $\boldsymbol{C}_{l\times l}=\boldsymbol{M}_{l\times l}\boldsymbol{N}_{l\times l}$，将 $\boldsymbol{C}_{l\times l}$ 分块为 $\boldsymbol{C}_{l\times l}=\begin{pmatrix}\boldsymbol{C}_{r\times s}&\boldsymbol{C}_{r\times(l-s)}\\\boldsymbol{C}_{(l-r)\times s}&\boldsymbol{C}_{(l-r)\times(l-s)}\end{pmatrix}$，则

$$\begin{aligned}\boldsymbol{K}&=\begin{pmatrix}\boldsymbol{E}_r&\boldsymbol{O}_{r\times(l-r)}\\\boldsymbol{O}_{(m-r)\times r}&\boldsymbol{O}_{(m-r)\times(l-r)}\end{pmatrix}\begin{pmatrix}\boldsymbol{C}_{r\times s}&\boldsymbol{C}_{r\times(l-s)}\\\boldsymbol{C}_{(l-r)\times s}&\boldsymbol{C}_{(l-r)\times(l-s)}\end{pmatrix}\begin{pmatrix}\boldsymbol{E}_s&\boldsymbol{O}_{s\times(n-s)}\\\boldsymbol{O}_{(l-s)\times s}&\boldsymbol{O}_{(l-s)\times(n-s)}\end{pmatrix}\\&=\begin{pmatrix}\boldsymbol{E}_r&\boldsymbol{O}_{r\times(l-r)}\\\boldsymbol{O}_{(m-r)\times r}&\boldsymbol{O}_{(m-r)\times(l-r)}\end{pmatrix}\begin{pmatrix}\boldsymbol{C}_{r\times s}&\boldsymbol{O}_{r\times(n-s)}\\\boldsymbol{C}_{(l-r)\times s}&\boldsymbol{O}_{(l-r)\times(n-s)}\end{pmatrix}\\&=\begin{pmatrix}\boldsymbol{C}_{r\times s}&\boldsymbol{O}_{r\times(n-s)}\\\boldsymbol{O}_{(m-r)\times s}&\boldsymbol{O}_{(m-r)\times(n-s)}\end{pmatrix}.\end{aligned}$$

容易看出 $R(\boldsymbol{K})\leqslant\min\{r,s\}$，此即 $R(\boldsymbol{AB})\leqslant\min\{R(\boldsymbol{A}),R(\boldsymbol{B})\}$.

本 章 小 结

本章主要介绍了矩阵及相关概念. 一个 $m\times n$ 矩阵是由 $m\times n$ 个数 $a_{ij}(i=1,2,\cdots,m;j=1,2,\cdots,n)$ 排成的 m 行 n 列的矩形数表(作为一个整体)，注意它与行列

式是两个不同的概念. 要熟悉几种特殊类型的矩阵. 例如，方阵、上(下)三角矩阵、对角矩阵、数量矩阵、单位矩阵、对称矩阵和反对称矩阵等.

同型矩阵可以相加减，而只有当矩阵 $\boldsymbol{A}$ 的列数与矩阵 $\boldsymbol{B}$ 的行数相同时，才能定义矩阵的乘积 $\boldsymbol{AB}$. 矩阵的乘法满足结合律和分配律，但不满足交换律. 矩阵乘法的一个基本应用是在线性方程组上.

对于方阵 $\boldsymbol{A}$，我们定义了方阵的幂、方阵的多项式及方阵的行列式、逆矩阵等概念. 相关的结论有

(1) $|\boldsymbol{AB}|=|\boldsymbol{A}||\boldsymbol{B}|$ ($\boldsymbol{A},\boldsymbol{B}$ 都是 n 阶方阵)；

(2)设 $\boldsymbol{\Lambda}=\mathrm{diag}(\lambda_1,\lambda_2,\cdots,\lambda_n)$，则 $f(\boldsymbol{\Lambda})=\mathrm{diag}(f(\lambda_1),f(\lambda_2),\cdots,f(\lambda_n))$；

(3)若 $\boldsymbol{A}=\boldsymbol{P\Lambda P}^{-1}$，则 $\boldsymbol{A}^k=\boldsymbol{P\Lambda}^k\boldsymbol{P}^{-1}$，一般地，设 $f(x)=a_0+a_1x+\cdots+a_mx^m$ 为 x 的多项式，则 $f(\boldsymbol{A})=a_0\boldsymbol{E}+a_1\boldsymbol{A}+\cdots+a_m\boldsymbol{A}^m=\boldsymbol{P}f(\boldsymbol{\Lambda})\boldsymbol{P}^{-1}$；

(4)若 $\boldsymbol{A},\boldsymbol{C}$ 都可逆，则矩阵方程 $\boldsymbol{A}_{m\times m}\boldsymbol{X}_{m\times n}\boldsymbol{C}_{n\times n}=\boldsymbol{B}_{m\times n}$ 有唯一解 $\boldsymbol{X}=\boldsymbol{A}^{-1}\boldsymbol{BC}^{-1}$；

(5)若 $n(n\geqslant 2)$ 阶方阵 $\boldsymbol{A}$ 可逆，则 $\boldsymbol{A}^{-1}=\frac{1}{|\boldsymbol{A}|}\boldsymbol{A}^*$，特别地，$\begin{pmatrix} a & b \\ c & d \end{pmatrix}^{-1}=\frac{1}{ad-bc}\times\begin{pmatrix} d & -b \\ -c & a \end{pmatrix}(ad-bc\neq 0)$；

(6)方阵 $\boldsymbol{A}$ 可逆的几个等价描述为

(a) $|\boldsymbol{A}|\neq 0$,

(b)存在方阵 $\boldsymbol{B}$ 使得 $\boldsymbol{AB}=\boldsymbol{E}$,

(c)存在方阵 $\boldsymbol{B}$ 使得 $\boldsymbol{BA}=\boldsymbol{E}$,

(d) $\boldsymbol{A}$ 的标准形为单位矩阵 $\boldsymbol{E}$,

(e) $\boldsymbol{A}$ 的简化行阶梯形矩阵为单位矩阵 $\boldsymbol{E}$,

(f) $\boldsymbol{A}$ 可以写成初等矩阵的乘积,

(g) $\boldsymbol{A}$ 的秩为 $\boldsymbol{A}$ 的行数(或列数)；

(7)若 $\boldsymbol{A}$ 可逆，则可由初等变换求其逆矩阵，具体地有

$$(\boldsymbol{A}\quad\boldsymbol{E})\xrightarrow{r}(\boldsymbol{E}\quad\boldsymbol{A}^{-1}),\quad \begin{pmatrix}\boldsymbol{A}\\ \boldsymbol{E}\end{pmatrix}\xrightarrow{c}\begin{pmatrix}\boldsymbol{E}\\ \boldsymbol{A}^{-1}\end{pmatrix}.$$

矩阵的分块可以使得矩阵的运算更方便，这里应特别留意矩阵的按行和按列分块. 例如，

$$\begin{cases} x_1+\qquad x_3=1, \\ x_1+x_2\qquad =1, \\ \qquad x_2+x_3=1 \end{cases}\Leftrightarrow\begin{pmatrix} 1 & 0 & 1 \\ 1 & 1 & 0 \\ 0 & 1 & 1 \end{pmatrix}\begin{pmatrix} x_1 \\ x_2 \\ x_3 \end{pmatrix}=\begin{pmatrix} 1 \\ 1 \\ 1 \end{pmatrix}\Leftrightarrow x_1\begin{pmatrix} 1 \\ 1 \\ 0 \end{pmatrix}+x_2\begin{pmatrix} 0 \\ 1 \\ 1 \end{pmatrix}+x_3\begin{pmatrix} 1 \\ 0 \\ 1 \end{pmatrix}=\begin{pmatrix} 1 \\ 1 \\ 1 \end{pmatrix}.$$

这样就可以为方程组解的结论与矩阵和向量组相应结论的对照讨论做好准备.

矩阵的初等变换共有三种. 需要注意的是矩阵 $\boldsymbol{A}$ 的简化行阶梯形是由 $\boldsymbol{A}$ 只经过初等行变换而得到，且是唯一的. 初等矩阵使得矩阵的初等变换由矩阵的乘积联系起来，从而为矩阵的理论证明提供了极大的方便，应当仔细体会(定理 3.5).

非零矩阵 $\boldsymbol{A}$ 的秩定义为 $\boldsymbol{A}$ 的非零子式的最高阶数 r，由于初等变换不改变矩阵的秩(定理 3.10)，故矩阵 $\boldsymbol{A}$ 的简化行阶梯形的非零行的行数和 $\boldsymbol{A}$ 的标准形中 1 的个数就都是它的秩. 这给涉及矩阵秩的一些结果的讨论带来方便.

习　题　3

1. 证明：$\begin{pmatrix}x\\y\end{pmatrix}$等于向量$\overrightarrow{OP}$在基$\boldsymbol{\varepsilon}'_1=\begin{pmatrix}-\frac{1}{2}\\ \frac{\sqrt{3}}{2}\end{pmatrix}$，$\boldsymbol{\varepsilon}'_2=\begin{pmatrix}-\frac{\sqrt{3}}{2}\\ -\frac{1}{2}\end{pmatrix}$下的坐标，而$\begin{pmatrix}x'\\y'\end{pmatrix}$等于向量$\overrightarrow{OP'}$在基$\boldsymbol{\varepsilon}_1=\begin{pmatrix}1\\0\end{pmatrix}$，$\boldsymbol{\varepsilon}_2=\begin{pmatrix}0\\1\end{pmatrix}$下的坐标，所以称式(3.2)为坐标变换公式(线性空间中的向量在不同基下的坐标之间的关系).

2. 假设 5 个球队(编号为 1～5)进行单循环比赛. 比赛的结果是：1 队胜 3，4 队；2 队胜 1，3，5 队；3 队胜 4 队；4 队胜 2 队；5 队胜 1，3，4 队. 如果第 i 队胜第 j 队，令 $m_{ij}=1$；否则，令 $m_{ij}=0$，则可得矩阵 $\boldsymbol{M}=(m_{ij})$.

(1) 写出矩阵 $\boldsymbol{M}$，计算 $\boldsymbol{M}^2$，$\boldsymbol{M}^3$；

(2) 设 $\boldsymbol{w}=(1,1,1,1,1)$，计算 $\boldsymbol{wM}$，$\boldsymbol{Mw}^{\mathrm{T}}$，$(\boldsymbol{wM})^{\mathrm{T}}+\boldsymbol{Mw}^{\mathrm{T}}$；

(3) 求$(\boldsymbol{M}+\boldsymbol{M}^2)\boldsymbol{w}^{\mathrm{T}}$，$(\boldsymbol{M}+\boldsymbol{M}^2+\boldsymbol{M}^3)\boldsymbol{w}^{\mathrm{T}}$.

3. 设 $x\begin{pmatrix}1&0\\1&0\end{pmatrix}+y\begin{pmatrix}1&0\\-1&0\end{pmatrix}+z\begin{pmatrix}0&2\\0&1\end{pmatrix}+w\begin{pmatrix}0&1\\0&-1\end{pmatrix}=\begin{pmatrix}3&5\\1&4\end{pmatrix}$，求数 x,y,z,w.

4. 设 $\boldsymbol{A}=\begin{pmatrix}1&2&3\\-2&3&0\end{pmatrix}$，$\boldsymbol{B}=\begin{pmatrix}11&-7&3\\-2&5&-4\end{pmatrix}$，$\boldsymbol{C}=\begin{pmatrix}1&4\\-1&5\end{pmatrix}$，$\boldsymbol{D}=\begin{pmatrix}3\\6\\9\end{pmatrix}$，计算如下矩阵的和或乘积，如果没有定义，则指明理由.

$$\boldsymbol{A}+\boldsymbol{B},\quad -2\boldsymbol{A}+3\boldsymbol{B},\quad 10\boldsymbol{C}-\boldsymbol{D},\quad \boldsymbol{AA},\quad \boldsymbol{CC},\quad \boldsymbol{AC},\quad \boldsymbol{CA},\quad \boldsymbol{CBD},\quad \boldsymbol{BDC}.$$

5. 解释例 3.10 中 $\boldsymbol{R}^3=\boldsymbol{E}_2$ 的几何意义.

6. 证明定理 3.2.

7. 设 $\boldsymbol{A}=\begin{pmatrix}-2&3\\4&-6\end{pmatrix}$，$\boldsymbol{B}=\begin{pmatrix}8&4\\5&5\end{pmatrix}$，$\boldsymbol{C}=\begin{pmatrix}5&-2\\3&1\end{pmatrix}$，证明：$\boldsymbol{AB}=\boldsymbol{AC}$，但 $\boldsymbol{B}\neq\boldsymbol{C}$.

8. 设 $\boldsymbol{A}=\begin{pmatrix}5&3\\7&4\end{pmatrix}$，$\boldsymbol{AB}=\begin{pmatrix}1&7&-3\\0&-5&4\end{pmatrix}$，确定 $\boldsymbol{B}$ 的第一列和第三列.

9. 计算下列矩阵的乘积.

(1) $\begin{pmatrix}5&6\\7&9\end{pmatrix}\begin{pmatrix}3&1&3&4&5\\-1&4&2&7&9\end{pmatrix}$；

(2) $\begin{pmatrix}5&6\\7&9\end{pmatrix}\begin{pmatrix}3&1\\-1&4\end{pmatrix}$；

(3) $\begin{pmatrix}1&3&-4\\-1&2&0\\3&5&-7\end{pmatrix}\begin{pmatrix}1\\2\\4\end{pmatrix}$；

(4) $\begin{pmatrix}1&3&-1\\2&4&1\\3&5&0\\8&10&2\end{pmatrix}\begin{pmatrix}1&3&-4\\-1&2&0\\3&5&-7\end{pmatrix}\begin{pmatrix}1\\2\\4\end{pmatrix}$；

(5) $\begin{pmatrix}0&0&0&0\\0&0&1&0\\0&0&0&0\\0&0&0&0\end{pmatrix}\begin{pmatrix}a&b&c&d\\1&2&3&4\\x&y&z&w\\p&q&r&s\end{pmatrix}$； (6) $\begin{pmatrix}a&b&c&d\\1&2&3&4\\x&y&z&w\\p&q&r&s\end{pmatrix}\begin{pmatrix}0&0&0&0\\0&0&1&0\\0&0&0&0\\0&0&0&0\end{pmatrix}$；

(7) $\begin{pmatrix}1&1&1&1\\1&-1&1&-1\\1&1&-1&-1\\1&-1&-1&1\end{pmatrix}^{\mathrm{T}}\begin{pmatrix}1&1&1&1\\1&-1&1&-1\\1&1&-1&-1\\1&-1&-1&1\end{pmatrix}$； (8) $\begin{pmatrix}2&1&0&0\\1&2&1&0\\0&1&2&1\\0&0&1&2\end{pmatrix}\begin{pmatrix}4&-3&2&-1\\-3&6&-4&2\\2&-4&6&-3\\-1&2&-3&4\end{pmatrix}$；

(9) $\begin{pmatrix}1&0&0\\-3&1&0\\4&-1&1\end{pmatrix}\begin{pmatrix}2&-1&2\\0&-3&4\\0&0&1\end{pmatrix}$； (10) $\begin{pmatrix}1&0&0\\3&1&0\\-1&2&1\end{pmatrix}\begin{pmatrix}2&-4&4&2\\0&3&-5&-9\\0&0&4&7\end{pmatrix}$.

10. 计算方阵 $\boldsymbol{A}$ 的 1,2,3,4 次幂，进一步猜测其 $\boldsymbol{A}^n$ 的形式，并用数学归纳法给出证明.

(1) $\begin{pmatrix}1&1\\0&1\end{pmatrix}$； (2) $\begin{pmatrix}1&1\\0&-2\end{pmatrix}$； (3) $\begin{pmatrix}\cos\theta&-\sin\theta\\\sin\theta&\cos\theta\end{pmatrix}$； (4) $\begin{pmatrix}0&-1\\1&-1\end{pmatrix}$；

(5) $\begin{pmatrix}0&0&1\\1&0&0\\0&1&0\end{pmatrix}$； (6) $\begin{pmatrix}0&\frac{1}{3}&0\\\frac{1}{2}&0&\frac{1}{2}\\0&\frac{1}{3}&0\end{pmatrix}$； (7) $\begin{pmatrix}-1&1&1&1\\1&-1&1&1\\1&1&-1&1\\1&1&1&-1\end{pmatrix}$.

11. 求与矩阵 $\boldsymbol{A}$ 可交换的矩阵 $\boldsymbol{B}$（即使 $\boldsymbol{AB}=\boldsymbol{BA}$ 成立的矩阵 $\boldsymbol{B}$）的一般形式，其中

(1) $\boldsymbol{A}=\begin{pmatrix}1&0\\0&2\end{pmatrix}$； (2) $\boldsymbol{A}=\begin{pmatrix}0&1\\2&0\end{pmatrix}$； (3) $\boldsymbol{A}=\begin{pmatrix}0&1&0\\0&0&1\\0&0&0\end{pmatrix}$； (4) $\boldsymbol{A}=\begin{pmatrix}1&1&0\\0&1&1\\0&0&1\end{pmatrix}$.

12. 设矩阵 $\boldsymbol{A}$ 与 $\boldsymbol{B}$ 可交换，证明：

$$(\boldsymbol{A}+\boldsymbol{B})^2=\boldsymbol{A}^2+2\boldsymbol{AB}+\boldsymbol{B}^2；$$
$$(\boldsymbol{A}+\boldsymbol{B})^3=\boldsymbol{A}^3+3\boldsymbol{A}^2\boldsymbol{B}+3\boldsymbol{AB}^2+\boldsymbol{B}^3；$$
$$(\boldsymbol{A}+\boldsymbol{B})^4=A^4+4\boldsymbol{A}^3\boldsymbol{B}+6\boldsymbol{A}^2\boldsymbol{B}^2+4\boldsymbol{AB}^3+\boldsymbol{B}^4.$$

13. 设 $(\boldsymbol{A}+\boldsymbol{B})^2=\boldsymbol{A}^2+2\boldsymbol{AB}+\boldsymbol{B}^2$，证明：矩阵 $\boldsymbol{A}$ 与 $\boldsymbol{B}$ 可交换. 举例说明，$(\boldsymbol{A}+\boldsymbol{B})^3=\boldsymbol{A}^3+3\boldsymbol{A}^2\boldsymbol{B}+3\boldsymbol{AB}^2+\boldsymbol{B}^3$ 成立不能推出 $\boldsymbol{A}$ 与 $\boldsymbol{B}$ 可交换.

14. 设矩阵 $\boldsymbol{A}$ 与 $\boldsymbol{B}$ 都是对称矩阵，证明：$\boldsymbol{AB}$ 是对称矩阵的充要条件是 $\boldsymbol{AB}=\boldsymbol{BA}$.

15. 举例说明，$\boldsymbol{A}$ 与 $\boldsymbol{B}$ 都是对称矩阵，$\boldsymbol{AB}$ 未必是对称矩阵.

16. 设 $\boldsymbol{A}^{\mathrm{T}}\boldsymbol{A}=\boldsymbol{A}^2$，证明：$\boldsymbol{A}^{\mathrm{T}}=\boldsymbol{A}$（提示：记 $\boldsymbol{M}=\boldsymbol{A}^{\mathrm{T}}-\boldsymbol{A}$，计算 $\boldsymbol{MM}^{\mathrm{T}}$）.

17. 设 $f(x)=x^2-8x+4$，求矩阵 $\boldsymbol{A}$ 的多项式矩阵 $f(\boldsymbol{A})$，其中 $\boldsymbol{A}$ 分别为

(1) $\boldsymbol{A}=\begin{pmatrix}4&3\\4&4\end{pmatrix}$； (2) $\boldsymbol{A}=\begin{pmatrix}4&2\\6&4\end{pmatrix}$； (3) $\boldsymbol{A}=\begin{pmatrix}2&-2\\-4&6\end{pmatrix}$.

18. 证明：任意矩阵 $\boldsymbol{A}=\begin{pmatrix}a&b\\c&d\end{pmatrix}$ 满足关系式 $\boldsymbol{A}^2-(a+d)\boldsymbol{A}+(ad-bc)\boldsymbol{E}=\boldsymbol{O}$.

19. 利用 18 题证明：若 $\begin{pmatrix}a&b\\c&d\end{pmatrix}^m=\boldsymbol{O}$，其中 $m>0$ 为整数，则 $\begin{pmatrix}a&b\\c&d\end{pmatrix}^2=\boldsymbol{O}$.

20. 设 $\boldsymbol{A}$ 是 n 阶方阵，则

(1) 若对于任意列向量 $\boldsymbol{x}$ 有 $\boldsymbol{Ax}=\boldsymbol{O}_{n\times 1}$，则 $\boldsymbol{A}=\boldsymbol{O}_{n\times n}$；

(2) 若对于任意列向量 $\boldsymbol{x}$ 有 $\boldsymbol{Ax}=\boldsymbol{x}$，则 $\boldsymbol{A}=\boldsymbol{E}_n$；

(3) 若 $\boldsymbol{BA}=\boldsymbol{E}_n$，则对于任意列向量 $\boldsymbol{x}$ 有 $\boldsymbol{ABx}=\boldsymbol{x}$，由此得 $\boldsymbol{BA}=\boldsymbol{E}_n$.

21. 写出所有不同形式的三阶初等矩阵 $\boldsymbol{P}$，并计算 $\boldsymbol{PA}$ 及 $\boldsymbol{BP}$，其中

$$\boldsymbol{A}=\begin{pmatrix} b_{11} & b_{12} & b_{13} & b_{14} \\ b_{21} & b_{22} & b_{23} & b_{24} \\ b_{31} & b_{32} & b_{33} & b_{25} \end{pmatrix},\quad \boldsymbol{B}=\begin{pmatrix} a_{11} & a_{12} & a_{13} \\ a_{21} & a_{22} & a_{23} \\ a_{31} & a_{32} & a_{33} \\ a_{41} & a_{42} & a_{43} \end{pmatrix}.$$

22. 设 $\boldsymbol{A}$ 是三阶方阵，且 $|\boldsymbol{A}|=2$，求 $|(|\boldsymbol{A}^*|\boldsymbol{A})^*|$.

23. 计算下列分块矩阵的乘积(假设分块满足分块乘法的条件).

(1) $\begin{pmatrix} \boldsymbol{E} & \boldsymbol{O} \\ \boldsymbol{A} & \boldsymbol{E} \end{pmatrix}\begin{pmatrix} \boldsymbol{X} & \boldsymbol{Y} \\ \boldsymbol{Z} & \boldsymbol{W} \end{pmatrix}$；　(2) $\begin{pmatrix} \boldsymbol{O} & \boldsymbol{A} \\ \boldsymbol{B} & \boldsymbol{O} \end{pmatrix}\begin{pmatrix} \boldsymbol{O} & \boldsymbol{X} \\ \boldsymbol{Y} & \boldsymbol{O} \end{pmatrix}$；　(3) $\begin{pmatrix} \boldsymbol{A} & \boldsymbol{C} \\ \boldsymbol{O} & \boldsymbol{B} \end{pmatrix}\begin{pmatrix} \boldsymbol{X} & \boldsymbol{Z} \\ \boldsymbol{O} & \boldsymbol{Y} \end{pmatrix}$.

24. 证明分块矩阵 $\begin{pmatrix} \boldsymbol{E} & \boldsymbol{O} \\ \boldsymbol{A} & \boldsymbol{E} \end{pmatrix}$ 可逆，并求出它的逆矩阵.

25. 设矩阵 $\boldsymbol{A}$ 与 $\boldsymbol{B}$ 都是可逆的，求证 $\begin{pmatrix} \boldsymbol{O} & \boldsymbol{A} \\ \boldsymbol{B} & \boldsymbol{O} \end{pmatrix}$ 也是可逆的，并求出它的逆矩阵.

26. 设矩阵 $\boldsymbol{A}$ 与 $\boldsymbol{B}$ 都是可逆的，求证 $\begin{pmatrix} \boldsymbol{A} & \boldsymbol{C} \\ \boldsymbol{O} & \boldsymbol{B} \end{pmatrix}$ 也是可逆的，并求出它的逆矩阵.

27. 按虚线的分块方法计算 $\boldsymbol{AB}=\left(\begin{array}{c:c:c} 1 & -5 & 2 \\ 4 & 2 & 3 \end{array}\right)\left(\begin{array}{cc} 4 & 5 \\ \hdashline 3 & 0 \\ \hdashline 1 & 2 \end{array}\right)$.

28. 通过计算伴随矩阵求下列矩阵的逆矩阵. 并验证关系式(3.12).

(1) $\begin{pmatrix} 1 & -1 & 2 \\ 1 & 3 & 1 \\ 0 & 4 & 1 \end{pmatrix}$；　(2) $\begin{pmatrix} 2 & 1 & 0 \\ 1 & 2 & 1 \\ 0 & 1 & 2 \end{pmatrix}$；　(3) $\begin{pmatrix} 1 & 5 & 6 \\ 0 & 2 & 4 \\ 0 & 0 & 3 \end{pmatrix}$；　(4) $\begin{pmatrix} 0 & 5 & 6 \\ 0 & 2 & 4 \\ 3 & 0 & 0 \end{pmatrix}$.

29. 用初等行变换方法求下列矩阵的逆矩阵.

(1) $\begin{pmatrix} -1 & 1 & 1 & 1 \\ 1 & -1 & 1 & 1 \\ 1 & 1 & -1 & 1 \\ 1 & 1 & 1 & -1 \end{pmatrix}$；　(2) $\begin{pmatrix} 1 & 5 & 0 & 0 \\ 0 & 2 & 6 & 0 \\ 0 & 0 & 3 & 7 \\ 0 & 0 & 0 & 4 \end{pmatrix}$；　(3) $\begin{pmatrix} 2 & 3 & 2 & 1 \\ 3 & 6 & 4 & 2 \\ 4 & 8 & 6 & 3 \\ 2 & 4 & 3 & 2 \end{pmatrix}$.

30. 用分块矩阵求下列矩阵的逆矩阵.

(1) $\begin{pmatrix} \cos\theta & -\sin\theta & 0 & 0 \\ \sin\theta & \cos\theta & 0 & 0 \\ 0 & 0 & \cos\varphi & -\sin\varphi \\ 0 & 0 & \sin\varphi & \sin\varphi \end{pmatrix}$；　(2) $\begin{pmatrix} 0 & 0 & 1 & 2 \\ 0 & 0 & 4 & 7 \\ 3 & 7 & 0 & 0 \\ 2 & 5 & 0 & 0 \end{pmatrix}$；　(3) $\begin{pmatrix} 1 & 0 & 0 & 0 \\ 0 & 1 & 0 & 0 \\ -3 & 2 & 1 & 0 \\ 6 & 1 & 0 & 1 \end{pmatrix}$.

31. (1) 设 $\boldsymbol{P}$ 是初等矩阵，矩阵 $\boldsymbol{B}$ 是方阵. 用行列式的性质解释 $|\boldsymbol{PB}|=|\boldsymbol{P}|\,|\boldsymbol{B}|$；

(2) 若 $\boldsymbol{A}=\boldsymbol{P}_1\boldsymbol{P}_2\cdots\boldsymbol{P}_l$ 为初等矩阵的乘积，利用(1)证明：$|\boldsymbol{AB}|=|\boldsymbol{A}|\,|\boldsymbol{B}|$；

(3) 若 $\boldsymbol{A}$ 不可逆，由例 3.30 直接说明 $|\boldsymbol{AB}|=|\boldsymbol{A}|\,|\boldsymbol{B}|$ 两边都是零.

32. 设 $\boldsymbol{A}$ 是可逆方阵，对于负整数 k 规定 $\boldsymbol{A}^k=(\boldsymbol{A}^{-1})^{(-k)}$，还规定 $\boldsymbol{A}^0=\boldsymbol{E}$，则对于任意整数 m,n 成立 $\boldsymbol{A}^{m+n}=\boldsymbol{A}^m\boldsymbol{A}^n$，$(\boldsymbol{A}^m)^n=\boldsymbol{A}^{mn}$.

33. 若中存在正整数 k 使得 $\boldsymbol{A}^k=\boldsymbol{O}$(此时，称 $\boldsymbol{A}$ 是**幂零矩阵**)，证明：

$$(\boldsymbol{E}-\boldsymbol{A})^{-1}=\boldsymbol{E}+\boldsymbol{A}+\boldsymbol{A}^2+\cdots\boldsymbol{A}^{k-1}.$$

取 $\boldsymbol{A}=\begin{pmatrix}0&0&0\\1&0&0\\0&1&0\end{pmatrix}$，验证结论. 问 $\boldsymbol{E}+\boldsymbol{A}$ 是否也可逆？

34. 设 $\boldsymbol{A}$ 是 n 阶可逆方阵，则矩阵方程 $\boldsymbol{AX}=\boldsymbol{B}$ 有唯一解 $\boldsymbol{X}=\boldsymbol{A}^{-1}\boldsymbol{B}$. 解释为什么 $\boldsymbol{A}^{-1}\boldsymbol{B}$ 可由初等行变换 $(\boldsymbol{A}\mid\boldsymbol{B})\xrightarrow{r}(\boldsymbol{E}\mid\boldsymbol{A}^{-1}\boldsymbol{B})$ 求得.

35. 将矩阵 $\boldsymbol{A}=\begin{pmatrix}1&2\\3&4\end{pmatrix}$ 表示成初等矩阵的乘积.

36. 设 $\boldsymbol{A}$ 是 n 阶可逆方阵，则 $\begin{pmatrix}\boldsymbol{A}\\\hdashline\boldsymbol{E}\end{pmatrix}\xrightarrow{c}\begin{pmatrix}\boldsymbol{E}\\\hdashline\boldsymbol{A}^{-1}\end{pmatrix}$.

37. 解下列矩阵方程：

(1) $\begin{pmatrix}2&3\\4&9\end{pmatrix}\boldsymbol{X}=\begin{pmatrix}1&1\\2&3\end{pmatrix}$；　(2) $\begin{pmatrix}1&-1&0\\1&1&-1\\1&1&1\end{pmatrix}\boldsymbol{X}=\begin{pmatrix}1&2\\3&4\\5&6\end{pmatrix}$；

(3) $\boldsymbol{X}\begin{pmatrix}2&3\\4&9\end{pmatrix}=\begin{pmatrix}1&1\\2&3\end{pmatrix}$；　(4) $\boldsymbol{X}\begin{pmatrix}1&-1&0\\1&1&-1\\1&1&1\end{pmatrix}=\begin{pmatrix}1&2&0\\3&4&0\\5&6&0\end{pmatrix}$；

(5) $\begin{pmatrix}1&0&-3\\0&1&0\\0&0&1\end{pmatrix}\boldsymbol{X}\begin{pmatrix}1&0&0\\0&1&0\\3&0&1\end{pmatrix}=\begin{pmatrix}1&2&-4\\5&12&5\\3&2&3\end{pmatrix}$.

38. 已知 $\boldsymbol{A}=\begin{pmatrix}1&0&0\\1&1&0\\1&1&1\end{pmatrix}$，$\boldsymbol{B}=\begin{pmatrix}0&1&1\\1&0&1\\1&1&0\end{pmatrix}$，求矩阵方程 $\boldsymbol{AXA}+\boldsymbol{BXB}=\boldsymbol{AXB}+\boldsymbol{BXA}+\boldsymbol{E}$.

39. 已知 $\boldsymbol{A}=\begin{pmatrix}1&1&-1\\-1&1&1\\1&-1&1\end{pmatrix}$，且矩阵 $\boldsymbol{X}$ 满足 $\boldsymbol{A}^*\boldsymbol{X}=\boldsymbol{A}^{-1}+2\boldsymbol{X}$. 求矩阵 $\boldsymbol{X}$.

40. 若 $\boldsymbol{A}$ 不是零矩阵，利用对调行和列可将 $\boldsymbol{A}$ 的某个非零元换到第一行第一列，进一步可化为对角分块矩阵 $\boldsymbol{A}'$. 据此，由归纳法可证明标准形的存在性.

$$\boldsymbol{A}=\begin{pmatrix}&&\vdots&\\&&\vdots&\\\cdots&\cdots&a_{ij}&\cdots\\&&\vdots&\end{pmatrix}\longrightarrow\left(\begin{array}{c:ccc}a_{ij}&*&\cdots&*\\\hdashline *&&&\\\vdots&&&\\ *&&&\end{array}\right)\longrightarrow\left(\begin{array}{c:ccc}1&0&\cdots&0\\\hdashline 0&&&\\\vdots&&\boldsymbol{M}&\\0&&&\end{array}\right)=\boldsymbol{A}'$$

41. 由 $\boldsymbol{E}(i,j(k))=\boldsymbol{E}(2,j)\boldsymbol{E}(1,i)\boldsymbol{E}(1,2(k))\boldsymbol{E}(2,j)\boldsymbol{E}(1,i)$ 说明定理 3.10 中只考虑变换 r_1+kr_2 的合理性.

42. 求下列矩阵的简化行阶梯形及标准形，并指明矩阵的秩.

(1) $\begin{pmatrix} 1 & -1 & 2 & 1 & 0 \\ 2 & -2 & 4 & -2 & 0 \\ 3 & 0 & 6 & -1 & 1 \\ 3 & 0 & 6 & 3 & 1 \end{pmatrix}$；(2) $\begin{pmatrix} 1 & 2 & 3 & 4 \\ 0 & -1 & 0 & -2 \\ 1 & 1 & 3 & 2 \\ 2 & 2 & 6 & 4 \end{pmatrix}$；(3) $\begin{pmatrix} 1 & 2 & 3 & 4 \\ 0 & -1 & 1 & -2 \\ 1 & 1 & 3 & 2 \\ 2 & 2 & 6 & 4 \end{pmatrix}$.

43. 设 $\boldsymbol{A}$ 是对称矩阵且是可逆的. 证明：$\boldsymbol{A}^{-1}$ 也是对称矩阵.

44. 设 $\boldsymbol{A}$ 是可逆的. 证明：$\boldsymbol{A}^*$ 也是可逆的，且 $(\boldsymbol{A}^*)^{-1}=(\boldsymbol{A}^{-1})^*$.

45. 设 $n(n\geqslant 2)$ 阶方阵 $\boldsymbol{A}$ 的伴随矩阵为 $\boldsymbol{A}^*$，讨论 $R(\boldsymbol{A})$ 与 $R(\boldsymbol{A}^*)$ 的关系.

46. 讨论下列矩阵的秩.

$$\boldsymbol{M}=\begin{pmatrix} a & b & b & b \\ b & a & b & b \\ b & b & a & b \\ b & b & b & a \end{pmatrix}.$$

47. 对于复矩阵 $\boldsymbol{A}=(a_{ij})$，$\boldsymbol{B}=(b_{ij})$，定义 $\boldsymbol{A}+\boldsymbol{B}=(a_{ij}+b_{ij})$，$k\boldsymbol{A}=(ka_{ij})$，$\overline{\boldsymbol{A}}=(\overline{a_{ij}})$. 求证：$\overline{\boldsymbol{A}+\boldsymbol{B}}=\overline{\boldsymbol{A}}+\overline{\boldsymbol{B}}$，$\overline{\lambda\boldsymbol{A}}=\overline{\lambda}\,\overline{\boldsymbol{A}}$，$\overline{\boldsymbol{A}\boldsymbol{B}}=\overline{\boldsymbol{A}}\,\overline{\boldsymbol{B}}$.

第 4 章　线性方程组

在人们的生活实际和科技活动中，遇到许多解线性方程组的问题，而研究线性方程组的解法和解的理论正是线性代数的一个重要内容. 本章所要研究的是一般形式的线性方程组

$$\begin{cases} a_{11}x_1 + a_{12}x_2 + \cdots + a_{1n}x_n = b_1, \\ a_{21}x_1 + a_{22}x_2 + \cdots + a_{2n}x_n = b_2, \\ \quad\cdots\cdots \\ a_{m1}x_1 + a_{m2}x_2 + \cdots + a_{mn}x_n = b_m \end{cases} \tag{4.1}$$

有解的充分必要条件；当它有解时有多少个解？如何求解？它的解不唯一时，解与解之间的关系怎样？如何表示它的所有解？

为了解决这些问题，还必须介绍向量空间中向量组的线性相关性、向量组的秩、空间的基等重要概念，以及一些必要的理论和方法.

4.1　高斯(Gauss)消元法

为今后叙述、书写方便，对方程组(4.1)可借助矩阵来表示，令

$$\boldsymbol{A} = (a_{ij})_{m\times n} = \begin{pmatrix} a_{11} & a_{12} & \cdots & a_{1n} \\ a_{21} & a_{22} & \cdots & a_{2n} \\ \vdots & \vdots & & \vdots \\ a_{m1} & a_{m2} & \cdots & a_{mn} \end{pmatrix}, \quad \boldsymbol{x} = \begin{pmatrix} x_1 \\ x_2 \\ \vdots \\ x_n \end{pmatrix}, \quad \boldsymbol{b} = \begin{pmatrix} b_1 \\ b_2 \\ \vdots \\ b_m \end{pmatrix},$$

则方程组(4.1)可写为矩阵方程

$$\boldsymbol{Ax} = \boldsymbol{b}. \tag{4.1$'$}$$

矩阵 $\boldsymbol{A}$ 称为线性方程组(4.1)的**系数矩阵**，$\boldsymbol{x}$ 是未知量列，$\boldsymbol{b}$ 是常数项列. 矩阵

$$\boldsymbol{B} = (\boldsymbol{A} \mid \boldsymbol{b}) = \left(\begin{array}{cccc|c} a_{11} & a_{12} & \cdots & a_{1n} & b_1 \\ a_{21} & a_{22} & \cdots & a_{2n} & b_2 \\ \vdots & \vdots & & \vdots & \vdots \\ a_{m1} & a_{m2} & \cdots & a_{mn} & b_m \end{array}\right)$$

称为线性方程组(4.1)的**增广矩阵**.

当 $\boldsymbol{b}\neq\boldsymbol{0}$ 时，称线性方程组(4.1)为**非齐次线性方程组**；当 $\boldsymbol{b}=\boldsymbol{0}$ 时，即 $\boldsymbol{Ax}=\boldsymbol{0}$，称线性方程组(4.1)为**齐次线性方程组**.

在中学代数中已经学过用消元法解简单的线性方程组. 先看一个求解线性方程组的例子.

例 4.1　求解线性方程组

$$\begin{cases} 4x_1+9x_2-2x_3+10x_4=1, & ① \\ x_1+3x_2-2x_3+4x_4=1, & ② \\ 2x_1+6x_2-4x_3+9x_4=5, & ③ \\ x_1+4x_2-4x_3+6x_4=2. & ④ \end{cases} \tag{4.2}$$

解

$$\xrightarrow{①\leftrightarrow②}\begin{cases} x_1+3x_2-2x_3+4x_4=1, & ① \\ 4x_1+9x_2-2x_3+10x_4=1, & ② \\ 2x_1+6x_2-4x_3+9x_4=5, & ③ \\ x_1+4x_2-4x_3+6x_4=2 & ④ \end{cases} \tag{4.3}$$

$$\xrightarrow[\substack{③-2①\\②-4①}]{④-①}\begin{cases} x_1+3x_2-2x_3+4x_4=1, & ① \\ -3x_2+6x_3-6x_4=-3, & ② \\ x_4=3, & ③ \\ x_2-2x_3+2x_4=1 & ④ \end{cases} \tag{4.4}$$

$$\xrightarrow{②\div(-3)}\begin{cases} x_1+3x_2-2x_3+4x_4=1, & ① \\ x_2-2x_3+2x_4=1, & ② \\ x_4=3, & ③ \\ x_2-2x_3+2x_4=1 & ④ \end{cases} \tag{4.5}$$

$$\xrightarrow{④-②}\begin{cases} x_1+3x_2-2x_3+4x_4=1, & ① \\ x_2-2x_3+2x_4=1, & ② \\ x_4=3, & ③ \\ 0=0 & ④ \end{cases} \tag{4.6}$$

$$\xrightarrow[\substack{①-4③\\①-3②}]{②-2③}\begin{cases} x_1\quad+4x_3\quad=4, & ① \\ x_2-2x_3\quad=-5, & ② \\ x_4=3, & ③ \\ 0=0. & ④ \end{cases} \tag{4.7}$$

这里方程组(4.2)→方程组(4.3)交换两个方程，是为消去 x_1 以使系数运算简单做准备. 方程组(4.3)→方程组(4.4)保留①中 x_1 项，其他方程消去 x_1 项，在③中同时也消去了 x_2,x_3 项. 方程组(4.4)→方程组(4.5)②两边同除 x_2，系数化简. 方程组(4.5)→方程组(4.6)将②④同解方程消去，出现 0=0 的恒等式. 方程组(4.6)→方程组(4.7)用 x_4 代入①②，x_4,x_2 代入①，即在②中消去 x_4，①中消 x_4,x_2，到此消元完毕. 而方程组(4.7)中 4 个未知量 3 个方程，将其中 1 个未知量 x_3 移到方程右边并取

任意实数(称 x_3 为**自由未知量**). 解得

$$\begin{cases}x_1=-4x_3+4,\\x_2=2x_3-5,\quad(x_3\text{ 可取任意实数})\\x_4=3\end{cases}$$

是线性方程组的解,也可写为

$$\begin{cases}x_1=-4c+4,\\x_2=2c-5,\\x_3=c,\\x_4=3\end{cases}$$

或

$$\boldsymbol{x}=\begin{pmatrix}x_1\\x_2\\x_3\\x_4\end{pmatrix}=c\begin{pmatrix}-4\\2\\1\\0\end{pmatrix}+\begin{pmatrix}4\\-5\\0\\3\end{pmatrix},\quad c\text{ 是任意常数.}$$

上面的求解过程对线性方程组主要实施了以下三种变换:

(1) 交换两个方程的位置;

(2) 用一个非零数乘某一个方程;

(3) 用一个数乘某一个方程后加到另一个方程上去.

这三种变换称为线性方程组的**初等变换**. 而由初等数学的代数知识不难得到下面的定理成立.

定理 4.1　初等变换把一个线性方程组变为一个与它同解的线性方程组.

前面已经了解矩阵的初等行变换,上述求解过程用增广矩阵的初等行变换表示如下.

$$\boldsymbol{B}=(\boldsymbol{A}\,\vdots\,\boldsymbol{b})=\left(\begin{array}{cccc:c}4&9&-2&10&1\\1&3&-2&4&1\\2&6&-4&9&5\\1&4&-4&6&2\end{array}\right)$$

$$\xrightarrow{r_1\leftrightarrow r_2}\left(\begin{array}{cccc:c}1&3&-2&4&1\\4&9&-2&10&1\\2&6&-4&9&5\\1&4&-4&6&2\end{array}\right)\xrightarrow[r_4-r_1]{\substack{r_2-4r_1\\r_3-2r_1}}\left(\begin{array}{cccc:c}1&3&-2&4&1\\0&-3&6&-6&-3\\0&0&0&1&3\\0&1&-2&2&1\end{array}\right)$$

$$\xrightarrow{r_2\div(-3)}\left(\begin{array}{cccc:c}1&3&-2&4&1\\0&1&-2&2&1\\0&0&0&1&3\\0&1&-2&2&1\end{array}\right)\xrightarrow{r_4-r_2}\left(\begin{array}{cccc:c}1&3&-2&4&1\\0&1&-2&2&1\\0&0&0&1&3\\0&0&0&0&0\end{array}\right)$$

$$\xrightarrow[r_1-3r_2]{\substack{r_2-2r_3\\ r_1-4r_3}}\left(\begin{array}{cccc:c}1&0&4&0&4\\0&1&-2&0&-5\\0&0&0&1&3\\0&0&0&0&0\end{array}\right)=\boldsymbol{B}_0.$$

可见,把线性方程组的增广矩阵用初等行变换化为简化行阶梯形矩阵,对应可得到方程组的解. 这种利用初等变换把原方程组化为形如(4.7)的阶梯形方程组,或将增广矩阵 $\boldsymbol{B}$ 用初等行变换化为简化行阶梯形矩阵 $\boldsymbol{B}_0$,这种求解线性方程组的方法称为**高斯消元法**.

例 4.2　解线性方程组 $\begin{cases}x_1-x_2-x_3+x_4=0,\\x_1-x_2+x_3-3x_4=2,\\x_1-x_2-2x_3+3x_4=-1.\end{cases}$

解　对增广矩阵 $\boldsymbol{B}$ 进行初等行变换

$$\boldsymbol{B}=\left(\begin{array}{cccc:c}1&-1&-1&1&0\\1&-1&1&-3&2\\1&-1&-2&3&-1\end{array}\right)\xrightarrow[r_3-r_1]{r_2-r_1}\left(\begin{array}{cccc:c}1&-1&-1&1&0\\0&0&2&-4&2\\0&0&-1&2&-1\end{array}\right)$$

$$\xrightarrow[r_3+r_2]{\frac{1}{2}r_2}\left(\begin{array}{cccc:c}1&-1&-1&1&0\\0&0&1&-2&1\\0&0&0&0&0\end{array}\right)\xrightarrow{r_1+r_2}\left(\begin{array}{cccc:c}1&-1&0&-1&1\\0&0&1&-2&1\\0&0&0&0&0\end{array}\right).$$

原方程组可化为

$$\begin{cases}x_1-x_2\qquad -x_4=1,\\ \qquad\qquad x_3-2x_4=1,\end{cases}$$

即

$$\begin{cases}x_1=x_2+x_4+1,\\x_3=2x_4+1\end{cases}\quad(x_2,x_4\text{ 为自由未知量}).$$

所以

$$\begin{pmatrix}x_1\\x_2\\x_3\\x_4\end{pmatrix}=c_1\begin{pmatrix}1\\1\\0\\0\end{pmatrix}+c_2\begin{pmatrix}1\\0\\2\\1\end{pmatrix}+\begin{pmatrix}1\\0\\1\\0\end{pmatrix}\quad(c_1,c_2\text{ 是任意常数})$$

是原方程组的解.

若将例 4.1 解线性方程组中的方程③中 x_4 的系数由 9 改为 8,即求解线性方程组

$$\begin{cases}4x_1+9x_2-2x_3+10x_4=1, & ①\\ x_1+3x_2-2x_3+4x_4=1, & ②\\ 2x_1+6x_2-4x_3+8x_4=5, & ③\\ x_1+4x_2-4x_3+6x_4=2. & ④\end{cases}\tag{4.8}$$

重复上面的方法可得

$$B=\left(\begin{array}{cccc:c}4&9&-2&10&1\\1&3&-2&4&1\\2&6&-4&8&5\\1&4&-4&6&2\end{array}\right)\longrightarrow\cdots\longrightarrow\left(\begin{array}{cccc:c}1&0&4&-2&-2\\0&1&-2&2&1\\0&0&0&0&3\\0&0&0&0&0\end{array}\right),$$

对应的方程组为

$$\begin{cases}x_1+4x_3-2x_4=-2, & ①\\ x_2-2x_3+2x_4=1, & ②\\ 0=3, & ③\\ 0=0. & ④\end{cases}\tag{4.9}$$

而方程组(4.9)中的方程③是矛盾的,即线性方程组(4.8)无解.

对一般线性方程组(4.1),其增广矩阵为

$$B=(A\,\vdots\,b)=\left(\begin{array}{cccc:c}a_{11}&a_{12}&\cdots&a_{1n}&b_1\\a_{21}&a_{22}&\cdots&a_{2n}&b_2\\\vdots&\vdots&&\vdots&\vdots\\a_{m1}&a_{m2}&\cdots&a_{mn}&b_m\end{array}\right).\tag{4.10}$$

由上面例 4.1、例 4.2 求解过程知,高斯消元法解方程组相当于对该方程组的增广矩阵实施初等行变换,使其化简为行阶梯形或简化行阶梯形矩阵.

设 $R(A)=r$,为简单起见,不妨设 $a_{11}\neq0$,总可以用初等行变换把增广矩阵 B 的第一列 a_{11} 下方的元素化为 0,只需作 $r_i+r_1\times\left(-\frac{a_{i1}}{a_{11}}\right)(i=2,3,\cdots,m)$ 的初等行变换,即

$$B\xrightarrow{r_i+r_1\times\left(-\frac{a_{i1}}{a_{11}}\right)(i=2,3,\cdots,m)}\left(\begin{array}{cccc:c}a_{11}&a_{12}&\cdots&a_{1n}&e_1\\0&b_{22}&\cdots&b_{2n}&e_2\\\vdots&\vdots&&\vdots&\vdots\\0&b_{m2}&\cdots&b_{mn}&e_m\end{array}\right).$$

设 $b_{22}\neq0$,同样可将上面矩阵中 b_{22} 下方的元素化为 0,重复上述步骤直到将 B 化为行阶梯形

$$B\to\cdots\to\left(\begin{array}{ccccccc:c}c_{11}&c_{12}&\cdots&c_{1r}&c_{1,r+1}&\cdots&c_{1n}&d_1\\&c_{22}&\cdots&c_{2r}&c_{2,r+1}&\cdots&c_{2n}&d_2\\&&\ddots&&\vdots&&\vdots&\vdots\\&&&c_{rr}&c_{r,r+1}&\cdots&c_{rn}&d_r\\0&0&\cdots&0&0&\cdots&0&d_{r+1}\\\vdots&\vdots&&\vdots&\vdots&&\vdots&\vdots\\0&0&\cdots&0&0&\cdots&0&0\end{array}\right).\tag{4.11}$$

不失一般性,可假定 $c_{ii}\neq0(i=1,2,\cdots,r)$,则又可将它化为简化的行阶梯形矩阵

$$\left(\begin{array}{cccccccc:c}
1 & 0 & \cdots & \cdots & 0 & c'_{1,r+1} & \cdots & c'_{1n} & d'_1 \\
 & 1 & \cdots & \cdots & 0 & c'_{2,r+1} & \cdots & c'_{2n} & d'_2 \\
 & & \ddots & & \vdots & \vdots & & \vdots & \vdots \\
 & & & \ddots & 0 & \vdots & & \vdots & \vdots \\
 & & & & 1 & c'_{r,r+1} & \cdots & c'_{rn} & d'_r \\
0 & 0 & \cdots & \cdots & 0 & 0 & \cdots & 0 & d'_{r+1} \\
0 & 0 & \cdots & \cdots & 0 & 0 & \cdots & 0 & 0 \\
\vdots & \vdots & & & \vdots & \vdots & & \vdots & \vdots \\
0 & 0 & \cdots & \cdots & 0 & 0 & \cdots & 0 & 0
\end{array}\right), \tag{4.12}$$

所对应的方程组为

$$\begin{cases}
x_1 + c'_{1,r+1}x_{r+1} + \cdots + c'_{1n}x_n = d'_1, \\
x_2 + c'_{2,r+1}x_{r+1} + \cdots + c'_{2n}x_n = d'_2, \\
\qquad \cdots\cdots \\
x_r + c'_{r,r+1}x_{r+1} + \cdots + c'_{rn}x_n = d'_r, \\
\qquad 0 = d'_{r+1}.
\end{cases} \tag{4.13}$$

显然，(i) 当 $d'_{r+1}\neq 0$ 时，方程组(4.13)是矛盾方程组，此种情形所对应的方程组的系数矩阵的秩不等于增广矩阵秩，即 $R(\boldsymbol{A})\neq R(\boldsymbol{B})$，原方程组(4.1)无解.

(ii) 当 $d'_{r+1}=0$ 时，若 $R(\boldsymbol{A})=R(\boldsymbol{B})=r=n$，方程组(4.13)为

$$\begin{cases}
x_1 = d'_1, \\
x_2 = d'_2, \\
\quad \cdots\cdots \\
x_n = d'_n
\end{cases}$$

是原方程组的唯一解；$r<n$，方程组(4.13)中方程的个数少于未知数的个数，此时可以将 $(n-r)$ 个未知量 $x_{r+1},x_{r+2},\cdots,x_n$ 看成自由未知量，把所对应的项移到等式的右端，得

$$\begin{cases}
x_1 = d'_1 - c'_{1,r+1}x_{r+1} - \cdots - c'_{1n}x_n, \\
x_2 = d'_2 - c'_{2,r+1}x_{r+1} - \cdots - c'_{2n}x_n, \\
\qquad \cdots\cdots \\
x_r = d'_r - c'_{r,r+1}x_{r+1} - \cdots - c'_{rn}x_n.
\end{cases}$$

用列矩阵或向量写，将 $(n-r)$ 个自由未知量 $x_{r+1},x_{r+2},\cdots,x_n$ 中一个 $x_{r+i}=k_i(i=1,2,\cdots,n-r)$，其余为零，即

$$\boldsymbol{x}=\begin{pmatrix}x_1\\x_2\\\vdots\\x_r\\x_{r+1}\\x_{r+2}\\\vdots\\x_n\end{pmatrix}=\begin{pmatrix}d_1'\\d_2'\\\vdots\\d_r'\\0\\0\\\vdots\\0\end{pmatrix}+k_1\begin{pmatrix}-c_{1r+1}'\\-c_{2r+1}'\\\vdots\\-c_{rr+1}'\\1\\0\\\vdots\\0\end{pmatrix}+k_2\begin{pmatrix}-c_{1r+2}'\\-c_{2r+2}'\\\vdots\\-c_{rr+2}'\\0\\1\\\vdots\\0\end{pmatrix}+\cdots+k_{n-r}\begin{pmatrix}-c_{1n}'\\-c_{2n}'\\\vdots\\-c_{rn}'\\0\\0\\\vdots\\1\end{pmatrix},\quad(4.14)$$

其中 $k_1,k_2,\cdots,k_{n-r}\in\mathbf{R}$. 这种形式的解称为线性方程组的**通解**或**一般解**. 于是可得下面定理.

定理 4.2　非齐次线性方程组 $\boldsymbol{Ax}=\boldsymbol{b}$ 有解的充分必要条件是 $R(\boldsymbol{A})=R(\boldsymbol{B})=r$，且当 $r<n$ 时有无限多解；当 $r=n$ 时有唯一解.

证明　充分性由上述过程得证.

再证必要性. 设方程组 $\boldsymbol{Ax}=\boldsymbol{b}$ 有解，要证 $R(\boldsymbol{A})=R(\boldsymbol{B})$. 用反证法，设 $R(\boldsymbol{A})<R(\boldsymbol{B})$，则从简化行阶梯形矩阵中可以看出，增广矩阵 $\boldsymbol{B}$ 比系数矩阵 $\boldsymbol{A}$ 的简化行阶梯形矩阵至少多一个非零行，即对应的方程中至少有一个矛盾方程 $0=1$，这与方程组有解矛盾. 因此，$R(\boldsymbol{A})=R(\boldsymbol{B})$.

例 4.3　解方程组

$$\begin{cases}x-2y-z=2,\\2x-y+2u=3,\\3x+3y+3z+3u=4,\\-2x+4y+2z+6u=-5.\end{cases}$$

解　$\boldsymbol{B}=(\boldsymbol{A}\,\vdots\,\boldsymbol{b})=\begin{pmatrix}1&-2&-1&0&\vdots&2\\2&-1&0&2&\vdots&3\\3&3&3&3&\vdots&4\\-2&4&2&6&\vdots&-5\end{pmatrix}$

$$\xrightarrow[r_4+2r_1]{\substack{r_2-2r_1\\r_3-3r_1}}\begin{pmatrix}1&-2&-1&0&\vdots&2\\0&3&2&2&\vdots&-1\\0&9&6&3&\vdots&-2\\0&0&0&6&\vdots&-1\end{pmatrix}\xrightarrow{r_3-3r_2}\begin{pmatrix}1&-2&-1&0&\vdots&2\\0&3&2&2&\vdots&-1\\0&0&0&-3&\vdots&1\\0&0&0&6&\vdots&-1\end{pmatrix}$$

$$\xrightarrow{r_4+2r_3}\begin{pmatrix}1&-2&-1&0&\vdots&2\\0&3&2&2&\vdots&-1\\0&0&0&-3&\vdots&1\\0&0&0&0&\vdots&1\end{pmatrix}.$$

因为 $R(\boldsymbol{A})=3,R(\boldsymbol{B})=4,R(\boldsymbol{A})\neq R(\boldsymbol{B})$，所以原方程组无解.

在线性方程组(4.1)中，若 $b_1=b_2=\cdots=b_n=0$，或线性方程组(4.2)中 $\boldsymbol{b}=\boldsymbol{0}$，那么

齐次线性方程组

$$\begin{cases} a_{11}x_1 + a_{12}x_2 + \cdots + a_{1n}x_n = 0, \\ a_{21}x_1 + a_{22}x_2 + \cdots + a_{2n}x_n = 0, \\ \quad\cdots\cdots \\ a_{m1}x_1 + a_{m2}x_2 + \cdots + a_{mn}x_n = 0, \end{cases}$$

即

$$\boldsymbol{Ax} = \boldsymbol{0} \tag{4.15}$$

总有零解 $x_1 = x_2 = \cdots = x_n = 0$. 所关心的仍然是它的非零解的情况. 还可以仿照解非齐次线性方程组的初等行变换,把系数矩阵 $\boldsymbol{A}$ 化为行阶梯形. 不过,读者会清楚地看到上面式(4.10)~式(4.12)中,矩阵虚线左边部分恰是系数矩阵 $\boldsymbol{A}$ 化为行阶梯形的内容,即有

$$\boldsymbol{A} \to \begin{pmatrix} 1 & 0 & 0 & \cdots & 0 & c'_{1,r+1} & \cdots & c'_{1n} \\ & 1 & 0 & \cdots & 0 & c'_{2,r+1} & \cdots & c'_{2n} \\ & & \ddots & & \vdots & \vdots & & \vdots \\ & & & 1 & 0 & c'_{r-1,r+1} & & c'_{r-1,n} \\ & & & & 1 & c'_{r,r+1} & \cdots & c'_{rn} \\ 0 & \cdots & 0 & \cdots & 0 & 0 & \cdots & 0 \\ \vdots & & \vdots & & \vdots & \vdots & & \vdots \\ 0 & \cdots & 0 & \cdots & 0 & 0 & \cdots & 0 \end{pmatrix}, \tag{4.16}$$

所对应的方程组为

$$\begin{cases} x_1 + c'_{1,r+1}x_{r+1} + \cdots + c'_{1n}x_n = 0, \\ x_2 + c'_{2,r+1}x_{r+1} + \cdots + c'_{2n}x_n = 0, \\ \quad\cdots\cdots \\ x_r + c'_{r,r+1}x_{r+1} + \cdots + c'_{rn}x_n = 0. \end{cases}$$

当 $r=n$ 时,矩阵(4.16)有 $m-r$ 个零行($m \geqslant n$),那么方程组(4.15)中有 $m-r$ 个多余方程,由克拉默法则知只有零解 $x_1 = x_2 = \cdots = x_n = 0$;当 $r<n$ 时,可取 x_{r+1},x_{r+2},$\cdots$,x_n 为自由未知量,类似于式(4.14)得

$$\boldsymbol{x} = \begin{pmatrix} x_1 \\ x_2 \\ \vdots \\ x_r \\ x_{r+1} \\ x_{r+2} \\ \vdots \\ x_n \end{pmatrix} = k_1 \begin{pmatrix} -c'_{1,r+1} \\ -c'_{2,r+1} \\ \vdots \\ -c'_{r,r+1} \\ 1 \\ 0 \\ \vdots \\ 0 \end{pmatrix} + k_2 \begin{pmatrix} -c'_{1,r+2} \\ -c'_{2,r+2} \\ \vdots \\ -c'_{r,r+2} \\ 0 \\ 1 \\ \vdots \\ 0 \end{pmatrix} + \cdots + k_{n-r} \begin{pmatrix} -c'_{1n} \\ -c'_{2n} \\ \vdots \\ -c'_{rn} \\ 0 \\ 0 \\ \vdots \\ 1 \end{pmatrix}, \tag{4.17}$$

其中 $k_1,k_2,\cdots,k_{n-r}\in\mathbf{R}$，此时方程组有无限多个非零解.

定理 4.3　n 元齐次线性方程组 $\boldsymbol{Ax}=\mathbf{0}$ 有非零解的充分必要条件是系数矩阵 $\boldsymbol{A}_{m\times n}$ 的秩 $R(\boldsymbol{A})<n$.

证明　充分性. 由上述推导显然得证.

必要性. 设方程组 $\boldsymbol{Ax}=\mathbf{0}$ 有非零解，要证 $R(\boldsymbol{A})<n$. 用反证法，设 $R(\boldsymbol{A})=n$，则 $\boldsymbol{A}$ 中必有一个 n 阶非零子式 D_n，由克拉默法则知 D_n 所对应的 n 个方程只有零解，这与原方程组有非零解相矛盾. 因此，$R(\boldsymbol{A})=n$ 不能成立，即 $R(\boldsymbol{A})<n$.

由上面的讨论可知，当 $R(\boldsymbol{A})=n$ 时，齐次线性方程组只有唯一零解；当 $R(\boldsymbol{A})<n$ 时，齐次线性方程组有非零解且有无穷多组.

推论 4.1　若齐次线性方程组中方程的个数 m 少于未知量的个数 n，则该方程组必有非零解.

推论 4.2　若齐次线性方程组中方程的个数 m 等于未知量的个数 n，且系数行列式 $|\boldsymbol{A}|=0$，则该方程组必有非零解.

推论 4.2 回答了 1.5 节中定理 2.2 附注中的问题.

将上面定理 4.3 推广到矩阵方程中，有下面定理.

定理 4.4　矩阵方程 $\boldsymbol{AX}=\boldsymbol{B}$ 有解的充分必要条件是 $R(\boldsymbol{A})=R(\boldsymbol{A},\boldsymbol{B})$①.

证明　设矩阵 $\boldsymbol{A}$ 为 $m\times n$ 型，矩阵 $\boldsymbol{B}$ 为 $m\times l$ 型，则矩阵 $\boldsymbol{X}$ 为 $n\times l$ 型，将矩阵 $\boldsymbol{X}$ 和 $\boldsymbol{B}$ 按列分块，记

$$\boldsymbol{X}=(\boldsymbol{x}_1,\boldsymbol{x}_2,\cdots,\boldsymbol{x}_l),\quad \boldsymbol{B}=(\boldsymbol{b}_1,\boldsymbol{b}_2,\cdots,\boldsymbol{b}_l),$$

那么矩阵方程 $\boldsymbol{AX}=\boldsymbol{B}$ 有解的问题等价于 l 个向量方程

$$\boldsymbol{Ax}_i=\boldsymbol{b}_i,\quad i=1,2,\cdots,l$$

的有解问题.

先证充分性. 设 $R(\boldsymbol{A})=R(\boldsymbol{A},\boldsymbol{B})$，由于

$$R(\boldsymbol{A})\leqslant R(\boldsymbol{A},\boldsymbol{b}_i)\leqslant R(\boldsymbol{A},\boldsymbol{B}),$$

故有 $R(\boldsymbol{A})=R(\boldsymbol{A},\boldsymbol{b}_i)$，从而 l 个向量方程 $\boldsymbol{Ax}_i=\boldsymbol{b}_i$ 都有解，于是矩阵方程 $\boldsymbol{AX}=\boldsymbol{B}$ 有解.

再证必要性. 设矩阵方程 $\boldsymbol{AX}=\boldsymbol{B}$ 有解，从而 l 个向量方程 $\boldsymbol{Ax}_i=\boldsymbol{b}_i$ 都有解，设解为

$$\boldsymbol{x}_i=\begin{pmatrix}\lambda_{1i}\\ \lambda_{2i}\\ \vdots\\ \lambda_{ni}\end{pmatrix},\quad i=1,2,\cdots,l.$$

记 $\boldsymbol{A}=(\boldsymbol{a}_1,\boldsymbol{a}_2,\cdots,\boldsymbol{a}_n)$，即有

$$\lambda_{1i}\boldsymbol{a}_1+\lambda_{2i}\boldsymbol{a}_2+\cdots+\lambda_{ni}\boldsymbol{a}_n=\boldsymbol{b}_i,$$

① 记号 $R(\boldsymbol{A},\boldsymbol{B})$ 表示将矩阵 $\boldsymbol{A}$ 与矩阵 $\boldsymbol{B}$ 拼写在一起后所成矩阵的秩.

即

$$\boldsymbol{b}_i-\lambda_{1i}\boldsymbol{a}_1-\lambda_{2i}\boldsymbol{a}_2-\cdots-\lambda_{ni}\boldsymbol{a}_n=\boldsymbol{0},\quad i=1,2,\cdots,l.$$

这意味着对矩阵$(\boldsymbol{A},\boldsymbol{B})=(\boldsymbol{a}_1,\boldsymbol{a}_2,\cdots,\boldsymbol{a}_n,\boldsymbol{b}_1,\boldsymbol{b}_2,\cdots,\boldsymbol{b}_l)$作初等列变换

$$c_{n+i}-\lambda_{1i}c_1-\lambda_{2i}c_2-\cdots-\lambda_{ni}c_n,\quad i=1,2,\cdots,l,$$

便把$(\boldsymbol{A},\boldsymbol{B})$的第 $n+1$ 列,第 $n+2$ 列,…,第 $n+l$ 列都变成 $\boldsymbol{0}$ 列向量,即

$$(\boldsymbol{A},\boldsymbol{B})\xrightarrow{\text{列变换}}(\boldsymbol{A},\boldsymbol{O}),$$

因此 $R(\boldsymbol{A})=R(\boldsymbol{A},\boldsymbol{B})$.

例 4.4　解线性方程组

$$\begin{cases}x_1+x_2+x_3+x_4=0,\\3x_1+2x_2+x_3-3x_4=0,\\x_2+3x_3+8x_4=0,\\5x_1+4x_2+3x_3-x_4=0.\end{cases}$$

解　系数矩阵

$$\boldsymbol{A}=\begin{pmatrix}1&1&1&1\\3&2&1&-3\\0&1&3&8\\5&4&3&-1\end{pmatrix}\xrightarrow[r_4-5r_1]{r_2-3r_1}\begin{pmatrix}1&1&1&1\\0&-1&-2&-6\\0&1&3&8\\0&-1&-2&-6\end{pmatrix}$$

$$\xrightarrow{\substack{r_3+r_2\\r_4-r_2\\r_1+r_2}}\begin{pmatrix}1&0&-1&-5\\0&-1&-2&-6\\0&0&1&2\\0&0&0&0\end{pmatrix}\xrightarrow{\substack{r_1+r_3\\r_2+2r_3\\r_2\times(-1)}}\begin{pmatrix}1&0&0&-3\\0&1&0&2\\0&0&1&2\\0&0&0&0\end{pmatrix}.$$

$R(\boldsymbol{A})=3<4$,故原方程组有无穷多非零解.所对应的方程组为

$$\begin{cases}x_1-3x_4=0,\\x_2+2x_4=0,\\x_3+2x_4=0.\end{cases}$$

取 x_4 为自由未知量,则所求的解为

$$\boldsymbol{x}=\begin{pmatrix}x_1\\x_2\\x_3\\x_4\end{pmatrix}=c\begin{pmatrix}3\\-2\\-2\\1\end{pmatrix},\quad c\in\mathbf{R}.$$

例 4.5　确定 λ 的值,使齐次线性方程组

$$\begin{cases}(5-\lambda)x_1+2x_2+2x_3=0,\\2x_1+(6-\lambda)x_2=0,\\2x_1+(4-\lambda)x_3=0\end{cases}$$

有非零解.

解　由定理 4.3 知,所给齐次线性方程组有非零解,则它的系数行列式 $D=0$,而

$$D=\begin{vmatrix}5-\lambda & 2 & 2\\ 2 & 6-\lambda & 0\\ 2 & 0 & 4-\lambda\end{vmatrix}\xlongequal{r_2-r_3}\begin{vmatrix}5-\lambda & 0 & 2\\ 0 & 6-\lambda & \lambda-4\\ 2 & 0 & 4-\lambda\end{vmatrix}$$

$$\xlongequal{c_2+c_3}\begin{vmatrix}5-\lambda & 4 & 2\\ 0 & 2 & \lambda-4\\ 2 & 4-\lambda & 4-\lambda\end{vmatrix}\xlongequal{r_1-2r_2}\begin{vmatrix}5-\lambda & 0 & 10-2\lambda\\ 0 & 2 & \lambda-4\\ 2 & 4-\lambda & 4-\lambda\end{vmatrix}$$

$$\xlongequal{c_3-2c_1}\begin{vmatrix}5-\lambda & 0 & 0\\ 0 & 2 & \lambda-4\\ 2 & 4-\lambda & -\lambda\end{vmatrix}$$

$$\xlongequal{\text{按第一行展开}}(5-\lambda)[-2\lambda+(\lambda-4)^2]$$

$$=(5-\lambda)(\lambda-2)(\lambda-8).$$

由 $D=0$ 得 $\lambda=5,\lambda=2,\lambda=8$ 时齐次线性方程组有非零解.

4.2　n 维向量组的线性相关性

4.1 节利用矩阵及矩阵的初等行变换初步掌握了求解线性方程组的方法. 为了进一步讨论线性方程组的解之间的关系及解的结构,需要引入向量的有关概念.

4.2.1　n 维向量的概念

我们已接触到平面上的一个向量 $\boldsymbol{\alpha}$,它可以用一条有向线段来表示. 假如把它置入平面直角坐标系 xOy 中,使其起点与坐标原点 O 重合,那么终点与平面的一个点相对应,此时向量 $\boldsymbol{\alpha}$ 可用点的坐标 (x,y) 来表示,即

$$\boldsymbol{\alpha}=(x,y)^{\mathrm{T}}.$$

于是,平面上的一个向量 $\boldsymbol{\alpha}$ 与平面上一个点的坐标 (x,y) 建立了对应关系. 称平面上的向量为**二维向量**. 类似地,几何空间的向量 $\boldsymbol{\alpha}$ 与空间点的坐标 (x,y,z) 建立了一一对应关系,记 $\boldsymbol{\alpha}=(x,y,z)^{\mathrm{T}}$,并称几何空间的向量为**三维向量**. 二维、三维向量的运算及物理应用不再重述. 仅有这些远远不能满足实际问题的需要,因此,必须将它推广为更一般的 n 维向量.

定义 4.1　n 个数 $a_1,a_2,\cdots,a_n$ 所组成的有序数组

$$\begin{pmatrix} a_1 \\ a_2 \\ \vdots \\ a_n \end{pmatrix}$$

称为 **n 维向量**. 一般用字母 $\boldsymbol{\alpha},\boldsymbol{\beta},\boldsymbol{\gamma},\cdots$来表示，即

$$\boldsymbol{\alpha}=(a_1,a_2,\cdots,a_n)^{\mathrm{T}},$$

其中数 $a_i(i=1,2,\cdots,n)$称为 n 维向量 $\boldsymbol{\alpha}$ 的**第 i 个分量**，也称为向量 $\boldsymbol{\alpha}$ 的**坐标**. 分量全为实数的向量称为**实向量**，分量有复数的向量称为**复向量**. 本书中除特别指明外，一般只讨论实向量.

注意定义中将 n 维向量写成一列的形式，称它为**列向量**. 有时也可把它写成一行的形式 $\boldsymbol{\beta}=(a_1,a_2,\cdots,a_n)$，称它为**行向量**. 为了与前面矩阵中规定的把行矩阵和列矩阵分别称为行向量和列向量一致起来，此时的列向量 $\boldsymbol{\alpha}$ 和行向量 $\boldsymbol{\beta}$ 也分别称为**列矩阵**和**行矩阵**. 这样，上面的向量 $\boldsymbol{\alpha}$ 和 $\boldsymbol{\beta}$ 不等，$\boldsymbol{\alpha}=\boldsymbol{\beta}^{\mathrm{T}}=(a_1,a_2,\cdots,a_n)^{\mathrm{T}}$，因此，向量的相等与矩阵的相等相同. 以后，在没有指明是行向量还是列向量的情形下，所讨论的向量均指列向量. 由若干个相同维数的向量(同为列向量或同为行向量)所构成的集合称为**向量组**. 这样，对于一个 $m\times n$ 矩阵

$$\boldsymbol{A}=\begin{pmatrix} a_{11} & a_{12} & \cdots & a_{1n} \\ a_{21} & a_{22} & \cdots & a_{2n} \\ \vdots & \vdots & & \vdots \\ a_{m1} & a_{m2} & \cdots & a_{mn} \end{pmatrix},$$

若按每一行分一块，则第 i 块是第 i 个行向量 $\boldsymbol{\alpha}_i^{\mathrm{T}}=(a_{i1},a_{i2},\cdots,a_{in})$，$i=1,2,\cdots,m$. 这样 $\boldsymbol{A}$ 可看成 m 个 n 维行向量构成的向量组，即

$$\boldsymbol{A}=\begin{pmatrix} \boldsymbol{\alpha}_1^{\mathrm{T}} \\ \boldsymbol{\alpha}_2^{\mathrm{T}} \\ \vdots \\ \boldsymbol{\alpha}_m^{\mathrm{T}} \end{pmatrix},$$

也可说 n 维行向量组 $\boldsymbol{\alpha}_1^{\mathrm{T}},\boldsymbol{\alpha}_2^{\mathrm{T}},\cdots,\boldsymbol{\alpha}_m^{\mathrm{T}}$ 形成矩阵 $\boldsymbol{A}$；同样，若按每一列分一块，则第 j 块是第 j 个列向量 $\boldsymbol{\beta}_j=(a_{1j},a_{2j},\cdots,a_{mj})^{\mathrm{T}}$，$j=1,2,\cdots,n$. $\boldsymbol{A}$ 又可看成 n 个 m 维列向量构成的向量组，即 $\boldsymbol{A}=(\boldsymbol{\beta}_1,\boldsymbol{\beta}_2,\cdots,\boldsymbol{\beta}_n)$，也可说 m 维列向量组 $\boldsymbol{\beta}_1,\boldsymbol{\beta}_2,\cdots,\boldsymbol{\beta}_n$ 形成了矩阵 $\boldsymbol{A}$.

通常把 n 维向量的全体构成的集合记为

$$\mathbf{R}^n=\{\boldsymbol{\alpha}=(x_1,x_2,\cdots,x_n)^{\mathrm{T}}\mid x_1,x_2,\cdots,x_n\in\mathbf{R}\},$$

且当 $n>3$ 时就不再有几何意义了.

4.2.2 n 维向量的运算

1. 向量的加法

设两个 n 维向量

$$\boldsymbol{\alpha}=(a_1,a_2,\cdots,a_n)^{\mathrm{T}},\quad \boldsymbol{\beta}=(b_1,b_2,\cdots,b_n)^{\mathrm{T}},$$

则向量 $\boldsymbol{\alpha}$ 与 $\boldsymbol{\beta}$ 的加法为

$$\boldsymbol{\alpha}+\boldsymbol{\beta}=(a_1+b_1,a_2+b_2,\cdots,a_n+b_n)^{\mathrm{T}}.$$

称由向量 $\boldsymbol{\alpha}=(a_1,a_2,\cdots,a_n)^{\mathrm{T}}$ 的每个分量的相反数组成的向量为 $\boldsymbol{\alpha}$ 的**负向量**，记为 $-\boldsymbol{\alpha}$，即 $-\boldsymbol{\alpha}=(-a_1,-a_2,\cdots,-a_n)^{\mathrm{T}}$. 称全部分量为 0 的 n 维向量为 n **维零向量**，记为 $\mathbf{0}$. 显然

$$\boldsymbol{\alpha}+(-\boldsymbol{\alpha})=\mathbf{0}.$$

这样，n 维向量 $\boldsymbol{\alpha}$ 减去 $\boldsymbol{\beta}$ 就定义为 $\boldsymbol{\alpha}$ 加上 $(-\boldsymbol{\beta})$，即

$$\boldsymbol{\alpha}-\boldsymbol{\beta}=\boldsymbol{\alpha}+(-\boldsymbol{\beta})=(a_1-b_1,a_2-b_2,\cdots,a_n-b_n)^{\mathrm{T}}.$$

2. 数与向量乘法

设 n 维向量 $\boldsymbol{\alpha}=(a_1,a_2,\cdots,a_n)^{\mathrm{T}}$，$k$ 为一实数，则数 k 乘以向量 $\boldsymbol{\alpha}$ 的每个分量所得到的 n 维向量称为数 k 与向量 $\boldsymbol{\alpha}$ 的**乘积**，记为 $k\boldsymbol{\alpha}$，即

$$k\boldsymbol{\alpha}=(ka_1,ka_2,\cdots,ka_n)^{\mathrm{T}}.$$

容易证明，向量的运算满足下列运算律.

设 $\boldsymbol{\alpha},\boldsymbol{\beta},\boldsymbol{\gamma}$ 是 n 维向量，l,k 是数，则

(i) $\boldsymbol{\alpha}+\boldsymbol{\beta}=\boldsymbol{\beta}+\boldsymbol{\alpha}$;

(ii) $(\boldsymbol{\alpha}+\boldsymbol{\beta})+\boldsymbol{\gamma}=\boldsymbol{\alpha}+(\boldsymbol{\beta}+\boldsymbol{\gamma})$;

(iii) $\boldsymbol{\alpha}+\mathbf{0}=\boldsymbol{\alpha}$;

(iv) $\boldsymbol{\alpha}+(-\boldsymbol{\alpha})=\mathbf{0}$;

(v) $1\boldsymbol{\alpha}=\boldsymbol{\alpha}$;

(vi) $k(\boldsymbol{\alpha}+\boldsymbol{\beta})=k\boldsymbol{\alpha}+k\boldsymbol{\beta}$;

(vii) $(k+l)\boldsymbol{\alpha}=k\boldsymbol{\alpha}+l\boldsymbol{\alpha}$;

(viii) $k(l\boldsymbol{\alpha})=(kl)\boldsymbol{\alpha}$.

在数学中，把具有上述 8 条规律的运算称为**线性运算**.

例 4.6 设向量 $\boldsymbol{\alpha}=(1,0,1,2)^{\mathrm{T}},\boldsymbol{\beta}=(-1,2,0,-2)^{\mathrm{T}}$，求满足 $2\boldsymbol{\alpha}+\boldsymbol{\beta}-2\boldsymbol{\gamma}=\mathbf{0}$ 的向量 $\boldsymbol{\gamma}$.

解 $\boldsymbol{\gamma}=\boldsymbol{\alpha}+\frac{1}{2}\boldsymbol{\beta}=(1,0,1,2)^{\mathrm{T}}+\frac{1}{2}(-1,2,0,-2)^{\mathrm{T}}=\left(\frac{1}{2},1,1,1\right)^{\mathrm{T}}$.

4.2.3 向量组的线性相关性

像前面提到的由若干个相同维数的向量构成了向量组. 4.2.1 小节中所举的

$m\times n$矩阵$\boldsymbol{A}$，每一列视为一个向量，$\boldsymbol{\alpha}_1,\boldsymbol{\alpha}_2,\cdots,\boldsymbol{\alpha}_n$ 是一个 m 维列向量组，也记作向量组 $A:\boldsymbol{\alpha}_1,\boldsymbol{\alpha}_2,\cdots,\boldsymbol{\alpha}_n$，不发生混淆的情况下，只写向量组 A，或写向量组 $\boldsymbol{\alpha}_1,\boldsymbol{\alpha}_2,\cdots,\boldsymbol{\alpha}_n$；同样每一行视为一个向量，又得一个 n 维行向量组 $B:\boldsymbol{\beta}_1^{\mathrm{T}},\boldsymbol{\beta}_2^{\mathrm{T}},\cdots,\boldsymbol{\beta}_m^{\mathrm{T}}$. 利用前者及向量的运算，线性方程组(4.1)可表示为

$$x_1\boldsymbol{\alpha}_1+x_2\boldsymbol{\alpha}_2+\cdots+x_n\boldsymbol{\alpha}_n=\boldsymbol{b}. \tag{4.18}$$

定义 4.2　设有向量组 $A:\boldsymbol{\alpha}_1,\boldsymbol{\alpha}_2,\cdots,\boldsymbol{\alpha}_m$，对于任意一组数 $\lambda_1,\lambda_2,\cdots,\lambda_m$，向量

$$\lambda_1\boldsymbol{\alpha}_1+\lambda_2\boldsymbol{\alpha}_2+\cdots+\lambda_m\boldsymbol{\alpha}_m$$

称为向量组 A 的**线性组合**，$\lambda_1,\lambda_2,\cdots,\lambda_m$ 称为这个**线性组合的系数**.

设有向量组 $A:\boldsymbol{\alpha}_1,\boldsymbol{\alpha}_2,\cdots,\boldsymbol{\alpha}_m$ 和向量 $\boldsymbol{\beta}$，如果存在一组数 $k_1,k_2,\cdots,k_m$，使得

$$\boldsymbol{\beta}=k_1\boldsymbol{\alpha}_1+k_2\boldsymbol{\alpha}_2+\cdots+k_m\boldsymbol{\alpha}_m,$$

则向量 $\boldsymbol{\beta}$ 是向量组 A 的线性组合，如果向量组 β 中每一个向量都可由向量组 A 线性表示，则称向量组 β 能由向量组 A **线性表示**.

例 4.7　设 $\boldsymbol{\alpha}_1=(1,2,3)^{\mathrm{T}},\boldsymbol{\alpha}_2=(0,1,4)^{\mathrm{T}},\boldsymbol{\alpha}_3=(2,3,6)^{\mathrm{T}},\boldsymbol{\beta}=(-1,1,5)^{\mathrm{T}}$，把 $\boldsymbol{\beta}$ 表示为 $\boldsymbol{\alpha}_1,\boldsymbol{\alpha}_2,\boldsymbol{\alpha}_3$ 的线性组合.

解　令 $\boldsymbol{\beta}=k_1\boldsymbol{\alpha}_1+k_2\boldsymbol{\alpha}_2+k_3\boldsymbol{\alpha}_3$，即

$$\begin{pmatrix}-1\\1\\5\end{pmatrix}=k_1\begin{pmatrix}1\\2\\3\end{pmatrix}+k_2\begin{pmatrix}0\\1\\4\end{pmatrix}+k_3\begin{pmatrix}2\\3\\6\end{pmatrix}.$$

可得非齐次线性方程组

$$\begin{cases}k_1+\quad\ +2k_3=-1,\\2k_1+\ k_2+3k_3=1,\\3k_1+4k_2+6k_3=5.\end{cases}$$

或用矩阵方程表示

$$\begin{pmatrix}1&0&2\\2&1&3\\3&4&6\end{pmatrix}\begin{pmatrix}k_1\\k_2\\k_3\end{pmatrix}=\begin{pmatrix}-1\\1\\5\end{pmatrix},$$

解得 $k_1=1,k_2=2,k_3=-1$. 至此，$\boldsymbol{\beta}=\boldsymbol{\alpha}_1+2\boldsymbol{\alpha}_2-\boldsymbol{\alpha}_3$ 为所求.

由定义 4.2 和例 4.7 可见，向量 $\boldsymbol{\beta}$ 能否由向量组 $A:\boldsymbol{\alpha}_1,\boldsymbol{\alpha}_2,\cdots,\boldsymbol{\alpha}_n$ 线性表示，实际上是讨论非齐次线性方程组

$$\boldsymbol{A}\boldsymbol{k}=\boldsymbol{\beta}$$

是否有解及求解问题，其中矩阵 $\boldsymbol{A}$ 由列向量组 $\boldsymbol{\alpha}_1,\boldsymbol{\alpha}_2,\cdots,\boldsymbol{\alpha}_n$ 构成，列矩阵(向量)

$$\boldsymbol{k}=(k_1,k_2,\cdots,k_n)^{\mathrm{T}}.$$

前面线性方程组(4.1)若有解，其每一组解都可使式(4.18)成立，即向量 $\boldsymbol{b}$ 可由向量组 $\boldsymbol{\alpha}_1,\boldsymbol{\alpha}_2,\cdots,\boldsymbol{\alpha}_n$ 线性表示；另一方面，判定线性方程组(4.1)是否有解，可归结为确定式(4.18)成立的线性系数 $x_1,x_2,\cdots,x_n$ 的问题. 因此，线性方程组解的存在性与向量组的线性表示之间有密切关系，这也是我们为什么要研究向量的线性关系的原

因之一.

由定理 4.2 不难得到下面的定理.

定理 4.5　在线性方程组 $\boldsymbol{Ax}=\boldsymbol{b}$ 中，向量 $\boldsymbol{b}$ 可由向量组 $A:\boldsymbol{\alpha}_1,\boldsymbol{\alpha}_2,\cdots,\boldsymbol{\alpha}_n$ 线性表示的充分必要条件是系数矩阵 $\boldsymbol{A}=(\boldsymbol{\alpha}_1,\boldsymbol{\alpha}_2,\cdots,\boldsymbol{\alpha}_n)$ 的秩等于增广矩阵 $\boldsymbol{B}=(\boldsymbol{\alpha}_1,\boldsymbol{\alpha}_2,\cdots,\boldsymbol{\alpha}_n,\boldsymbol{b})$ 的秩.

由定理 4.4 可得定理 4.6.

定理 4.6　向量组 $B:\boldsymbol{b}_1,\boldsymbol{b}_2,\cdots,\boldsymbol{b}_l$ 可由向量组 $A:\boldsymbol{a}_1,\boldsymbol{a}_2,\cdots,\boldsymbol{a}_n$ 线性表示的充分必要条件是：矩阵 $\boldsymbol{A}=(\boldsymbol{a}_1,\boldsymbol{a}_2,\cdots,\boldsymbol{a}_n)$ 的秩等于矩阵 $(\boldsymbol{A},\boldsymbol{B})=(\boldsymbol{a}_1,\boldsymbol{a}_2,\cdots,\boldsymbol{a}_n,\boldsymbol{b}_1,\boldsymbol{b}_2,\cdots,\boldsymbol{b}_l)$ 的秩，即 $R(\boldsymbol{A})=R(\boldsymbol{A},\boldsymbol{B})$.

定义 4.3　设有向量组 $\boldsymbol{\alpha}_1,\boldsymbol{\alpha}_2,\cdots,\boldsymbol{\alpha}_m$，若存在不全为零的数 $k_1,k_2,\cdots,k_m$，使得

$$k_1\boldsymbol{\alpha}_1+k_2\boldsymbol{\alpha}_2+\cdots+k_m\boldsymbol{\alpha}_m=\boldsymbol{0},$$

则称向量组 A **线性相关**，否则称它**线性无关**.

讨论向量组 $A:\boldsymbol{\alpha}_1,\boldsymbol{\alpha}_2,\cdots,\boldsymbol{\alpha}_m$ 的线性相关或线性无关，也称讨论向量组 A 的线性相关性. 向量组的线性相关或线性无关是研究向量组特性的重要概念. 由定义 4.3，容易得到以下结论.

(1) 称向量组 $A:\boldsymbol{\alpha}_1,\boldsymbol{\alpha}_2,\cdots,\boldsymbol{\alpha}_m$ 线性无关，当且仅当 $k_1=k_2=\cdots=k_m=0$ 时，$k_1\boldsymbol{\alpha}_1+k_2\boldsymbol{\alpha}_2+\cdots+k_m\boldsymbol{\alpha}_m=\boldsymbol{0}$ 才成立；

(2) 称向量组 $\boldsymbol{\alpha}_1,\boldsymbol{\alpha}_2,\cdots,\boldsymbol{\alpha}_m$ 线性相关，通常指 $m\geqslant 2$ 的情形，当 $m=1$，即向量组只有一个向量时，该定义也适用，此时 $\boldsymbol{\alpha}=\boldsymbol{0}$ 线性相关，$\boldsymbol{\alpha}\neq\boldsymbol{0}$ 线性无关；

(3) 若一个向量组 $A:\boldsymbol{\alpha}_1,\boldsymbol{\alpha}_2,\cdots,\boldsymbol{\alpha}_m$ 中含有零向量，则向量组 A 线性相关；

(4) 若向量组 A 中含有 $\boldsymbol{\alpha}_1,\boldsymbol{\alpha}_2$ 两个向量，则 $\boldsymbol{\alpha}_1,\boldsymbol{\alpha}_2$ 线性相关的充分必要条件是它们对应的分量成比例，其几何意义是 $\boldsymbol{\alpha}_1,\boldsymbol{\alpha}_2$ 共线. 同理，三个向量线性相关的几何意义是三个向量共面.

定理 4.7　一个向量组线性相关的充分必要条件是这个向量组中至少有一个向量可由其余向量线性表示.

证明　必要性. 设向量组 $\boldsymbol{\alpha}_1,\boldsymbol{\alpha}_2,\cdots,\boldsymbol{\alpha}_m$ 线性相关，则存在不全为零的数 $k_1,k_2,\cdots,k_m$，使得

$$k_1\boldsymbol{\alpha}_1+k_2\boldsymbol{\alpha}_2+\cdots+k_m\boldsymbol{\alpha}_m=\boldsymbol{0}.$$

不妨设 $k_i\neq 0$，那么

$$\boldsymbol{\alpha}_i=\frac{-k_1}{k_i}\boldsymbol{\alpha}_1+\cdots+\frac{-k_{i-1}}{k_i}\boldsymbol{\alpha}_{i-1}+\frac{-k_{i+1}}{k_i}\boldsymbol{\alpha}_{i+1}+\cdots+\frac{-k_m}{k_i}\boldsymbol{\alpha}_m,$$

即 $\boldsymbol{\alpha}_i$ 可由 $\boldsymbol{\alpha}_1,\boldsymbol{\alpha}_2,\cdots,\boldsymbol{\alpha}_{i-1},\boldsymbol{\alpha}_{i+1},\cdots,\boldsymbol{\alpha}_m$ 线性表示.

充分性. 设向量组 $\boldsymbol{\alpha}_1,\boldsymbol{\alpha}_2,\cdots,\boldsymbol{\alpha}_m$ 中向量 $\boldsymbol{\alpha}_i$ 可由 $\boldsymbol{\alpha}_1,\boldsymbol{\alpha}_2,\cdots,\boldsymbol{\alpha}_{i-1},\boldsymbol{\alpha}_{i+1},\cdots,\boldsymbol{\alpha}_m$ 线性表示，即存在一组数 $k_1,k_2,\cdots,k_{i-1},k_{i+1},\cdots,k_m$，使得

$$\boldsymbol{\alpha}_i=k_1\boldsymbol{\alpha}_1+\cdots+k_{i-1}\boldsymbol{\alpha}_{i-1}+k_{i+1}\boldsymbol{\alpha}_{i+1}+\cdots+k_m\boldsymbol{\alpha}_m,$$

则存在一组不全为零的数 $k_1,k_2,\cdots,k_{i-1},-1,k_{i+1},\cdots,k_m$，使得

$$k_1\boldsymbol{\alpha}_1+\cdots+k_{i-1}\boldsymbol{\alpha}_{i-1}+(-1)\boldsymbol{\alpha}_i+k_{i+1}\boldsymbol{\alpha}_{i+1}+\cdots+k_m\boldsymbol{\alpha}_m=\mathbf{0}$$

成立，所以向量组 $\boldsymbol{\alpha}_1,\boldsymbol{\alpha}_2,\cdots,\boldsymbol{\alpha}_m$ 线性相关.

例 4.8　证明：n 维向量组

$$\boldsymbol{e}_1=\begin{pmatrix}1\\0\\\vdots\\0\end{pmatrix},\quad \boldsymbol{e}_2=\begin{pmatrix}0\\1\\\vdots\\0\end{pmatrix},\quad \cdots,\quad \boldsymbol{e}_n=\begin{pmatrix}0\\0\\\vdots\\1\end{pmatrix}$$

线性无关.

证明　由 $k_1\boldsymbol{e}_1+k_2\boldsymbol{e}_2+\cdots+k_n\boldsymbol{e}_n=\mathbf{0}$，得

$$k_1\begin{pmatrix}1\\0\\\vdots\\0\end{pmatrix}+k_2\begin{pmatrix}0\\1\\\vdots\\0\end{pmatrix}+\cdots+k_n\begin{pmatrix}0\\0\\\vdots\\1\end{pmatrix}=\begin{pmatrix}0\\0\\\vdots\\0\end{pmatrix},$$

即 $k_1=k_2=\cdots=k_n=0$，所以 n 维向量组 $\boldsymbol{e}_1,\boldsymbol{e}_2,\cdots,\boldsymbol{e}_n$ 线性无关.

通常称 n 维向量组 $\boldsymbol{e}_1,\boldsymbol{e}_2,\cdots,\boldsymbol{e}_n$ 为 n 维**单位坐标向量组**，或 n 维**标准向量组**.

例 4.9　讨论向量组

$$\boldsymbol{\alpha}_1=(1,-2,-1,-2)^{\mathrm{T}},\quad \boldsymbol{\alpha}_2=(4,1,2,1)^{\mathrm{T}},$$
$$\boldsymbol{\alpha}_3=(2,5,4,-1)^{\mathrm{T}},\quad \boldsymbol{\alpha}_4=(1,1,1,1)^{\mathrm{T}}$$

的线性相关性.

解　令

$$k_1\boldsymbol{\alpha}_1+k_2\boldsymbol{\alpha}_2+k_3\boldsymbol{\alpha}_3+k_4\boldsymbol{\alpha}_4=\mathbf{0},$$

它等价于齐次线性方程组

$$(\boldsymbol{\alpha}_1,\boldsymbol{\alpha}_2,\boldsymbol{\alpha}_3,\boldsymbol{\alpha}_4)\begin{pmatrix}k_1\\k_2\\k_3\\k_4\end{pmatrix}=\mathbf{0}.$$

将列向量 $\boldsymbol{\alpha}_i(i=1,2,3,4)$ 代入得齐次线性方程组的系数矩阵，并用初等行变换将其化成行阶梯形：

$$\boldsymbol{A}=\begin{pmatrix}1&4&2&1\\-2&1&5&1\\-1&2&4&1\\-2&1&-1&1\end{pmatrix}\xrightarrow[\substack{r_3+r_1\\r_4+2r_1}]{r_2+2r_1}\begin{pmatrix}1&4&2&1\\0&9&9&3\\0&6&6&2\\0&9&3&3\end{pmatrix}$$

$$\xrightarrow[r_4-r_2]{r_3+r_2\times\left(-\frac{2}{3}\right)}\begin{pmatrix}1&4&2&1\\0&9&9&3\\0&0&0&0\\0&0&-6&0\end{pmatrix}\xrightarrow[\substack{r_4\leftrightarrow r_3\\r_3\div 3}]{r_4\div(-6)}\begin{pmatrix}1&4&2&1\\0&3&3&1\\0&0&1&0\\0&0&0&0\end{pmatrix}$$

$$\xrightarrow[r_2-3r_3]{r_1-r_2+r_3}\begin{pmatrix}1&1&0&0\\0&3&0&1\\0&0&1&0\\0&0&0&0\end{pmatrix}.$$

$R(\boldsymbol{A})=3<4$,方程组有非零解:$k_1=-c,k_2=c,k_3=0,k_4=-3c$,$c$ 是不为零的任意常数. 故向量组 $\boldsymbol{\alpha}_1,\boldsymbol{\alpha}_2,\boldsymbol{\alpha}_3,\boldsymbol{\alpha}_4$ 线性相关.

例 4.10 设向量组 $\boldsymbol{\alpha}_1,\boldsymbol{\alpha}_2,\cdots,\boldsymbol{\alpha}_n$ 线性无关,证明:向量组

$$\boldsymbol{\beta}_1=\boldsymbol{\alpha}_1+\boldsymbol{\alpha}_2,\quad \boldsymbol{\beta}_2=\boldsymbol{\alpha}_2+\boldsymbol{\alpha}_3,\quad \cdots,\quad \boldsymbol{\beta}_{n-1}=\boldsymbol{\alpha}_{n-1}+\boldsymbol{\alpha}_n,\quad \boldsymbol{\beta}_n=\boldsymbol{\alpha}_n+\boldsymbol{\alpha}_1$$

当 n 为偶数时线性相关,当 n 为奇数时线性无关.

证明 设 $k_1\boldsymbol{\beta}_1+k_2\boldsymbol{\beta}_2+\cdots+k_n\boldsymbol{\beta}_n=\boldsymbol{0}$,即

$$k_1(\boldsymbol{\alpha}_1+\boldsymbol{\alpha}_2)+k_2(\boldsymbol{\alpha}_2+\boldsymbol{\alpha}_3)+\cdots+k_n(\boldsymbol{\alpha}_n+\boldsymbol{\alpha}_1)=\boldsymbol{0},$$

整理得

$$(k_1+k_n)\boldsymbol{\alpha}_1+(k_1+k_2)\boldsymbol{\alpha}_2+\cdots+(k_{n-1}+k_n)\boldsymbol{\alpha}_n=\boldsymbol{0}.$$

因为向量组 $\boldsymbol{\alpha}_1,\boldsymbol{\alpha}_2,\cdots,\boldsymbol{\alpha}_n$ 线性无关,所以

$$\begin{cases}k_1+k_n=0,\\k_1+k_2=0,\\\quad\cdots\cdots\\k_{n-1}+k_n=0.\end{cases}$$

这是 n 个未知数 n 个方程的齐次线性方程组,系数矩阵 $\boldsymbol{A}$ 的行列式

$$|\boldsymbol{A}|=\begin{vmatrix}1&0&0&\cdots&0&1\\1&1&0&\cdots&0&0\\0&1&1&\cdots&0&0\\\vdots&\vdots&\vdots&&\vdots&\vdots\\0&0&0&\cdots&1&1\end{vmatrix}\xlongequal{\text{按第一行展开}}1+(-1)^{n+1}.$$

当 n 为偶数时,$|\boldsymbol{A}|=0$,方程组有非零解,向量组 $\boldsymbol{\beta}_1,\boldsymbol{\beta}_2,\cdots,\boldsymbol{\beta}_n$ 线性相关;当 n 为奇数时,$|\boldsymbol{A}|\neq0$,方程组有唯一零解,向量组 $\boldsymbol{\beta}_1,\boldsymbol{\beta}_2,\cdots,\boldsymbol{\beta}_n$ 线性无关.

由上面的讨论可知,判别向量组 A:

$$\boldsymbol{\alpha}_i=(a_{1i},a_{2i},\cdots,a_{mi})^{\mathrm{T}},\quad i=1,2,\cdots,n$$

的线性相关性可归结为讨论齐次线性方程组

$$\begin{pmatrix}a_{11}&a_{12}&\cdots&a_{1n}\\a_{21}&a_{22}&\cdots&a_{2n}\\\vdots&\vdots&&\vdots\\a_{m1}&a_{m2}&\cdots&a_{mn}\end{pmatrix}\begin{pmatrix}k_1\\k_2\\\vdots\\k_n\end{pmatrix}=\boldsymbol{0}\tag{4.19}$$

有无非零解的问题. 因此,向量组 $\boldsymbol{A}$ 线性相关(无关)的充要条件是齐次线性方程组(4.19)有非零解(仅有零解). 再由定理 4.3 可得下面的结论.

定理 4.8 设由向量组 $\boldsymbol{\alpha}_1,\boldsymbol{\alpha}_2,\cdots,\boldsymbol{\alpha}_n$ 构成矩阵 $\boldsymbol{A}$ 的秩为 r,则向量组 $\boldsymbol{\alpha}_1,\boldsymbol{\alpha}_2,\cdots,$

$\boldsymbol{\alpha}_n$ 线性相关(无关)的充分必要条件是 $r<n(r=n)$，即 $\boldsymbol{A}$ 的秩小于(等于)向量的个数 n.

推论 4.3　若向量组中向量的个数大于向量的维数，则向量组线性相关.

证明　在方程组(4.19)的系数矩阵 $\boldsymbol{A}$ 中 $m<n$，则 $R(\boldsymbol{A})\leqslant m<n$，由定理 4.8 得证.

定理 4.9　(1) 设向量组 $A:\boldsymbol{\alpha}_1,\boldsymbol{\alpha}_2,\cdots,\boldsymbol{\alpha}_n$ 线性相关，则向量组 $B:\boldsymbol{\alpha}_1,\boldsymbol{\alpha}_2,\cdots,\boldsymbol{\alpha}_n,\boldsymbol{\alpha}_{n+1}$ 也线性相关.

(2) 设 $\boldsymbol{\alpha}_j=\begin{pmatrix}\alpha_{1j}\\ \vdots\\ \alpha_{rj}\end{pmatrix},\boldsymbol{\beta}_j=\begin{pmatrix}\alpha_{1j}\\ \vdots\\ \alpha_{rj}\\ \alpha_{r+1,j}\end{pmatrix}$，$j=1,2,\cdots,n$，即向量 $\boldsymbol{\alpha}_j$ 添上一个分量后得到向量 $\boldsymbol{\beta}_j$. 若向量组 $A:\boldsymbol{\alpha}_1,\boldsymbol{\alpha}_2,\cdots,\boldsymbol{\alpha}_n$ 线性无关，则向量组 $B:\boldsymbol{\beta}_1,\boldsymbol{\beta}_2,\cdots,\boldsymbol{\beta}_n$ 也线性无关.

(3) 设向量组 $A:\boldsymbol{\alpha}_1,\boldsymbol{\alpha}_2,\cdots,\boldsymbol{\alpha}_n$ 线性无关，而向量组 $B:\boldsymbol{\alpha}_1,\boldsymbol{\alpha}_2,\cdots,\boldsymbol{\alpha}_n,\boldsymbol{b}$ 线性相关. 则向量 $\boldsymbol{b}$ 必能由向量组 A 线性表示，且表示式是唯一的.

证明　(1) 向量组 $\boldsymbol{\alpha}_1,\boldsymbol{\alpha}_2,\cdots,\boldsymbol{\alpha}_n$ 所构成的系数矩阵 $\boldsymbol{A}$ 仍用式(4.19)的系数矩阵. 矩阵 $\boldsymbol{A}$ 又增加一个 m 维的列向量 $\boldsymbol{\alpha}_{n+1}$ 得矩阵 $\boldsymbol{B}$. 根据第 3 章利用矩阵的初等行变换求矩阵的秩可知，$R(\boldsymbol{B})\leqslant R(\boldsymbol{A})+1$. 因为向量组 A 线性相关，所以 $R(\boldsymbol{A})<n$，那么 $R(\boldsymbol{B})<n+1$，由定理 4.8 得证.

(2) 记 $\boldsymbol{A}_{r\times n}=(\boldsymbol{\alpha}_1,\boldsymbol{\alpha}_2,\cdots,\boldsymbol{\alpha}_n)$，$\boldsymbol{B}_{(r+1)\times n}=(\boldsymbol{\beta}_1,\boldsymbol{\beta}_2,\cdots,\boldsymbol{\beta}_n)$，从二者的构造可得 $R(\boldsymbol{A})\leqslant R(\boldsymbol{B})\leqslant n$. 若向量组 A 线性无关，则 $R(\boldsymbol{A})=n$，从而 $n\leqslant R(\boldsymbol{B})\leqslant n$，故 $R(\boldsymbol{B})=n$，所以向量组 B 也线性无关.

(3) 记 $\boldsymbol{A}_{m\times n}=(\boldsymbol{\alpha}_1,\boldsymbol{\alpha}_2,\cdots,\boldsymbol{\alpha}_n)$，$\boldsymbol{B}_{m\times(n+1)}=(\boldsymbol{\alpha}_1,\boldsymbol{\alpha}_2,\cdots,\boldsymbol{\alpha}_n,\boldsymbol{b})$，有 $R(\boldsymbol{A})\leqslant R(\boldsymbol{B})$. 因向量组 A 线性无关，则 $R(\boldsymbol{A})=n$；因向量组 B 线性相关，故有 $R(\boldsymbol{B})<n+1$，由 $n\leqslant R(\boldsymbol{B})<n+1$ 得 $R(\boldsymbol{B})=n$. 由定理 4.2 知方程组

$$\boldsymbol{A}\boldsymbol{x}=\boldsymbol{b}$$

有唯一解，即向量 $\boldsymbol{b}$ 必能由向量组 A 线性表示，且表示式是唯一的.

结论(1)是在线性相关的向量组中再增加一个向量的情形，对于增加多个向量，结论仍然成立. 读者不难发现该命题的逆否命题同样是重要的，即**一个向量组线性无关，则其部分向量组成的向量组必线性无关**. 结论(2)是各向量增加一个分量或说维数增加一维的情形，若增加多个分量结论仍然成立. 它的逆否命题是**一个向量组线性相关，则各向量去掉同样次序的维数后组成的向量组也线性相关**.

4.3　极大线性无关组

为了讨论向量组的极大无关组和向量组的秩及与矩阵的秩之间的关系，先看下面两个向量组等价的概念.

定义 4.4 设有两个 n 维向量组 $A:\boldsymbol{\alpha}_1,\boldsymbol{\alpha}_2,\cdots,\boldsymbol{\alpha}_k$ 及 $B:\boldsymbol{\beta}_1,\boldsymbol{\beta}_2,\cdots,\boldsymbol{\beta}_s$,若向量组 A 与向量组 B 能相互线性表示,则称向量组 A 与向量组 B **等价**,并记作$A\sim B$.

设 n 维向量组 $A:\boldsymbol{\alpha}_1,\boldsymbol{\alpha}_2,\cdots,\boldsymbol{\alpha}_k$ 可由 n 维向量组 $B:\boldsymbol{\beta}_1,\boldsymbol{\beta}_2,\cdots,\boldsymbol{\beta}_s$ 线性表示,即

$$\begin{cases}\boldsymbol{\alpha}_1=l_{11}\boldsymbol{\beta}_1+l_{21}\boldsymbol{\beta}_2+\cdots+l_{s1}\boldsymbol{\beta}_s,\\ \boldsymbol{\alpha}_2=l_{12}\boldsymbol{\beta}_1+l_{22}\boldsymbol{\beta}_2+\cdots+l_{s2}\boldsymbol{\beta}_s,\\ \qquad\cdots\cdots\\ \boldsymbol{\alpha}_k=l_{1k}\boldsymbol{\beta}_1+l_{2k}\boldsymbol{\beta}_2+\cdots+l_{sk}\boldsymbol{\beta}_s,\end{cases}\tag{4.20}$$

$l_{ij}\in\mathbf{R}$. 由矩阵的乘法,

$$\boldsymbol{\alpha}_j=l_{1j}\boldsymbol{\beta}_1+l_{2j}\boldsymbol{\beta}_2+\cdots+l_{sj}\boldsymbol{\beta}_s=(\boldsymbol{\beta}_1,\boldsymbol{\beta}_2,\cdots,\boldsymbol{\beta}_s)\begin{pmatrix}l_{1j}\\ l_{2j}\\ \vdots\\ l_{sj}\end{pmatrix},\quad j=1,2,\cdots,k.$$

从而方程组(4.20)可表示为

$$(\boldsymbol{\alpha}_1,\boldsymbol{\alpha}_2,\cdots,\boldsymbol{\alpha}_k)=(\boldsymbol{\beta}_1,\boldsymbol{\beta}_2,\cdots,\boldsymbol{\beta}_s)\begin{pmatrix}l_{11}&l_{12}&\cdots&l_{1k}\\ l_{21}&l_{22}&\cdots&l_{2k}\\ \vdots&\vdots&&\vdots\\ l_{s1}&l_{s2}&\cdots&l_{sk}\end{pmatrix}.\tag{4.20$'$}$$

令矩阵 $\boldsymbol{A}_{n\times k}=(\boldsymbol{\alpha}_1,\boldsymbol{\alpha}_2,\cdots,\boldsymbol{\alpha}_k)$,$\boldsymbol{B}_{n\times s}=(\boldsymbol{\beta}_1,\boldsymbol{\beta}_2,\cdots,\boldsymbol{\beta}_s)$,$\boldsymbol{L}=(l_{ij})_{s\times k}$,又可把矩阵(4.20)$'$写成矩阵方程

$$\boldsymbol{A}=\boldsymbol{BL}.\tag{4.21}$$

由此,向量组 $A:\boldsymbol{\alpha}_1,\boldsymbol{\alpha}_2,\cdots,\boldsymbol{\alpha}_k$ 可由向量组 $B:\boldsymbol{\beta}_1,\boldsymbol{\beta}_2,\cdots,\boldsymbol{\beta}_s$ 线性表示 ,那么 $\boldsymbol{A}$ 可用矩阵等式(4.21)来表示;反之若有式(4.21)的矩阵等式成立,则可把矩阵 $\boldsymbol{A}$ 的列向量组看成矩阵 $\boldsymbol{B}$ 的列向量组的线性表示.

读者可以证明:向量组之间的线性表示具有传递性,即向量组 A 可由向量组 B 线性表示,向量组 B 可由向量组 C 线性表示,则向量组 A 可由向量组 C 线性表示.

进而可得等价向量组的三条性质:

(i) 自反性,即向量组自身等价;

(ii) 对称性,即向量组 A 与向量组 B 等价,则向量组 B 与向量组 A 等价;

(iii) 传递性,即向量组 A 与向量组 B 等价,向量组 B 与向量组 C 等价,则向量组 A 与向量组 C 等价.

容易证明,对矩阵 $\boldsymbol{A}$ 进行一次初等行(列)变换化为 $\boldsymbol{A}_1$,则 $\boldsymbol{A}$ 的行(列)向量组与 $\boldsymbol{A}_1$ 的行(列)向量组等价.

4.3.1 向量组的极大无关组与向量组的秩

定义 4.5 设有向量组 A,若在 A 中存在 r 个向量的向量组 $A_0:\boldsymbol{\alpha}_1,\boldsymbol{\alpha}_2,\cdots,\boldsymbol{\alpha}_r$

满足

(i) 向量组 A_0：$\boldsymbol{\alpha}_1,\boldsymbol{\alpha}_2,\cdots,\boldsymbol{\alpha}_r$ 线性无关；

(ii) 向量组 A 中任意 $r+1$ 个向量(如果向量组 A 中存在 $r+1$ 个向量的话)都线性相关，则称向量组 A_0 是向量组 A 的**极大线性无关组**，简称**极大无关组**. 并称极大无关组所含向量的个数 r 为向量组 A 的**秩**. 向量组 $\boldsymbol{\alpha}_1,\boldsymbol{\alpha}_2,\cdots,\boldsymbol{\alpha}_r$ 的秩记作 $R(\boldsymbol{\alpha}_1,\boldsymbol{\alpha}_2,\cdots,\boldsymbol{\alpha}_r)$.

需要注意的是

(1) 定义中(ii)等价于向量组 A 中任意一个向量可由向量组 A_0 线性表示，这样可得向量组极大无关组的等价定义：向量组 B 线性无关，且是向量组 A 的部分组，若向量组 A 可由向量组 B 线性表示，则向量组 B 是向量组 A 的一个极大无关组，证明见本节例 4.13；

(2) 由定义 4.4 和定义 4.5 知向量组 A 与它的极大无关组 A_0 等价；

(3) 含有零向量的向量组线性相关，特别地，只含零向量的向量组因没有极大无关组，规定它的秩为 0.

我们知道平面上的向量即为二维向量，$\boldsymbol{e}_1=(1,0)^{\mathrm{T}}$，$\boldsymbol{e}_2=(0,1)^{\mathrm{T}}$ 是二维单位坐标向量组，显然 $\boldsymbol{e}_1,\boldsymbol{e}_2$ 是线性无关的. 在二维向量全体的集合

$$\mathbf{R}^2=\{\boldsymbol{\alpha}=(x_1,x_2)^{\mathrm{T}}\mid x_1,x_2\in\mathbf{R}\}$$

中任取一个向量 $\boldsymbol{\alpha}=(x_1,x_2)^{\mathrm{T}}$，则向量组 $\boldsymbol{e}_1,\boldsymbol{e}_2,\boldsymbol{\alpha}$ 都线性相关，这是因为 $\boldsymbol{\alpha}=x_1\boldsymbol{e}_1+x_2\boldsymbol{e}_2$. 那么向量组 $\boldsymbol{e}_1,\boldsymbol{e}_2$ 是向量组 $\mathbf{R}^2$ 的极大线性无关组，且向量组 $\mathbf{R}^2$ 的秩是 2. 再取平面上两个不平行(即线性无关)的向量 $\boldsymbol{\alpha}_1=(1,1)^{\mathrm{T}}$，$\boldsymbol{\alpha}_2=(1,-1)^{\mathrm{T}}$，则 $\forall\boldsymbol{\alpha}=(x_1,x_2)^{\mathrm{T}}\in\mathbf{R}^2$，都有

$$\boldsymbol{\alpha}=\frac{x_1+x_2}{2}\boldsymbol{\alpha}_1+\frac{x_1-x_2}{2}\boldsymbol{\alpha}_2.$$

所以向量组 $\boldsymbol{\alpha}_1,\boldsymbol{\alpha}_2$ 又是 $\mathbf{R}^2$ 的极大线性无关组，$\mathbf{R}^2$ 的秩仍是 2，即向量组 $\mathbf{R}^2$ 的极大线性无关组不唯一，但其秩 2 却是唯一的.

类似地，n 维向量的全体

$$\mathbf{R}^n=\{\boldsymbol{\alpha}=(x_1,x_2,\cdots,x_n)^{\mathrm{T}}\mid x_1,x_2,\cdots,x_n\in\mathbf{R}\}.$$

由例 4.13 知，n 维单位坐标向量组 $\boldsymbol{e}_1,\boldsymbol{e}_2,\cdots,\boldsymbol{e}_n$ 线性无关，该向量组的秩是 n，对于 $\forall\boldsymbol{\alpha}=(x_1,x_2,\cdots,x_n)^{\mathrm{T}}\in\mathbf{R}^n$，有

$$\boldsymbol{\alpha}=x_1\boldsymbol{e}_1+x_2\boldsymbol{e}_2+\cdots+x_n\boldsymbol{e}_n.$$

因此，向量组 $\boldsymbol{e}_1,\boldsymbol{e}_2,\cdots,\boldsymbol{e}_n$ 是向量组 $\mathbf{R}^n$ 的一个极大线性无关组.

4.3.2　向量组的秩与矩阵秩的关系

定理 4.10　矩阵的秩等于它的列向量组的秩，也等于它的行向量组的秩.

证明　设矩阵 $\mathbf{A}=(\boldsymbol{\alpha}_1,\boldsymbol{\alpha}_2,\cdots,\boldsymbol{\alpha}_n)$，$R(\mathbf{A})=r$，其中 $\boldsymbol{\alpha}_i$ 是 m 维列向量. 在 $\mathbf{A}$ 中总

存在一个 r 阶子式 $D_r \neq 0$，由定理 4.8 知 D_r 所在的 r 列线性无关；又由 $\boldsymbol{A}$ 中所有 $r+1$ 阶子式全为零，所以 $\boldsymbol{A}$ 中任意 $r+1$ 个列向量都线性相关. 因此，D_r 所在的 r 列是 $\boldsymbol{A}$ 的列向量组的极大无关组，即 $\boldsymbol{A}$ 的列向量组的秩为 r，等于矩阵 $\boldsymbol{A}$ 的秩.

类似地可证 $\boldsymbol{A}$ 的行向量组的秩也等于矩阵 $\boldsymbol{A}$ 的秩.

从上述证明中可见，当 D_r 是矩阵 $\boldsymbol{A}$ 的一个最高阶非零子式时，其 D_r 所在的 r 列是 $\boldsymbol{A}$ 的列向量组的一个极大无关组，D_r 所在的 r 行也是 $\boldsymbol{A}$ 的行向量组的一个极大无关组.

例 4.11　求向量组 $\boldsymbol{\alpha}_1=(2,3,1,7)^{\mathrm{T}}$，$\boldsymbol{\alpha}_2=(-1,-2,-1,-5)^{\mathrm{T}}$，$\boldsymbol{\alpha}_3=(3,-2,-5,-9)^{\mathrm{T}}$，$\boldsymbol{\alpha}_4=(-1,3,4,10)^{\mathrm{T}}$，$\boldsymbol{\alpha}_5=(1,3,2,8)^{\mathrm{T}}$ 的一个极大无关组，并将不属于极大无关组的向量用极大无关组线性表示.

解　将列向量组 $\boldsymbol{\alpha}_1,\boldsymbol{\alpha}_2,\boldsymbol{\alpha}_3,\boldsymbol{\alpha}_4,\boldsymbol{\alpha}_5$ 构成矩阵

$$\boldsymbol{A}=\begin{pmatrix}2 & -1 & 3 & -1 & 1\\ 3 & -2 & -2 & 3 & 3\\ 1 & -1 & -5 & 4 & 2\\ 7 & -5 & -9 & 10 & 8\end{pmatrix},$$

对 $\boldsymbol{A}$ 实施初等行变换，将其化为行阶梯形

$$\boldsymbol{A}\longrightarrow\begin{pmatrix}1 & -1 & -5 & 4 & 2\\ 0 & 1 & 13 & -9 & -3\\ 0 & 0 & 0 & 0 & 0\\ 0 & 0 & 0 & 0 & 0\end{pmatrix}.$$

可见 $R(\boldsymbol{A})=2$，从而列向量组 $\boldsymbol{\alpha}_1,\boldsymbol{\alpha}_2,\boldsymbol{\alpha}_3,\boldsymbol{\alpha}_4,\boldsymbol{\alpha}_5$ 的秩也是 2. 从上面行阶梯形矩阵看非零行的非零首元在第 1 列和第 2 列，对应原来向量组中向量 $\boldsymbol{\alpha}_1,\boldsymbol{\alpha}_2$，就是说由 $\boldsymbol{\alpha}_1,\boldsymbol{\alpha}_2$ 经初等行变换化为行阶梯形矩阵中第 1 列和第 2 列的形式，即

$$(\boldsymbol{\alpha}_1,\boldsymbol{\alpha}_2)=\begin{pmatrix}2 & -1\\ 3 & -2\\ 1 & -1\\ 7 & -5\end{pmatrix}\sim\begin{pmatrix}1 & -1\\ 0 & 1\\ 0 & 0\\ 0 & 0\end{pmatrix}.$$

由定理 4.7 及定理 4.10 知 $\boldsymbol{\alpha}_1,\boldsymbol{\alpha}_2$ 线性无关，所以可选 $\boldsymbol{\alpha}_1,\boldsymbol{\alpha}_2$ 为向量组 $\boldsymbol{\alpha}_1,\boldsymbol{\alpha}_2,\boldsymbol{\alpha}_3,\boldsymbol{\alpha}_4,\boldsymbol{\alpha}_5$ 的极大无关组. 当然，由于向量组的极大无关组不唯一，从行阶梯形矩阵可见，第 1 列和第 3 列所对应的 $\boldsymbol{\alpha}_1,\boldsymbol{\alpha}_3$ 也是其极大无关组.

取 $\boldsymbol{\alpha}_1,\boldsymbol{\alpha}_2$ 为向量组 $\boldsymbol{\alpha}_1,\boldsymbol{\alpha}_2,\boldsymbol{\alpha}_3,\boldsymbol{\alpha}_4,\boldsymbol{\alpha}_5$ 的极大无关组，向量 $\boldsymbol{\alpha}_3,\boldsymbol{\alpha}_4,\boldsymbol{\alpha}_5$ 均可由极大无关组线性表示，再把上面行阶梯形矩阵用初等行变换化为简化行阶梯形矩阵

$$\begin{pmatrix}1 & 0 & 8 & -5 & -1\\ 0 & 1 & 13 & -9 & -3\\ 0 & 0 & 0 & 0 & 0\\ 0 & 0 & 0 & 0 & 0\end{pmatrix},$$

可得 $\boldsymbol{\alpha}_3=8\boldsymbol{\alpha}_1+13\boldsymbol{\alpha}_2$. 这是因为，若 $\boldsymbol{\alpha}_3=k_1\boldsymbol{\alpha}_1+k_2\boldsymbol{\alpha}_2$，即

$$(\boldsymbol{\alpha}_1,\boldsymbol{\alpha}_2)\begin{pmatrix}k_1\\k_2\end{pmatrix}=\boldsymbol{\alpha}_3,$$

即

$$\begin{pmatrix}2&-1\\3&-2\\1&-1\\7&-5\end{pmatrix}\begin{pmatrix}k_1\\k_2\end{pmatrix}=\begin{pmatrix}3\\-2\\-5\\-9\end{pmatrix}.$$

解这个非齐次线性方程组，增广矩阵

$$\left(\begin{array}{cc:c}2&-1&3\\3&-2&-2\\1&-1&-5\\7&-5&-9\end{array}\right)\xrightarrow{\text{初等行变换}}\left(\begin{array}{cc:c}1&0&8\\0&1&13\\0&0&0\\0&0&0\end{array}\right),$$

可得解 $k_1=8,k_2=13$，即 $\boldsymbol{\alpha}_3=8\boldsymbol{\alpha}_1+13\boldsymbol{\alpha}_2$. 同理 $\boldsymbol{\alpha}_4=-5\boldsymbol{\alpha}_1-9\boldsymbol{\alpha}_2$，$\boldsymbol{\alpha}_5=-\boldsymbol{\alpha}_1-3\boldsymbol{\alpha}_3$.

定理 4.11　设向量组 A 可由向量组 B 线性表示，则向量组 A 的秩不大于向量组 B 的秩.

证明　设 $A_0:\boldsymbol{\alpha}_1,\boldsymbol{\alpha}_2,\cdots,\boldsymbol{\alpha}_r$ 为向量组 A 的一个极大无关组，$B_0:\boldsymbol{\beta}_1,\boldsymbol{\beta}_2,\cdots,\boldsymbol{\beta}_s$ 为向量组 B 的一个极大无关组，证明 $r\leqslant s$ 即可.

因为 $A\sim A_0$，$B\sim B_0$，且向量组 A 可由向量组 B 线性表示，所以向量组 A_0 可由向量组 B_0 线性表示. 由式(4.20)，存在系数矩阵 $\boldsymbol{K}_{s\times r}=(k_{ij})_{s\times r}$，使得

$$(\boldsymbol{\alpha}_1,\boldsymbol{\alpha}_2,\cdots,\boldsymbol{\alpha}_r)=(\boldsymbol{\beta}_1,\boldsymbol{\beta}_2,\cdots,\boldsymbol{\beta}_s)\begin{pmatrix}k_{11}&k_{12}&\cdots&k_{1r}\\k_{21}&k_{22}&\cdots&k_{2r}\\\vdots&\vdots&&\vdots\\k_{s1}&k_{s2}&\cdots&k_{sr}\end{pmatrix}.$$

如果 $r>s$，则线性方程组

$$\begin{pmatrix}k_{11}&k_{12}&\cdots&k_{1r}\\k_{21}&k_{22}&\cdots&k_{2r}\\\vdots&\vdots&&\vdots\\k_{s1}&k_{s2}&\cdots&k_{sr}\end{pmatrix}\begin{pmatrix}x_1\\x_2\\\vdots\\x_r\end{pmatrix}=\mathbf{0}.$$

因 $R(\boldsymbol{K})\leqslant s<r$ 有非零解，故方程组

$$(\boldsymbol{\beta}_1,\boldsymbol{\beta}_2,\cdots,\boldsymbol{\beta}_s)\begin{pmatrix}k_{11}&k_{12}&\cdots&k_{1r}\\k_{21}&k_{22}&\cdots&k_{2r}\\\vdots&\vdots&&\vdots\\k_{s1}&k_{s2}&\cdots&k_{sr}\end{pmatrix}\begin{pmatrix}x_1\\x_2\\\vdots\\x_r\end{pmatrix}=\mathbf{0}$$

也有非零解，即

$$(\boldsymbol{\alpha}_1,\boldsymbol{\alpha}_2,\cdots,\boldsymbol{\alpha}_r)\begin{pmatrix}x_1\\x_2\\\vdots\\x_r\end{pmatrix}=\mathbf{0}$$

有非零解,这与向量组 $\boldsymbol{\alpha}_1,\boldsymbol{\alpha}_2,\cdots,\boldsymbol{\alpha}_r$ 线性无关矛盾.因此 $r>s$ 不成立,故 $r\leqslant s$.

定理 4.12 向量组 $A:\boldsymbol{a}_1,\boldsymbol{a}_2,\cdots,\boldsymbol{a}_n$ 与向量组 $B:\boldsymbol{b}_1,\boldsymbol{b}_2,\cdots,\boldsymbol{b}_l$ 等价的充分必要条件是

$$R(\boldsymbol{A})=R(\boldsymbol{B})=R(\boldsymbol{A},\boldsymbol{B}),$$

其中矩阵 $\boldsymbol{A}$ 与 $\boldsymbol{B}$ 分别由向量组 $A:\boldsymbol{a}_1,\boldsymbol{a}_2,\cdots,\boldsymbol{a}_n$ 与向量组 $B:\boldsymbol{b}_1,\boldsymbol{b}_2,\cdots,\boldsymbol{b}_l$ 构成.

证明 因向量组 $A:\boldsymbol{a}_1,\boldsymbol{a}_2,\cdots,\boldsymbol{a}_n$ 与向量组 $B:\boldsymbol{b}_1,\boldsymbol{b}_2,\cdots,\boldsymbol{b}_l$ 可以相互线性表示,故由定理 4.6 知,它们等价的充分必要条件是

$$R(\boldsymbol{B})=R(\boldsymbol{B},\boldsymbol{A}),R(\boldsymbol{A})=R(\boldsymbol{A},\boldsymbol{B}),$$

而 $R(\boldsymbol{B},\boldsymbol{A})=R(\boldsymbol{A},\boldsymbol{B})$,合起来即得充分必要条件是

$$R(\boldsymbol{A})=R(\boldsymbol{B})=R(\boldsymbol{A},\boldsymbol{B}).$$

例 4.12 证明:$R(\boldsymbol{AB})\leqslant\min\{R(\boldsymbol{A}),R(\boldsymbol{B})\}$.

证明 记 $\boldsymbol{C}_{m\times n}=\boldsymbol{A}_{m\times s}\boldsymbol{B}_{s\times n}$,并将 $\boldsymbol{C}=(\boldsymbol{c}_1,\boldsymbol{c}_2,\cdots,\boldsymbol{c}_n)$,$\boldsymbol{A}=(\boldsymbol{a}_1,\boldsymbol{a}_2,\cdots,\boldsymbol{a}_s)$用列向量表示,则

$$(\boldsymbol{c}_1,\boldsymbol{c}_2,\cdots,\boldsymbol{c}_n)=(\boldsymbol{a}_1,\boldsymbol{a}_2,\cdots,\boldsymbol{a}_s)\begin{pmatrix}b_{11}&\cdots&b_{1n}\\\vdots&&\vdots\\b_{s1}&\cdots&b_{sn}\end{pmatrix},$$

即矩阵 $\boldsymbol{C}$ 的列向量组可由矩阵 $\boldsymbol{A}$ 的列向量组线性表示,因此 $R(\boldsymbol{C})\leqslant R(\boldsymbol{A})$.

又 $\boldsymbol{C}^{\mathrm{T}}=\boldsymbol{B}^{\mathrm{T}}\boldsymbol{A}^{\mathrm{T}}$,由上面证明知 $R(\boldsymbol{C}^{\mathrm{T}})\leqslant R(\boldsymbol{B}^{\mathrm{T}})$,即 $R(\boldsymbol{C})\leqslant R(\boldsymbol{B})$.

例 4.13 设向量组 A_0 是向量组 A 的部分组,若向量组 A_0 线性无关,且向量组 A 能由向量组 A_0 线性表示,证明:向量组 A_0 是向量组 A 的一个极大无关组.

证明 设向量组 A_0 含有 r 个向量,则它的秩为 r.而向量组 A 能由向量组 A_0 线性表示,所以向量组 A 的秩不超过 r,则向量组 A 中任意 $r+1$ 个向量都线性相关,由定义 4.5 知向量组 A_0 是向量组 A 的一个极大无关组.

例 4.14 若一个向量组可由另一个向量组线性表示,且它们的秩相等,证明:这两个向量组等价.

证明一 设向量组 A 可由向量组 B 线性表示,$R(A)=R(B)=r$,故向量组 A 和向量组 B 合并而成的向量组(A,B)可由向量组 B 线性表示.由定理 4.11,$R(A,B)\leqslant R(B)=r$,而 $r=R(A)\leqslant R(A,B)$,所以 $R(A,B)=r$,由定理 4.12 得向量组 A 与向量组 B 等价.

证明二 设向量组 A 可由向量组 B 线性表示,$R(A)=R(B)=r$,则向量组 A 的极大无关组 $A_0:\boldsymbol{\alpha}_1,\boldsymbol{\alpha}_2,\cdots,\boldsymbol{\alpha}_r$ 也可由向量组 B 的极大无关组 $B_0:\boldsymbol{\beta}_1,\boldsymbol{\beta}_2,\cdots,\boldsymbol{\beta}_r$ 线性表

示,即有 r 阶方阵 $\boldsymbol{K}_r$ 使

$$(\boldsymbol{\alpha}_1,\boldsymbol{\alpha}_2,\cdots,\boldsymbol{\alpha}_r)=(\boldsymbol{\beta}_1,\boldsymbol{\beta}_2,\cdots,\boldsymbol{\beta}_r)\boldsymbol{K}_r.$$

而向量组 A_0 的秩 $R(\boldsymbol{\alpha}_1,\boldsymbol{\alpha}_2,\cdots,\boldsymbol{\alpha}_r)=r$,由例 4.12 知 $R(\boldsymbol{\alpha}_1,\boldsymbol{\alpha}_2,\cdots,\boldsymbol{\alpha}_r)\leqslant R(\boldsymbol{K}_r)$. 又 $\boldsymbol{K}_r$ 是 r 阶方阵,$R(\boldsymbol{K}_r)\leqslant r$,所以 $R(\boldsymbol{K}_r)=r$,即 $\boldsymbol{K}_r$ 是可逆矩阵. 从而

$$(\boldsymbol{\beta}_1,\boldsymbol{\beta}_2,\cdots,\boldsymbol{\beta}_r)=(\boldsymbol{\alpha}_1,\boldsymbol{\alpha}_2,\cdots,\boldsymbol{\alpha}_r)\boldsymbol{K}_r^{-1},$$

即向量组 B_0 可由向量组 A_0 线性表示. 从而向量组 B 可由向量组 A 线性表示,故向量组 A 与向量组 B 等价.

例 4.15 已知向量组 $A:(\boldsymbol{\alpha}_1,\boldsymbol{\alpha}_2)=\begin{pmatrix}-1&1\\0&-2\\2&-3\\3&-1\end{pmatrix}$,向量组 $B:(\boldsymbol{\beta}_1,\boldsymbol{\beta}_2)=\begin{pmatrix}0&1\\4&2\\2&-1\\-4&-5\end{pmatrix}$,证明:向量组 A 与向量组 B 等价.

证明一 要证存在二阶方阵 $\boldsymbol{K}_1,\boldsymbol{K}_2$ 使

$$(\boldsymbol{\beta}_1,\boldsymbol{\beta}_2)=(\boldsymbol{\alpha}_1,\boldsymbol{\alpha}_2)\boldsymbol{K}_1,\quad (\boldsymbol{\alpha}_1,\boldsymbol{\alpha}_2)=(\boldsymbol{\beta}_1,\boldsymbol{\beta}_2)\boldsymbol{K}_2.$$

欲求 $\boldsymbol{K}_1$,类似于求解线性方程组的方法,对增广矩阵实施初等行变换变为简化行阶梯形矩阵:

$$(\boldsymbol{A},\boldsymbol{B})=\left(\begin{array}{cc:c:c}-1&1&0&1\\0&-2&4&2\\2&-3&2&-1\\3&-1&-4&-5\end{array}\right)\xrightarrow[r_4+3r_1]{r_3+2r_1}\left(\begin{array}{cc:c:c}-1&1&0&1\\0&-2&4&2\\0&-1&2&1\\0&2&-4&-2\end{array}\right)$$

$$\xrightarrow[\substack{r_2-2r_3\\r_1+r_3}]{r_4+2r_3}\left(\begin{array}{cc:c:c}-1&0&2&2\\0&0&0&0\\0&-1&2&1\\0&0&0&0\end{array}\right)\xrightarrow[\substack{r_1\times(-1)\\r_2\times(-1)}]{r_2\leftrightarrow r_3}\left(\begin{array}{cc:c:c}1&0&-2&-2\\0&1&-2&-1\\0&0&0&0\\0&0&0&0\end{array}\right),$$

即得

$$\boldsymbol{K}_1=\begin{pmatrix}-2&-2\\-2&-1\end{pmatrix}.$$

又因为 $|\boldsymbol{K}_1|=-1\neq0$,所以取 $\boldsymbol{K}_2=\boldsymbol{K}_1^{-1}$ 即为所求. 故向量组 A 与向量组 B 等价.

证明二

$$\begin{pmatrix}\boldsymbol{\alpha}_1^{\mathrm{T}}\\\boldsymbol{\alpha}_2^{\mathrm{T}}\end{pmatrix}=\begin{pmatrix}-1&0&2&3\\1&-2&-3&-1\end{pmatrix}\xrightarrow[r_2+r_1]{r_2\leftrightarrow r_1}\begin{pmatrix}-1&-2&-3&-1\\0&-2&-1&2\end{pmatrix}$$

$$\xrightarrow{r_1-r_2}\begin{pmatrix}1&0&-2&-3\\0&-2&-1&2\end{pmatrix}\xrightarrow{r_2\div(-2)}\begin{pmatrix}1&0&-2&-3\\0&1&\dfrac{1}{2}&-1\end{pmatrix}=\begin{pmatrix}\boldsymbol{\gamma}_1^{\mathrm{T}}\\\boldsymbol{\gamma}_2^{\mathrm{T}}\end{pmatrix}.$$

$$\begin{pmatrix}\boldsymbol{\beta}_1^{\mathrm{T}}\\ \boldsymbol{\beta}_2^{\mathrm{T}}\end{pmatrix}=\begin{pmatrix}0&4&2&-4\\1&2&-1&-5\end{pmatrix}\xrightarrow{r_2\leftrightarrow r_1}\begin{pmatrix}1&2&-1&-5\\0&4&2&-4\end{pmatrix}$$

$$\xrightarrow{r_1-\frac{1}{2}r_2}\begin{pmatrix}1&0&-2&-3\\0&4&2&-4\end{pmatrix}\xrightarrow{r_2\div 4}\begin{pmatrix}1&0&-2&-3\\0&1&\frac{1}{2}&-1\end{pmatrix}=\begin{pmatrix}\boldsymbol{\gamma}_1^{\mathrm{T}}\\ \boldsymbol{\gamma}_2^{\mathrm{T}}\end{pmatrix}.$$

由$(\boldsymbol{\alpha}_1,\boldsymbol{\alpha}_2)\sim(\boldsymbol{\gamma}_1,\boldsymbol{\gamma}_2)$，$(\boldsymbol{\gamma}_1,\boldsymbol{\gamma}_2)\sim(\boldsymbol{\beta}_1,\boldsymbol{\beta}_2)$，得$(\boldsymbol{\alpha}_1,\boldsymbol{\alpha}_2)\sim(\boldsymbol{\beta}_1,\boldsymbol{\beta}_2)$.

证明三　可以用类似例 4.14 的方法证明. 因为向量组 A 线性无关，向量组 B 线性无关，又向量组 A 与向量组 B 的合组的秩为 2，所以向量组 A、向量组 B 均为合组的极大无关组. 由向量组的等价传递性知向量组 A 与向量组 B 等价.

4.4　向 量 空 间

4.4.1　向量空间的概念

定义 4.6　设 V 是 n 维向量的非空集合，且满足：

(i) 若 $\forall\boldsymbol{\alpha},\boldsymbol{\beta}\in V$，则 $\boldsymbol{\alpha}+\boldsymbol{\beta}\in V$；

(ii) 若 $\forall\boldsymbol{\alpha}\in V,\lambda\in\mathbf{R}$，则 $\lambda\boldsymbol{\alpha}\in V$，

那么称集合 V 为**向量空间**.

上述定义中(i)(ii)两条件称为集合 V 关于加法及数乘两种运算**封闭**. 可见，一个 n 维向量的非空集合 V 要是一个向量空间，必须满足向量加法和数乘的封闭性.

前面 4.2 节中，n 维向量的全体构成的集合

$$\mathbf{R}^n=\{\boldsymbol{\alpha}=(x_1,x_2,\cdots,x_n)^{\mathrm{T}}\mid x_1,x_2,\cdots,x_n\in\mathbf{R}\},$$

可以证明它是一个向量空间.

特别地，当 $n=1$ 时，即一个实数看成向量，那么全体实数 $\mathbf{R}$ 是一个向量空间；当 $n=2$ 时，即平面上以坐标原点为起点的全体向量 $\mathbf{R}^2$ 是一个向量空间；当 $n=3$ 时，几何空间上以坐标原点为起点的全体向量 $\mathbf{R}^3$ 是一个向量空间；单独一个零向量构成一个向量空间，称为**零空间**.

例 4.16　证明：集合 $V=\{\boldsymbol{\alpha}=(0,x_2,x_3,\cdots,x_n)^{\mathrm{T}}\mid x_2,x_3,\cdots,x_n\in\mathbf{R}\}$是一个向量空间，而集合 $U=\{\boldsymbol{\beta}=(1,x_2,x_3,\cdots,x_n)^{\mathrm{T}}\mid x_2,x_3,\cdots,x_n\in\mathbf{R}\}$不是向量空间.

证明　设 $\forall\boldsymbol{\alpha}_1=(0,a_2,a_3,\cdots,a_n)^{\mathrm{T}}\in V,\boldsymbol{\alpha}_2=(0,b_1,b_2,\cdots,b_n)^{\mathrm{T}}\in V,\lambda\in\mathbf{R}$，则

$$\boldsymbol{\alpha}_1+\boldsymbol{\alpha}_2=(0,a_1+b_1,a_2+b_2,\cdots,a_n+b_n)^{\mathrm{T}}\in V,$$

$$\lambda\boldsymbol{\alpha}=(0,\lambda x_2,\lambda x_3,\cdots,\lambda x_n)^{\mathrm{T}}\in V,$$

所以 V 是一个向量空间.

设 $\forall\boldsymbol{\beta}_1=(1,x_2,x_3,\cdots,x_n)^{\mathrm{T}}\in U,\boldsymbol{\beta}_2=(1,y_1,y_2,\cdots,y_n)^{\mathrm{T}}\in U$，则 $\boldsymbol{\beta}_1+\boldsymbol{\beta}_2=$

$(2, x_2+y_2, x_3+y_3, \cdots, x_n+y_n)^{\mathrm{T}} \notin U$.

$\lambda(\lambda\neq 1)$是实数，$\lambda\boldsymbol{\beta}=(\lambda, \lambda x_2, \lambda x_3, \cdots, \lambda x_n)^{\mathrm{T}} \notin U$，即向量集合 U 对加法、数乘均不封闭，所以它不是向量空间.

可以证明：$\boldsymbol{\alpha}_1, \boldsymbol{\alpha}_2$ 是两个给定的 n 维向量，则集合

$$W=\{\boldsymbol{\gamma} \mid \boldsymbol{\gamma}=k_1\boldsymbol{\alpha}_1+k_2\boldsymbol{\alpha}_2, k_1, k_2 \in \mathbf{R}\}$$

是一个向量空间，并称它为由向量 $\boldsymbol{\alpha}_1, \boldsymbol{\alpha}_2$ 所生成的向量空间. 一般地，向量组 $\boldsymbol{\alpha}_1, \boldsymbol{\alpha}_2, \cdots, \boldsymbol{\alpha}_n$ 线性组合的集合称为向量组 $\boldsymbol{\alpha}_1, \boldsymbol{\alpha}_2, \cdots, \boldsymbol{\alpha}_n$ 所生成的向量空间，记作

$$V=\{\boldsymbol{\alpha}=k_1\boldsymbol{\alpha}_1+k_2\boldsymbol{\alpha}_2+\cdots+k_n\boldsymbol{\alpha}_n \mid k_1, k_2, \cdots, k_n \in \mathbf{R}\}$$

或记作 $L(\boldsymbol{\alpha}_1, \boldsymbol{\alpha}_2, \cdots, \boldsymbol{\alpha}_n)=\{\boldsymbol{\alpha}=k_1\boldsymbol{\alpha}_1+k_2\boldsymbol{\alpha}_2+\cdots+k_n\boldsymbol{\alpha}_n \mid k_1, k_2, \cdots, k_n \in \mathbf{R}\}$.

例 4.17　由 $\boldsymbol{\alpha}_1=(1,1,0,0)^{\mathrm{T}}, \boldsymbol{\alpha}_2=(1,0,1,1)^{\mathrm{T}}$ 所生成的向量空间记作 V_1，由 $\boldsymbol{\beta}_1=(2,-1,3,3)^{\mathrm{T}}, \boldsymbol{\beta}_2=(0,1,-1,-1)^{\mathrm{T}}$ 所生成的向量空间记作 V_2，证明：$V_1=V_2$.

证明　先证明向量组 $\boldsymbol{\alpha}_1, \boldsymbol{\alpha}_2$ 与向量组 $\boldsymbol{\beta}_1, \boldsymbol{\beta}_2$ 等价. 显然向量组 $\boldsymbol{\alpha}_1, \boldsymbol{\alpha}_2$ 线性无关，向量组 $\boldsymbol{\beta}_1, \boldsymbol{\beta}_2$ 也线性无关，即

$$R(\boldsymbol{\alpha}_1, \boldsymbol{\alpha}_2)=R(\boldsymbol{\beta}_1, \boldsymbol{\beta}_2)=2.$$

$$\begin{pmatrix}1&1&2&0\\1&0&-1&1\\0&1&3&-1\\0&1&3&-1\end{pmatrix}\xrightarrow[r_4-r_3]{r_2-r_1}\begin{pmatrix}1&1&2&0\\0&-1&-3&1\\0&1&3&-1\\0&0&0&0\end{pmatrix}\xrightarrow[r_3\times(-1)]{\substack{r_3+r_2\\ r_1+r_2}}\begin{pmatrix}1&0&-1&1\\0&1&3&-1\\0&0&0&0\\0&0&0&0\end{pmatrix},$$

所以 $\boldsymbol{\beta}_1=-\boldsymbol{\alpha}_1+3\boldsymbol{\alpha}_2, \boldsymbol{\beta}_2=\boldsymbol{\alpha}_1-\boldsymbol{\alpha}_2$. 由例 4.14 知向量组 $\boldsymbol{\alpha}_1, \boldsymbol{\alpha}_2$ 与向量组 $\boldsymbol{\beta}_1, \boldsymbol{\beta}_2$ 等价. 对 $\forall \boldsymbol{\alpha}\in V_1$，则 $\boldsymbol{\alpha}=k_1\boldsymbol{\alpha}_1+k_2\boldsymbol{\alpha}_2$，而向量组 $\boldsymbol{\alpha}_1, \boldsymbol{\alpha}_2$ 能由向量组 $\boldsymbol{\beta}_1, \boldsymbol{\beta}_2$ 线性表示，那么 $\boldsymbol{\alpha}$ 可由向量组 $\boldsymbol{\beta}_1, \boldsymbol{\beta}_2$ 线性表示，即 $\boldsymbol{\alpha}\in V_2$，从而 $V_1\subset V_2$. 类似地可证 $\forall \boldsymbol{\beta}\in V_2 \Rightarrow \boldsymbol{\beta}\in V_1$，则 $V_2\subset V_1$. 故 $V_1=V_2$.

如果向量空间 V_1 与 V_2 满足 $V_1\subseteq V_2$，则称 V_1 是 V_2 的**子空间**. 例如，任何 n 维向量所组成的向量空间 V，都有 $V\subseteq\mathbf{R}^n$，所以这样的向量空间 V 是向量空间 $\mathbf{R}^n$ 的子空间.

4.4.2　空间的基与维数

定义 4.7　设 V 是向量空间，若向量组 $\boldsymbol{\alpha}_1, \boldsymbol{\alpha}_2, \cdots, \boldsymbol{\alpha}_r \in V$ 且满足

(i) $\boldsymbol{\alpha}_1, \boldsymbol{\alpha}_2, \cdots, \boldsymbol{\alpha}_r$ 线性无关；

(ii) V 中任何一个向量都可由 $\boldsymbol{\alpha}_1, \boldsymbol{\alpha}_2, \cdots, \boldsymbol{\alpha}_r$ 线性表示，

则称向量组 $\boldsymbol{\alpha}_1, \boldsymbol{\alpha}_2, \cdots, \boldsymbol{\alpha}_r$ 为向量空间 V 的**一组（个）基**，r 称为向量空间 V 的**维数**，记为 $\dim V=r$，并称 V 是 r **维向量空间**.

如果向量空间 V 没有基，那么 V 的维数为 0，0 维向量空间只含一个零向量 $\mathbf{0}$.

若将向量空间 V 看成向量组，比较定义 4.5 和定义 4.7 可见，向量组 V 的一个

极大无关组就是向量空间 V 的一个基,向量组 V 的秩就是向量空间 V 的维数.同向量组的极大无关组不唯一、向量组的秩唯一一样,向量空间的基不唯一,向量空间 V 的维数 $\dim V$ 唯一.

例如,4.2 节中谈到 n 维向量全体构成的集合 $\mathbf{R}^n$,单位坐标向量组 $\boldsymbol{e}_1,\boldsymbol{e}_2,\cdots,\boldsymbol{e}_n$ 是它的一个极大无关组,因此,向量组 $\boldsymbol{e}_1,\boldsymbol{e}_2,\cdots,\boldsymbol{e}_n$ 是向量空间 $\mathbf{R}^n$ 的一个基,向量空间 $\mathbf{R}^n$ 的维数是 n,所以称 $\mathbf{R}^n$ 为 n 维向量空间.

又例如,例 4.16 中向量空间

$$V=\{\boldsymbol{\alpha}=(0,x_2,x_3,\cdots,x_n)^{\mathrm{T}}\mid x_2,x_3,\cdots,x_n\in\mathbf{R}\}$$

的一个基可取为 $\boldsymbol{e}_2=(0,1,0,\cdots,0)^{\mathrm{T}},\cdots,\boldsymbol{e}_n=(0,0,\cdots,0,1)^{\mathrm{T}}$,由此知 V 是 $n-1$ 维向量空间.

我们知道,由向量组 $\boldsymbol{\alpha}_1,\boldsymbol{\alpha}_2,\cdots,\boldsymbol{\alpha}_n$ 所生成的向量空间为

$$V=\{\boldsymbol{\alpha}=k_1\boldsymbol{\alpha}_1+k_2\boldsymbol{\alpha}_2+\cdots+k_n\boldsymbol{\alpha}_n\mid k_1,k_2,\cdots,k_n\in\mathbf{R}\}.$$

由于向量组 $\boldsymbol{\alpha}_1,\boldsymbol{\alpha}_2,\cdots,\boldsymbol{\alpha}_n$ 与向量空间 V 等价,所以向量组 $\boldsymbol{\alpha}_1,\boldsymbol{\alpha}_2,\cdots,\boldsymbol{\alpha}_n$ 的极大无关组就是 V 的一个基,$R(\boldsymbol{\alpha}_1,\boldsymbol{\alpha}_2,\cdots,\boldsymbol{\alpha}_n)$是 V 的维数.

又若 $\boldsymbol{\alpha}_1,\boldsymbol{\alpha}_2,\cdots,\boldsymbol{\alpha}_r$ 是 V 的一个基,则向量空间 V 可构造为

$$V=\{\boldsymbol{\alpha}=k_1\boldsymbol{\alpha}_1+k_2\boldsymbol{\alpha}_2+\cdots+k_r\boldsymbol{\alpha}_r\mid k_1,k_2,\cdots,k_r\in\mathbf{R}\},$$

即只要知道了向量空间 V 的一个基,就可构造出向量空间 V.由定理 4.9(3)知,$\forall\boldsymbol{\alpha}\in V$,$\boldsymbol{\alpha}=k_1\boldsymbol{\alpha}_1+k_2\boldsymbol{\alpha}_2+\cdots+k_r\boldsymbol{\alpha}_r$,$k_1,k_2,\cdots,k_r\in\mathbf{R}$ 的表示式是唯一的.

如果向量空间 $V\subseteq\mathbf{R}^n$,则 $\dim V\leqslant\dim\mathbf{R}^n$,仅当 $\dim V=n$ 时,$V=\mathbf{R}^n$.

4.4.3 向量的坐标

定义 4.8 设向量组 $\boldsymbol{\alpha}_1,\boldsymbol{\alpha}_2,\cdots,\boldsymbol{\alpha}_n$ 是向量空间 $\mathbf{R}^n$ 的一个基,$\forall\boldsymbol{\alpha}\in\mathbf{R}^n$,$\boldsymbol{\alpha}$ 唯一表示为

$$\boldsymbol{\alpha}=x_1\boldsymbol{\alpha}_1+x_2\boldsymbol{\alpha}_2+\cdots+x_n\boldsymbol{\alpha}_n,$$

则称 $\boldsymbol{\alpha}_i$ 系数构成的有序数组 $x_1,x_2,\cdots,x_n$ 为**向量 $\boldsymbol{\alpha}$ 关于基 $\boldsymbol{\alpha}_1,\boldsymbol{\alpha}_2,\cdots,\boldsymbol{\alpha}_n$ 的坐标**,记为

$$\boldsymbol{x}=(x_1,x_2,\cdots,x_n)^{\mathrm{T}}.$$

例 4.18 设

$$\boldsymbol{A}=(\boldsymbol{\alpha}_1,\boldsymbol{\alpha}_2,\boldsymbol{\alpha}_3,\boldsymbol{\alpha}_4)=\begin{pmatrix}1&0&-1&0\\0&1&2&0\\2&0&0&0\\1&1&1&1\end{pmatrix},\quad \boldsymbol{B}=(\boldsymbol{\beta}_1,\boldsymbol{\beta}_2)=\begin{pmatrix}1&0\\-1&1\\4&2\\5&4\end{pmatrix},$$

证明:$\boldsymbol{\alpha}_1,\boldsymbol{\alpha}_2,\boldsymbol{\alpha}_3,\boldsymbol{\alpha}_4$ 是 $\mathbf{R}^4$ 的一个基,并求向量 $\boldsymbol{\beta}_1,\boldsymbol{\beta}_2$ 关于基 $\boldsymbol{\alpha}_1,\boldsymbol{\alpha}_2,\boldsymbol{\alpha}_3,\boldsymbol{\alpha}_4$ 的坐标.

证明 要证 $\boldsymbol{\alpha}_1,\boldsymbol{\alpha}_2,\boldsymbol{\alpha}_3,\boldsymbol{\alpha}_4$ 是 $\mathbf{R}^4$ 的一个基,只要证明 $\boldsymbol{\alpha}_1,\boldsymbol{\alpha}_2,\boldsymbol{\alpha}_3,\boldsymbol{\alpha}_4$ 线性无关,用

$|\boldsymbol{A}|\neq 0$,或者用初等变换证明 $\boldsymbol{A}\sim\boldsymbol{E}$. 向量 $\boldsymbol{\beta}_1,\boldsymbol{\beta}_2$ 关于基 $\boldsymbol{\alpha}_1,\boldsymbol{\alpha}_2,\boldsymbol{\alpha}_3,\boldsymbol{\alpha}_4$ 下的坐标,可设

$$\boldsymbol{\beta}_1 = x_{11}\boldsymbol{\alpha}_1 + x_{21}\boldsymbol{\alpha}_2 + x_{31}\boldsymbol{\alpha}_3 + x_{41}\boldsymbol{\alpha}_4,$$
$$\boldsymbol{\beta}_2 = x_{12}\boldsymbol{\alpha}_1 + x_{22}\boldsymbol{\alpha}_2 + x_{32}\boldsymbol{\alpha}_3 + x_{42}\boldsymbol{\alpha}_4,$$

即 $(\boldsymbol{\beta}_1,\boldsymbol{\beta}_2)=(\boldsymbol{\alpha}_1,\boldsymbol{\alpha}_2,\boldsymbol{\alpha}_3,\boldsymbol{\alpha}_4)\begin{pmatrix} x_{11} & x_{12} \\ x_{21} & x_{22} \\ x_{31} & x_{32} \\ x_{41} & x_{42}\end{pmatrix}$,记作 $\boldsymbol{B}=\boldsymbol{A}\boldsymbol{x}$.

若 $\boldsymbol{A}^{-1}$ 存在,对矩阵方程 $\boldsymbol{B}=\boldsymbol{A}\boldsymbol{x}$ 两边左乘 $\boldsymbol{A}^{-1}$ 得 $\boldsymbol{A}^{-1}\boldsymbol{B}=\boldsymbol{x}$,结合矩阵的初等行变换,即对矩阵 $(\boldsymbol{A}\,\vdots\,\boldsymbol{B})$ 施行初等行变换,若 $\boldsymbol{A}$ 能变为 $\boldsymbol{E}$,则 $\boldsymbol{\alpha}_1,\boldsymbol{\alpha}_2,\boldsymbol{\alpha}_3,\boldsymbol{\alpha}_4$ 是 $\mathbf{R}^4$ 的一个基,且当 $\boldsymbol{A}$ 变为 $\boldsymbol{E}$ 时,$\boldsymbol{B}$ 就变成了 $\boldsymbol{A}^{-1}\boldsymbol{B}$,即为所求的 $\boldsymbol{x}$.

$$(\boldsymbol{A}\,\vdots\,\boldsymbol{B})=\left(\begin{array}{cccc:cc} 1 & 0 & -1 & 0 & 1 & 0 \\ 0 & 1 & 2 & 0 & -1 & 1 \\ 2 & 0 & 0 & 0 & 4 & 2 \\ 1 & 1 & 1 & 1 & 5 & 4 \end{array}\right) \xrightarrow[r_4-r_1]{r_3-2r_1} \left(\begin{array}{cccc:cc} 1 & 0 & -1 & 0 & 1 & 0 \\ 0 & 1 & 2 & 0 & -1 & 1 \\ 0 & 0 & 2 & 0 & 2 & 2 \\ 0 & 1 & 2 & 1 & 4 & 4 \end{array}\right)$$

$$\xrightarrow[r_3\div 2]{r_4-r_2} \left(\begin{array}{cccc:cc} 1 & 0 & -1 & 0 & 1 & 0 \\ 0 & 1 & 2 & 0 & -1 & 1 \\ 0 & 0 & 1 & 0 & 1 & 1 \\ 0 & 0 & 0 & 1 & 5 & 3 \end{array}\right) \xrightarrow[r_2-2r_3]{r_1+r_3} \left(\begin{array}{cccc:cc} 1 & 0 & 0 & 0 & 2 & 1 \\ 0 & 1 & 0 & 0 & -3 & -1 \\ 0 & 0 & 1 & 0 & 1 & 1 \\ 0 & 0 & 0 & 1 & 5 & 3 \end{array}\right).$$

向量 $\boldsymbol{\beta}_1,\boldsymbol{\beta}_2$ 关于基 $\boldsymbol{\alpha}_1,\boldsymbol{\alpha}_2,\boldsymbol{\alpha}_3,\boldsymbol{\alpha}_4$ 下的坐标依次为 $(2,-3,1,5)^{\mathrm{T}},(1,-1,1,3)^{\mathrm{T}}$.

4.5　线性方程组解的结构

在 4.1 节中已经介绍了用矩阵的初等行变换解线性方程组方法,并建立了两个重要定理. 下面用向量组线性相关性的理论来讨论线性方程组的解,进一步揭示线性方程组解的结构. 下面分齐次线性方程组和非齐次线性方程组两种情形来讨论.

4.5.1　齐次线性方程组解的结构

设有齐次线性方程组

$$\begin{cases} a_{11}x_1 + a_{12}x_2 + \cdots + a_{1n}x_n = 0, \\ a_{21}x_1 + a_{22}x_2 + \cdots + a_{2n}x_n = 0, \\ \cdots\cdots \\ a_{m1}x_1 + a_{m2}x_2 + \cdots + a_{mn}x_n = 0, \end{cases} \tag{4.22}$$

其系数矩阵 $\boldsymbol{A}=(a_{ij})_{m\times n}$,$\boldsymbol{x}=(x_1,x_2,\cdots,x_n)^{\mathrm{T}}$,则方程组(4.22)的矩阵方程为

$$\boldsymbol{A}\boldsymbol{x} = \boldsymbol{0}. \tag{4.23}$$

若将矩阵 **A** 按列分块,每列是一个 m 维的列向量 $\boldsymbol{\alpha}_i$,即有

$$\boldsymbol{A}=(\boldsymbol{\alpha}_1,\boldsymbol{\alpha}_2,\cdots,\boldsymbol{\alpha}_n),$$

则齐次线性方程组(4.22)又可写为

$$x_1\boldsymbol{\alpha}_1+x_2\boldsymbol{\alpha}_2+\cdots+x_n\boldsymbol{\alpha}_n=\boldsymbol{0}. \tag{4.23$'$}$$

因此齐次线性方程组(4.22)有非零解的充要条件是存在不全为零的数 $x_1,x_2,\cdots,x_n$ 使式(4.23)及式(4.23)′成立,即向量组 $\boldsymbol{\alpha}_1,\boldsymbol{\alpha}_2,\cdots,\boldsymbol{\alpha}_n$ 线性相关,从而 $R(\boldsymbol{A})=R(\boldsymbol{\alpha}_1,\boldsymbol{\alpha}_2,\cdots,\boldsymbol{\alpha}_n)<n$;同样,齐次线线方程组(4.22)仅有零解的充要条件是向量组 $\boldsymbol{\alpha}_1,\boldsymbol{\alpha}_2,\cdots,\boldsymbol{\alpha}_n$ 线性无关,即 $R(\boldsymbol{A})=R(\boldsymbol{\alpha}_1,\boldsymbol{\alpha}_2,\cdots,\boldsymbol{\alpha}_n)=n$. 这和 4.1 节定理 4.3 是完全一致的.

为了研究齐次线性方程组的解集合的结构,先来讨论齐次线性方程组解的性质.

若 $x_1=\xi_{11},x_2=\xi_{21},\cdots,x_n=\xi_{n1}$ 是齐次线性方程组(4.22)的解,则

$$\boldsymbol{x}=(x_1,x_2,\cdots,x_n)^{\mathrm{T}}=(\xi_{11},\xi_{21},\cdots,\xi_{n1})^{\mathrm{T}}=\boldsymbol{\xi}_1$$

称为方程组(4.22)的解向量,它也满足式(4.23)成立. 因此,根据向量方程(4.23)讨论解向量有如下性质.

性质 4.1 若 $\boldsymbol{x}=\boldsymbol{\xi}_1,\boldsymbol{x}=\boldsymbol{\xi}_2$ 是 $\boldsymbol{Ax}=\boldsymbol{0}$ 的解,则 $\boldsymbol{x}=\boldsymbol{\xi}_1+\boldsymbol{\xi}_2$ 也是 $\boldsymbol{Ax}=\boldsymbol{0}$ 的解.

证明 将 $\boldsymbol{x}=\boldsymbol{\xi}_1+\boldsymbol{\xi}_2$ 代入,

$$\boldsymbol{Ax}=\boldsymbol{A}(\boldsymbol{\xi}_1+\boldsymbol{\xi}_2)=\boldsymbol{A\xi}_1+\boldsymbol{A\xi}_2=\boldsymbol{0}+\boldsymbol{0}=\boldsymbol{0}.$$

性质 4.2 $\boldsymbol{x}=\boldsymbol{\xi}_1$ 是 $\boldsymbol{Ax}=\boldsymbol{0}$ 的解,k 为实数,则 $\boldsymbol{x}=k\boldsymbol{\xi}_1$ 也是 $\boldsymbol{Ax}=\boldsymbol{0}$ 的解.

证明 $\boldsymbol{Ax}=\boldsymbol{A}(k\boldsymbol{\xi}_1)=k\boldsymbol{A\xi}_1=k\boldsymbol{0}=\boldsymbol{0}$.

若用 $N(\boldsymbol{A})$ 表示方程组(4.22)的全体解向量所组成的集合,即

$$N(\boldsymbol{A})=\{\boldsymbol{x}\mid\boldsymbol{Ax}=\boldsymbol{0}\}.$$

根据向量空间的定义,$N(\boldsymbol{A})$ 是一个向量空间,称它为方程组(4.22)的**解空间**. 接下来要研究它的基和维数. 设方程组(4.22)的系数矩阵的秩 $R(\boldsymbol{A})=r$,由矩阵(4.16)知

$$\boldsymbol{A}\sim\begin{pmatrix}1&0&0&\cdots&0&c'_{1,r+1}&\cdots&c'_{1n}\\ &1&0&\cdots&0&c'_{2,r+1}&\cdots&c'_{2n}\\ &&1&&\vdots&\vdots&&\vdots\\ &&&\ddots&0&c'_{r-1,r+1}&&c'_{r-1,n}\\ &&&&1&c'_{r,r+1}&\cdots&c'_{rn}\\ 0&0&0&\cdots&0&0&\cdots&0\\ \vdots&\vdots&\vdots&&\vdots&\vdots&&\vdots\\ 0&0&0&\cdots&0&0&\cdots&0\end{pmatrix},$$

所对应的方程组为

$$\begin{cases}x_1+c'_{1,r+1}x_{r+1}+\cdots+c'_{1n}x_n=0,\\ x_2+c'_{2,r+1}x_{r+1}+\cdots+c'_{rn}x_n=0,\\ \cdots\cdots\\ x_r+c'_{r,r+1}x_{r+1}+\cdots+c'_{rn}x_n=0.\end{cases}$$

当 $r<n$ 时，

$$\begin{cases} x_1 = -c'_{1,r+1}x_{r+1} - \cdots - c'_{1n}x_n, \\ x_2 = -c'_{2,r+1}x_{r+1} - \cdots - c'_{2n}x_n, \\ \qquad\qquad \cdots\cdots \\ x_r = -c'_{r,r+1}x_{r+1} - \cdots - c'_{rn}x_n, \quad x_{r+1}, x_{r+2}, \cdots, x_n \text{ 为 } n-r \text{ 个自由未知量.} \\ x_{r+1} = x_{r+1}, \\ \qquad\qquad \cdots\cdots \\ x_n = x_n. \end{cases}$$

解的列向量形式为

$$\boldsymbol{x} = \begin{pmatrix} x_1 \\ x_2 \\ \vdots \\ x_r \\ x_{r+1} \\ x_{r+2} \\ \vdots \\ x_n \end{pmatrix} = k_1 \begin{pmatrix} -c'_{1,r+1} \\ -c'_{2,r+1} \\ \vdots \\ -c'_{r,r+1} \\ 1 \\ 0 \\ \vdots \\ 0 \end{pmatrix} + k_2 \begin{pmatrix} -c'_{1,r+2} \\ -c'_{2,r+2} \\ \vdots \\ -c'_{r,r+2} \\ 0 \\ 1 \\ \vdots \\ 0 \end{pmatrix} + \cdots + k_{n-r} \begin{pmatrix} -c'_{1n} \\ -c'_{2n} \\ \vdots \\ -c'_{rn} \\ 0 \\ 0 \\ \vdots \\ 1 \end{pmatrix}, \qquad (4.24)$$

其中，$k_i = x_{i+r}(i=1,2,\cdots,n-r)$ 为 $n-r$ 个任意常数. 记

$$\boldsymbol{\xi}_1 = \begin{pmatrix} -c'_{1,r+1} \\ -c'_{2,r+1} \\ \vdots \\ -c'_{r,r+1} \\ 1 \\ 0 \\ \vdots \\ 0 \end{pmatrix}, \quad \boldsymbol{\xi}_2 = \begin{pmatrix} -c'_{1,r+2} \\ -c'_{2,r+2} \\ \vdots \\ -c'_{r,r+2} \\ 0 \\ 1 \\ \vdots \\ 0 \end{pmatrix}, \cdots, \boldsymbol{\xi}_{n-r} = \begin{pmatrix} -c'_{1n} \\ -c'_{2n} \\ \vdots \\ -c'_{rn} \\ 0 \\ 0 \\ \vdots \\ 1 \end{pmatrix},$$

则 $\boldsymbol{\xi}_1, \boldsymbol{\xi}_2, \cdots, \boldsymbol{\xi}_{n-r}$ 是式(4.23)的 $n-r$ 个解向量，向量(4.24)说明方程组(4.23)的任一组解是这$(n-r)$个解的线性表示，可记为

$$\boldsymbol{x} = k_1\boldsymbol{\xi}_1 + k_2\boldsymbol{\xi}_2 + \cdots + k_{n-r}\boldsymbol{\xi}_{n-r}.$$

若能证明 $\boldsymbol{\xi}_1, \boldsymbol{\xi}_2, \cdots, \boldsymbol{\xi}_{n-r}$ 这$(n-r)$个解线性无关，则它们就是解空间 $N(\boldsymbol{A})$ 的一个基. 因为以 $\boldsymbol{\xi}_1, \boldsymbol{\xi}_2, \cdots, \boldsymbol{\xi}_{n-r}$ 为列的 $n\times(n-r)$ 矩阵$(\boldsymbol{\xi}_1, \boldsymbol{\xi}_2, \cdots, \boldsymbol{\xi}_{n-r})$中，从 $r+1$ 行到 n 行所构成的 $n-r$ 阶行列式

$$\begin{vmatrix} 1 & & & \\ & 1 & & \\ & & \ddots & \\ & & & 1 \end{vmatrix} = 1 \neq 0,$$

所以$R(\boldsymbol{\xi}_1,\boldsymbol{\xi}_2,\cdots,\boldsymbol{\xi}_{n-r})=n-r$，$\boldsymbol{\xi}_1,\boldsymbol{\xi}_2,\cdots,\boldsymbol{\xi}_{n-r}$这$n-r$个解线性无关. 它们就是解空间$N(\boldsymbol{A})$的一个基，且$\dim N(\boldsymbol{A})=n-r$.

当$r=n$时，由4.1节知方程组仅有零解，$N(\boldsymbol{A})=\{\boldsymbol{0}\}$.

齐次线性方程组$\boldsymbol{Ax}=\boldsymbol{0}$的解空间的一个基又称为该方程组的**基础解系**. 当$\boldsymbol{\xi}_1,\boldsymbol{\xi}_2,\cdots,\boldsymbol{\xi}_{n-r}$为解空间$N(\boldsymbol{A})$的基时，则其任意一个解$\boldsymbol{x}\in N(\boldsymbol{A})$都可表示为

$$\boldsymbol{x}=k_1\boldsymbol{\xi}_1+k_2\boldsymbol{\xi}_2+\cdots+k_{n-r}\boldsymbol{\xi}_{n-r},$$

其中$k_1,k_2,\cdots,k_{n-r}\in\mathbf{R}$. 此形式的解称为齐次线性方程组(4.22)的**通解**.

根据向量空间的基的不唯一性，方程组的解空间的基础解系也不唯一，但解空间的维数唯一，即解空间的基础解系中解向量的个数是唯一的.

根据以上证明可得下面定理.

定理 4.13　n元齐次线性方程组$\boldsymbol{A}_{m\times n}\boldsymbol{x}=\boldsymbol{0}$的全体解集合$N(\boldsymbol{A})$是一个解空间，若$R(\boldsymbol{A})=r<n$，则解空间的维数$\dim N(\boldsymbol{A})=n-r$；若$r=n$，则解空间仅有零解，即$N(\boldsymbol{A})=\{\boldsymbol{0}\}$.

例 4.19　求齐次线性方程组

$$\begin{cases}x_1+x_2-x_3+2x_4=0,\\x_1-x_2+2x_3-x_4=0,\\3x_1+x_2+3x_4=0\end{cases}$$

的基础解系和通解.

解　系数矩阵

$$\boldsymbol{A}=\begin{pmatrix}1&1&-1&2\\1&-1&2&-1\\3&1&0&3\end{pmatrix}\xrightarrow[r_3-3r_1]{r_2-r_1}\begin{pmatrix}1&1&-1&2\\0&-2&3&-3\\0&-2&3&-3\end{pmatrix}$$

$$\xrightarrow[r_2\times\left(-\frac{1}{2}\right)]{r_3-r_2}\begin{pmatrix}1&1&-1&2\\0&1&-\frac{3}{2}&\frac{3}{2}\\0&0&0&0\end{pmatrix}\xrightarrow{r_1-r_2}\begin{pmatrix}1&0&\frac{1}{2}&\frac{1}{2}\\0&1&-\frac{3}{2}&\frac{3}{2}\\0&0&0&0\end{pmatrix}.$$

可得同解方程组

$$\begin{cases}x_1+\frac{1}{2}x_3+\frac{1}{2}x_4=0,\\x_2-\frac{3}{2}x_3+\frac{3}{2}x_4=0,\end{cases}$$

即

$$\begin{cases}x_1=-\frac{1}{2}x_3-\frac{1}{2}x_4,\\x_2=\frac{3}{2}x_3-\frac{3}{2}x_4\end{cases}\quad(x_3,x_4\text{ 为自由未知量}).$$

将$\begin{pmatrix}x_3\\x_4\end{pmatrix}$分别取$\begin{pmatrix}1\\0\end{pmatrix}$,$\begin{pmatrix}0\\1\end{pmatrix}$得$\begin{pmatrix}x_1\\x_2\end{pmatrix}=\begin{pmatrix}-\frac{1}{2}\\\frac{3}{2}\end{pmatrix}$,$\begin{pmatrix}-\frac{1}{2}\\-\frac{3}{2}\end{pmatrix}$. 写成解向量

$$\boldsymbol{\xi}_1=\begin{pmatrix}-\frac{1}{2}\\\frac{3}{2}\\1\\0\end{pmatrix},\quad \boldsymbol{\xi}_2=\begin{pmatrix}-\frac{1}{2}\\-\frac{3}{2}\\0\\1\end{pmatrix},$$

即为所求的基础解系. 原方程组的通解为 $\boldsymbol{x}=k_1\boldsymbol{\xi}_1+k_2\boldsymbol{\xi}_2$,即

$$\begin{pmatrix}x_1\\x_2\\x_3\\x_4\end{pmatrix}=k_1\begin{pmatrix}-\frac{1}{2}\\\frac{3}{2}\\1\\0\end{pmatrix}+k_2\begin{pmatrix}-\frac{1}{2}\\-\frac{3}{2}\\0\\1\end{pmatrix},\quad k_1,k_2\in\mathbf{R}.$$

当然,$\begin{pmatrix}x_3\\x_4\end{pmatrix}$分别取$\begin{pmatrix}2\\0\end{pmatrix}$,$\begin{pmatrix}0\\2\end{pmatrix}$得$\begin{pmatrix}x_1\\x_2\end{pmatrix}=\begin{pmatrix}-1\\3\end{pmatrix}$,$\begin{pmatrix}-1\\-3\end{pmatrix}$. 写成解向量

$$\boldsymbol{\xi}_1=\begin{pmatrix}-1\\3\\2\\0\end{pmatrix},\quad \boldsymbol{\xi}_2=\begin{pmatrix}-1\\-3\\0\\2\end{pmatrix},$$

同样也是所求的基础解系. 其通解形式

$$\begin{pmatrix}x_1\\x_2\\x_3\\x_4\end{pmatrix}=k_1\begin{pmatrix}-1\\3\\2\\0\end{pmatrix}+k_2\begin{pmatrix}-1\\-3\\0\\2\end{pmatrix},\quad k_1,k_2\in\mathbf{R}.$$

本例中,若将 x_1,x_2 作为自由未知量,方程组系数矩阵还是化为上面简化行阶梯形吗? 其基础解系和通解有何变化? 请读者给以解答.

例 4.20　设 $\boldsymbol{B}$ 是一个三阶非零矩阵,其每一列是齐次线性方程组

$$\begin{cases}x_1+x_2-2x_3=0,\\2x_1+x_2+\theta x_3=0,\\x_1+3x_2-2x_3=0\end{cases}$$

的解,求 θ 的值和 $|\boldsymbol{B}|$.

解　因为非零矩阵 $\boldsymbol{B}$ 的每一列是所给齐次线性方程组的解,所以该齐次线性方程组必有非零解,从而系数矩阵 $\mathbf{A}$ 的秩 $R(\mathbf{A})<3$,即有

$$|\boldsymbol{A}|=\begin{vmatrix}1&1&-2\\2&1&\theta\\1&3&-2\end{vmatrix}=0,$$

即$-2(\theta+4)=0,\theta=-4$. 此时$R(\boldsymbol{A})=2,\dim N(\boldsymbol{A})=3-2=1$,即基础解系中只有一个解向量,从而矩阵$\boldsymbol{B}$的三个列向量必线性相关,所以$|\boldsymbol{B}|=0$.

例 4.21 证明:矩阵$\boldsymbol{A}_{m\times n}$与$\boldsymbol{B}_{s\times n}$的行向量组等价的充分必要条件是齐次线性方程组$\boldsymbol{Ax}=\boldsymbol{0}$与$\boldsymbol{Bx}=\boldsymbol{0}$同解.

证明 必要性显然,下证条件的充分性.

设方程组$\boldsymbol{Ax}=\boldsymbol{0}$与$\boldsymbol{Bx}=\boldsymbol{0}$同解,从而也与方程组

$$\begin{cases}\boldsymbol{Ax}=\boldsymbol{0},\\ \boldsymbol{Bx}=\boldsymbol{0},\end{cases}\quad 即\quad \begin{pmatrix}\boldsymbol{A}\\ \boldsymbol{B}\end{pmatrix}\boldsymbol{x}=\boldsymbol{0}$$

同解. 设其解空间的维数为t,则三个方程组系数矩阵的秩都为$n-t$,即

$$R(\boldsymbol{A})=R(\boldsymbol{B})=R\begin{pmatrix}\boldsymbol{A}\\ \boldsymbol{B}\end{pmatrix}=n-t,$$

从而

$$R(\boldsymbol{A}^{\mathrm{T}})=R(\boldsymbol{B}^{\mathrm{T}})=R(\boldsymbol{A}^{\mathrm{T}},\boldsymbol{B}^{\mathrm{T}})=n-t,$$

由定理 4.12 知$\boldsymbol{A}^{\mathrm{T}}$与$\boldsymbol{B}^{\mathrm{T}}$列向量组等价,即$\boldsymbol{A}$与$\boldsymbol{B}$的行向量组等价.

$\boldsymbol{A}$与$\boldsymbol{B}$的行向量组等价就是方程组$\boldsymbol{Ax}=\boldsymbol{0}$与$\boldsymbol{Bx}=\boldsymbol{0}$可以互推. 因此,此例说明方程组$\boldsymbol{Ax}=\boldsymbol{0}$与$\boldsymbol{Bx}=\boldsymbol{0}$可以互推的充分必要条件是它们同解.

4.5.2 非齐次线性方程组解的结构

回到本章开头的非齐次线性方程组(4.1)

$$\begin{cases}a_{11}x_1+a_{12}x_2+\cdots+a_{1n}x_n=b_1,\\ a_{21}x_1+a_{22}x_2+\cdots+a_{2n}x_n=b_2,\\ \cdots\cdots\\ a_{m1}x_1+a_{m2}x_2+\cdots+a_{mn}x_n=b_m.\end{cases}$$

写为矩阵方程(4.1)′

$$\boldsymbol{Ax}=\boldsymbol{b}.$$

因为矩阵方程(4.1)′的解向量也是方程组(4.1)的解. 其解向量具有下面的性质.

性质 4.3 设$\boldsymbol{x}=\boldsymbol{\eta}_1,\boldsymbol{x}=\boldsymbol{\eta}_2$是非齐次线性方程组$\boldsymbol{Ax}=\boldsymbol{b}$的解,则$\boldsymbol{x}=\boldsymbol{\eta}_1-\boldsymbol{\eta}_2$是对应齐次线性方程组$\boldsymbol{Ax}=\boldsymbol{0}$的解.

证明 $\boldsymbol{Ax}=\boldsymbol{A}(\boldsymbol{\eta}_1-\boldsymbol{\eta}_2)=\boldsymbol{A\eta}_1-\boldsymbol{A\eta}_2=\boldsymbol{b}-\boldsymbol{b}=\boldsymbol{0}$,即$\boldsymbol{x}=\boldsymbol{\eta}_1-\boldsymbol{\eta}_2$是对应齐次线性方程组$\boldsymbol{Ax}=\boldsymbol{0}$的解.

称非齐次线性方程组$\boldsymbol{Ax}=\boldsymbol{b}$所对应的齐次线性方程组$\boldsymbol{Ax}=\boldsymbol{0}$为$\boldsymbol{Ax}=\boldsymbol{b}$的**导出方程组**,简称**导出组**.

性质 4.4　设 $\boldsymbol{x}=\boldsymbol{\eta}$ 是非齐次线性方程组 $\boldsymbol{Ax}=\boldsymbol{b}$ 的解，$\boldsymbol{x}=\boldsymbol{\xi}$ 是导出方程组 $\boldsymbol{Ax}=\boldsymbol{0}$ 的解，则 $\boldsymbol{x}=\boldsymbol{\eta}+\boldsymbol{\xi}$ 仍是非齐次线性方程组 $\boldsymbol{Ax}=\boldsymbol{b}$ 的解.

证明　$\boldsymbol{Ax}=\boldsymbol{A}(\boldsymbol{\eta}+\boldsymbol{\xi})=A\boldsymbol{\eta}+\boldsymbol{A\xi}=\boldsymbol{b}+\boldsymbol{0}=\boldsymbol{b}$，所以 $\boldsymbol{x}=\boldsymbol{\eta}+\boldsymbol{\xi}$ 是 $\boldsymbol{Ax}=\boldsymbol{b}$ 的解.

定理 4.14（解的结构定理）　设非齐次线性方程组 $\boldsymbol{Ax}=\boldsymbol{b}$ 有解，则其通解为

$$\boldsymbol{x}=\boldsymbol{\eta}+\tilde{\boldsymbol{x}},$$

其中，$\boldsymbol{\eta}$ 是 $\boldsymbol{Ax}=\boldsymbol{b}$ 的一个特解（可将自由未知量全取为零的解），$\tilde{\boldsymbol{x}}$ 是导出组 $\boldsymbol{Ax}=\boldsymbol{0}$ 的通解.

证明　因为 $A\tilde{\boldsymbol{x}}=\boldsymbol{0}$，$\boldsymbol{A\eta}=\boldsymbol{b}$，所以

$$\boldsymbol{Ax}=A(\boldsymbol{\eta}+\tilde{\boldsymbol{x}})=\boldsymbol{A\eta}+\boldsymbol{A}\tilde{\boldsymbol{x}}=\boldsymbol{b}+\boldsymbol{0}=\boldsymbol{b},$$

即 $\boldsymbol{x}=\boldsymbol{\eta}+\tilde{\boldsymbol{x}}$ 是 $\boldsymbol{Ax}=\boldsymbol{b}$ 的解.

此外，由性质 4.3，$\boldsymbol{Ax}=\boldsymbol{b}$ 的任意两个解之差都在 $\boldsymbol{Ax}=\boldsymbol{0}$ 的通解之中，所以 $\boldsymbol{Ax}=\boldsymbol{b}$ 的任意解 $\boldsymbol{x}$ 与一个特解 $\boldsymbol{\eta}$ 的差 $\boldsymbol{x}-\boldsymbol{\eta}=\tilde{\boldsymbol{x}}$，即 $\boldsymbol{x}=\boldsymbol{\eta}+\tilde{\boldsymbol{x}}$ 是 $\boldsymbol{Ax}=\boldsymbol{b}$ 的通解.

回忆 4.1 节中例 4.1、例 4.2、例 4.4 所求的解，已符合现在要求的通解形式. 为熟练解题方法再举一例.

例 4.22　求非齐次线性方程组

$$\begin{cases}x_1+x_2+x_3+x_4=2,\\2x_1+x_2+x_3+3x_4=5,\\3x_1+x_2+x_3-3x_4=0,\\5x_1+3x_2+3x_3-x_4=4\end{cases}$$

的通解（要求用对应导出组的基础解系表示）.

解　对增广矩阵实施初等行变换

$$\boldsymbol{B}=\left(\begin{array}{cccc|c}1&1&1&1&2\\2&1&1&3&5\\3&1&1&-3&0\\5&3&3&-1&4\end{array}\right)\xrightarrow[r_4-5r_1]{\substack{r_2-2r_1\\r_3-3r_1}}\left(\begin{array}{cccc|c}1&1&1&1&2\\0&-1&-1&1&1\\0&-2&-2&-6&-6\\0&-2&-2&-6&-6\end{array}\right)$$

$$\xrightarrow[r_3-2r_2]{r_4-r_3}\left(\begin{array}{cccc|c}1&1&1&1&2\\0&-1&-1&1&1\\0&0&0&-8&-8\\0&0&0&0&0\end{array}\right)\xrightarrow[\substack{r_1-r_3\\r_2\times(-1)}]{\substack{r_3\div(-8)\\r_2-r_3}}\left(\begin{array}{cccc|c}1&1&1&0&1\\0&1&1&0&0\\0&0&0&1&1\\0&0&0&0&0\end{array}\right)$$

$$\xrightarrow{r_1-r_2}\begin{pmatrix}1&0&0&0&1\\0&1&1&0&0\\0&0&0&1&1\\0&0&0&0&0\end{pmatrix}.$$

综上可知，$R(\boldsymbol{A})=3<4$，所以方程组有无限多解，

$$\begin{cases} x_1 = 1, \\ x_2 = -x_3, \quad (x_3 \text{ 是自由未知量}). \\ x_4 = 1 \end{cases}$$

方程组的特解 $\boldsymbol{\eta}=\begin{pmatrix} x_1 \\ x_2 \\ x_3 \\ x_4 \end{pmatrix}=\begin{pmatrix} 1 \\ 0 \\ 0 \\ 1 \end{pmatrix}$,导出组的基础解系 $\boldsymbol{\xi}=\begin{pmatrix} 0 \\ -1 \\ 1 \\ 0 \end{pmatrix}$,故所求的通解为

$$\boldsymbol{x}=\begin{pmatrix} x_1 \\ x_2 \\ x_3 \\ x_4 \end{pmatrix}=\boldsymbol{\eta}+k\boldsymbol{\xi}=\begin{pmatrix} 1 \\ 0 \\ 0 \\ 1 \end{pmatrix}+k\begin{pmatrix} 0 \\ -1 \\ 1 \\ 0 \end{pmatrix}, \quad k \in \mathbf{R}.$$

注意:在求非齐次线性方程组的特解与它导出组的基础解系时,一定要小心常数列(项)的处理!从例 4.22 解题过程中简化行阶梯形矩阵到求出通解的过程,要理解并掌握其方法步骤.

例 4.23 设线性方程组

$$\begin{cases} (1+\lambda)x_1 + x_2 + x_3 = 0, \\ x_1 + (1+\lambda)x_2 + x_3 = 3, \\ x_1 + x_2 + (1+\lambda)x_3 = \lambda, \end{cases}$$

问 λ 取何值时,此方程组(1)有唯一解;(2)无解;(3)有无限多个解?并在有无限多个解时求其通解.

解法一 对增广矩阵 $\boldsymbol{B}=(\boldsymbol{A} \mid \boldsymbol{b})$ 作初等行变换把它化为行阶梯形,有

$$\boldsymbol{B}=\left(\begin{array}{ccc|c} 1+\lambda & 1 & 1 & 0 \\ 1 & 1+\lambda & 1 & 3 \\ 1 & 1 & 1+\lambda & \lambda \end{array}\right) \xrightarrow{r_1 \leftrightarrow r_3} \left(\begin{array}{ccc|c} 1 & 1 & 1+\lambda & \lambda \\ 1 & 1+\lambda & 1 & 3 \\ 1+\lambda & 1 & 1 & 0 \end{array}\right)$$

$$\xrightarrow[r_3-(1+\lambda)r_1]{r_2-r_1} \left(\begin{array}{ccc|c} 1 & 1 & 1+\lambda & \lambda \\ 0 & \lambda & -\lambda & 3-\lambda \\ 0 & -\lambda & -\lambda(2+\lambda) & -\lambda(1+\lambda) \end{array}\right)$$

$$\xrightarrow{r_3+r_2} \left(\begin{array}{ccc|c} 1 & 1 & 1+\lambda & \lambda \\ 0 & \lambda & -\lambda & 3-\lambda \\ 0 & 0 & -\lambda(3+\lambda) & (1-\lambda)(3+\lambda) \end{array}\right).$$

(1) 当 $\lambda \neq 0$ 且 $\lambda \neq -3$ 时,$R(\boldsymbol{A})=R(\boldsymbol{B})=3$,方程组有唯一解;

(2) 当 $\lambda=0$ 时,$R(\boldsymbol{A})=1$,$R(\boldsymbol{B})=2$,方程组无解;

(3) 当 $\lambda=-3$ 时,$R(\boldsymbol{A})=R(\boldsymbol{B})=2<3$,方程组有无限多个解.

把 $\lambda=-3$ 代入增广矩阵并化为简化行阶梯形,

$$
B \longrightarrow \left(\begin{array}{ccc:c} 1 & 1 & -2 & -3 \\ 0 & -3 & 3 & 6 \\ 0 & 0 & 0 & 0 \end{array}\right) \longrightarrow \begin{pmatrix} 1 & 0 & -1 & -1 \\ 0 & 1 & -1 & -2 \\ 0 & 0 & 0 & 0 \end{pmatrix},
$$

由此可得所求通解

$$
\begin{cases} x_1 = x_3 - 1, \\ x_2 = x_3 - 2 \end{cases} \quad (x_3\text{ 可取任意数值}),
$$

即

$$
\begin{pmatrix} x_1 \\ x_2 \\ x_3 \end{pmatrix} = \begin{pmatrix} -1 \\ -2 \\ 0 \end{pmatrix} + c\begin{pmatrix} 1 \\ 1 \\ 1 \end{pmatrix}, \quad c \in \mathbf{R}.
$$

解法二　计算方程组的系数行列式,

$$
|\boldsymbol{A}| = \begin{vmatrix} 1+\lambda & 1 & 1 \\ 1 & 1+\lambda & 1 \\ 1 & 1 & 1+\lambda \end{vmatrix} \xlongequal{r_1 \leftrightarrow r_3} - \begin{vmatrix} 1 & 1 & 1+\lambda \\ 1 & 1+\lambda & 1 \\ 1+\lambda & 1 & 1 \end{vmatrix} \xlongequal[r_3-(1+\lambda)r_1]{r_2 - r_1}
$$

$$
- \begin{vmatrix} 1 & 1 & 1+\lambda \\ 0 & \lambda & -\lambda \\ 0 & -\lambda & -\lambda(2+\lambda) \end{vmatrix} \xlongequal{r_3 + r_2} - \begin{vmatrix} 1 & 1 & 1+\lambda \\ 0 & \lambda & -\lambda \\ 0 & 0 & -\lambda(3+\lambda) \end{vmatrix} = \lambda^2(3+\lambda).
$$

(1) 当 $\lambda \neq 0$ 且 $\lambda \neq -3$ 时,$|\boldsymbol{A}| \neq 0$,由克拉默法则知方程组有唯一解;

(2) 当 $\lambda = 0$ 时,计算

$$
B = \left(\begin{array}{ccc:c} 1 & 1 & 1 & 0 \\ 1 & 1 & 1 & 3 \\ 1 & 1 & 1 & 0 \end{array}\right) \xrightarrow[r_3 - r_1]{r_2 - r_1} \left(\begin{array}{ccc:c} 1 & 1 & 1 & 0 \\ 0 & 0 & 0 & 3 \\ 0 & 0 & 0 & 0 \end{array}\right),
$$

$R(\boldsymbol{A})=1, R(\boldsymbol{B})=2$,方程组无解;

(3) 当 $\lambda = -3$ 时,把增广矩阵化为简化行阶梯形

$$
B \longrightarrow \begin{pmatrix} 1 & 1 & -2 & -3 \\ 0 & -3 & 3 & 6 \\ 0 & 0 & 0 & 0 \end{pmatrix} \longrightarrow \begin{pmatrix} 1 & 0 & -1 & -1 \\ 0 & 1 & -1 & -2 \\ 0 & 0 & 0 & 0 \end{pmatrix},
$$

$R(\boldsymbol{A}) = R(\boldsymbol{B}) = 2 < 3$,方程组有无限多个解. 由此可求得通解

$$
\begin{cases} x_1 = x_3 - 1, \\ x_2 = x_3 - 2 \end{cases} \quad (x_3\text{ 可取任意数值}),
$$

即

$$
\begin{pmatrix} x_1 \\ x_2 \\ x_3 \end{pmatrix} = \begin{pmatrix} -1 \\ -2 \\ 0 \end{pmatrix} + k\begin{pmatrix} 1 \\ 1 \\ 1 \end{pmatrix}, \quad k \in \mathbf{R}.
$$

例 4.24　设线性方程组

$$\begin{cases} px_1 + x_2 + x_3 = 4, \\ x_1 + tx_2 + x_3 = 3, \\ x_1 + 2tx_2 + x_3 = 4. \end{cases}$$

试就 p,t 讨论方程组的解的情况，有解时并求出解.

解　$(\boldsymbol{A} \vdots \boldsymbol{b}) = \begin{pmatrix} p & 1 & 1 & 4 \\ 1 & t & 1 & 3 \\ 1 & 2t & 1 & 4 \end{pmatrix} \xrightarrow[\substack{r_1 \leftrightarrow r_2 \\ r_2 \leftrightarrow r_3}]{\substack{r_3 - r_2 \\ r_1 - pr_2}} \begin{pmatrix} 1 & t & 1 & 3 \\ 0 & t & 0 & 1 \\ 0 & 1-pt & 1-p & 4-3p \end{pmatrix}$

$$\xrightarrow[r_3 \leftrightarrow r_2]{r_3 + pr_2} \begin{pmatrix} 1 & t & 1 & 3 \\ 0 & 1 & 1-p & 4-2p \\ 0 & t & 0 & 1 \end{pmatrix}$$

$$\xrightarrow{r_3 - tr_2} \begin{pmatrix} 1 & t & 1 & 3 \\ 0 & 1 & 1-p & 4-2p \\ 0 & 0 & (p-1)t & 1-4t+2pt \end{pmatrix}.$$

(1) 当 $(p-1)t \neq 0$（即 $p \neq 1, t \neq 0$）时，方程组有唯一解

$$x_1 = \frac{2t-1}{(p-1)t}, \quad x_2 = \frac{1}{t}, \quad x_3 = \frac{1-4t+2pt}{(p-1)t};$$

(2) 当 $p=1$，且 $1-4t+2pt=1-2t=0$，即 $t=\frac{1}{2}$ 时，方程组有无限多解，此时

$$(\boldsymbol{A} \vdots \boldsymbol{b}) \longrightarrow \begin{pmatrix} 1 & \frac{1}{2} & 1 & 3 \\ 0 & 1 & 0 & 2 \\ 0 & 0 & 0 & 0 \end{pmatrix} \xrightarrow{r_1 - \frac{1}{2}r_2} \begin{pmatrix} 1 & 0 & 1 & 2 \\ 0 & 1 & 0 & 2 \\ 0 & 0 & 0 & 0 \end{pmatrix},$$

于是方程组的通解为

$$\boldsymbol{x} = \begin{pmatrix} 2 \\ 2 \\ 0 \end{pmatrix} + k \begin{pmatrix} -1 \\ 0 \\ 1 \end{pmatrix}, \quad k \in \mathbf{R};$$

(3) 当 $p=1$，但 $1-4t+2pt=1-2t \neq 0$，即 $t \neq \frac{1}{2}$ 时，方程组无解；

(4) 当 $t=0$ 时，$1-4t+2pt=1 \neq 0$，方程组也无解.

本章小结

本章主要研究了线性方程组的理论及解法，向量组的线性相关性.这部分知识是线性代数的核心内容之一.线性方程组求解的基本方法，已广泛应用于工程技术、经济、管理等领域.

本章从线性方程组的高斯消元法入手，导出矩阵的初等行变换解线性方程组.为了说明齐次线性方程组、非齐次线性方程组解的结构，引入了 n 维向量组的秩、向量

组的秩与矩阵秩的关系、向量空间. 这样，齐次线性方程组 $\boldsymbol{A}_{m\times n}\boldsymbol{x}=\boldsymbol{0}$，若 $R(A)=n$，解空间维数 $\dim N(\boldsymbol{A})=0$，即方程组只有零解；若 $R(A)=r<n$，方程组有非零解，并用基础解系(解空间的一个基)表示其通解，解空间维数 $\dim N(\boldsymbol{A})=n-r$. 对于非齐次线性方程组 $\boldsymbol{Ax}=\boldsymbol{b}$ 证明了有解的充分必要条件为 $R(\boldsymbol{A})=R(\boldsymbol{B})=r$，且当 $r=n$ 是有唯一解，当 $r<n$ 时有无限多解，其通解可用导出组 $\boldsymbol{A}_{m\times n}\boldsymbol{x}=\boldsymbol{0}$ 的通解 $\boldsymbol{\eta}$ 加上非齐次线性方程组 $\boldsymbol{Ax}=\boldsymbol{b}$ 的一个特解 $\tilde{x}$，即 $\boldsymbol{x}=\boldsymbol{\eta}+\tilde{\boldsymbol{x}}$.

习　题　4

1. 用消元法解下列线性方程组：

(1) $\begin{cases}2x_1-x_2+3x_3=3,\\3x_1+x_2-5x_3=0,\\4x_1-x_2+x_3=3,\\x_1+3x_2-13x_3=-6;\end{cases}$　　(2) $\begin{cases}x_1-2x_2+x_3+x_4=1,\\x_1-2x_2+x_3-x_4=-1,\\x_1-2x_2+x_3-5x_4=5;\end{cases}$

(3) $\begin{cases}x_1-x_2+x_3-x_4=1,\\x_1-x_2-x_3+x_4=0,\\x_1-x_2-2x_3+2x_4=-\dfrac{1}{2};\end{cases}$　　(4) $\begin{cases}x_1-x_2+x_3=0,\\3x_1-2x_2-x_3=0,\\3x_1-x_2+5x_3=0,\\-2x_1+2x_2+3x_3=0;\end{cases}$

(5) $\begin{cases}x_1-x_2-3x_4-x_5=0,\\x_1-x_2+2x_3-x_4=0,\\4x_1-2x_2+6x_3+3x_4-4x_5=0,\\2x_1+4x_2-2x_3+4x_4-7x_5=0.\end{cases}$

2. 确定 a,b 的值使下列线性方程组有解，并求其解：

(1) $\begin{cases}ax_1+x_2+x_3=1,\\x_1+ax_2+x_3=a,\\x_1+x_2+ax_3=a^2;\end{cases}$　　(2) $\begin{cases}x_1+2x_2-2x_3+2x_4=2,\\x_2-x_3-x_4=1,\\x_1+x_2-x_3+3x_4=a,\\x_1-x_2+x_3+5x_4=b.\end{cases}$

3. 已知向量 $\boldsymbol{\alpha}=(3,5,7,9)^{\mathrm{T}}$，$\boldsymbol{\beta}=(-1,5,2,0)^{\mathrm{T}}$，

(1) 如果 $\boldsymbol{\alpha}+\boldsymbol{u}=\boldsymbol{\beta}$，求 $\boldsymbol{u}$；　　(2) 如果 $3\boldsymbol{\alpha}-2\boldsymbol{v}=5\boldsymbol{\beta}$，求 $\boldsymbol{v}$.

4. 将下列各题中向量 $\boldsymbol{\beta}$ 表示为其他向量的线性组合.

(1) $\boldsymbol{\beta}=(3,5,-6)^{\mathrm{T}}$，　$\boldsymbol{\alpha}_1=(1,0,1)^{\mathrm{T}}$，　$\boldsymbol{\alpha}_2=(1,1,1)^{\mathrm{T}}$，　$\boldsymbol{\alpha}_3=(0,-1,-1)^{\mathrm{T}}$；

(2) $\boldsymbol{\beta}=(2,-1,5,1)^{\mathrm{T}}$，　$\boldsymbol{\varepsilon}_1=(1,0,0,0)^{\mathrm{T}}$，　$\boldsymbol{\varepsilon}_2=(0,1,0,0)^{\mathrm{T}}$，　$\boldsymbol{\varepsilon}_3=(0,0,1,0)^{\mathrm{T}}$，
$\boldsymbol{\varepsilon}_4=(0,0,0,1)^{\mathrm{T}}$.

5. 证明：在向量组 $\boldsymbol{\alpha}_1,\boldsymbol{\alpha}_2,\cdots,\boldsymbol{\alpha}_s$ 中，如果有两个向量 $\boldsymbol{\alpha}_i$ 与 $\boldsymbol{\alpha}_j$ 成比例，即 $\boldsymbol{\alpha}_i=k\boldsymbol{\alpha}_j$，$k$ 为实数，那么 $\boldsymbol{\alpha}_1,\boldsymbol{\alpha}_2,\cdots,\boldsymbol{\alpha}_s$ 线性相关.

6. 证明：如果向量组 $\boldsymbol{\alpha}_1,\cdots,\boldsymbol{\alpha}_r,\boldsymbol{\alpha}_{r+1},\cdots,\boldsymbol{\alpha}_s$ 中有一部分向量(称为部分组，如 $\boldsymbol{\alpha}_1,\cdots,\boldsymbol{\alpha}_r$)线性相关，则整个向量组线性相关.

7. 判断下列命题对错，对的要证明，错的要举出反例：

(1) 如果当 $k_1=k_2=\cdots=k_s=0$ 时，$k_1\boldsymbol{\alpha}_1+k_2\boldsymbol{\alpha}_2+\cdots+k_s\boldsymbol{\alpha}_s=\mathbf{0}$，那么向量组 $\boldsymbol{\alpha}_1,\boldsymbol{\alpha}_2,\cdots,\boldsymbol{\alpha}_s$ 线性无关；

(2) 如果向量组 $\boldsymbol{\alpha}_1,\boldsymbol{\alpha}_2,\cdots,\boldsymbol{\alpha}_s$ 线性无关，而 $\boldsymbol{\alpha}_{s+1}$ 不能由 $\boldsymbol{\alpha}_1,\boldsymbol{\alpha}_2,\cdots,\boldsymbol{\alpha}_s$ 线性表示，那么向量组 $\boldsymbol{\alpha}_1,\boldsymbol{\alpha}_2,\cdots,\boldsymbol{\alpha}_s,\boldsymbol{a}_{s+1}$ 线性无关；

(3) 如果向量组 $\boldsymbol{\alpha}_1,\boldsymbol{\alpha}_2,\cdots,\boldsymbol{\alpha}_s$ 线性无关，那么其中每一个向量都不是其余向量的线性组合；

(4) 如果向量组 $\boldsymbol{\alpha}_1,\boldsymbol{\alpha}_2,\cdots,\boldsymbol{\alpha}_s$ 线性相关，那么其中一定有零向量.

8. 回答下列问题，并说明根据：

(1) 如果 $\boldsymbol{\alpha}_1,\boldsymbol{\alpha}_2,\boldsymbol{\alpha}_3$ 线性无关，$\boldsymbol{\beta}_1,\boldsymbol{\beta}_2,\boldsymbol{\beta}_3$ 线性无关，那么向量组 $\boldsymbol{\alpha}_1+\boldsymbol{\beta}_1,\boldsymbol{\alpha}_2+\boldsymbol{\beta}_2,\boldsymbol{\alpha}_3+\boldsymbol{\beta}_3$ 也一定线性无关吗？

(2) 设 $\boldsymbol{\alpha}_1,\boldsymbol{\alpha}_2,\boldsymbol{\alpha}_3$ 线性相关，$\boldsymbol{\beta}_1,\boldsymbol{\beta}_2,\boldsymbol{\beta}_3$ 线性相关，那么向量组 $\boldsymbol{\alpha}_1+\boldsymbol{\beta}_1,\boldsymbol{\alpha}_2+\boldsymbol{\beta}_2,\boldsymbol{\alpha}_3+\boldsymbol{\beta}_3$ 是否一定线性相关？

9. 设向量组 $\boldsymbol{\alpha}_1,\boldsymbol{\alpha}_2,\cdots,\boldsymbol{\alpha}_s$ 线性无关，证明：若 $\boldsymbol{\alpha}$ 能由 $\boldsymbol{\alpha}_1,\boldsymbol{\alpha}_2,\cdots,\boldsymbol{\alpha}_s$ 线性表示，则表示式是唯一的.

10. 判别下列向量组的线性相关性：

(1) $\boldsymbol{\alpha}_1=(a_{11},0,0,\cdots,0,0)^{\mathrm{T}}$,

$\boldsymbol{\alpha}_2=(0,a_{22},\cdots,0,0)^{\mathrm{T}}$,

$\cdots\cdots$

$\boldsymbol{\alpha}_n=(0,0,0,\cdots,0,a_{nn})^{\mathrm{T}}$;

(2) $\boldsymbol{\alpha}_1=(a_{11},a_{12},a_{13},\cdots,a_{1n-1},a_{1n})^{\mathrm{T}}$,

$\boldsymbol{\alpha}_2=(0,a_{22},a_{23},\cdots,a_{2n-1},a_{2n})^{\mathrm{T}}$,

$\cdots\cdots$

$\boldsymbol{\alpha}_n=(0,0,0,\cdots,0,a_{nn})^{\mathrm{T}}$,　$a_{11}a_{22}\cdots a_{nn}\neq 0$.

11. 设 $\boldsymbol{\beta}_1=2\boldsymbol{\alpha}_1-\boldsymbol{\alpha}_2,\boldsymbol{\beta}_2=\boldsymbol{\alpha}_1+\boldsymbol{\alpha}_2,\boldsymbol{\beta}_3=-\boldsymbol{\alpha}_1+3\boldsymbol{\alpha}_2$. 验证 $\boldsymbol{\beta}_1,\boldsymbol{\beta}_2,\boldsymbol{\beta}_3$ 线性相关.

12. 设 $\boldsymbol{\beta}_1=\boldsymbol{\alpha}_1,\boldsymbol{\beta}_2=\boldsymbol{\alpha}_1+\boldsymbol{\alpha}_2,\cdots,\boldsymbol{\beta}_r=\boldsymbol{\alpha}_1+\boldsymbol{\alpha}_2+\cdots+\boldsymbol{\alpha}_r$，且向量组 $\boldsymbol{\alpha}_1,\boldsymbol{\alpha}_2,\cdots,\boldsymbol{\alpha}_r$ 线性无关，证明：向量组 $\boldsymbol{\beta}_1,\boldsymbol{\beta}_2,\cdots,\boldsymbol{\beta}_r$ 线性无关.

13. 已知向量 $\boldsymbol{\gamma}_1,\boldsymbol{\gamma}_2$ 由向量 $\boldsymbol{\beta}_1,\boldsymbol{\beta}_2,\boldsymbol{\beta}_3$ 线性表示为

$$\begin{cases}\boldsymbol{\gamma}_1=3\boldsymbol{\beta}_1-\boldsymbol{\beta}_2+\boldsymbol{\beta}_3,\\ \boldsymbol{\gamma}_2=\boldsymbol{\beta}_1+2\boldsymbol{\beta}_2+4\boldsymbol{\beta}_3.\end{cases}$$

又有

$$\begin{cases}\boldsymbol{\beta}_1=2\boldsymbol{\alpha}_1+\boldsymbol{\alpha}_2-5\boldsymbol{\alpha}_3,\\ \boldsymbol{\beta}_2=\boldsymbol{\alpha}_1+3\boldsymbol{\alpha}_2+\boldsymbol{\alpha}_3,\\ \boldsymbol{\beta}_3=-\boldsymbol{\alpha}_1+4\boldsymbol{\alpha}_2-\boldsymbol{\alpha}_3.\end{cases}$$

将向量 $\boldsymbol{\gamma}_1,\boldsymbol{\gamma}_2$ 用向量 $\boldsymbol{\alpha}_1,\boldsymbol{\alpha}_2,\boldsymbol{\alpha}_3$ 线性表示.

14. 已知向量组 B：$\boldsymbol{\beta}_1,\boldsymbol{\beta}_2,\boldsymbol{\beta}_3$ 由向量组 A：$\boldsymbol{\alpha}_1,\boldsymbol{\alpha}_2,\boldsymbol{\alpha}_3$ 线性表示为

$$\begin{aligned}\boldsymbol{\beta}_1&=\boldsymbol{\alpha}_1-\boldsymbol{\alpha}_2+\boldsymbol{\alpha}_3,\\ \boldsymbol{\beta}_2&=\boldsymbol{\alpha}_1+\boldsymbol{\alpha}_2-\boldsymbol{\alpha}_3,\\ \boldsymbol{\beta}_3&=-\boldsymbol{\alpha}_1+\boldsymbol{\alpha}_2+\boldsymbol{\alpha}_3.\end{aligned}$$

试将向量组 A 用向量组 B 线性表示.

15. 判定下列向量组是否线性相关，求其一个极大线性无关组，并将其余向量用该极大线性无

关组线性表示：

(1) $\boldsymbol{\alpha}_1=(1,2,-1,4)^{\mathrm{T}},\boldsymbol{\alpha}_2=(-1,0,3,2)^{\mathrm{T}},\boldsymbol{\alpha}_3=(1,4,1,10)^{\mathrm{T}}$；

(2) $\boldsymbol{\alpha}_1=(1,1,0)^{\mathrm{T}},\boldsymbol{\alpha}_2=(0,2,0)^{\mathrm{T}},\boldsymbol{\alpha}_3=(0,0,3)^{\mathrm{T}},\boldsymbol{\alpha}_4=(1,2,3)^{\mathrm{T}}$；

(3) $\boldsymbol{\alpha}_1=(1,2,1,3)^{\mathrm{T}},\boldsymbol{\alpha}_2=(-1,-1,0,-1)^{\mathrm{T}},\boldsymbol{\alpha}_3=(1,-3,-4,-7)^{\mathrm{T}},\boldsymbol{\alpha}_4=(2,1,-1,0)^{\mathrm{T}}$.

16. 求一个秩是 4 的方阵，已知它的两个行向量是

$$(1,0,1,0,0),\quad (1,-1,0,0,0).$$

17. 分别求下面矩阵的行向量组和列向量组的一个极大无关组：

$$\begin{pmatrix}1&1&2&2\\0&2&1&5\\2&0&3&-1\\1&1&0&4\end{pmatrix}.$$

18. 设向量组 $A:\boldsymbol{\alpha}_1,\cdots,\boldsymbol{\alpha}_s$ 的秩为 r_1，向量组 $B:\boldsymbol{\beta}_1,\cdots,\boldsymbol{\beta}_t$ 的秩为 r_2，向量组 $C:\boldsymbol{\alpha}_1,\cdots,\boldsymbol{\alpha}_s,\boldsymbol{\beta}_1,\cdots,\boldsymbol{\beta}_t$ 的秩为 r_3，证明：

$$\max\{r_1,r_2\}\leqslant r_3\leqslant r_1+r_2.$$

19. 证明：$R(\boldsymbol{A}+\boldsymbol{B})\leqslant R(\boldsymbol{A})+R(\boldsymbol{B})$.

20. 设向量组 $B:\boldsymbol{\beta}_1,\cdots,\boldsymbol{\beta}_r$ 能由向量组 $A:\boldsymbol{\alpha}_1,\cdots,\boldsymbol{\alpha}_s$ 线性表示为

$$(\boldsymbol{\beta}_1,\cdots,\boldsymbol{\beta}_r)=(\boldsymbol{\alpha}_1,\cdots,\boldsymbol{\alpha}_s)\boldsymbol{K},$$

其中 $\boldsymbol{K}$ 为 $s\times r$ 矩阵，且向量组 A 线性无关. 证明：向量组 B 线性无关的充分必要条件是矩阵 $\boldsymbol{K}$ 的秩是 $R(\boldsymbol{K})=r$.

21. 设 $\begin{cases}\boldsymbol{\beta}_1=\boldsymbol{\alpha}_2+\boldsymbol{\alpha}_3+\cdots+\boldsymbol{\alpha}_n,\\ \boldsymbol{\beta}_2=\boldsymbol{\alpha}_1+\boldsymbol{\alpha}_3+\cdots+\boldsymbol{\alpha}_n,\\ \quad\cdots\cdots\\ \boldsymbol{\beta}_n=\boldsymbol{\alpha}_1+\boldsymbol{\alpha}_2+\cdots+\boldsymbol{\alpha}_{n-1}.\end{cases}$ 证明：向量组 $\boldsymbol{\alpha}_1,\boldsymbol{\alpha}_2,\cdots,\boldsymbol{\alpha}_n$ 与向量组 $\boldsymbol{\beta}_1,\boldsymbol{\beta}_2,\cdots,\boldsymbol{\beta}_n$ 等价.

22. 已知三阶矩阵 $\boldsymbol{A}$ 与 3 维列向量 $\boldsymbol{x}$ 满足 $\boldsymbol{A}^3\boldsymbol{x}=3\boldsymbol{A}\boldsymbol{x}-\boldsymbol{A}^2\boldsymbol{x}$，且向量组 $\boldsymbol{x},\boldsymbol{A}\boldsymbol{x},\boldsymbol{A}^2\boldsymbol{x}$ 线性无关.

(1) 记 $\boldsymbol{P}=(\boldsymbol{x},\boldsymbol{A}\boldsymbol{x},\boldsymbol{A}^2\boldsymbol{x})$，求三阶矩阵 $\boldsymbol{B}$，使 $\boldsymbol{AP}=\boldsymbol{PB}$；　　(2) 求 $|\boldsymbol{A}|$.

23. 设

$$V_1=\{\boldsymbol{x}=(x_1,x_2,\cdots,x_n)^{\mathrm{T}}\mid x_1,x_2,\cdots,x_n\in\mathbf{R}\text{ 满足 }x_1+x_2+\cdots+x_n=0\},$$
$$V_2=\{\boldsymbol{x}=(x_1,x_2,\cdots,x_n)^{\mathrm{T}}\mid x_1,x_2,\cdots,x_n\in\mathbf{R}\text{ 满足 }x_1+x_2+\cdots+x_n=1\},$$

问 V_1,V_2 是不是向量空间？为什么？

24. 由 $\boldsymbol{\alpha}_1=(1,1,0,0)^{\mathrm{T}},\boldsymbol{\alpha}_2=(1,0,1,1)^{\mathrm{T}}$ 所生成的向量空间记作 V_1，由 $\boldsymbol{\beta}_1=(2,-1,3,4)^{\mathrm{T}},\boldsymbol{\beta}_2=(0,1,-1,-1)^{\mathrm{T}}$ 所生成的向量空间记作 V_2，试证 $V_1=V_2$.

25. 验证 $\boldsymbol{\alpha}_1=(1,-1,0)^{\mathrm{T}},\boldsymbol{\alpha}_2=(2,1,3)^{\mathrm{T}},\boldsymbol{\alpha}_3=(3,1,2)^{\mathrm{T}}$ 为 $\mathbf{R}^3$ 的一个基，并把 $\boldsymbol{v}_1=(5,0,7)^{\mathrm{T}},\boldsymbol{v}_2=(-9,-8,-13)^{\mathrm{T}}$ 用这个基线性表示.

26. 求下列齐次线性方程组的一个基础解系：

(1) $\begin{cases}x_1-2x_2+4x_3-7x_4=0,\\2x_1+x_2-2x_3+x_4=0,\\3x_1-x_2+2x_3-4x_4=0;\end{cases}$　　(2) $\begin{cases}x_1+x_2+2x_3-x_4=0,\\2x_1+x_2+x_3-x_4=0,\\2x_1+2x_2+x_3+2x_4=0;\end{cases}$

(3) $\begin{cases}x_1+2x_2+x_3-x_4=0,\\3x_1+6x_2-x_3-3x_4=0,\\5x_1+10x_2+x_3-5x_4=0;\end{cases}$　　(4) $\begin{cases}x_1-2x_2+x_3-x_4+x_5=0,\\2x_1+x_2-x_3+2x_4-3x_5=0,\\3x_1-2x_2-x_3+x_4-2x_5=0,\\2x_1-5x_2+x_3-2x_4+2x_5=0.\end{cases}$

27. 求一个齐次线性方程组，使它的基础解系为

$$\boldsymbol{\xi}_1=(0,1,2,3)^{\mathrm{T}},\ \boldsymbol{\xi}_2=(3,2,1,0)^{\mathrm{T}}.$$

28. 设 $\boldsymbol{A}=\begin{pmatrix}2&-2&1&3\\9&-5&2&8\end{pmatrix}$，求一个 4×2 矩阵 $\boldsymbol{B}$，使得 $\boldsymbol{AB}=\boldsymbol{O}$，且 $R(\boldsymbol{B})=2$.

29. 用基础解系表示出下列线性方程组的通解：

(1) $\begin{cases}4x_1+2x_2-x_3=2,\\3x_1-x_2+2x_3=10,\\11x_1+3x_2=8;\end{cases}$

(2) $\begin{cases}2x+3y+z=4,\\x-2y+4z=-5,\\3x+8y-2z=13,\\4x-y+9z=-6;\end{cases}$

(3) $\begin{cases}2x+y-z+w=1,\\4x+2y-2z+w=2,\\2x+y-z-w=1;\end{cases}$

(4) $\begin{cases}2x_1-x_2+x_3-x_4=0,\\2x_1-x_2-3x_4=0,\\x_2+3x_3-6x_4=0,\\2x_1-2x_2-2x_3+5x_4=0;\end{cases}$

(5) $\begin{cases}x_1+x_2+x_3+x_4+x_5=7,\\3x_1+2x_2+x_3+x_4-3x_5=-2,\\x_2+2x_3+2x_4+6x_5=23,\\5x_1+4x_2-3x_3+3x_4-x_5=12.\end{cases}$

30. 设四元非齐次线性方程组的系数矩阵的秩为 3，已知 $\boldsymbol{u}_1,\boldsymbol{u}_2,\boldsymbol{u}_3$ 是它的三个解向量，且

$$\boldsymbol{u}_1=\begin{pmatrix}2\\3\\4\\5\end{pmatrix},\quad \boldsymbol{u}_2+\boldsymbol{u}_3=\begin{pmatrix}1\\2\\3\\4\end{pmatrix},$$

求该方程组的通解.

31. 设有向量组 A：$\boldsymbol{\alpha}_1=\begin{pmatrix}\lambda\\2\\10\end{pmatrix}$，$\boldsymbol{\alpha}_2=\begin{pmatrix}-2\\1\\5\end{pmatrix}$，$\boldsymbol{\alpha}_3=\begin{pmatrix}-1\\1\\4\end{pmatrix}$ 及向量 $\boldsymbol{\beta}=\begin{pmatrix}1\\\theta\\-1\end{pmatrix}$，问 λ,θ 为何值时

(1) 向量 $\boldsymbol{\beta}$ 不能由向量组 A 线性表示；

(2) 向量 $\boldsymbol{\beta}$ 能由向量组 A 线性表示，且表示唯一；

(3) 向量 $\boldsymbol{\beta}$ 能由向量组 A 线性表示，且表示不唯一，并求一般表达式.

32. 设 $\boldsymbol{u}$ 是非齐次线性方程组 $\boldsymbol{Ax}=\boldsymbol{b}$ 的一个解，$\boldsymbol{v}_1,\cdots,\boldsymbol{v}_{n-r}$ 是 $\boldsymbol{Ax}=\boldsymbol{b}$ 的导出组的一个基础解系. 证明：

(1) $\boldsymbol{u},\boldsymbol{v}_1,\cdots,\boldsymbol{v}_{n-r}$ 线性无关；

(2) $\boldsymbol{u},\boldsymbol{u}+\boldsymbol{v}_1,\cdots,\boldsymbol{u}+\boldsymbol{v}_{n-r}$ 线性无关.

33. 设 $\boldsymbol{\alpha}_1,\boldsymbol{\alpha}_2$ 是某个齐次线性方程组的基础解系，问 $\boldsymbol{\alpha}_1+\boldsymbol{\alpha}_2,2\boldsymbol{\alpha}_1-\boldsymbol{\alpha}_2$ 是否也是这个方程组的基础解系？为什么？

34. 证明：若 $\boldsymbol{u}_1,\boldsymbol{u}_2,\cdots,\boldsymbol{u}_t$ 是某一非齐次线性方程组的解，则 $c_1\boldsymbol{u}_1+c_2\boldsymbol{u}_2+\cdots+c_t\boldsymbol{u}_t$ 也是它的解，其中 $c_1+c_2+\cdots+c_t=1$.

35. 设 $\boldsymbol{Ax}=\boldsymbol{0}$ 是非齐次线性方程组 $\boldsymbol{Ax}=\boldsymbol{b}$ 的导出组，且 $\boldsymbol{Ax}=\boldsymbol{b}$ 有解. 证明：当 $\boldsymbol{Ax}=\boldsymbol{0}$ 只有零解时，$\boldsymbol{Ax}=\boldsymbol{b}$ 有唯一解.

36. λ 取何值时,线性方程组

$$\begin{cases}(\lambda+3)x_1+x_2+2x_3=1,\\ \lambda x_1+(\lambda-1)x_2+x_3=\lambda,\\ 3(\lambda+1)x_1+\lambda x_2+(\lambda+3)x_3=3\end{cases}$$

(1) 有唯一解; (2) 无解; (3) 有无穷多解,并求出一般解.

37. 试证:由 $\boldsymbol{\alpha}_1=(0,1,1)^{\mathrm{T}}$,$\boldsymbol{\alpha}_2=(1,0,1)^{\mathrm{T}}$,$\boldsymbol{\alpha}_3=(1,1,0)^{\mathrm{T}}$ 所生成的向量空间就是 $\mathbf{R}^3$.

第5章　特征值与特征向量

在许多理论问题和实际问题中，我们经常需要通过某种变换将矩阵尽可能简化，同时也要保持原矩阵的固有性质. 这就需要研究矩阵的特征值与特征向量. 前面第1章导论中简要介绍了二阶矩阵的特征值与特征向量的概念，并在二维空间中有了明晰的几何解释. 但对于 n 阶矩阵的特征值与特征向量的问题，却没有直观的几何解释了. 本章仅研究 n 阶实对称矩阵的特征值与特征向量的一些概念、计算方法、相似矩阵和实对称矩阵的对角化问题.

5.1　矩阵的特征值与特征向量

5.1.1　特征值与特征向量的概念

定义 5.1　设 $\boldsymbol{A}$ 为 n 阶矩阵，如果对于常数 λ，存在非零 n 维列向量 $\boldsymbol{x}$，使

$$\boldsymbol{Ax} = \lambda\boldsymbol{x}, \tag{5.1}$$

则称 λ 为 $\boldsymbol{A}$ 的**特征值**，非零向量 $\boldsymbol{x}$ 称为 $\boldsymbol{A}$ 的对应于特征值 λ 的**特征向量**.

先看几个例子.

例如，对 n 阶单位矩阵 $\boldsymbol{E}_n$ 和任一非零 n 维列向量 $\boldsymbol{x}$，因为

$$\boldsymbol{E}_n\boldsymbol{x} = \boldsymbol{x} = 1\boldsymbol{x},$$

于是1是 $\boldsymbol{E}_n$ 的特征值，所有 n 维非零列向量 $\boldsymbol{x}$ 都是 $\boldsymbol{E}_n$ 的对应于1的特征向量.

又如，设 $\boldsymbol{A}=d\boldsymbol{E}_n$（$d$ 是不为0的实数）为数量矩阵，$\boldsymbol{x}$ 为非零 n 维列向量，则有

$$(d\boldsymbol{E}_n)\boldsymbol{x} = d\boldsymbol{x},$$

因此 d 就是 $\boldsymbol{A}$ 的特征值，任一 n 维非零列向量都是 $\boldsymbol{A}$ 的对应于特征值 d 的特征向量.

设 λ 是 n 阶矩阵 $\boldsymbol{A}$ 的特征值，$\boldsymbol{x},\boldsymbol{y}$ 是 $\boldsymbol{A}$ 的对应于 λ 的特征向量. 那么 $k\boldsymbol{x}$（$k\neq 0$，为任意常数），$\boldsymbol{x}+\boldsymbol{y}$（$\boldsymbol{x}+\boldsymbol{y}\neq\boldsymbol{0}$）也是 $\boldsymbol{A}$ 的对应于 λ 的特征向量，这是因为

$$\boldsymbol{A}(k\boldsymbol{x}) = k(\boldsymbol{Ax}) = k(\lambda\boldsymbol{x}) = \lambda(k\boldsymbol{x}).$$

同理可验证 $\boldsymbol{x}+\boldsymbol{y}$ 的情况. 由此得出 $\boldsymbol{x}$ 和 $\boldsymbol{y}$ 的线性组合也是 $\boldsymbol{A}$ 的对应于 λ 的特

征向量.

上面的论证表明，如果 $\boldsymbol{A}$ 的对应于 λ 的特征向量存在，就有无穷多个这样的向量. 但如果 $\boldsymbol{A}$ 有特征值 λ_1 和 λ_2，$\lambda_1 \neq \lambda_2$，而 $\boldsymbol{x}$ 是 $\boldsymbol{A}$ 的对应于 λ_1 的特征向量，那么 $\boldsymbol{x}$ 就不是对应于 λ_2 的特征向量，即 $\boldsymbol{A}$ 的一个特征向量只能对应于 $\boldsymbol{A}$ 的一个特征值. 根据式(5.1)能够证明这个结论.

下面我们研究，给定 n 阶矩阵 $\boldsymbol{A}$，如何求 $\boldsymbol{A}$ 的特征值和相应的特征向量.

设数 λ_0 是 $\boldsymbol{A}$ 的特征值，它的特征向量为 $\boldsymbol{v}=(k_1, k_2, \cdots, k_n)^{\mathrm{T}}$，则式(5.1)成立，将它改写为

$$(\lambda_0 \boldsymbol{E}-\boldsymbol{A})\boldsymbol{v}=\boldsymbol{0} \text{ 或 } (\lambda_0 \boldsymbol{E}-\boldsymbol{A})\begin{pmatrix} k_1 \\ k_2 \\ \vdots \\ k_n \end{pmatrix}=\boldsymbol{0},$$

将 $\lambda_0 \boldsymbol{E}-\boldsymbol{A}$ 作为系数矩阵，上式说明 $\boldsymbol{v}(\boldsymbol{v}\neq \boldsymbol{0})$ 是齐次线性方程组

$$(\lambda_0 \boldsymbol{E}-\boldsymbol{A})\begin{pmatrix} x_1 \\ x_2 \\ \vdots \\ x_n \end{pmatrix}=\boldsymbol{0} \tag{5.2}$$

的非零解. 反之，方程组(5.2)的非零解 $\boldsymbol{v}=(k_1, \cdots, k_n)^{\mathrm{T}}$ 即为 $\boldsymbol{A}$ 的对应于特征值 λ_0 的特征向量. 这意味着，如果已知 $\boldsymbol{A}$ 的特征值 λ_0，就可以由式(5.2)求出对应于 λ_0 的全部特征向量，所有这些特征向量是式(5.2)的所有非零解，这些解可由式(5.2)的基础解系(线性无关的特征向量)线性表示出来.

如何求 $\boldsymbol{A}$ 的特征值 λ_0 呢？注意到齐次线性方程组(5.2)存在非零解(从而 λ_0 是 $\boldsymbol{A}$ 的特征值)的充要条件是其系数矩阵的行列式

$$|\lambda_0 \boldsymbol{E}-\boldsymbol{A}|=0.$$

上式左端展开以后，是一个关于 λ_0 的 n 次多项式，如二阶的情形

$$\begin{aligned}\left|\lambda_0\begin{pmatrix}1 & 0\\ 0 & 1\end{pmatrix}-\begin{pmatrix}a_{11} & a_{12}\\ a_{21} & a_{22}\end{pmatrix}\right| &= \begin{vmatrix}\lambda_0-a_{11} & -a_{12}\\ -a_{21} & \lambda_0-a_{22}\end{vmatrix}\\ &=(\lambda_0-a_{11})(\lambda_0-a_{22})-a_{12}a_{21}\\ &=\lambda_0^2-(a_{11}+a_{22})\lambda_0+a_{11}a_{22}-a_{12}a_{21}\end{aligned}$$

是关于 λ_0 的二次多项式. 给出如下定义.

定义 5.2　设 $\boldsymbol{A}$ 为 n 阶矩阵，则以 λ 为文字的一元 n 次方程

$$|\lambda \boldsymbol{E}-\boldsymbol{A}|=\begin{vmatrix}\lambda-a_{11} & -a_{12} & \cdots & -a_{1n}\\ -a_{21} & \lambda-a_{22} & \cdots & -a_{2n}\\ \vdots & \vdots & & \vdots\\ -a_{n1} & -a_{n2} & \cdots & \lambda-a_{nn}\end{vmatrix}=0 \tag{5.3}$$

称为 $\boldsymbol{A}$ 的**特征方程**，λ 的 n 次多项式 $f(\lambda)=|\lambda\boldsymbol{E}-\boldsymbol{A}|$ 称为 $\boldsymbol{A}$ 的**特征多项式**.

由这个定义，$\boldsymbol{A}$ 的特征值 λ_0 满足特征方程 $f(\lambda_0)=|\lambda_0\boldsymbol{E}-\boldsymbol{A}|=0$，即 λ_0 是 $\boldsymbol{A}$ 的特征方程的根. 特征方程在复数范围内恒有根，根的个数等于方程的次数（重根按重数计算），因此，n 阶矩阵 $\boldsymbol{A}$ 有 n 个特征值.

设 n 阶矩阵 $\boldsymbol{A}=(a_{ij})$ 的特征值为 $\lambda_1,\lambda_2,\cdots,\lambda_n$，由多项式的根与系数之间的关系，读者可以证明：

(i) $\lambda_1+\lambda_2+\cdots+\lambda_n=a_{11}+a_{22}+\cdots+a_{nn}$；

(ii) $\lambda_1\lambda_2\cdots\lambda_n=|\boldsymbol{A}|$.

由上面的讨论可以得出求 n 阶矩阵 $\boldsymbol{A}$ 的特征值、特征向量的方法：

(1) 求出 $\boldsymbol{A}$ 的特征多项式，就是计算 n 阶行列式 $|\lambda\boldsymbol{E}-\boldsymbol{A}|$；

(2) 求解特征方程 $|\lambda\boldsymbol{E}-\boldsymbol{A}|=0$，得到 n 个根，即为 $\boldsymbol{A}$ 的 n 个特征值；

(3) 对求得的特征值 λ_i 分别代入

$$(\lambda\boldsymbol{E}-\boldsymbol{A})\boldsymbol{x}=\boldsymbol{0}, \tag{5.4}$$

求其非零解. 为此，求出它的基础解系 $\boldsymbol{v}_1,\boldsymbol{v}_2,\cdots,\boldsymbol{v}_{r_i}$，它们的线性组合（零向量除外）就是对应于 λ_i 的全部特征向量.

例 5.1　求矩阵 $\boldsymbol{A}=\begin{pmatrix}1 & 2\\3 & 2\end{pmatrix}$ 的特征值和特征向量.

解　$\boldsymbol{A}$ 的特征多项式为

$$\begin{aligned}|\lambda\boldsymbol{E}-\boldsymbol{A}| &= \begin{vmatrix}\lambda-1 & -2\\-3 & \lambda-2\end{vmatrix}\\ &=\lambda^2-3\lambda-4=(\lambda-4)(\lambda+1),\end{aligned}$$

故 $\boldsymbol{A}$ 的特征值为 $\lambda_1=4$，$\lambda_2=-1$.

将 $\lambda_1=4$ 代入式(5.4)，有

$$\begin{pmatrix}3 & -2\\-3 & 2\end{pmatrix}\begin{pmatrix}x_1\\x_2\end{pmatrix}=\begin{pmatrix}0\\0\end{pmatrix},\quad \begin{pmatrix}3 & -2\\-3 & 2\end{pmatrix}\to\begin{bmatrix}1 & -\dfrac{2}{3}\\0 & 0\end{bmatrix},$$

得基础解系为 $\boldsymbol{v}_1=\begin{bmatrix}\dfrac{2}{3}\\1\end{bmatrix}$，于是 $k\boldsymbol{v}_1(k\neq0)$ 是对应于 $\lambda_1=4$ 的全部特征向量.

将 $\lambda_2=-1$ 代入式(5.4)，有

$$\begin{pmatrix}-2 & -2\\-3 & -3\end{pmatrix}\begin{pmatrix}x_1\\x_2\end{pmatrix}=\begin{pmatrix}0\\0\end{pmatrix},\quad \begin{pmatrix}-2 & -2\\-3 & -3\end{pmatrix}\to\begin{pmatrix}1 & 1\\0 & 0\end{pmatrix},$$

同解方程组是 $x_1=-x_2$，得基础解系 $\boldsymbol{v}_2=\begin{pmatrix}-1\\1\end{pmatrix}$，那么 $k\boldsymbol{v}_2(k\neq0)$ 就是对应于 $\lambda_2=-1$ 的全部特征向量.

例 5.2　求矩阵 $A=\begin{pmatrix}1 & -1 & 1\\ 1 & 3 & -1\\ 1 & 1 & 1\end{pmatrix}$ 的特征值和特征向量.

解　A 的特征多项式为

$$|\lambda E-A|=\begin{vmatrix}\lambda-1 & 1 & -1\\ -1 & \lambda-3 & 1\\ -1 & -1 & \lambda-1\end{vmatrix}$$
$$=\lambda^3-5\lambda^2+8\lambda-4=(\lambda-2)^2(\lambda-1),$$

故 A 的特征值为 $\lambda_1=1,\lambda_2=\lambda_3=2$.

将 $\lambda_1=1$ 代入式(5.4)：$(E-A)x=0$，由

$$E-A=\begin{pmatrix}0 & 1 & -1\\ -1 & -2 & 1\\ -1 & -1 & 0\end{pmatrix}\to\begin{pmatrix}1 & 0 & 1\\ 0 & 1 & -1\\ 0 & 0 & 0\end{pmatrix},$$

同解方程组为 $x_1=-x_3,x_2=x_3$，得基础解系为

$$v_1=\begin{pmatrix}-1\\ 1\\ 1\end{pmatrix},$$

所以对应于 $\lambda_1=1$ 的全部特征向量为 $kv_1(k\neq 0)$.

将 $\lambda_2=\lambda_3=2$ 代入式(5.4)：$(2E-A)x=0$，由

$$2E-A=\begin{pmatrix}1 & 1 & -1\\ -1 & -1 & 1\\ -1 & -1 & 1\end{pmatrix}\to\begin{pmatrix}1 & 1 & -1\\ 0 & 0 & 0\\ 0 & 0 & 0\end{pmatrix},$$

同解方程组为 $x_1=-x_2+x_3$，得基础解系为

$$v_2=\begin{pmatrix}-1\\ 1\\ 0\end{pmatrix},\quad v_3=\begin{pmatrix}1\\ 0\\ 1\end{pmatrix},$$

于是对应于 $\lambda_2=\lambda_3=2$ 的全部特征向量为 $k_2v_2+k_3v_3(k_2,k_3$ 不同时为 0).

例 5.3　设 n 阶矩阵 A 满足 $A^2=A$，证明：A 的特征值是 1 或 0.

证明　设 λ 为 A 的特征值，则存在向量 $x\neq 0$，使 $Ax=\lambda x$. 于是，

$$A^2x=A(Ax)=A(\lambda x)=\lambda(Ax)=\lambda^2x.$$

又 $A^2=A$，故有

$$\lambda^2x=\lambda x,$$

即

$$(\lambda^2-\lambda)x=0.$$

因为 $x\neq 0$，所以 $\lambda^2-\lambda=0$，即 $\lambda=1$ 或 $\lambda=0$.

5.1.2　特征值与特征向量的性质

性质 5.1　若 λ 是矩阵 $\boldsymbol{A}$ 的特征值，$\boldsymbol{\alpha}$ 是 $\boldsymbol{A}$ 的对应于特征值 λ 的特征向量，则

(1) $k\lambda$ 是 $k\boldsymbol{A}$ 对应于特征向量 $\boldsymbol{\alpha}$ 的特征值(k 是任意常数)；

(2) k^m 是 $\boldsymbol{A}^m$ 对应于特征向量 $\boldsymbol{\alpha}$ 的特征值(m 是任意正整数)；

(3) 若 $\boldsymbol{A}$ 是可逆的，$\frac{1}{\lambda}$是 $\boldsymbol{A}^{-1}$对应于特征向量 $\boldsymbol{\alpha}$ 的特征值；

(4) 若矩阵多项式 $\varphi(\boldsymbol{A})=a_0\boldsymbol{E}+a_1\boldsymbol{A}+a_2\boldsymbol{A}^2+\cdots+a_n\boldsymbol{A}^n$，则 $\varphi(\lambda)=a_0+a_1\lambda+a_2\lambda^2+\cdots+a_n\lambda^n$ 是 $\varphi(\boldsymbol{A})$的特征值.

证明　由题意，$\boldsymbol{A\alpha}=\lambda\boldsymbol{\alpha}$.

(1) $(k\boldsymbol{A})\boldsymbol{\alpha}=k(\boldsymbol{A\alpha})=k\lambda\boldsymbol{\alpha}$，即 $k\lambda$ 是 $k\boldsymbol{A}$ 对应于特征向量 $\boldsymbol{\alpha}$ 的特征值；

(2) $\boldsymbol{A}^m\boldsymbol{\alpha}=\boldsymbol{A}^{m-1}(\boldsymbol{A\alpha})=\lambda\boldsymbol{A}^{m-1}\boldsymbol{\alpha}=\lambda^2\boldsymbol{A}^{m-2}\boldsymbol{\alpha}=\cdots=\lambda^m\boldsymbol{\alpha}$，即 λ^m 是 $\boldsymbol{A}^m$ 对应于特征向量 $\boldsymbol{\alpha}$ 的特征值；

(3) $\boldsymbol{A}$ 是可逆的，用 $\boldsymbol{A}^{-1}$左乘 $\boldsymbol{A\alpha}=\lambda\boldsymbol{\alpha}$ 的两边，得

$$\boldsymbol{\alpha}=\lambda\boldsymbol{A}^{-1}\boldsymbol{\alpha},$$

即

$$\boldsymbol{A}^{-1}\boldsymbol{\alpha}=\frac{1}{\lambda}\boldsymbol{\alpha}.$$

因此，$\frac{1}{\lambda}$是 $\boldsymbol{A}^{-1}$对应于特征向量 $\boldsymbol{\alpha}$ 的特征值.

(4) 用以上证明方法，读者易证上述结论(4).

性质 5.2　n 阶方阵 $\boldsymbol{A}$ 与其转置矩阵 $\boldsymbol{A}^{\mathrm{T}}$ 有相同的特征值.

证明　因为

$$(\lambda\boldsymbol{E}-\boldsymbol{A})^{\mathrm{T}}=(\lambda\boldsymbol{E})^{\mathrm{T}}-\boldsymbol{A}^{\mathrm{T}}=\lambda\boldsymbol{E}-\boldsymbol{A}^{\mathrm{T}},$$

所以

$$|\lambda\boldsymbol{E}-\boldsymbol{A}|=|(\lambda\boldsymbol{E}-\boldsymbol{A})^{\mathrm{T}}|=|\lambda\boldsymbol{E}-\boldsymbol{A}^{\mathrm{T}}|,$$

因此，$\boldsymbol{A}$ 与其转置矩阵 $\boldsymbol{A}^{\mathrm{T}}$ 有相同的特征多项式，故有相同的特征值.

性质 5.3　n 阶方阵 $\boldsymbol{A}$ 互不相同的特征值 $\lambda_1,\lambda_2,\cdots,\lambda_s$ 对应的特征向量 $\boldsymbol{x}_1,\boldsymbol{x}_2,\cdots,\boldsymbol{x}_s$ 线性无关.

证明　假设向量组 $\boldsymbol{x}_1,\boldsymbol{x}_2,\cdots,\boldsymbol{x}_s$ 线性相关，因特征向量皆非零，故向量组有最大无关组. 不妨设 $\boldsymbol{x}_1,\boldsymbol{x}_2,\cdots,\boldsymbol{x}_r(r<s)$线性无关，而 $\boldsymbol{x}_1,\boldsymbol{x}_2,\cdots,\boldsymbol{x}_r,\boldsymbol{x}_{r+1}$线性相关，于是有数 $a_1,a_2,\cdots,a_r$，使

$$\boldsymbol{x}_{r+1}=a_1\boldsymbol{x}_1+a_2\boldsymbol{x}_2+\cdots+a_r\boldsymbol{x}_r. \tag{5.5}$$

由于 $\boldsymbol{x}_i$ 是特征向量，因而

$$\begin{aligned}\lambda_{r+1}\boldsymbol{x}_{r+1}&=\boldsymbol{A}\boldsymbol{x}_{r+1}=a_1\boldsymbol{A}\boldsymbol{x}_1+a_2\boldsymbol{A}\boldsymbol{x}_2+\cdots+a_r\boldsymbol{A}\boldsymbol{x}_r\\&=a_1\lambda_1\boldsymbol{x}_1+a_2\lambda_2\boldsymbol{x}_2+\cdots+a_r\lambda_r\boldsymbol{x}_r,\end{aligned} \tag{5.6}$$

式(5.6)减去 λ_{r+1} 乘式(5.5)，得

$$a_1(\lambda_1-\lambda_{r+1})\boldsymbol{x}_1+a_2(\lambda_2-\lambda_{r+1})\boldsymbol{x}_2+\cdots+a_r(\lambda_r-\lambda_{r+1})\boldsymbol{x}_r=\boldsymbol{0}.$$

因 $\boldsymbol{x}_1,\boldsymbol{x}_2,\cdots,\boldsymbol{x}_r$ 线性无关，有

$$a_1(\lambda_1-\lambda_{r+1})=a_2(\lambda_2-\lambda_{r+1})=\cdots=a_r(\lambda_r-\lambda_{r+1})=0,$$

而 $\lambda_{r+1}\neq\lambda_i(i=1,2,\cdots,r)$，故有 $a_1=a_2=\cdots=a_r=0$，于是有 $\boldsymbol{x}_{r+1}=\boldsymbol{0}$，矛盾.

例 5.4　设三阶矩阵 $\boldsymbol{A}$ 的三个特征值为 2,3,7，求 $|5\boldsymbol{A}+\boldsymbol{E}|$.

解　当 λ_i 是 $\boldsymbol{A}$ 的特征值时，$5\lambda_i+1$ 为 $5\boldsymbol{A}+\boldsymbol{E}$ 的特征值，于是 $5\boldsymbol{A}+\boldsymbol{E}$ 的特征值分别是

$$\lambda_1^*=5\times2+1=11,\quad \lambda_2^*=5\times3+1=16,\quad \lambda_3^*=5\times7+1=36.$$

所以，$|5\boldsymbol{A}+\boldsymbol{E}|=\lambda_1^*\lambda_2^*\lambda_3^*=11\times16\times36=6336.$

5.2　相似矩阵

5.2.1　基本概念

定义 5.3　设 $\boldsymbol{A},\boldsymbol{B}$ 都是 n 阶矩阵，若有 n 阶可逆矩阵 $\boldsymbol{P}$，使

$$\boldsymbol{P}^{-1}\boldsymbol{A}\boldsymbol{P}=\boldsymbol{B},$$

则称 $\boldsymbol{B}$ 是 $\boldsymbol{A}$ 的**相似矩阵**，或说矩阵 $\boldsymbol{A}$ 与 $\boldsymbol{B}$ **相似**，运算 $\boldsymbol{P}^{-1}\boldsymbol{A}\boldsymbol{P}$ 称为对 $\boldsymbol{A}$ 进行**相似变换**，可逆矩阵 $\boldsymbol{P}$ 称为把 $\boldsymbol{A}$ 变成 $\boldsymbol{B}$ 的**相似变换矩阵**.

例如，

$$\boldsymbol{A}=\begin{pmatrix}1&2\\-1&3\end{pmatrix},\quad \boldsymbol{B}=\begin{pmatrix}7&13\\-2&-3\end{pmatrix},\quad \boldsymbol{P}=\begin{pmatrix}2&5\\1&3\end{pmatrix},\quad \boldsymbol{P}^{-1}=\begin{pmatrix}3&-5\\-1&2\end{pmatrix},$$

$$\boldsymbol{P}^{-1}\boldsymbol{A}\boldsymbol{P}=\begin{pmatrix}3&-5\\-1&2\end{pmatrix}\begin{pmatrix}1&2\\-1&3\end{pmatrix}\begin{pmatrix}2&5\\1&3\end{pmatrix}=\begin{pmatrix}7&13\\-2&-3\end{pmatrix}=\boldsymbol{B},$$

所以 $\boldsymbol{A}$ 相似 $\boldsymbol{B}$.

矩阵的相似关系有下列简单性质：

(1) $\boldsymbol{A}$ 相似 $\boldsymbol{A}$(反身性)；

(2) 若 $\boldsymbol{A}$ 相似 $\boldsymbol{B}$，则 $\boldsymbol{B}$ 相似 $\boldsymbol{A}$(对称性)；

(3) 若 $\boldsymbol{A}$ 相似 $\boldsymbol{B}$，$\boldsymbol{B}$ 相似 $\boldsymbol{C}$，则 $\boldsymbol{A}$ 相似 $\boldsymbol{C}$(传递性).

证明　(1) $\boldsymbol{E}_n^{-1}\boldsymbol{A}\boldsymbol{E}_n=\boldsymbol{E}_n\boldsymbol{A}\boldsymbol{E}_n=\boldsymbol{A}$.

(2) 证明留作练习.

(3) 由已知条件，有可逆矩阵 $\boldsymbol{P},\boldsymbol{Q}$ 使得

$$\boldsymbol{P}^{-1}\boldsymbol{A}\boldsymbol{P}=\boldsymbol{B},\quad \boldsymbol{Q}^{-1}\boldsymbol{B}\boldsymbol{Q}=\boldsymbol{C},$$

于是

$$(\boldsymbol{P}\boldsymbol{Q})^{-1}\boldsymbol{A}(\boldsymbol{P}\boldsymbol{Q})=\boldsymbol{Q}^{-1}(\boldsymbol{P}^{-1}\boldsymbol{A}\boldsymbol{P})\boldsymbol{Q}=\boldsymbol{Q}^{-1}\boldsymbol{B}\boldsymbol{Q}=\boldsymbol{C},$$

其中 $\boldsymbol{PQ}$ 可逆,因此 $\boldsymbol{A}$ 相似 $\boldsymbol{C}$.

定理 5.1　相似矩阵有相同的特征多项式,从而有相同的特征值.

证明　设 $\boldsymbol{A}$ 相似 $\boldsymbol{B}$,则有可逆矩阵 $\boldsymbol{P}$,使 $\boldsymbol{P}^{-1}\boldsymbol{AP}=\boldsymbol{B}$,于是

$$|\lambda\boldsymbol{E}-\boldsymbol{B}|=|\lambda\boldsymbol{E}-\boldsymbol{P}^{-1}\boldsymbol{AP}|=|\boldsymbol{P}^{-1}(\lambda\boldsymbol{E}-\boldsymbol{A})\boldsymbol{P}|=|\boldsymbol{P}^{-1}||\lambda\boldsymbol{E}-\boldsymbol{A}||\boldsymbol{P}|=|\lambda\boldsymbol{E}-\boldsymbol{A}|,$$

这就证明了 $\boldsymbol{A}$ 与 $\boldsymbol{B}$ 的特征多项式相同,故特征值也相同.

反过来,有相同的特征多项式的两个矩阵未必相似.设

$$\boldsymbol{A}=\begin{pmatrix}1&0\\0&1\end{pmatrix},\quad \boldsymbol{B}=\begin{pmatrix}1&1\\0&1\end{pmatrix},$$

这两个矩阵的特征多项式都是$(\lambda-1)^2$,但 $\boldsymbol{A}$ 与 $\boldsymbol{B}$ 不相似,否则得出 $\boldsymbol{B}=\boldsymbol{E}$,矛盾.

推论 5.1　若 n 阶矩阵 $\boldsymbol{A}$ 与对角矩阵

$$\boldsymbol{\Lambda}=\begin{pmatrix}\lambda_1&&&\\&\lambda_2&&\\&&\ddots&\\&&&\lambda_n\end{pmatrix}$$

相似,则 $\lambda_1,\lambda_2,\cdots,\lambda_n$ 是 $\boldsymbol{A}$ 的 n 个特征值.

证明　容易看到,对角矩阵 $\boldsymbol{\Lambda}$ 的特征值是 $\lambda_1,\lambda_2,\cdots,\lambda_n$,由定理 5.1,它们就是 $\boldsymbol{A}$ 的全部特征值.

5.2.2　n 阶矩阵的对角化

对角矩阵是矩阵中最简单的一类矩阵.为了便于应用,我们要考虑,对于 n 阶矩阵 $\boldsymbol{A}$,是否有相似变换矩阵 $\boldsymbol{P}$,使 $\boldsymbol{P}^{-1}\boldsymbol{AP}=\boldsymbol{\Lambda}$ 为对角矩阵,即 $\boldsymbol{A}\sim\boldsymbol{\Lambda}$,这个问题称为 n 阶矩阵 $\boldsymbol{A}$ 的**对角化**问题.

假设对于 n 阶矩阵 $\boldsymbol{A}$,有使得

$$\boldsymbol{P}^{-1}\boldsymbol{AP}=\boldsymbol{\Lambda}=\begin{pmatrix}\lambda_1&&&\\&\lambda_2&&\\&&\ddots&\\&&&\lambda_n\end{pmatrix}\tag{5.7}$$

成立的可逆矩阵 $\boldsymbol{P}$ 存在,可将 $\boldsymbol{P}$ 按列分块为

$$\boldsymbol{P}=(\boldsymbol{x}_1,\boldsymbol{x}_2,\cdots,\boldsymbol{x}_n),\tag{5.8}$$

则式(5.7)与下式等价:

$$\boldsymbol{A}(\boldsymbol{x}_1,\boldsymbol{x}_2,\cdots,\boldsymbol{x}_n)=(\boldsymbol{x}_1,\boldsymbol{x}_2,\cdots,\boldsymbol{x}_n)\boldsymbol{\Lambda}.$$

按矩阵的分块乘法与相等,上式可写成

$$\boldsymbol{Ax}_1=\lambda_1\boldsymbol{x}_1,\quad \boldsymbol{Ax}_2=\lambda_2\boldsymbol{x}_2,\quad \cdots,\quad \boldsymbol{Ax}_n=\lambda_n\boldsymbol{x}_n.\tag{5.9}$$

根据假定 $\boldsymbol{P}$ 为可逆矩阵,其列非零,因此 $\lambda_1,\lambda_2,\cdots,\lambda_n$ 为矩阵 $\boldsymbol{A}$ 的特征值,$\boldsymbol{x}_1,\boldsymbol{x}_2,\cdots,\boldsymbol{x}_n$ 必为 $\boldsymbol{A}$ 的特征向量.再由定理 4.8 知 $\boldsymbol{x}_1,\boldsymbol{x}_2,\cdots,\boldsymbol{x}_n$ 线性无关.反之,如果 $\boldsymbol{A}$ 有 n 个

线性无关的特征向量，那么取 $\boldsymbol{P}$ 如式(5.8)所示，由式(5.9)显然有式(5.7)成立，即有如下定理.

定理 5.2　n 阶矩阵 $\boldsymbol{A}$ 与对角矩阵相似($\boldsymbol{A}$ 可对角化)的充分必要条件是 $\boldsymbol{A}$ 有 n 个线性无关的特征向量.

联系定理 5.1 可得推论 5.2.

推论 5.2　如果 n 阶矩阵 $\boldsymbol{A}$ 的 n 个特征值互不相同，则 $\boldsymbol{A}$ 与对角矩阵相似.

例 5.5　判断下列矩阵是否相似于对角矩阵，如相似，求出相似变换矩阵 $\boldsymbol{P}$:

(1) $\boldsymbol{A}=\begin{pmatrix}1 & -1 & 1\\ 1 & 3 & -1\\ 1 & 1 & 1\end{pmatrix}$;　　(2) $\boldsymbol{B}=\begin{pmatrix}-1 & 1 & 0\\ -4 & 3 & 0\\ 1 & 0 & 2\end{pmatrix}$.

解　(1) $\boldsymbol{A}$ 即是例 5.2 中矩阵. 已求得对应于特征值 1 的特征向量 $\boldsymbol{v}_1$ 和对应于特征值 2(二重根)的线性无关的特征向量 $\boldsymbol{v}_2,\boldsymbol{v}_3$. 这样三阶矩阵 $\boldsymbol{A}$ 有 3 个线性无关的特征向量，因此 $\boldsymbol{A}$ 可以对角化. 令

$$\boldsymbol{P}=(\boldsymbol{v}_1,\boldsymbol{v}_2,\boldsymbol{v}_3)=\begin{pmatrix}-1 & -1 & 1\\ 1 & 1 & 0\\ 1 & 0 & 1\end{pmatrix},$$

则

$$\boldsymbol{P}^{-1}=\begin{pmatrix}-1 & -1 & 1\\ 1 & 2 & -1\\ 1 & 1 & 0\end{pmatrix},$$

验证有

$$\boldsymbol{P}^{-1}\boldsymbol{A}\boldsymbol{P}=\begin{pmatrix}-1 & -1 & 1\\ 1 & 2 & -1\\ 1 & 1 & 0\end{pmatrix}\begin{pmatrix}1 & -1 & 1\\ 1 & 3 & -1\\ 1 & 1 & 1\end{pmatrix}\begin{pmatrix}-1 & -1 & 1\\ 1 & 1 & 0\\ 1 & 0 & 1\end{pmatrix}=\begin{pmatrix}1 & 0 & 0\\ 0 & 2 & 0\\ 0 & 0 & 2\end{pmatrix}.$$

对角矩阵中主对角线上的元素是 $\boldsymbol{A}$ 的 3 个特征值，其排列顺序与特征向量的顺序相对应.

(2) $\boldsymbol{B}$ 的特征多项式为

$$|\lambda\boldsymbol{E}-\boldsymbol{B}|=\begin{vmatrix}\lambda+1 & -1 & 0\\ 4 & \lambda-3 & 0\\ -1 & 0 & \lambda-2\end{vmatrix}=(\lambda-2)(\lambda-1)^2,$$

得 $\boldsymbol{B}$ 的特征值为 $\lambda_1=2,\lambda_2=\lambda_3=1$.

将 $\lambda_1=2$ 代入式(5.4)：$(2\boldsymbol{E}-\boldsymbol{B})\boldsymbol{x}=\boldsymbol{0}$，由

$$2\boldsymbol{E}-\boldsymbol{B}=\begin{pmatrix}3 & -1 & 0\\ 4 & -1 & 0\\ -1 & 0 & 0\end{pmatrix}\to\begin{pmatrix}1 & 0 & 0\\ 0 & 1 & 0\\ 0 & 0 & 0\end{pmatrix},$$

同解方程组是 $x_1=0, x_2=0, x_3=x_3$，基础解系为 $\boldsymbol{v}_1=\begin{pmatrix}0\\0\\1\end{pmatrix}$.

将 $\lambda_2=\lambda_3=1$ 代入式(5.4)：$(\boldsymbol{E}-\boldsymbol{B})\boldsymbol{x}=\boldsymbol{0}$，由

$$\boldsymbol{E}-\boldsymbol{B}=\begin{pmatrix}2&-1&0\\4&-2&0\\-1&0&-1\end{pmatrix}\to\begin{pmatrix}1&0&1\\0&1&2\\0&0&0\end{pmatrix},$$

得同解方程组 $x_1=-x_3, x_2=-2x_3$，基础解系为 $\boldsymbol{v}_2=\begin{pmatrix}-1\\-2\\1\end{pmatrix}$.

这样，$\boldsymbol{B}$ 的线性无关的特征向量只有两个，所以 $\boldsymbol{B}$ 不能对角化.

例 5.6 设三阶矩阵 $\boldsymbol{A}$ 的三个特征值 $\lambda_1=1, \lambda_2=3, \lambda_3=4$，且对应的特征向量分别是 $\boldsymbol{x}_1=(1,1,0)^{\mathrm{T}}, \boldsymbol{x}_2=(-1,0,1)^{\mathrm{T}}, \boldsymbol{x}_3=(1,1,2)^{\mathrm{T}}$. 求矩阵 $\boldsymbol{A}$ 和 $\boldsymbol{A}^{-1}$.

解 因为 $\boldsymbol{A}$ 有 3 个互异特征值，故可取

$$\boldsymbol{P}=(\boldsymbol{x}_1,\boldsymbol{x}_2,\boldsymbol{x}_3)=\begin{pmatrix}1&-1&1\\1&0&1\\0&1&2\end{pmatrix}.$$

由题意有

$$\boldsymbol{A}=\boldsymbol{P}\begin{pmatrix}1&&\\&3&\\&&4\end{pmatrix}\boldsymbol{P}^{-1}=\begin{pmatrix}1&-1&1\\1&0&1\\0&1&2\end{pmatrix}\begin{pmatrix}1&&\\&3&\\&&4\end{pmatrix}\begin{pmatrix}-\frac{1}{2}&\frac{3}{2}&-\frac{1}{2}\\-1&1&0\\\frac{1}{2}&-\frac{1}{2}&\frac{1}{2}\end{pmatrix}$$

$$=\frac{1}{2}\begin{pmatrix}9&-7&3\\3&-1&3\\2&-2&8\end{pmatrix};$$

$$\boldsymbol{A}^{-1}=\left(\boldsymbol{P}\begin{pmatrix}1&&\\&3&\\&&4\end{pmatrix}\boldsymbol{P}^{-1}\right)^{-1}=\boldsymbol{P}\begin{pmatrix}1&&\\&3&\\&&4\end{pmatrix}^{-1}\boldsymbol{P}^{-1}$$

$$=\begin{pmatrix}1&-1&1\\1&0&1\\0&1&2\end{pmatrix}\begin{pmatrix}1&&\\&\frac{1}{3}&\\&&\frac{1}{4}\end{pmatrix}\begin{pmatrix}-\frac{1}{2}&\frac{3}{2}&-\frac{1}{2}\\-1&1&0\\\frac{1}{2}&-\frac{1}{2}&\frac{1}{2}\end{pmatrix}$$

$$=\frac{1}{24}\begin{pmatrix}-1&25&-9\\-9&33&-9\\-2&2&6\end{pmatrix}.$$

从例 5.5 可以看出，当 n 阶矩阵的特征方程有重根时，矩阵不一定有 n 个线性无关的特征向量，从而不一定能对角化.

我们不讨论矩阵能否对角化的一般性条件，只讨论实对称矩阵的情况.

5.3　实对称矩阵的相似矩阵

5.3.1　预备知识

虽然不是所有的 n 阶矩阵都能相似于某个对角矩阵，但实对称矩阵一定相似于对角矩阵. 在给出具体的结论之前先做一些准备工作.

设本节讨论中所涉及的数都是实数.

设 $\boldsymbol{\alpha},\boldsymbol{\beta}$ 为 n 维(列)向量：

$$\boldsymbol{\alpha}=\begin{pmatrix}a_1\\a_2\\\vdots\\a_n\end{pmatrix},\qquad \boldsymbol{\beta}=\begin{pmatrix}b_1\\b_2\\\vdots\\b_n\end{pmatrix},$$

则

$$\begin{aligned}\boldsymbol{\alpha}^{\mathrm{T}}\boldsymbol{\beta}&=(a_1,a_2,\cdots,a_n)\begin{pmatrix}b_1\\b_2\\\vdots\\b_n\end{pmatrix}\\&=a_1b_1+a_2b_2+\cdots+a_nb_n\end{aligned}$$

是一个数，称它为向量 $\boldsymbol{\alpha}$ 与 $\boldsymbol{\beta}$ 的**内积**.

根据矩阵的运算律，可知向量的内积满足：

(i) $\boldsymbol{\alpha}^{\mathrm{T}}\boldsymbol{\beta}=\boldsymbol{\beta}^{\mathrm{T}}\boldsymbol{\alpha}$；

(ii) $(\lambda\boldsymbol{\alpha})^{\mathrm{T}}\boldsymbol{\beta}=\lambda(\boldsymbol{\alpha}^{\mathrm{T}}\boldsymbol{\beta})$；

(iii) $(\boldsymbol{\alpha}+\boldsymbol{\beta})^{\mathrm{T}}\boldsymbol{\gamma}=\boldsymbol{\alpha}^{\mathrm{T}}\boldsymbol{\gamma}+\boldsymbol{\beta}^{\mathrm{T}}\boldsymbol{\gamma}$，

其中 $\boldsymbol{\alpha},\boldsymbol{\beta},\boldsymbol{\gamma}$ 为 n 维向量，λ 为实数.

定义 5.4　设 $\boldsymbol{\alpha},\boldsymbol{\beta}$ 为 n 维向量，如果 $\boldsymbol{\alpha}^{\mathrm{T}}\boldsymbol{\beta}=0$，则称 $\boldsymbol{\alpha}$ 与 $\boldsymbol{\beta}$ **正交**.

正交概念是解析几何中两向量相互垂直概念推广到 $\mathbf{R}^n$ 空间上. 注意到

$$\boldsymbol{\alpha}^{\mathrm{T}}\boldsymbol{\alpha}=a_1^2+a_2^2+\cdots+a_n^2\geqslant 0,$$

因此，有下面定义.

定义 5.5　数 $\sqrt{\boldsymbol{\alpha}^{\mathrm{T}}\boldsymbol{\alpha}}$ 称为向量 $\boldsymbol{\alpha}$ 的**长度**或**范数**，记为 $\|\boldsymbol{\alpha}\|$.

向量的长度满足性质：

(1) $\|\boldsymbol{\alpha}\|\geqslant 0$，且 $\|\boldsymbol{\alpha}\|=0\Leftrightarrow\boldsymbol{\alpha}=\mathbf{0}$；

(2) $\|k\boldsymbol{\alpha}\|=|k|\,\|\boldsymbol{\alpha}\|$, k 为数.

长度为 1 的向量称为**单位向量**.

定理 5.3 设 n 维向量 $\boldsymbol{\alpha}_1,\boldsymbol{\alpha}_2,\cdots,\boldsymbol{\alpha}_r$ 是一组两两正交的非零向量,则 $\boldsymbol{\alpha}_1,\boldsymbol{\alpha}_2,\cdots,\boldsymbol{\alpha}_r$ 线性无关.

证明 设有数 $k_1,k_2,\cdots,k_r$ 使

$$k_1\boldsymbol{\alpha}_1+k_2\boldsymbol{\alpha}_2+\cdots+k_r\boldsymbol{\alpha}_r=\boldsymbol{0},$$

以 $\boldsymbol{\alpha}_1^{\mathrm{T}}$ 左乘上式两端,由已知条件得

$$k_1\boldsymbol{\alpha}_1^{\mathrm{T}}\boldsymbol{\alpha}_1=0,$$

因 $\boldsymbol{\alpha}_1\neq\boldsymbol{0}$,故 $\boldsymbol{\alpha}_1^{\mathrm{T}}\boldsymbol{\alpha}_1=\|\boldsymbol{\alpha}_1\|^2\neq0$,从而必有 $k_1=0$,类似可证 $k_2=0,\cdots,k_r=0$,于是向量组 $\boldsymbol{\alpha}_1,\boldsymbol{\alpha}_2,\cdots,\boldsymbol{\alpha}_r$ 线性无关.

定义 5.6 如果 n 阶矩阵 $\boldsymbol{A}$ 满足

$$\boldsymbol{A}^{\mathrm{T}}\boldsymbol{A}=\boldsymbol{E}(\text{即 }\boldsymbol{A}^{-1}=\boldsymbol{A}^{\mathrm{T}}),$$

则称 $\boldsymbol{A}$ 为**正交矩阵**.

上式用 $\boldsymbol{A}$ 的列向量表示,即是

$$\begin{pmatrix}\boldsymbol{\alpha}_1^{\mathrm{T}}\\ \boldsymbol{\alpha}_2^{\mathrm{T}}\\ \vdots\\ \boldsymbol{\alpha}_n^{\mathrm{T}}\end{pmatrix}(\boldsymbol{\alpha}_1,\boldsymbol{\alpha}_2,\cdots,\boldsymbol{\alpha}_n)=\boldsymbol{E},$$

于是得到

$$\boldsymbol{\alpha}_i^{\mathrm{T}}\boldsymbol{\alpha}_j=\begin{cases}1, & i=j,\\ 0, & i\neq j,\end{cases}\quad i,j=1,2,\cdots,n.$$

这说明:n 阶矩阵 $\boldsymbol{A}$ 为正交矩阵的充要条件是 $\boldsymbol{A}$ 的列向量都是单位向量且两两正交.

考虑到 $\boldsymbol{A}^{\mathrm{T}}\boldsymbol{A}=\boldsymbol{E}$ 与 $\boldsymbol{A}\boldsymbol{A}^{\mathrm{T}}=\boldsymbol{E}$ 等价,所以上述结论对 $\boldsymbol{A}$ 的行向量亦成立.

5.3.2 施密特正交化过程

设 $\boldsymbol{\alpha}_1,\boldsymbol{\alpha}_2,\cdots,\boldsymbol{\alpha}_r$ 是线性无关的向量组,它们未必两两正交,但可以由它们导出一组两两正交的单位向量 $\boldsymbol{e}_1,\boldsymbol{e}_2,\cdots,\boldsymbol{e}_r$,这一过程称为**施密特**(Schmidt)**正交化过程**,其方法如下.

取

$$\boldsymbol{\beta}_1=\boldsymbol{\alpha}_1;$$

$$\boldsymbol{\beta}_2=\boldsymbol{\alpha}_2-\frac{\boldsymbol{\beta}_1^{\mathrm{T}}\boldsymbol{\alpha}_2}{\boldsymbol{\beta}_1^{\mathrm{T}}\boldsymbol{\beta}}\boldsymbol{\beta}_1;$$

$$\boldsymbol{\beta}_3=\boldsymbol{\alpha}_3-\frac{\boldsymbol{\beta}_1^{\mathrm{T}}\boldsymbol{\alpha}_3}{\boldsymbol{\beta}_1^{\mathrm{T}}\boldsymbol{\beta}_1}\boldsymbol{\beta}_1-\frac{\boldsymbol{\beta}_2^{\mathrm{T}}\boldsymbol{\alpha}_3}{\boldsymbol{\beta}_2^{\mathrm{T}}\boldsymbol{\beta}_2}\boldsymbol{\beta}_2;$$

$$\cdots\cdots$$

$$\boldsymbol{\beta}_r = \boldsymbol{\alpha}_r - \frac{\boldsymbol{\beta}_1^{\mathrm{T}}\boldsymbol{\alpha}_r}{\boldsymbol{\beta}_1^{\mathrm{T}}\boldsymbol{\beta}_1}\boldsymbol{\beta}_1 - \frac{\boldsymbol{\beta}_2^{\mathrm{T}}\boldsymbol{\alpha}_r}{\boldsymbol{\beta}_2^{\mathrm{T}}\boldsymbol{\beta}_2}\boldsymbol{\beta}_2 - \cdots - \frac{\boldsymbol{\beta}_{r-1}^{\mathrm{T}}\boldsymbol{\alpha}_r}{\boldsymbol{\beta}_{r-1}^{\mathrm{T}}\boldsymbol{\beta}_{r-1}}\boldsymbol{\beta}_{r-1}.$$

容易验证 $\boldsymbol{\beta}_1,\boldsymbol{\beta}_2,\cdots,\boldsymbol{\beta}_r$ 两两正交,且与 $\boldsymbol{\alpha}_1,\boldsymbol{\alpha}_2,\cdots,\boldsymbol{\alpha}_r$ 可互相线性表示.

再把它们**单位化**,取

$$\boldsymbol{e}_1 = \frac{1}{\|\boldsymbol{\beta}_1\|}\boldsymbol{\beta}_1,\quad \boldsymbol{e}_2 = \frac{1}{\|\boldsymbol{\beta}_2\|}\boldsymbol{\beta}_2,\quad \cdots,\quad \boldsymbol{e}_r = \frac{1}{\|\boldsymbol{\beta}_r\|}\boldsymbol{\beta}_r,$$

即得所求. 这也称为把向量组 $\boldsymbol{\alpha}_1,\boldsymbol{\alpha}_2,\cdots,\boldsymbol{\alpha}_r$ **正交规范化**.

例 5.7　设 $\boldsymbol{\alpha}_1=\begin{pmatrix}1\\1\\1\end{pmatrix}$,$\boldsymbol{\alpha}_2=\begin{pmatrix}-1\\1\\1\end{pmatrix}$,试用施密特正交化过程把这组向量正交规范化.

解　取 $\boldsymbol{\beta}_1=\boldsymbol{\alpha}_1$;

$$\boldsymbol{\beta}_2 = \boldsymbol{\alpha}_2 - \frac{\boldsymbol{\beta}_1^{\mathrm{T}}\boldsymbol{\alpha}_2}{\boldsymbol{\beta}_1^{\mathrm{T}}\boldsymbol{\beta}_1}\boldsymbol{\beta}_1 = \begin{pmatrix}-1\\1\\1\end{pmatrix} - \frac{1}{3}\begin{pmatrix}1\\1\\1\end{pmatrix} = \frac{2}{3}\begin{pmatrix}-2\\1\\1\end{pmatrix}.$$

再把它们单位化,取

$$\boldsymbol{e}_1 = \frac{\boldsymbol{\beta}_1}{\|\boldsymbol{\beta}_1\|} = \frac{1}{\sqrt{3}}\begin{pmatrix}1\\1\\1\end{pmatrix},\quad \boldsymbol{e}_2 = \frac{\boldsymbol{\beta}_2}{\|\boldsymbol{\beta}_2\|} = \frac{1}{\sqrt{6}}\begin{pmatrix}-2\\1\\1\end{pmatrix}.$$

5.3.3　实对称矩阵的对角化

定理 5.4　对称矩阵 $\boldsymbol{A}$ 的对应于不同特征值的特征向量必正交.

证明　设对称矩阵 $\boldsymbol{A}$ 的不同特征值为 λ_1,λ_2,相应的特征向量分别为 $\boldsymbol{x}_1,\boldsymbol{x}_2$,则

$$\boldsymbol{A}\boldsymbol{x}_1 = \lambda_1\boldsymbol{x}_1,\quad \boldsymbol{A}\boldsymbol{x}_2 = \lambda_2\boldsymbol{x}_2,$$

因此

$$\boldsymbol{x}_2^{\mathrm{T}}\boldsymbol{A}\boldsymbol{x}_1 = \lambda_1\boldsymbol{x}_2^{\mathrm{T}}\boldsymbol{x}_1. \tag{5.10}$$

由于 $\boldsymbol{A}$ 为对称矩阵,从而

$$\boldsymbol{x}_2^{\mathrm{T}}\boldsymbol{A}\boldsymbol{x}_1 = \boldsymbol{x}_2^{\mathrm{T}}\boldsymbol{A}^{\mathrm{T}}\boldsymbol{x}_1 = (\boldsymbol{A}\boldsymbol{x}_2)^{\mathrm{T}}\boldsymbol{x}_1 = \lambda_2\boldsymbol{x}_2^{\mathrm{T}}\boldsymbol{x}_1. \tag{5.11}$$

由式(5.10)和式(5.11)得

$$\lambda_1\boldsymbol{x}_2^{\mathrm{T}}\boldsymbol{x}_1 = \lambda_2\boldsymbol{x}_2^{\mathrm{T}}\boldsymbol{x}_1 \text{ 或} (\lambda_1-\lambda_2)\boldsymbol{x}_2^{\mathrm{T}}\boldsymbol{x}_1 = 0.$$

因为 $\lambda_1-\lambda_2\neq0$,所以 $\boldsymbol{x}_2^{\mathrm{T}}\boldsymbol{x}_1=0$,即 $\boldsymbol{x}_1$ 与 $\boldsymbol{x}_2$ 正交.

关于实对称矩阵的对角化问题,给出下列结论(不予证明):

(1) n 阶实对称矩阵 $\boldsymbol{A}$ 的 n 个特征值都是实数;

(2) 设 λ 是对称矩阵 $\boldsymbol{A}$ 的特征方程的 r 重根,则 $\boldsymbol{A}$ 对应于 λ 恰有 r 个线性无关的特征向量.

将这 r 个特征向量正交规范化(仍为特征向量)后与对应于其他特征值的正交规范化的特征向量合起来,由定理 5.4 就得 $\boldsymbol{A}$ 的 n 个两两正交且长度为 1 的特征向量,它们作为列组成正交矩阵 $\boldsymbol{P}$.

(3) 设 $\boldsymbol{A}$ 为 n 阶对称矩阵,则必有正交矩阵 $\boldsymbol{P}$,使 $\boldsymbol{P}^{-1}\boldsymbol{AP}=\boldsymbol{\Lambda}$ 为对角矩阵.

例 5.8 设 $\boldsymbol{A}=\begin{pmatrix}3&1&0\\1&3&0\\0&0&2\end{pmatrix}$,求正交矩阵 $\boldsymbol{P}$,使 $\boldsymbol{P}^{-1}\boldsymbol{AP}=\boldsymbol{\Lambda}$ 为对角阵.

解 $|\lambda\boldsymbol{E}-\boldsymbol{A}|=\begin{vmatrix}\lambda-3&-1&0\\-1&\lambda-3&0\\0&0&\lambda-2\end{vmatrix}=(\lambda-2)(\lambda^2-6\lambda+8)=(\lambda-4)(\lambda-2)^2$,

故得特征值 $\lambda_1=4,\lambda_2=\lambda_3=2$.

当 $\lambda_1=4$ 时,解方程组

$$\begin{pmatrix}1&-1&0\\-1&1&0\\0&0&2\end{pmatrix}\begin{pmatrix}x_1\\x_2\\x_3\end{pmatrix}=\begin{pmatrix}0\\0\\0\end{pmatrix},$$

得基础解系 $\begin{pmatrix}1\\1\\0\end{pmatrix}$. 单位特征向量可取 $\boldsymbol{p}_1=\begin{pmatrix}\frac{1}{\sqrt{2}}\\\frac{1}{\sqrt{2}}\\0\end{pmatrix}$.

当 $\lambda_2=\lambda_3=2$ 时,解方程组

$$\begin{pmatrix}-1&-1&0\\-1&-1&0\\0&0&0\end{pmatrix}\begin{pmatrix}x_1\\x_2\\x_3\end{pmatrix}=\begin{pmatrix}0\\0\\0\end{pmatrix},$$

得基础解系 $\begin{pmatrix}0\\0\\1\end{pmatrix},\begin{pmatrix}-1\\1\\0\end{pmatrix}$. 这两个向量恰好正交,因此只需单位化. 取 $\boldsymbol{p}_2=\begin{pmatrix}0\\0\\1\end{pmatrix}$, $\boldsymbol{p}_3=\begin{pmatrix}-\frac{1}{\sqrt{2}}\\\frac{1}{\sqrt{2}}\\0\end{pmatrix}$,于是得正交矩阵

$$\boldsymbol{P}=(\boldsymbol{p}_1,\boldsymbol{p}_2,\boldsymbol{p}_3)=\begin{pmatrix}\frac{1}{\sqrt{2}}&0&-\frac{1}{\sqrt{2}}\\\frac{1}{\sqrt{2}}&0&\frac{1}{\sqrt{2}}\\0&1&0\end{pmatrix}.$$

可以验证,有

$$P^{-1}AP = P^{\mathrm{T}}AP = \begin{pmatrix} 4 & & \\ & 2 & \\ & & 2 \end{pmatrix}.$$

此例中,对应于 $\lambda=2$,也可求得 $(\lambda\boldsymbol{E}-\boldsymbol{A})\boldsymbol{x}=\boldsymbol{0}$ 的基础解系为

$$\boldsymbol{v}_1 = \begin{pmatrix} -1 \\ 1 \\ 1 \end{pmatrix}, \quad \boldsymbol{v}_2 = \begin{pmatrix} -1 \\ 1 \\ -1 \end{pmatrix}.$$

$\boldsymbol{v}_1,\boldsymbol{v}_2$ 为对应于特征值 $\lambda=2$ 的两个线性无关的特征向量,但它们不正交.将其正交化,取

$$\boldsymbol{\eta}_1 = \boldsymbol{v}_1 = \begin{pmatrix} -1 \\ 1 \\ 1 \end{pmatrix},$$

$$\boldsymbol{\eta}_2 = \boldsymbol{v}_2 - \frac{\boldsymbol{\eta}_1^{\mathrm{T}}\boldsymbol{v}_2}{\boldsymbol{\eta}_1^{\mathrm{T}}\boldsymbol{\eta}_1}\boldsymbol{\eta}_1 = \begin{pmatrix} -1 \\ 1 \\ -1 \end{pmatrix} - \frac{1}{3}\begin{pmatrix} -1 \\ 1 \\ 1 \end{pmatrix} = \frac{2}{3}\begin{pmatrix} -1 \\ 1 \\ -2 \end{pmatrix}.$$

再将 $\boldsymbol{\eta}_1,\boldsymbol{\eta}_2$ 单位化,即得

$$\boldsymbol{p}_2 = \frac{1}{\|\boldsymbol{\eta}_1\|}\boldsymbol{\eta}_1 = \begin{pmatrix} -\frac{1}{\sqrt{3}} \\ \frac{1}{\sqrt{3}} \\ \frac{1}{\sqrt{3}} \end{pmatrix},$$

$$\boldsymbol{p}_3 = \frac{1}{\|\boldsymbol{\eta}_2\|}\boldsymbol{\eta}_2 = \frac{1}{\sqrt{6}}\begin{pmatrix} -1 \\ 1 \\ -2 \end{pmatrix}.$$

取

$$\boldsymbol{P} = (\boldsymbol{p}_1,\boldsymbol{p}_2,\boldsymbol{p}_3) = \begin{pmatrix} \frac{1}{\sqrt{2}} & -\frac{1}{\sqrt{3}} & -\frac{1}{\sqrt{6}} \\ \frac{1}{\sqrt{2}} & \frac{1}{\sqrt{3}} & \frac{1}{\sqrt{6}} \\ 0 & \frac{1}{\sqrt{3}} & -\frac{2}{\sqrt{6}} \end{pmatrix},$$

则 $\boldsymbol{P}$ 为正交矩阵,同样有 $\boldsymbol{P}^{-1}\boldsymbol{A}\boldsymbol{P}=\boldsymbol{\Lambda}$.

本章小结

在工程技术领域，如震动问题、稳定性问题、弹性力学问题等常归结为求矩阵的特征值和特征向量，数学上解微分方程、差分方程及简化矩阵计算也要用到特征值理论，所以矩阵的特征值与特征向量是矩阵理论的重要组成部分. 因此，该知识是线性代数的一个重要知识点.

本章首先介绍了矩阵的特征值与特征向量的定义、性质，n 阶矩阵相似的概念、性质，然后给出 n 阶矩阵可对角化的充分必要条件，最后介绍了正交向量、正交矩阵及线性无关向量组的施密特正交化方法，给出了 n 阶实对称矩阵用正交变换使其相似对角阵的理论和方法.

习　题　5

1. 求下列矩阵的特征值及特征向量：

(1) $\begin{pmatrix} 3 & 4 \\ 5 & 2 \end{pmatrix}$；　　(2) $\begin{pmatrix} -2 & 1 & 1 \\ 0 & 2 & 0 \\ -4 & 1 & 3 \end{pmatrix}$；

(3) $\begin{pmatrix} 5 & 4 & 2 \\ 4 & 5 & 2 \\ 2 & 2 & 2 \end{pmatrix}$；　　(4) $\begin{pmatrix} 1 & 0 & 0 \\ 0 & 1 & 0 \\ 0 & 2 & 1 \end{pmatrix}$；

(5) $\begin{pmatrix} 5 & 6 & -3 \\ -1 & 0 & 1 \\ 1 & 2 & 1 \end{pmatrix}$；　　(6) $\begin{pmatrix} 1 & 1 & 1 & 1 \\ 1 & 1 & -1 & -1 \\ 1 & -1 & 1 & -1 \\ 1 & -1 & -1 & 1 \end{pmatrix}$；

(7) $\begin{pmatrix} a & 1 & 0 & \cdots & 0 & 0 \\ 0 & a & 1 & \cdots & 0 & 0 \\ \vdots & \vdots & \vdots & & \vdots & \vdots \\ 0 & 0 & 0 & \cdots & a & 1 \\ 0 & 0 & 0 & \cdots & 0 & a \end{pmatrix}$上三角矩阵；　(8) $\begin{pmatrix} a_1 \\ a_2 \\ \vdots \\ a_n \end{pmatrix}(a_1, a_2, \cdots, a_n)$.

2. 证明：一个矩阵 $\boldsymbol{A}$ 以零为其一个特征值的充要条件是 $\boldsymbol{A}$ 为一个奇异矩阵.

3. 若 λ_1, λ_2 是 n 阶矩阵 $\boldsymbol{A}$ 的两个不同的特征值，$\boldsymbol{\alpha}_1$ 与 $\boldsymbol{\alpha}_2$ 是分别对应于 λ_1 与 λ_2 的特征向量，问 $\boldsymbol{\alpha}_1+\boldsymbol{\alpha}_2$ 是不是 $\boldsymbol{A}$ 的特征向量?

4. 题 1 的各矩阵能否相似于对角矩阵.

5. 试用施密特方法把下列矩阵的列向量组正交化：

(1) $(\boldsymbol{\alpha}_1, \boldsymbol{\alpha}_2, \boldsymbol{\alpha}_3)=\begin{pmatrix} 1 & 1 & 1 \\ 1 & 2 & 4 \\ 1 & 3 & 9 \end{pmatrix}$；　　(2) $(\boldsymbol{\alpha}_1, \boldsymbol{\alpha}_2, \boldsymbol{\alpha}_3)=\begin{pmatrix} 1 & 1 & -1 \\ 0 & -1 & 1 \\ -1 & 0 & 1 \\ 1 & 1 & 0 \end{pmatrix}$.

6. 下列矩阵是不是正交矩阵：

(1) $\begin{pmatrix} 1 & -\frac{1}{2} & \frac{1}{3} \\ -\frac{1}{2} & 1 & \frac{1}{2} \\ \frac{1}{3} & \frac{1}{2} & -1 \end{pmatrix}$；　　(2) $\begin{pmatrix} \frac{1}{9} & -\frac{8}{9} & -\frac{4}{9} \\ -\frac{8}{9} & \frac{1}{9} & -\frac{4}{9} \\ -\frac{4}{9} & -\frac{4}{9} & \frac{7}{9} \end{pmatrix}$.

7. 设 $\boldsymbol{x}$ 为 n 维列向量，$\boldsymbol{x}^{\mathrm{T}}\boldsymbol{x}=1$，令 $\boldsymbol{H}=\boldsymbol{E}-2\boldsymbol{x}\boldsymbol{x}^{\mathrm{T}}$，证明：$\boldsymbol{H}$ 是对称的正交矩阵.

8. 设 $\boldsymbol{A}$ 是正交矩阵，证明：

(1) $\boldsymbol{A}^{\mathrm{T}}$ 和 $\boldsymbol{A}^{-1}$ 也都是正交矩阵；　　(2) $|\boldsymbol{A}|=\pm 1$.

9. 设 $\boldsymbol{A}$ 与 $\boldsymbol{B}$ 都是 n 阶正交矩阵，证明：$\boldsymbol{AB}$ 也是正交矩阵.

10. 设 $\boldsymbol{A}$ 是一个上三角矩阵且 $\boldsymbol{A}$ 的主对角线上元素互不相同，证明：$\boldsymbol{A}$ 必相似于一个对角矩阵.

11. 设方阵 $\boldsymbol{A}=\begin{pmatrix} 1 & -2 & -4 \\ -2 & x & -2 \\ -4 & -2 & 1 \end{pmatrix}$ 与 $\boldsymbol{\Lambda}=\begin{pmatrix} 5 & & \\ & y & \\ & & -4 \end{pmatrix}$ 相似，求 x,y.

12. 设 $\boldsymbol{A},\boldsymbol{B}$ 都是 n 阶方阵，且 $|\boldsymbol{A}|\neq 0$，证明：$\boldsymbol{AB}$ 与 $\boldsymbol{BA}$ 相似.

13. 设三阶方阵 $\boldsymbol{A}$ 的特征值为 $\lambda_1=1,\lambda_2=0,\lambda_3=-1$；对应的特征向量依次为

$$\boldsymbol{P}_1=\begin{pmatrix} 1 \\ 2 \\ 2 \end{pmatrix},\quad \boldsymbol{P}_2=\begin{pmatrix} 2 \\ -2 \\ 1 \end{pmatrix},\quad \boldsymbol{P}_3=\begin{pmatrix} -2 \\ -1 \\ 2 \end{pmatrix},$$

求 $\boldsymbol{A}$.

14. 设三阶对称矩阵 $\boldsymbol{A}$ 的特征值为 6,3,3，与特征值 6 对应的特征向量为 $\boldsymbol{p}_1=(1,1,1)^{\mathrm{T}}$，求 $\boldsymbol{A}$.

15. 设 $\boldsymbol{A}$ 是 n 阶矩阵，$\boldsymbol{P}$ 是 n 阶非奇异矩阵，证明：

(1) $(\boldsymbol{P}^{-1}\boldsymbol{AP})^{-1}=\boldsymbol{P}^{-1}\boldsymbol{AP}$；　　(2) $(\boldsymbol{P}^{-1}\boldsymbol{AP})^{k}=\boldsymbol{P}^{-1}\boldsymbol{A}^{k}\boldsymbol{P}$.

16. (1) 设 $\boldsymbol{A}=\begin{pmatrix} 3 & -2 \\ -2 & 3 \end{pmatrix}$，求 $\varphi(\boldsymbol{A})=\boldsymbol{A}^{10}-5\boldsymbol{A}^{9}$；　　(2) 设 $\boldsymbol{A}=\begin{pmatrix} 2 & 1 & 2 \\ 1 & 2 & 2 \\ 2 & 2 & 1 \end{pmatrix}$，求 $\varphi(\boldsymbol{A})=\boldsymbol{A}^{10}-6\boldsymbol{A}^{9}+5\boldsymbol{A}^{8}$；

17. 试求一个正交的相似变换矩阵，将下列对称矩阵化为对角矩阵：

(1) $\begin{pmatrix} 2 & -2 & 0 \\ -2 & 1 & -2 \\ 0 & -2 & 0 \end{pmatrix}$；　　(2) $\begin{pmatrix} 2 & 2 & -2 \\ 2 & 5 & -4 \\ -2 & -4 & 5 \end{pmatrix}$.

18. 设数 λ 是 n 阶矩阵 $\boldsymbol{A}$ 的特征值，而

$$f(x)=x^2-2x+3.$$

证明：$f(\lambda)$ 是 $f(\boldsymbol{A})$ 的特征值.

19. $\boldsymbol{x}$ 为何值时，矩阵 $\boldsymbol{A}$ 能对角化？其中，

$$\boldsymbol{A}=\begin{pmatrix} 0 & 0 & 1 \\ 1 & 1 & x \\ 1 & 0 & 0 \end{pmatrix}.$$

第6章 二 次 型

在平面解析几何中,平面上的曲线可以用二元方程表示,反之,二元方程的几何意义是平面上的曲线.为了讨论平面上的二次曲线方程

$$ax^2+2bxy+cy^2+2dx+2ey+f=0,$$

需要利用坐标变换把上面的方程化为标准方程,这可以通过坐标旋转消去 xy 交叉项,再平移坐标轴就可以实现,从而得到二次曲线的标准方程.类似地,空间中的二次曲面的分类需要把一个三元二次齐次多项式化为平方和的形式,在科学技术等许多领域中,也会遇到把一个 n 元二次齐次多项式化为仅含有完全平方项的和的形式,以便进行分类,并研究相关性质.这正是本章讨论的二次型理论,需要说明的是,所涉及的二次型系数、矩阵的元素都是实数.

6.1 二次型与对称矩阵

定义 6.1 n 个变量 $x_1,x_2,\cdots,x_n$ 的二次齐次函数

$$\begin{aligned} f(x_1,x_2,\cdots,x_n)=&a_{11}x_1^2+2a_{12}x_1x_2+\cdots+2a_{1n}x_1x_n+a_{22}x_2^2\\ &+2a_{23}x_2x_3+\cdots+2a_{2n}x_2x_n+\cdots+a_{nn}x_n^2 \end{aligned} \tag{6.1}$$

称为 **n 元二次型**,简称**二次型**.

由矩阵的乘法运算,此二次型可简记为

$$f=(x_1,x_2,\cdots,x_n)\begin{pmatrix} a_{11} & a_{12} & \cdots & a_{1n}\\ a_{12} & a_{22} & \cdots & a_{2n}\\ \vdots & \vdots & & \vdots\\ a_{1n} & a_{2n} & \cdots & a_{nn} \end{pmatrix}\begin{pmatrix} x_1\\ x_2\\ \vdots\\ x_n \end{pmatrix}=\boldsymbol{x}^{\mathrm{T}}\boldsymbol{A}\boldsymbol{x}, \tag{6.2}$$

其中,$\boldsymbol{x}$ 是由变量 $x_1,x_2,\cdots,x_n$ 组成的列向量,$\boldsymbol{A}$ 是 n 阶对称矩阵,其主对角线上是 f 的平方项系数,右上方元素 $a_{ij}\,(i<j)$ 是 x_ix_j 的系数 $2a_{ij}$ 的一半 a_{ij},另一半按主对角线对称地记在 j 行 i 列位置,即 $a_{ji}=a_{ij}$.当 $\boldsymbol{A}$ 这样取定后,把式(6.2)右边乘出来,再合并同类项(即 $a_{ij}x_ix_j+a_{ji}x_jx_i=2a_{ij}x_ix_j$),就得原来的二次型,显然对称矩阵 $\boldsymbol{A}$ 与二次型 f 是相互唯一确定的.因此,$\boldsymbol{A}$ 及其秩数就分别称为**二次型 f 的矩阵和秩**.

例 6.1 写出二次型 $f(x_1,x_2,x_3)=3x_1^2+x_1x_2+\sqrt{2}x_1x_3-4x_2x_3+5x_3^2$ 的对称

矩阵 $\boldsymbol{A}$.

解

$$\boldsymbol{A}=\begin{pmatrix} 3 & \frac{1}{2} & \frac{\sqrt{2}}{2} \\ \frac{1}{2} & 0 & -2 \\ \frac{\sqrt{2}}{2} & -2 & 5 \end{pmatrix}.$$

由 $y_1,y_2,\cdots,y_n$ 到 $x_1,x_2,\cdots,x_n$ 的一个线性变换

$$\begin{cases} x_1=c_{11}y_1+c_{12}y_2+\cdots+c_{1n}y_n, \\ x_2=c_{21}y_1+c_{22}y_2+\cdots+c_{2n}y_n, \\ \cdots\cdots \\ x_n=c_{n1}y_1+c_{n2}y_2+\cdots+c_{nn}y_n, \end{cases} \tag{6.3}$$

用矩阵写为

$$\begin{pmatrix} x_1 \\ x_2 \\ \vdots \\ x_n \end{pmatrix}=\begin{pmatrix} c_{11} & c_{12} & \cdots & c_{1n} \\ c_{21} & c_{22} & \cdots & c_{2n} \\ \vdots & \vdots & & \vdots \\ c_{n1} & n_{n2} & \cdots & c_{nn} \end{pmatrix}\begin{pmatrix} y_1 \\ y_2 \\ \vdots \\ y_n \end{pmatrix} \quad 或 \quad \boldsymbol{x}=\boldsymbol{Cy},$$

如果 $|\boldsymbol{C}|\neq 0$,则称式(6.3)为**可逆的线性变换**,简称**可逆变换**. $\boldsymbol{x}=\boldsymbol{Cy}$ 的逆变换 $\boldsymbol{y}=\boldsymbol{C}^{-1}\boldsymbol{x}$. 特别地,当可逆变换的系数矩阵为正交矩阵 $\boldsymbol{P}$ 时,则称 $\boldsymbol{x}=\boldsymbol{Py}$ 为**正交变换**.

对于二次型,我们讨论的主要问题是化简二次型,即寻求可逆变换,消去二次型中非平方的二次项,只剩下平方项,也就是用式(6.3)代入式(6.2),能使

$$f=d_1y_1^2+d_2y_2^2+\cdots+d_ny_n^2.$$

这种只含平方项的二次型,称为二次型的**标准形**.

利用矩阵这一工具,将二次型的问题转化为实对称矩阵的问题加以解决.

将可逆变换 $\boldsymbol{x}=\boldsymbol{Cy}$ 代入式(6.2),有

$$f=\boldsymbol{x}^{\mathrm{T}}\boldsymbol{Ax}=(\boldsymbol{Cy})^{\mathrm{T}}\boldsymbol{ACy}=\boldsymbol{y}^{\mathrm{T}}(\boldsymbol{C}^{\mathrm{T}}\boldsymbol{AC})\boldsymbol{y}.$$

定理 6.1　任给可逆矩阵 $\boldsymbol{C}$,令 $\boldsymbol{B}=\boldsymbol{C}^{\mathrm{T}}\boldsymbol{AC}$,如果 $\boldsymbol{A}$ 为对称矩阵,则 $\boldsymbol{B}$ 亦为对称矩阵,且 $R(\boldsymbol{B})=R(\boldsymbol{A})$.

证明　由 $\boldsymbol{A}^{\mathrm{T}}=\boldsymbol{A}$,有

$$\boldsymbol{B}^{\mathrm{T}}=(\boldsymbol{C}^{\mathrm{T}}\boldsymbol{AC})^{\mathrm{T}}=\boldsymbol{C}^{\mathrm{T}}\boldsymbol{A}^{\mathrm{T}}\boldsymbol{C}=\boldsymbol{C}^{\mathrm{T}}\boldsymbol{AC}=\boldsymbol{B},$$

即 $\boldsymbol{B}$ 为对称阵.

根据定理 3.8 有

$$R(\boldsymbol{B})=R(\boldsymbol{C}^{\mathrm{T}}\boldsymbol{AC})=R(\boldsymbol{A}).$$

这个定理说明经可逆变换 $\boldsymbol{x}=\boldsymbol{Cy}$ 后,二次型 f 的矩阵由 $\boldsymbol{A}$ 变为 $\boldsymbol{C}^{\mathrm{T}}\boldsymbol{AC}$,且二次型的秩不变.

相应于变换前后两个二次型的矩阵的关系,引入以下定理.

定义 6.2 设 $\boldsymbol{A},\boldsymbol{B}$ 都是 n 阶矩阵,若有 n 阶可逆矩阵 $\boldsymbol{C}$,使

$$\boldsymbol{C}^{\mathrm{T}}\boldsymbol{A}\boldsymbol{C}=\boldsymbol{B},$$

则称矩阵 $\boldsymbol{A}$ 与 $\boldsymbol{B}$ **合同**,记为 $\boldsymbol{A}\simeq\boldsymbol{B}$,运算 $\boldsymbol{C}^{\mathrm{T}}\boldsymbol{A}\boldsymbol{C}$ 称为对 $\boldsymbol{A}$ 进行**合同变换**.

合同是矩阵之间的一个关系,不难看出,合同关系具有

(1) $\boldsymbol{E}_n^{\mathrm{T}}\boldsymbol{A}\boldsymbol{E}_n=\boldsymbol{A}$(反身性);

(2) 由 $\boldsymbol{C}^{\mathrm{T}}\boldsymbol{A}\boldsymbol{C}=\boldsymbol{B}$ 即得$(\boldsymbol{C}^{-1})^{\mathrm{T}}\boldsymbol{B}\boldsymbol{C}^{-1}=\boldsymbol{A}$(对称性);

(3) 由 $\boldsymbol{C}_1^{\mathrm{T}}\boldsymbol{A}\boldsymbol{C}_1=\boldsymbol{A}_1$ 和 $\boldsymbol{C}_2^{\mathrm{T}}\boldsymbol{A}_1\boldsymbol{C}_2=\boldsymbol{A}_2$,即得$(\boldsymbol{C}_1\boldsymbol{C}_2)^{\mathrm{T}}\boldsymbol{A}(\boldsymbol{C}_1\boldsymbol{C}_2)=\boldsymbol{A}_2$(传递性).

因此,经过可逆变换,新二次型的矩阵与原二次型的矩阵是合同的. 由此可以充分运用矩阵这一工具.

在变换二次型时,我们总是要求所作的线性变换是可逆的. 当线性变换

$$\boldsymbol{x}=\boldsymbol{C}\boldsymbol{y}$$

可逆时,由上面的关系即得

$$\boldsymbol{y}=\boldsymbol{C}^{-1}\boldsymbol{x},$$

这也是一个线性变换,它把所得的二次型还原. 这样从所得二次型的性质就可以推知原来二次型的一些性质.

要使二次型 f 经可逆变换 $\boldsymbol{x}=\boldsymbol{C}\boldsymbol{y}$ 变成标准形,就是要使

$$\begin{aligned}\boldsymbol{y}^{\mathrm{T}}\boldsymbol{C}^{\mathrm{T}}\boldsymbol{A}\boldsymbol{C}\boldsymbol{y}&=d_1y_1^2+d_2y_2^2+\cdots+d_ny_n^2\\&=(y_1,y_2,\cdots,y_n)\begin{pmatrix}d_1&&&\\&d_2&&\\&&\ddots&\\&&&d_n\end{pmatrix}\begin{pmatrix}y_1\\y_2\\\vdots\\y_n\end{pmatrix},\end{aligned}$$

也就是要使 $\boldsymbol{C}^{\mathrm{T}}\boldsymbol{A}\boldsymbol{C}$ 成为对角矩阵,因此,我们的主要问题是:对于对称矩阵 $\boldsymbol{A}$,求可逆矩阵 $\boldsymbol{C}$,使 $\boldsymbol{C}^{\mathrm{T}}\boldsymbol{A}\boldsymbol{C}$ 为对角矩阵,即 $\boldsymbol{A}$ 合同于一个对角矩阵. 它也称为对称矩阵的合同化简问题,由 4.3 节实对称矩阵的对角化问题可得下述定理.

定理 6.2 任何一个实对称矩阵 $\boldsymbol{A}$ 都合同于对角矩阵,即存在可逆矩阵 $\boldsymbol{C}$,使得

$$\boldsymbol{C}^{\mathrm{T}}\boldsymbol{A}\boldsymbol{C}=\begin{pmatrix}d_1&&&\\&d_2&&\\&&\ddots&\\&&&d_n\end{pmatrix},$$

从而任何一个实二次型 $\boldsymbol{x}^{\mathrm{T}}\boldsymbol{A}\boldsymbol{x}$ 都可用可逆线性变换 $\boldsymbol{x}=\boldsymbol{C}\boldsymbol{y}$ 化为标准形,即

$$f(x_1,x_2,\cdots,x_n)=\boldsymbol{x}^{\mathrm{T}}\boldsymbol{A}\boldsymbol{x}\xlongequal{\boldsymbol{x}=\boldsymbol{C}\boldsymbol{y}}d_1y_1^2+d_2y_2^2+\cdots+d_ny_n^2.$$

一个实对称矩阵合同于对角矩阵的方法与用可逆线性变换把一个实二次型化简为标准形的方法是相对应的. 6.2 节将介绍化二次型为标准形的三种方法.

6.2　化二次型为标准形的三种方法

6.2.1　正交变换的方法

由 5.3 节中的结论,任给对称矩阵 $\boldsymbol{A}$,总有正交矩阵 $\boldsymbol{P}$,使 $\boldsymbol{P}^{-1}\boldsymbol{A}\boldsymbol{P}=\boldsymbol{P}^{\mathrm{T}}\boldsymbol{A}\boldsymbol{P}$ 为对角矩阵. 此结论用于二次型,有如下定理.

定理 6.3　任给二次型 $f=\boldsymbol{x}^{\mathrm{T}}\boldsymbol{A}\boldsymbol{x}$,总有正交矩阵 $\boldsymbol{P}$,使 f 经正交变换 $\boldsymbol{x}=\boldsymbol{P}\boldsymbol{y}$ 化为标准形

$$f=\lambda_1 y_1^2+\lambda_2 y_2^2+\cdots+\lambda_n y_n^2,$$

其中 $\lambda_1,\lambda_2,\cdots,\lambda_n$ 是 $\boldsymbol{A}$ 的特征值.

例 6.2　求一个正交变换 $\boldsymbol{x}=\boldsymbol{P}\boldsymbol{y}$,把二次型

$$f(x_1,x_2,x_3)=2x_1^2+2x_1x_2+2x_1x_3+2x_2^2+2x_2x_3+2x_3^2$$

化为标准形.

解　二次型的矩阵为

$$\boldsymbol{A}=\begin{pmatrix}2&1&1\\1&2&1\\1&1&2\end{pmatrix},$$

它的特征多项式为

$$|\lambda\boldsymbol{E}-\boldsymbol{A}|=\begin{vmatrix}\lambda-2&-1&-1\\-1&\lambda-2&-1\\-1&-1&\lambda-2\end{vmatrix}=(\lambda-1)^2(\lambda-4),$$

得特征值 $\lambda_1=\lambda_2=1,\lambda_3=4$.

将 $\lambda_1=\lambda_2=1$ 代入式(5.4):$(\boldsymbol{E}-\boldsymbol{A})\boldsymbol{x}=\boldsymbol{0}$,由

$$\boldsymbol{E}-\boldsymbol{A}=\begin{pmatrix}-1&-1&-1\\-1&-1&-1\\-1&-1&-1\end{pmatrix}\to\begin{pmatrix}1&1&1\\0&0&0\\0&0&0\end{pmatrix},$$

得同解方程组 $x_1=-x_2-x_3$,于是得基础解系

$$\boldsymbol{v}_1=\begin{pmatrix}-1\\1\\0\end{pmatrix},\quad \boldsymbol{v}_2=\begin{pmatrix}-1\\0\\1\end{pmatrix}.$$

正交规范化为

$$\boldsymbol{\beta}_1=\frac{1}{\sqrt{2}}\begin{pmatrix}-1\\1\\0\end{pmatrix},\quad \boldsymbol{\beta}_2=\frac{1}{\sqrt{6}}\begin{pmatrix}-1\\-1\\2\end{pmatrix}.$$

将 $\lambda_3=4$ 代入式(5.4)：$(4\boldsymbol{E}-\boldsymbol{A})\boldsymbol{x}=\boldsymbol{0}$，由

$$4\boldsymbol{E}-\boldsymbol{A}=\begin{pmatrix}2&-1&-1\\-1&2&-1\\-1&-1&2\end{pmatrix}\rightarrow\begin{pmatrix}1&0&-1\\0&1&-1\\0&0&0\end{pmatrix},$$

得同解方程组为 $x_1=x_3, x_2=x_3$，于是得基础解系 $\boldsymbol{v}_3=(1,1,1)^{\mathrm{T}}$，令

$$\boldsymbol{\beta}_3=\frac{1}{\sqrt{3}}\begin{pmatrix}1\\1\\1\end{pmatrix}.$$

最后，取 $\boldsymbol{P}$ 是以 $\boldsymbol{\beta}_i(i=1,2,3)$ 为列的矩阵，则有

$$\boldsymbol{P}=\begin{pmatrix}-\frac{1}{\sqrt{2}}&-\frac{1}{\sqrt{6}}&\frac{1}{\sqrt{3}}\\\frac{1}{\sqrt{2}}&-\frac{1}{\sqrt{6}}&\frac{1}{\sqrt{3}}\\0&\frac{2}{\sqrt{6}}&\frac{1}{\sqrt{3}}\end{pmatrix},\quad \boldsymbol{P}^{\mathrm{T}}\boldsymbol{A}\boldsymbol{P}=\begin{pmatrix}1&0&0\\0&1&0\\0&0&4\end{pmatrix}.$$

所求正交变换为 $\boldsymbol{x}=\boldsymbol{P}\boldsymbol{y}$，$f$ 的标准形为 $y_1^2+y_2^2+4y_3^2$.

6.2.2 配方法

下面通过例题介绍配方法，它是求一般的可逆变换 $\boldsymbol{x}=\boldsymbol{C}\boldsymbol{y}$（$\boldsymbol{C}$ 未必是正交矩阵），使二次型化为标准形.

例 6.3 化二次型

$$f=x_1^2+2x_1x_2-4x_1x_3-3x_2^2-6x_2x_3+x_3^2$$

为标准形，并求出所作变换.

解 按下面的方法先消去含 x_1 的交叉项，再消去含 x_2 的交叉项等.

$$\begin{aligned}f(x_1,x_2,x_3)=&\ x_1^2+2x_1(x_2-2x_3)+(x_2-2x_3)^2\\&-(x_2-2x_3)^2-3x_2^2-6x_2x_3+x_3^2\\=&\ (x_1+x_2-2x_3)^2-4x_2^2-2x_2x_3-3x_3^2\\=&\ (x_1+x_2-2x_3)^2-\left[(2x_2)^2+2(2x_2)\left(\frac{1}{2}x_3\right)+\frac{1}{4}x_3^2\right]\\&-3x_3^2+\frac{1}{4}x_3^2\\=&\ (x_1+x_2-2x_3)^2-\left(2x_2+\frac{1}{2}x_3\right)^2-\frac{11}{4}x_3^2.\end{aligned}$$

令

$$\begin{cases} y_1 = x_1 + x_2 - 2x_3, \\ y_2 = 2x_2 + \dfrac{1}{2}x_3, \\ y_3 = x_3 \end{cases}$$

或

$$\begin{pmatrix} y_1 \\ y_2 \\ y_3 \end{pmatrix} = \begin{pmatrix} 1 & 1 & -2 \\ 0 & 2 & \dfrac{1}{2} \\ 0 & 0 & 1 \end{pmatrix} \begin{pmatrix} x_1 \\ x_2 \\ x_3 \end{pmatrix},$$

得 f 的标准形为 $y_1^2 - y_2^2 - \frac{11}{4}y_3^2$.

$$\boldsymbol{C} = \begin{pmatrix} 1 & 1 & -2 \\ 0 & 2 & \dfrac{1}{2} \\ 0 & 0 & 1 \end{pmatrix}^{-1} = \begin{pmatrix} 1 & -\dfrac{1}{2} & \dfrac{9}{4} \\ 0 & \dfrac{1}{2} & -\dfrac{1}{4} \\ 0 & 0 & 1 \end{pmatrix},$$

所求可逆变换为 $\boldsymbol{x} = \boldsymbol{C}\boldsymbol{y}$.

例 6.4　化二次型

$$f = 2x_1x_2 + 2x_1x_3 - 6x_2x_3$$

为标准形,并求所用的可逆变换.

解　f 中不含平方项,需由乘积项 x_1x_2 变换出平方项,故令

$$\begin{cases} x_1 = y_1 + y_2, \\ x_2 = y_1 - y_2, \\ x_3 = y_3 \end{cases} \quad 或 \quad \boldsymbol{x} = \begin{pmatrix} 1 & 1 & 0 \\ 1 & -1 & 0 \\ 0 & 0 & 1 \end{pmatrix} \boldsymbol{y} = \boldsymbol{C}_1\boldsymbol{y},$$

代入可得

$$f = 2y_1^2 - 2y_2^2 - 4y_1y_3 + 8y_2y_3,$$

再配方,得

$$f = 2(y_1 - y_3)^2 - 2(y_2 - 2y_3)^2 + 6y_3^2.$$

令

$$\begin{cases} z_1 = y_1 - y_3, \\ z_2 = y_2 - 2y_3, \\ z_3 = y_3, \end{cases}$$

即有

$$\boldsymbol{y} = \begin{pmatrix} 1 & 0 & 1 \\ 0 & 1 & 2 \\ 0 & 0 & 1 \end{pmatrix} \boldsymbol{z} = \boldsymbol{C}_2\boldsymbol{z},$$

得 $f = 2z_1^2 - 2z_2^2 + 6z_3^2$. 令

$$C = C_1C_2 = \begin{pmatrix} 1 & 1 & 3 \\ 1 & -1 & -1 \\ 0 & 0 & 1 \end{pmatrix}, \quad |C| = -2 \neq 0,$$

所求变换为 $\boldsymbol{x}=\boldsymbol{Cz}$.

一般地,任何二次型都可用上面两例的方法找到可逆变换,使其化为标准形,且由定理 6.1 可知,标准形中含有的项数,就是二次型的秩.

6.2.3 初等变换的方法

根据第 3 章中的矩阵理论,可逆矩阵可以表示为若干个初等矩阵的乘积,对矩阵左(右)乘以一个初等矩阵,即等于对该矩阵作初等行(列)变换. 因此,当 $\boldsymbol{C}$ 是可逆矩阵,$\boldsymbol{C}^{\mathrm{T}}\boldsymbol{AC}$ 是对角矩阵时,设

$$\boldsymbol{C} = \boldsymbol{P}_1\boldsymbol{P}_2\cdots\boldsymbol{P}_s \quad 或 \quad \boldsymbol{C} = \boldsymbol{E}_n\boldsymbol{P}_1\boldsymbol{P}_2\cdots\boldsymbol{P}_s,$$

其中,$\boldsymbol{P}_i(i=1,2,\cdots,s)$是初等矩阵,则表达式

$$\boldsymbol{C}^{\mathrm{T}}\boldsymbol{AC} = \boldsymbol{P}_s^{\mathrm{T}}\cdots\boldsymbol{P}_2^{\mathrm{T}}\boldsymbol{P}_1^{\mathrm{T}}\boldsymbol{AP}_1\boldsymbol{P}_2\cdots\boldsymbol{P}_s$$

是对角矩阵.

可见,对 $2n\times n$ 矩阵$\begin{pmatrix}\boldsymbol{A}\\ \boldsymbol{E}\end{pmatrix}$作相应于右乘 $\boldsymbol{P}_1,\boldsymbol{P}_2,\cdots,\boldsymbol{P}_s$ 的初等列变换,再对 $\boldsymbol{A}$ 作相应于左乘 $\boldsymbol{P}_1^{\mathrm{T}},\boldsymbol{P}_2^{\mathrm{T}},\cdots,\boldsymbol{P}_s^{\mathrm{T}}$ 的初等行变换,矩阵 $\boldsymbol{A}$ 变为对角矩阵,而单位矩阵 $\boldsymbol{E}$ 在相应的列变换下就变为所要求的可逆矩阵 $\boldsymbol{C}$.

注意,上述方法是对 $\boldsymbol{A}$ 的列实施一次初等变换,再接着对 $\boldsymbol{A}$ 的行实施一次同样的变换,这样就保持了合同关系,目的是把 $\boldsymbol{A}$ 化为对角矩阵. 对 $\boldsymbol{A}$ 实施列变换时,$\boldsymbol{E}$ 跟着变,而对 $\boldsymbol{A}$ 实施变换时,$\boldsymbol{E}$ 不变.

例 6.5 设 $\boldsymbol{A}=\begin{pmatrix} 1 & 1 & 1 \\ 1 & 2 & 2 \\ 1 & 2 & 1 \end{pmatrix}$,求可逆矩阵 $\boldsymbol{C}$,使 $\boldsymbol{C}^{\mathrm{T}}\boldsymbol{AC}$ 为对角矩阵.

解

$$\begin{pmatrix}\boldsymbol{A}\\ \boldsymbol{E}\end{pmatrix} = \begin{pmatrix} 1 & 1 & 1 \\ 1 & 2 & 2 \\ 1 & 2 & 1 \\ 1 & 0 & 0 \\ 0 & 1 & 0 \\ 0 & 0 & 1 \end{pmatrix} \xrightarrow[r_2 - r_1]{c_2 - c_1} \begin{pmatrix} 1 & 0 & 1 \\ 0 & 1 & 1 \\ 1 & 1 & 1 \\ 1 & -1 & 0 \\ 0 & 1 & 0 \\ 0 & 0 & 1 \end{pmatrix}$$

$$\xrightarrow[r_3-r_1]{c_3-c_1}\begin{pmatrix}1&0&0\\0&1&1\\0&1&0\\1&-1&-1\\0&1&0\\0&0&1\end{pmatrix}\xrightarrow[r_3-r_2]{c_3-c_2}\begin{pmatrix}1&0&0\\0&1&0\\0&0&-1\\1&-1&0\\0&1&-1\\0&0&1\end{pmatrix},$$

因此，

$$\boldsymbol{C}=\begin{pmatrix}1&-1&0\\0&1&-1\\0&0&1\end{pmatrix},\quad \boldsymbol{C}^{\mathrm{T}}\boldsymbol{AC}=\begin{pmatrix}1&&\\&1&\\&&-1\end{pmatrix}.$$

由于实施一次列和行的变换是合同变换，保持对称性(对 $2n\times n$ 矩阵的上半部分而言)，因而实施一次列变换后，只要把相应的行的元素改为与对称位置上的元素相同就行了.

例 6.6 求一可逆变换化二次型

$$f=2x_1x_2+2x_1x_3-4x_2x_3$$

为标准形.

解 此二次型的矩阵为

$$\boldsymbol{A}=\begin{pmatrix}0&1&1\\1&0&-2\\1&-2&0\end{pmatrix},$$

$$\begin{pmatrix}\boldsymbol{A}\\\boldsymbol{E}\end{pmatrix}=\begin{pmatrix}0&1&1\\1&0&-2\\1&-2&0\\1&0&0\\0&1&0\\0&0&1\end{pmatrix}\xrightarrow[r_1+\frac{1}{2}r_2]{c_1+\frac{1}{2}c_2}\begin{pmatrix}1&1&0\\1&0&-2\\0&-2&0\\1&0&0\\\frac{1}{2}&1&0\\0&0&1\end{pmatrix}$$

$$\xrightarrow[r_2-r_1]{c_2-c_1}\begin{pmatrix}1&0&0\\0&-1&-2\\0&-2&0\\1&-1&0\\\frac{1}{2}&\frac{1}{2}&0\\0&0&1\end{pmatrix}\xrightarrow[r_3-2r_2]{c_3-2c_2}\begin{pmatrix}1&0&0\\0&-1&0\\0&0&4\\1&-1&2\\\frac{1}{2}&\frac{1}{2}&-1\\0&0&1\end{pmatrix}$$

所以

$$C=\begin{pmatrix}1 & -1 & 2\\ \frac{1}{2} & \frac{1}{2} & -1\\ 0 & 0 & 1\end{pmatrix},\quad |C|=1\neq 0.$$

令 $x=Cy$,即

$$\begin{pmatrix}x_1\\ x_2\\ x_3\end{pmatrix}=\begin{pmatrix}1 & -1 & 2\\ \frac{1}{2} & \frac{1}{2} & -1\\ 0 & 0 & 1\end{pmatrix}\begin{pmatrix}y_1\\ y_2\\ y_3\end{pmatrix},$$

代入原二次型可得标准形

$$f=y_1^2-y_2^2+4y_3^2.$$

以上三种化二次型为标准形的方法各有特点,正交变换的方法是常用的,因为正交变换可保持向量的长度不变,经该变换所得的标准形中各项的系数是二次型的矩阵的特征值.而另两种方法虽然简便一些,但求得的是一般的可逆变换,不具有正交变换的特点.

6.3 正定二次型

定义 6.3 设有二次型 $f=x^{\mathrm{T}}Ax$,如果对于任何 $x\neq 0$,都有 $x^{\mathrm{T}}Ax>0$,则称 f 为**正定二次型**,称 A 为**正定矩阵**;如果对于任何 $x\neq 0$,都有 $x^{\mathrm{T}}Ax<0$,则称 f 为**负定二次型**,称 A 为**负定矩阵**.

$f(x_1,x_2,\cdots,x_n)$为 正(负)定二次型的含义是:任何一组不全为零的数 $c_1,c_2,\cdots,c_n$ 代入 f 中,使得 $f(c_1,c_2,\cdots,c_n)>0(<0)$.讨论二次型 f 是正定或负定的问题称为讨论二次型 f 的正定性问题.

例 6.7 判别下列二次型的正定性:

(1) $f(x_1,x_2,\cdots,x_n)=x_1^2+x_2^2+\cdots+x_n^2$;

(2) $f(x_1,x_2,x_3)=x_1^2+2x_2^2$;

(3) $f(x_1,x_2,x_3)=-x_1^2+2x_1x_2-2x_2^2-x_3^2$.

解 (1) 显然对任何 $x\neq 0$,都有 $f(x_1,x_2,\cdots,x_n)>0$,所以这个二次型是正定的,其矩阵 E_n 是正定矩阵;

(2) 因为 $f(0,0,1)=0$,所以二次型既不是正定也不是负定的;

(3) $f=-(x_1+x_2)^2-x_2^2-x_3^2$,对任何 $x\neq 0$,都有 $f(x_1,x_2,x_3)<0$,故这个二次型负定.

从前面例题化二次型为标准形时可知,用不同的线性变换矩阵所得标准形也不同,即二次型的标准形是不唯一的.但正如前面所说,二次型的秩是唯一的,在化标准形的过程中是不变的,即一个二次型的两个不同标准形中含有的非零平方项数是相同的，都等于二次型的秩. 不仅如此，在实可逆变换下，标准形中正系数的项数和负系数的项数也不因变换不同而改变，下面给出定理.

定理 6.4（惯性定理） 设二次型 $f=\boldsymbol{x}^{\mathrm{T}}\boldsymbol{A}\boldsymbol{x}$ 的秩为 r，有两个可逆变换 $\boldsymbol{x}=\boldsymbol{P}\boldsymbol{y}$ 及 $\boldsymbol{x}=\boldsymbol{C}\boldsymbol{z}$，使

$$f=k_1y_1^2+k_2y_2^2+\cdots+k_ry_r^2,\quad k_i\neq 0, i=1,2,\cdots,r$$

及

$$f=\lambda_1z_1^2+\lambda_2z_2^2+\cdots+\lambda_rz_r^2,\quad k_i\neq 0, i=1,2,\cdots,r,$$

则 $k_1,k_2,\cdots,k_r$ 中正数的个数与 $\lambda_1,\lambda_2,\cdots,\lambda_r$ 中正数的个数相同.

定义 6.4 二次型 $f(x_1,x_2,\cdots,x_n)$ 的标准形中，系数为正的平方项的个数 p 称为二次型的**正惯性指数**，系数为负的平方项的个数 $r-p$ 称为**负惯性指数**，$s=2p-r$ 称为**符号差**. 这里 r 为二次型 f 的秩.

定理 6.5 二次型 $f(x_1,x_2,\cdots,x_n)=\boldsymbol{x}^{\mathrm{T}}\boldsymbol{A}\boldsymbol{x}$ 为正定的充分必要条件是它的正惯性指数等于 n.

证明 设可逆变换 $\boldsymbol{x}=\boldsymbol{C}\boldsymbol{y}$ 使

$$f=\boldsymbol{x}^{\mathrm{T}}\boldsymbol{A}\boldsymbol{x}=(\boldsymbol{C}\boldsymbol{y})^{\mathrm{T}}\boldsymbol{A}(\boldsymbol{C}\boldsymbol{y})=\boldsymbol{y}^{\mathrm{T}}\boldsymbol{C}^{\mathrm{T}}\boldsymbol{A}\boldsymbol{C}\boldsymbol{y}=\sum_{i=1}^{n}d_iy_i^2.$$

充分性. 设 $d_i>0(i=1,2,\cdots,n)$. 任给 $\boldsymbol{x}\neq\boldsymbol{0}$，则 $\boldsymbol{y}=\boldsymbol{C}^{-1}\boldsymbol{x}\neq\boldsymbol{0}$，于是至少有 $y_k\neq 0$，因 $d_k>0$，有 $d_ky_k^2>0$，又 $d_iy_i^2\geqslant 0(i\neq k)$，从而

$$f=\boldsymbol{x}^{\mathrm{T}}\boldsymbol{A}\boldsymbol{x}=\sum_{i=1}^{n}d_iy_i^2>0.$$

必要性. 假设有 $d_k\leqslant 0(1\leqslant k\leqslant n)$. 取 $\boldsymbol{y}$ 为 $\boldsymbol{E}_n$ 的第 k 列，则

$$\boldsymbol{x}=\boldsymbol{C}\boldsymbol{y}=\boldsymbol{C}\begin{pmatrix}0\\ \vdots\\ 1\\ \vdots\\ 0\end{pmatrix}\neq\boldsymbol{0},$$

而 $f=\boldsymbol{x}^{\mathrm{T}}\boldsymbol{A}\boldsymbol{x}=\sum\limits_{i=1}^{n}d_iy_i^2=d_k\leqslant 0$，这与 f 为正定矛盾，所以 $d_i>0(i=1,2,\cdots,n)$.

推论 6.1 对称矩阵 $\boldsymbol{A}$ 为正定的充要条件是 $\boldsymbol{A}$ 的特征值全为正.

证明 由定理 6.2 的结论和定理 6.5 可得.

类似地，有二次型 f 为负定的充分必要条件是它的负惯性指数等于 n，对称矩阵 $\boldsymbol{A}$ 为负定矩阵当且仅当它的所有特征值全为负.

推论 6.2 n 阶对称矩阵 $\boldsymbol{A}$ 为正定的充要条件是有可逆矩阵 $\boldsymbol{C}$ 使 $\boldsymbol{C}^{\mathrm{T}}\boldsymbol{A}\boldsymbol{C}=\boldsymbol{E}_n$.

证明 由定理 6.3 及推论 6.1 知有可逆矩阵 $\boldsymbol{S}$，使

$$S^{\mathrm{T}}AS=\begin{pmatrix} d_1 & & & \\ & d_2 & & \\ & & \ddots & \\ & & & d_n \end{pmatrix},\quad d_i>0, i=1,2,\cdots,n.$$

令

$$Q=\begin{pmatrix} \frac{1}{\sqrt{d_1}} & & & \\ & \frac{1}{\sqrt{d_2}} & & \\ & & \ddots & \\ & & & \frac{1}{\sqrt{d_n}} \end{pmatrix}$$

及 $C=SQ$，则 C 可逆，且 $C^{\mathrm{T}}AC=Q^{\mathrm{T}}(S^{\mathrm{T}}AS)Q=E_n$.

反之显然.

上述判定二次型的正定性往往是先求出 f 的标准形的情况. 下面给出另一个判别方法.

定义 6.5 设 $A=(a_{ij})$ 为 n 阶对称矩阵，下面的 n 个行列式：

$$|A_1|=a_{11},\quad |A_2|=\begin{vmatrix} a_{11} & a_{12} \\ a_{21} & a_{22} \end{vmatrix},\quad \cdots,\quad |A_n|=\begin{vmatrix} a_{11} & \cdots & a_{1n} \\ \vdots & & \vdots \\ a_{n1} & \cdots & a_{nn} \end{vmatrix}$$

分别称为 A 的 k 阶**顺序主子式**($k=1,2,\cdots,n$).

定理 6.6 对称矩阵 A 正定的充分必要条件是 A 的各阶顺序主子式都为正，即 $|A_k|>0(k=1,2,\cdots,n)$；A 负定的充分必要条件是 A 的奇数阶顺序主子式为负，偶数阶顺序主子式为正，即 $(-1)^k|A_k|>0(k=1,2,\cdots,n)$.

此定理不予证明.

例 6.8 证明：$f(x_1,x_2,x_3)=3x_1^2+6x_1x_3+x_2^2-4x_2x_3+8x_3^2$ 为正定.

证明 $f(x_1,x_2,x_3)=3x_1^2+6x_1x_3+x_2^2-4x_2x_3+8x_3^2$ 的矩阵为

$$A=\begin{pmatrix} 3 & 0 & 3 \\ 0 & 1 & -2 \\ 3 & -2 & 8 \end{pmatrix},$$

$$|A_1|=3>0,\quad |A_2|=\begin{vmatrix} 3 & 0 \\ 0 & 1 \end{vmatrix}=3>0,\quad |A_3|=|A|=3>0,$$

因此，$f(x_1,x_2,x_3)$ 为正定.

例 6.9 $f(x_1,x_2,x_3)=x_1^2+2x_1x_2+4x_1x_3+2x_2^2+6x_2x_3+\lambda x_3^2$，当 λ 取何值时，二次型 f 为正定.

解

$$A=\begin{pmatrix}1&1&2\\1&2&3\\2&3&\lambda\end{pmatrix},$$

$$|A_1|=1>0,|A_2|=\begin{vmatrix}1&1\\1&2\end{vmatrix}=1>0,|A_3|=|A|=\lambda-5>0,$$

故 $\lambda>5$ 时，f 为正定.

例 6.10 证明：如果 A 为正定矩阵，则 A^{-1} 也是正定矩阵.

证明 A 正定，则存在可逆矩阵 C，使得 $C^TAC=E_n$，两边取逆得 $C^{-1}A^{-1}(C^T)^{-1}=E_n$；又因 $(C^T)^{-1}=(C^{-1})^T$，$C^{-1}=((C^{-1})^T)^T$，因此 $((C^{-1})^T)^TA^{-1}(C^{-1})^T=E_n$. 显然 A^{-1} 为对称矩阵，由推论 6.2 知 A^{-1} 为正定矩阵.

本章小结

二次型的研究起源于解析几何中化二次曲线与二次曲面的方程为标准形式，它的理论已广泛应用到自然科学与工程技术之中.

本章首先提示了将二次型化成标准形等同于对二次型对应的实对称矩阵求合同标准形，然后介绍用正交变换和一般可逆线性变换化二次型为标准形，再在惯性定理的基础上，讨论了二次型与实对称矩阵的正定性.

习 题 6

1. 写出下列各二次型的矩阵：

(1) $x_1^2-2x_1x_2+3x_1x_3-2x_2^2+8x_2x_3+3x_3^2$；

(2) $x_1x_2-x_1x_3+2x_2x_3+x_4^2$.

2. 写出下列对称矩阵所对应的二次型：

(1) $\begin{pmatrix}0&1\\1&0\end{pmatrix}$； (2) $\begin{pmatrix}a&b\\b&a\end{pmatrix}$；

(3) $\begin{pmatrix}1&1&0\\1&-1&2\\0&2&0\end{pmatrix}$； (4) $\begin{pmatrix}-1&1&-3\\1&-\sqrt{2}&0\\-3&0&4\end{pmatrix}$.

3. 设 $f(x_1,x_2,x_3)=x_1^2+2x_1x_2-2x_1x_3+x_2^2-4x_2x_3-x_3^2$，对下面的矩阵 C，求 f 经变换 $x=Cy$ 后新的二次型：

(1) $C=\begin{pmatrix}1&0&0\\0&2&0\\0&0&3\end{pmatrix}$； (2) $C=\begin{pmatrix}1&-1&1\\-1&0&3\\-2&0&1\end{pmatrix}$.

4. 求一个正交变换化下列二次型为标准形：

(1) $2x_1^2+3x_2^2+3x_3^2+4x_2x_3$；

(2) $x^2+4y^2+z^2-4xy-8xz-4yz$；

(3) $x_1^2+5x_2^2-x_3^2+4\sqrt{2}x_1x_3$.

5. 证明下列两个矩阵是合同的，并求出 $\boldsymbol{C}$ 使 $\boldsymbol{B}=\boldsymbol{C}^{\mathrm{T}}\boldsymbol{A}\boldsymbol{C}$.

$$\boldsymbol{A}=\begin{pmatrix}a_1&0&0\\0&a_2&0\\0&0&a_3\end{pmatrix},\quad \boldsymbol{B}=\begin{pmatrix}a_2&0&0\\0&a_3&0\\0&0&a_1\end{pmatrix}.$$

6. 对于对称矩阵 $\boldsymbol{A}$ 与 $\boldsymbol{B}$，求出非奇异矩阵 $\boldsymbol{C}$，使 $\boldsymbol{C}^{\mathrm{T}}\boldsymbol{A}\boldsymbol{C}=\boldsymbol{B}$.

$$\boldsymbol{A}=\begin{pmatrix}0&1&1\\1&2&1\\1&1&0\end{pmatrix},\quad \boldsymbol{B}=\begin{pmatrix}2&1&1\\1&0&1\\1&1&0\end{pmatrix}.$$

7. 求可逆矩阵 $\boldsymbol{C}$，使 $\boldsymbol{C}^{\mathrm{T}}\boldsymbol{A}\boldsymbol{C}$ 为对角矩阵.

(1) $\boldsymbol{A}=\begin{pmatrix}1&2&0\\2&0&1\\0&1&3\end{pmatrix}$；　　　　(2) $\boldsymbol{A}=\begin{pmatrix}0&1&-2\\1&0&-1\\-2&-1&0\end{pmatrix}$.

8. 求可逆变换化下列二次型为标准形：

(1) $x_1^2+5x_2^2-4x_3^2+2x_1x_2-4x_1x_3$；

(2) $x_1x_2-4x_1x_3+6x_2x_3$.

9. 已知二次型 $f=x_1^2+x_2^2+x_3^2+2ax_1x_2+2bx_2x_3+2x_1x_3$ 经正交变换 $\boldsymbol{x}=\boldsymbol{P}\boldsymbol{y}$ 化成 $f=y_2^2+2y_3^2$，求 a,b 及正交变换矩阵 $\boldsymbol{P}$.

10. 已知二次曲面方程 $x^2+ay^2+z^2+2bxy+2xz+2yz=4$ 可以经过正交变换

$$\begin{pmatrix}x\\y\\z\end{pmatrix}=\boldsymbol{P}\begin{pmatrix}\xi\\\eta\\\zeta\end{pmatrix}$$

化为椭圆柱面方程 $\eta^2+4\zeta^2=4$，求 a,b 的值和正交矩阵 $\boldsymbol{P}$.

11. 已知二次型 $f(x_1,x_2,x_3)=(1-a)x_1^2+(1-a)x_2^2+2x_3^2+2(1+a)x_1x_2$ 的秩为 2.

(1) 求 a 的值；

(2) 求正交变换 $\boldsymbol{x}=\boldsymbol{Q}\boldsymbol{y}$，把 $f(x_1,x_2,x_3)$ 化为标准形；

(3) 求方程 $f(x_1,x_2,x_3)=0$ 的解.

12. 判别下列二次型的正定性：

(1) $-2x_1^2-6x_2^2-4x_3^2+2x_1x_2+2x_1x_3$；

(2) $5x_1^2+x_2^2+6x_3^2+4x_1x_2-2x_1x_3-2x_2x_3$.

13. 求 λ 的值，使二次型正定：

(1) $x_1^2+x_2^2+5x_3^2+2\lambda x_1x_2-2x_1x_3+4x_2x_3$；

(2) $5x_1^2+x_2^2+\lambda x_3^2+4x_1x_2-2x_1x_3-2x_2x_3$.

14. 设 $\boldsymbol{U}$ 为可逆矩阵，$\boldsymbol{A}=\boldsymbol{U}^{\mathrm{T}}\boldsymbol{U}$，证明：$f=\boldsymbol{x}^{\mathrm{T}}\boldsymbol{A}\boldsymbol{x}$ 为正定二次型.

15. 设对称矩阵 $\boldsymbol{A}$ 为正定矩阵，证明：存在可逆矩阵 $\boldsymbol{U}$，使 $\boldsymbol{A}=\boldsymbol{U}^{\mathrm{T}}\boldsymbol{U}$.

16. 证明：二次型 $f=\boldsymbol{x}^{\mathrm{T}}\boldsymbol{A}\boldsymbol{x}$ 在 $\|\boldsymbol{x}\|=1$ 时的最大值为矩阵 $\boldsymbol{A}$ 的最大特征值.

17. 已知 $\boldsymbol{A}$ 是 n 阶正定矩阵，证明：$|\boldsymbol{A}+2\boldsymbol{E}|>2^n$.

18. 设 $\boldsymbol{A}$ 为 $m\times n$ 实矩阵，$\boldsymbol{E}$ 为 n 阶单位矩阵，已知矩阵 $\boldsymbol{B}=\lambda\boldsymbol{E}+\boldsymbol{A}^{\mathrm{T}}\boldsymbol{A}$，证明：当 $\lambda>0$ 时，矩阵 $\boldsymbol{B}$ 为正定矩阵.

19. 设 $\boldsymbol{A}$ 是 n 阶实对称矩阵，满足 $\boldsymbol{A}^2=\boldsymbol{A}$，$\boldsymbol{A}$ 的正惯性指数为 r，负惯性指数为 0，求行列式 $|\boldsymbol{E}+\boldsymbol{A}+\boldsymbol{A}^2+\cdots+\boldsymbol{A}^n|$ 的值.

第7章　线性空间与线性变换

前面讲述线性方程组时介绍了实数域 $\mathbf{R}$ 上的 n 维向量，讨论了向量的线性运算和向量间的线性关系，并由此得到了实数域上 n 维向量空间 $\mathbf{R}^n$ 的概念，它们对于研究线性方程组解的结构具有十分重要的意义. 在科学技术和经济研究等许多领域中，有着很多与 $\mathbf{R}^n$ 具有相同性质的集合，将这些集合共同的性质抽象出来，就可以得到线性空间(向量空间)的概念，线性空间是线性代数最基本的概念之一.

在线性空间中，元素之间的联系是通过映射来实现的，而通常将线性空间到其自身的映射称为变换. 线性变换是其中最基本也是最重要的变换，它是线性代数的主要研究对象之一，而线性变换与矩阵又存在着对应关系. 本章将介绍线性空间的概念、性质；讨论线性空间的基与坐标；给出线性变换的定义，研究线性变换的矩阵等有关概念.

7.1　线性空间的定义与性质

7.1.1　线性空间的定义

定义 7.1　设 V 是一个非空集合，$\mathbf{R}$ 是实数域，在 V 中定义了两种代数运算：

(i)加法　对于任意两个元素 $\boldsymbol{\alpha},\boldsymbol{\beta}\in V$，总有唯一的一个元素 $\boldsymbol{\gamma}\in V$ 与之对应，称为 $\boldsymbol{\alpha}$ 与 $\boldsymbol{\beta}$ 的和，记作 $\boldsymbol{\gamma}=\boldsymbol{\alpha}+\boldsymbol{\beta}$.

(ii)数量乘法　对于任一个数 $\lambda\in\mathbf{R}$ 与任一元素 $\boldsymbol{\alpha}\in V$，总有唯一的一个元素 $\boldsymbol{\delta}\in V$ 与之对应，称为 λ 与 $\boldsymbol{\alpha}$ 的数量乘积，记作 $\boldsymbol{\delta}=\lambda\boldsymbol{\alpha}$.

一般称集合 V 对于加法和数量乘法这两种运算封闭.

如果加法和数量乘法运算满足以下 8 条运算规律(设 $\boldsymbol{\alpha},\boldsymbol{\beta},\boldsymbol{\gamma}\in V,\lambda,\mu\in\mathbf{R}$)：

(1)$\boldsymbol{\alpha}+\boldsymbol{\beta}=\boldsymbol{\beta}+\boldsymbol{\alpha}$；

(2)$(\boldsymbol{\alpha}+\boldsymbol{\beta})+\boldsymbol{\gamma}=\boldsymbol{\alpha}+(\boldsymbol{\beta}+\boldsymbol{\gamma})$；

(3)在 V 中存在零元素 $\mathbf{0}$，对任何 $\boldsymbol{\alpha}\in V$，都有 $\boldsymbol{\alpha}+\mathbf{0}=\boldsymbol{\alpha}$；

(4)对任何 $\boldsymbol{\alpha}\in V$,都有 $\boldsymbol{\alpha}$ 的负元素 $\boldsymbol{\beta}\in V$,使 $\boldsymbol{\alpha}+\boldsymbol{\beta}=\mathbf{0}$;

(5)$1\boldsymbol{\alpha}=\boldsymbol{\alpha}$;

(6)$\lambda(\mu\boldsymbol{\alpha})=(\lambda\mu)\boldsymbol{\alpha}$;

(7)$(\lambda+\mu)\boldsymbol{\alpha}=\lambda\boldsymbol{\alpha}+\mu\boldsymbol{\alpha}$;

(8)$\lambda(\boldsymbol{\alpha}+\boldsymbol{\beta})=\lambda\boldsymbol{\alpha}+\lambda\boldsymbol{\beta}$.

那么,V 就称为实数域 $\mathbf{R}$ 上的**线性空间**(或**向量空间**).

线性空间 V 中的元素统称为**向量**,线性空间中的加法和数量乘法运算称为**线性运算**.

显然,三维几何向量空间和 $\mathbf{R}^n$ 都是线性空间的具体模型,下面再列举一些线性空间的例子.

例 7.1　实数域 $\mathbf{R}$ 上次数小于 n 的多项式的全体记作 $\mathbf{R}[x]_n$,即

$$\mathbf{R}[x]_n=\{p=a_{n-1}x^{n-1}+a_{n-2}x^{n-2}+\cdots+a_1x+a_0\,|\,a_{n-1},\cdots,a_1,a_0\in\mathbf{R}\},$$

对于通常的多项式加法和数乘多项式的两种运算显然满足以上线性运算规律,且 $\mathbf{R}[x]_n$对于两种运算封闭,所以 $\mathbf{R}[x]_n$ 对于通常的多项式加法和数乘多项式的两种运算构成线性空间.

例 7.2　实数域 $\mathbf{R}$ 上 n 次多项式的全体

$$P=\{p=a_nx^n+a_{n-1}x^{n-1}+\cdots+a_1x+a_0\,|\,a_n,\cdots,a_1,a_0\in\mathbf{R},a_n\neq0\},$$

对于通常的多项式加法和数乘多项式的两种运算不构成线性空间. 这是因为 $0p=0x^n+\cdots+0x+0\notin P$,即 P 对线性运算不封闭.

例 7.3　全体 $m\times n$ 实矩阵,对矩阵的加法和数乘运算构成实数域上的线性空间,记作 $\mathbf{R}^{m\times n}$. 它的零元素是 $m\times n$ 零矩阵,任一元素 $\boldsymbol{A}$ 的负元素是$(-1)\boldsymbol{A}$.

例 7.4　实数域 $\mathbf{R}$ 上 n 元齐次线性方程组 $\boldsymbol{Ax}=\mathbf{0}$ 的所有解向量,对于向量的加法和数乘运算构成 $\mathbf{R}$ 上的一个线性空间,称为该方程组的一个**解空间**. 而 $\mathbf{R}$ 上 n 元齐次线性方程组 $\boldsymbol{Ax}=\boldsymbol{b}$ 的所有解向量在上述运算下,不能构成 $\mathbf{R}$ 上的线性空间.(请读者考虑为什么?)

例 7.5　证明:全体奇函数的集合 V,对于通常的函数加法及数与函数的乘法,即

$$(f\oplus g)(x)=f(x)+g(x),\quad \forall f,g\in V,$$
$$(k\circ f)(x)=kf(x),\quad \forall k\in\mathbf{R},\forall f\in V$$

构成一个实数域上的线性空间.

证明　$\forall f,g\in V$,即 $f(-x)=-f(x),g(-x)=-g(x)$,有

$$(f\oplus g)(-x)=f(-x)+g(-x)=-(f(x)+g(x))=-(f\oplus g)(x),$$

即$(f\oplus g)\in V$.

$\forall k\in\mathbf{R},\forall f\in V$,由 $f(-x)=-f(x)$,有

$$(k\circ f)(-x)=kf(-x)=kf(x)=-(k\circ f)(x),$$

即$(k\circ f)\in V$.

所以，V对两个运算封闭. 根据函数运算的性质知V对8条运算规律都成立，因此，V是一个线性空间.

本例题V中的零元素是$f(x)=0$，$f(x)$的负元素是$-f(x)$.

例 7.6 正实数的全体记作$\mathbf{R}^+$，在其中定义加法及数乘运算为

$$a \oplus b=ab,\quad a,b\in\mathbf{R}^+,$$
$$\lambda\circ a=a^\lambda,\quad \lambda\in\mathbf{R},a\in\mathbf{R}^+,$$

验证$\mathbf{R}^+$对上述加法与数乘运算构成线性空间.

证明 实际上要验证10条.

对加法封闭：对任意的$a,b\in\mathbf{R}^+$，有$a\oplus b=ab\in\mathbf{R}^+$；

对数乘封闭：对任意的$\lambda\in\mathbf{R}$，$a\in\mathbf{R}^+$，有$\lambda\circ a=a^\lambda\in\mathbf{R}^+$；

(1)$a\oplus b=ab=ba=b\oplus a$；

(2)$(a\oplus b)\oplus c=(ab)\oplus c=(ab)c=a(bc)=a\oplus(b\oplus c)$；

(3)$\mathbf{R}^+$中存在零元素1，对任何$a\in\mathbf{R}^+$，有$a\oplus 1=a\cdot 1=a$；

(4)对任何$a\in\mathbf{R}^+$，有负元素$a^{-1}\in\mathbf{R}^+$，使$a\oplus a^{-1}=aa^{-1}=1$；

(5)$1\circ a^1=a^1=a$；

(6)$\lambda\circ(\mu\circ a)=\lambda\circ a^\mu=(a^\mu)\lambda=a^{\lambda\mu}=(\lambda\mu)\circ a$；

(7)$(\lambda+\mu)\circ a=a^{\lambda+\mu}=a^\lambda a^\mu=a^\lambda\oplus a^\mu=\lambda\circ a\oplus\mu\circ a$；

(8)$\lambda\circ(a\oplus b)=\lambda\circ(ab)=(ab)^\lambda=a^\lambda b^\lambda=a^\lambda\oplus b^\lambda=\lambda\circ a\oplus\lambda\circ b$.

因此，$\mathbf{R}^+$对于所定义的运算构成线性空间.

7.1.2 线性空间的性质

性质 7.1 零元素是唯一的.

证明 假设$\mathbf{0}_1$，$\mathbf{0}_2$是线性空间V的两个零元素，则对任意$\boldsymbol{\alpha}\in V$，有$\boldsymbol{\alpha}+\mathbf{0}_1=\boldsymbol{\alpha}$，$\boldsymbol{\alpha}+\mathbf{0}_2=\boldsymbol{\alpha}$. 于是，特别有

$$\mathbf{0}_1=\mathbf{0}_1+\mathbf{0}_2=\mathbf{0}_2+\mathbf{0}_1=\mathbf{0}_2.$$

性质 7.2 任一元素$\boldsymbol{\alpha}$的负元素是唯一的. $\boldsymbol{\alpha}$的负元素记作$-\boldsymbol{\alpha}$.

证明 假定$\boldsymbol{\beta}_1$，$\boldsymbol{\beta}_2$是$\boldsymbol{\alpha}$的两个负元素，则

$$\boldsymbol{\alpha}+\boldsymbol{\beta}_1=\boldsymbol{\alpha}+\boldsymbol{\beta}_2=\mathbf{0},$$

于是

$$\boldsymbol{\beta}_1=\boldsymbol{\beta}_1+\mathbf{0}=\boldsymbol{\beta}_1+(\boldsymbol{\alpha}+\boldsymbol{\beta}_2)=(\boldsymbol{\beta}_1+\boldsymbol{\alpha})+\boldsymbol{\beta}_2=\mathbf{0}+\boldsymbol{\beta}_2=\boldsymbol{\beta}_2.$$

利用负元素，定义减法为

$$\boldsymbol{\alpha}-\boldsymbol{\beta}=\boldsymbol{\alpha}+(-\boldsymbol{\beta}).$$

性质 7.3 $0\boldsymbol{\alpha}=0$，$(-1)\boldsymbol{\alpha}=-\boldsymbol{\alpha}$，$k\mathbf{0}=\mathbf{0}(k\in\mathbf{R})$.

证明 $\boldsymbol{\alpha}+0\boldsymbol{\alpha}=1\boldsymbol{\alpha}+0\boldsymbol{\alpha}=(1+0)\boldsymbol{\alpha}=1\boldsymbol{\alpha}=\boldsymbol{\alpha}$，所以$0\boldsymbol{\alpha}=0$；

$$\boldsymbol{\alpha}+(-1)\boldsymbol{\alpha}=1\boldsymbol{\alpha}+(-1)\boldsymbol{\alpha}=[1+(-1)]\boldsymbol{\alpha}=0\boldsymbol{\alpha}=0,$$

所以$(-1)\boldsymbol{\alpha}=-\boldsymbol{\alpha}$;

$$k\mathbf{0}=k[\boldsymbol{\alpha}+(-1)\boldsymbol{\alpha}]=k\boldsymbol{\alpha}+(-k)\boldsymbol{\alpha}=[k+(-k)]\boldsymbol{\alpha}=0\boldsymbol{\alpha}=\mathbf{0}.$$

性质 7.4　如果 $k\boldsymbol{\alpha}=0$,则 $k=0$ 或 $\boldsymbol{\alpha}=\mathbf{0}$.

证明　若 $k=0$,由性质 7.3 知 $0\boldsymbol{\alpha}=0$;

假设 $k\neq0$,而 $k\boldsymbol{\alpha}=\mathbf{0}$. 一方面,

$$\frac{1}{k}(k\boldsymbol{\alpha})=\frac{1}{k}\mathbf{0}=\mathbf{0};$$

另一方面,

$$\frac{1}{k}(k\boldsymbol{\alpha})=\left(\frac{1}{k}\cdot k\right)\boldsymbol{\alpha}=1\boldsymbol{\alpha}=\boldsymbol{\alpha},$$

由此推出 $\boldsymbol{\alpha}=\mathbf{0}$.

7.1.3　子空间

定义 7.2　设 V 是一个线性空间,L 是 V 的一个非空子集. 如果 L 对于 V 中所定义的加法和数量乘法两种运算也构成一个线性空间,则称 L 为 V 的**子空间**.

一个非空子集要满足什么条件才构成子空间? 因 L 是 V 的一个部分,V 中的运算对于 L 而言,规律(1),(2),(5),(6),(7),(8)显然是满足的,因此只要 L 对运算封闭且满足规律(3),(4)即可,但由线性空间的性质知,若 L 对运算封闭,则能满足规律(3),(4).

定理 7.1　线性空间 V 的非空子集 L 构成子空间的充分必要条件是 L 对于 V 中的线性运算封闭.

7.2　维数、基与坐标

第 4 章用线性运算来讨论 $\mathbf{R}^n$ 中向量之间的关系,介绍了一些重要概念,如线性组合、线性相关与线性无关等. 这些概念以及有关的性质只涉及线性运算,因此,对于一般的线性空间中的元素仍然适用. 以后我们将直接引用这些概念和性质.

第 4 章已经提出了 $\mathbf{R}^n$ 的基、维数与向量坐标的概念,现在将这个概念推广到一般的线性空间 V 中.

定义 7.3　在线性空间 V 中,如果存在 n 个元素 $\boldsymbol{\alpha}_1,\boldsymbol{\alpha}_2,\cdots,\boldsymbol{\alpha}_n$ 满足:

(1)$\boldsymbol{\alpha}_1,\boldsymbol{\alpha}_2,\cdots,\boldsymbol{\alpha}_n$ 线性无关;

(2)V 中任一元素 $\boldsymbol{\alpha}$ 总可以由 $\boldsymbol{\alpha}_1,\boldsymbol{\alpha}_2,\cdots,\boldsymbol{\alpha}_n$ 线性表示,那么 $\boldsymbol{\alpha}_1,\boldsymbol{\alpha}_2,\cdots,\boldsymbol{\alpha}_n$ 就称为线性空间 V 的一组**基**,n 称为线性空间 V 的**维数**,记作 $\dim V=n$.

维数为 n 的线性空间称为 n **维线性空间**,记作 V_n.

若知 $\boldsymbol{\alpha}_1,\boldsymbol{\alpha}_2,\cdots,\boldsymbol{\alpha}_n$ 为 V_n 的一组基，则 V_n 可表示为

$$V_n=\{\boldsymbol{\alpha}=x_1\boldsymbol{\alpha}_1+x_2\boldsymbol{\alpha}_2+\cdots+x_n\boldsymbol{\alpha}_n \mid x_1,x_2,\cdots,x_n\in\mathbf{R}\},$$

这就较清楚地显示出线性空间 V_n 的构造.

若 $\boldsymbol{\alpha}_1,\boldsymbol{\alpha}_2,\cdots,\boldsymbol{\alpha}_n$ 为 V_n 的一组基，则对于任一 $\boldsymbol{\alpha}\in V_n$，都有一组有序数 $x_1,x_2,\cdots,x_n$，使

$$\boldsymbol{\alpha}=x_1\boldsymbol{\alpha}_1+x_2\boldsymbol{\alpha}_2+\cdots+x_n\boldsymbol{\alpha}_n,$$

并且这组数是唯一的.

反之，任给一组有序数 $x_1,x_2,\cdots,x_n$，总有唯一的元素

$$\boldsymbol{\alpha}=x_1\boldsymbol{\alpha}_1+x_2\boldsymbol{\alpha}_2+\cdots+x_n\boldsymbol{\alpha}_n\in V_n.$$

这样，V_n 的元素 $\boldsymbol{\alpha}$ 与有序数组 $(x_1,x_2,\cdots,x_n)^{\mathrm{T}}$ 之间存在着一种一一对应的关系，因此可以用这组有序数来表示元素 $\boldsymbol{\alpha}$，于是有如下定义.

定义 7.4　设 $\boldsymbol{\alpha}_1,\boldsymbol{\alpha}_2,\cdots,\boldsymbol{\alpha}_n$ 是线性空间 V_n 的一组基，对于任一元素 $\boldsymbol{\alpha}\in V_n$，总有且仅有一组有序数 $x_1,x_2,\cdots,x_n$，使

$$\boldsymbol{\alpha}=x_1\boldsymbol{\alpha}_1+x_2\boldsymbol{\alpha}_2+\cdots+x_n\boldsymbol{\alpha}_n.$$

$x_1,x_2,\cdots,x_n$ 这组有序数就称为元素 $\boldsymbol{\alpha}$ 在 $\boldsymbol{\alpha}_1,\boldsymbol{\alpha}_2\cdots,\boldsymbol{\alpha}_n$ 这组基下的**坐标**，记作

$$(x_1,x_2,\cdots,x_n)^{\mathrm{T}}.$$

例 7.7　求下列线性空间的维数和一组基：

(1)齐次方程组

$$\begin{cases}x_1+x_2-2x_4=0,\\ x_2+x_3=0\end{cases}$$

的解向量所构成的解空间 S；

(2)实数域上二阶对称矩阵所构成的线性空间 $SM_2(\mathbf{R})$；

(3)次数小于 3 的多项式所构成的线性空间 $\mathbf{R}[x]_3$；

(4)例 7.6 中的线性空间 $\mathbf{R}^+$.

解　(1)齐次方程组的基础解系就是解空间的基，由此知 S 是二维空间，$(1,-1,1,0)^{\mathrm{T}},(2,0,0,1)^{\mathrm{T}}$ 是一组基.

(2)$SM_2(\mathbf{R})$是三维空间，$\boldsymbol{E}_{11}=\begin{pmatrix}1&0\\0&0\end{pmatrix}$，$\boldsymbol{F}_{12}\begin{pmatrix}0&1\\1&0\end{pmatrix}$，$\boldsymbol{E}_{22}\begin{pmatrix}0&0\\0&1\end{pmatrix}$是基.

首先，$SM_2(\mathbf{R})$中任一元素 $\boldsymbol{A}$ 有形式$\begin{pmatrix}a&b\\b&c\end{pmatrix}$，它可由 $\boldsymbol{E}_{11},\boldsymbol{F}_{12},\boldsymbol{E}_{22}$表示为

$$\boldsymbol{A}=a\boldsymbol{E}_{11}+b\boldsymbol{F}_{12}+c\boldsymbol{E}_{22};$$

其次，若 $k_1\boldsymbol{E}_{11}+k_2\boldsymbol{F}_{12}+k_3\boldsymbol{E}_{22}=\boldsymbol{O}$，即

$$k_1\begin{pmatrix}1&0\\0&0\end{pmatrix}+k_2\begin{pmatrix}0&1\\1&0\end{pmatrix}+k_3\begin{pmatrix}0&0\\0&1\end{pmatrix}=\begin{bmatrix}k_1&k_2\\k_2&k_3\end{bmatrix}=\begin{pmatrix}0&0\\0&0\end{pmatrix},$$

因此，$k_1=k_2=k_3=0$，那么 $\boldsymbol{E}_{11}+\boldsymbol{F}_{12}+\boldsymbol{E}_{22}$线性无关，于是 $\boldsymbol{E}_{11}+\boldsymbol{F}_{12}+\boldsymbol{E}_{22}$是 $SM_2(\mathbf{R})$的一组基.

(3)$\mathbf{R}[x]_3$ 的一组基为 $1,x,x^2$，它是三维线性空间.

首先，若 $f(x)\in R[x]_3$，则 $f(x)$ 有形式 ax^2+bx+c，它可由 $1,x,x^2$ 线性表出；

其次，若 $k_1\cdot 1+k_2x+k_2x^2=0$，其右端 0 为零多项式，故其左端也必是零多项式，所以必有 $k_1=0,k_2=0,k_3=0$，即 $1,x,x^2$ 线性无关. 因此，$1,x,x^2$ 是 $\mathbf{R}[x]_3$ 的基.

(4)$\mathbf{R}^+$ 是一维线性空间，2 是它的基.

因为 1 是零元素，所以 2 非零是线性无关的. 若 $a\in\mathbf{R}^+$，由

$$a=k\circ 2=2^k,$$

知 $k=\log_2 a$，即任何正实数 a 均可由 2 线性表出.

例 7.8　在 n 维线性空间 $\mathbf{R}^n$ 中，显然，$\boldsymbol{\varepsilon}_1=(1,0,\cdots,0)^{\mathrm{T}},\boldsymbol{\varepsilon}_2=(0,1,0,\cdots,0)^{\mathrm{T}},\cdots,\boldsymbol{\varepsilon}_n=(0\cdots,0,1)^{\mathrm{T}}$ 为 $\mathbf{R}^n$ 的一组基. 对于 $\mathbf{R}^n$ 中的任一向量 $\boldsymbol{\alpha}=(a_1,a_2,\cdots,a_n)^{\mathrm{T}}$，有

$$\boldsymbol{\alpha}=a_1\boldsymbol{\varepsilon}_1+a_2\boldsymbol{\varepsilon}_2+\cdots+a_n\boldsymbol{\varepsilon}_n,$$

因此，$\boldsymbol{\alpha}$ 在基 $\boldsymbol{\varepsilon}_1,\boldsymbol{\varepsilon}_2,\cdots,\boldsymbol{\varepsilon}_n$ 下的坐标为 $(a_1,a_2,\cdots,a_n)^{\mathrm{T}}$.

又 $\boldsymbol{e}_1=(1,1,\cdots,1)^{\mathrm{T}},\boldsymbol{e}_2=(0,1,\cdots,1)^{\mathrm{T}},\cdots,\boldsymbol{e}_n=(0,\cdots,0,1)^{\mathrm{T}}$ 也是 $\mathbf{R}^n$ 中 n 个线性无关的向量，从而也是 $\mathbf{R}^n$ 的一组基，对于向量 $\boldsymbol{\alpha}=(a_1,a_2,\cdots,a_n)^{\mathrm{T}}$，有

$$\boldsymbol{\alpha}=a_1\boldsymbol{e}_1+(a_2-a_1)\boldsymbol{e}_2+\cdots+(a_n-a_{n-1})\boldsymbol{e}_n,$$

因此 $\boldsymbol{\alpha}$ 在基 $\boldsymbol{e}_1,\boldsymbol{e}_2,\cdots,\boldsymbol{e}_n$ 下的坐标为 $(a_1,a_2-a_1,\cdots,a_n-a_{n-1})^{\mathrm{T}}$.

例 7.9　在线性空间 $\mathbf{R}[x]_n$ 中，$\boldsymbol{\varepsilon}_1=1,\boldsymbol{\varepsilon}_2=x,\boldsymbol{\varepsilon}_3=x^2,\cdots,\boldsymbol{\varepsilon}_n=x^{n-1}$ 是 n 个线性无关的元素，对 $\mathbf{R}[x]_n$ 中任意一个次数小于 n 的多项式 $f(x)=a_0+a_1x+a_2x+\cdots+a_{n-x}x^{n-1}$ 均可被它们线性表出，因此，$\boldsymbol{\varepsilon}_1,\boldsymbol{\varepsilon}_2,\cdots,\boldsymbol{\varepsilon}_n$ 是 $\mathbf{R}[x]_n$ 的一组基，上述多项式 $f(x)$ 在基 $\boldsymbol{\varepsilon}_1,\boldsymbol{\varepsilon}_2,\cdots,\boldsymbol{\varepsilon}_n$ 下的坐标为 $(a_0,a_1,a_2,\cdots,a_{n-1})^{\mathrm{T}}$.

如果在 $\mathbf{R}[x]_n$ 中取另一组基 $\boldsymbol{\varepsilon}'_1=1,\boldsymbol{\varepsilon}'_2=x-a,\boldsymbol{\varepsilon}'_3=(x-a)^2,\cdots,\boldsymbol{\varepsilon}'_n=(x-a)^{n-1}$，则由泰勒公式知

$$f(x)=f(a)+f'(a)(x-a)+\frac{f''(a)}{2!}(x-a)^2+\cdots+\frac{f^{(n-1)}(a)}{(n-1)!}(x-a)^{n-1},$$

因此，$f(x)$ 在基 $\boldsymbol{\varepsilon}'_1,\boldsymbol{\varepsilon}'_2,\cdots,\boldsymbol{\varepsilon}'_n$ 下的坐标为

$$\left(f(a),f'(a),\frac{f''(a)}{2!},\cdots,\frac{f^{(n-1)}(a)}{(n-1)!}\right)^{\mathrm{T}}.$$

建立了坐标以后，就把抽象的向量 $\boldsymbol{\alpha}$ 与具体的数组向量 $(x_1,x_2,\cdots,x_n)^{\mathrm{T}}$ 联系起来了，并且还可以把 V_n 中抽象的线性运算与数组向量的线性运算联系起来.

设 $\boldsymbol{\alpha}+\boldsymbol{\beta}\in V$，有

$$\boldsymbol{\alpha}=x_1\boldsymbol{\alpha}_1+x_1\boldsymbol{\alpha}_2+\cdots+x_n\boldsymbol{\alpha}_n,\quad \boldsymbol{\beta}=y_1\boldsymbol{\alpha}_1+y_1\boldsymbol{\alpha}_2+\cdots+y_n\boldsymbol{\alpha}_n,$$

于是

$$\boldsymbol{\alpha}+\boldsymbol{\beta}=(x_1+y_1)\boldsymbol{\alpha}_1+(x_2+y_2)\boldsymbol{\alpha}_2+\cdots+(x_n+y_n)\boldsymbol{\alpha}_n,$$

$$\lambda\boldsymbol{\alpha}=(\lambda x_1)\boldsymbol{\alpha}_1+(\lambda x_2)\boldsymbol{\alpha}_2+\cdots+(\lambda x_n)\boldsymbol{\alpha}_n,$$

即 $\boldsymbol{\alpha}+\boldsymbol{\beta}$ 的坐标是

$$(x_1+y_1,x_2+y_2,\cdots,x_n+y_n)^{\mathrm{T}}=(x_1,x_2,\cdots,x_n)^{\mathrm{T}}+(y_1,y_2,\cdots,y_n)^{\mathrm{T}},$$

$\lambda\boldsymbol{\alpha}$ 的坐标是

$$(\lambda x_1,\lambda x_2,\cdots,\lambda x_n)^{\mathrm{T}}=\lambda(x_1,x_2,\cdots,x_n)^{\mathrm{T}}.$$

总之,在 n 维线性空间 V_n 中取定一组基:$\boldsymbol{\alpha}_1,\boldsymbol{\alpha}_2,\cdots,\boldsymbol{\alpha}_n$,则 V_n 中的元素 $\boldsymbol{\alpha}$ 与 n 维数组向量空间 $\mathbf{R}^n$ 中的向量 $(x_1,x_2,\cdots,x_n)^{\mathrm{T}}$ 之间就有一一对应的关系,且这个对应关系具有下述性质("$\leftrightarrow$"表示对应):

设 $\boldsymbol{\alpha}\leftrightarrow(x_1,x_2,\cdots,x_n)^{\mathrm{T}}$,$\boldsymbol{\beta}\leftrightarrow(y_1,y_2,\cdots,y_n)^{\mathrm{T}}$,则

(1)$\boldsymbol{\alpha}+\boldsymbol{\beta}\leftrightarrow(x_1,x_2,\cdots,x_n)^{\mathrm{T}}+(y_1,y_2,\cdots,y_n)^{\mathrm{T}}$;

(2)$\lambda\boldsymbol{\alpha}\leftrightarrow\lambda(x_1,x_2,\cdots,x_n)^{\mathrm{T}}$.

也就是说,这个对应关系保持线性组合的对应.因此,可以说 V_n 与 $\mathbf{R}^n$ 有相同的结构,也称为 V_n 与 $\mathbf{R}^n$ **同构**.

一般地,设 V 与 U 是两个线性空间,如果在它们的元素之间有一一对应关系,且这个对应关系保持线性组合的对应,那么就说线性空间 V 与 U 同构.

显然,任何 n 维线性空间都与 $\mathbf{R}^n$ 同构,即维数相同的线性空间都同构,从而可知,线性空间的结构完全被它的维数所决定.

同构的概念除元素一一对应外,主要是保持线性运算的对应关系.因此,V_n 中的抽象的线性运算就可以转化为 $\mathbf{R}^n$ 中的线性运算,并且 $\mathbf{R}^n$ 中凡是只涉及线性运算的性质都适用于 V_n.但 $\mathbf{R}^n$ 中超出线性运算的性质,在 V_n 中就不一定具备.例如,$\mathbf{R}^n$ 中的内积概念在 V_n 中不一定有意义.

7.3　基变换与坐标变换

在 n 维线性(向量)空间 V_n 中,任意 n 个线性无关的元素都可以作为 V_n 的一组基,对于不同的基,同一个元素的坐标是不同的,如例 7.8 和例 7.9.那么,同一个元素在不同基下的坐标之间有什么关系呢?换句话说,随着基的改变,元素的坐标如何改变呢?

设 $\boldsymbol{\alpha}_1,\boldsymbol{\alpha}_2,\cdots,\boldsymbol{\alpha}_n$ 与 $\boldsymbol{\beta}_1,\boldsymbol{\beta}_2,\cdots,\boldsymbol{\beta}_n$ 是 n 维线性空间 V_n 的两组基,则它们可以互相线性表出.若设

$$\begin{cases}\boldsymbol{\beta}_1=p_{11}\boldsymbol{\alpha}_1+p_{21}\boldsymbol{\alpha}_2+\cdots+p_{n1}\boldsymbol{\alpha}_n,\\ \boldsymbol{\beta}_2=p_{12}\boldsymbol{\alpha}_1+p_{22}\boldsymbol{\alpha}_2+\cdots+p_{n2}\boldsymbol{\alpha}_n,\\ \quad\cdots\cdots\\ \boldsymbol{\beta}_n=p_{1n}\boldsymbol{\alpha}_1+p_{2n}\boldsymbol{\alpha}_2+\cdots+p_{nn}\boldsymbol{\alpha}_n,\end{cases}\tag{7.1}$$

利用分块矩阵的乘法形式,可将上式记为

$$\begin{pmatrix}\boldsymbol{\beta}_1\\ \boldsymbol{\beta}_2\\ \vdots\\ \boldsymbol{\beta}_n\end{pmatrix}=\begin{pmatrix}p_{11}&p_{21}&\cdots&p_{n1}\\ p_{12}&p_{22}&\cdots&p_{n2}\\ \vdots&\vdots&&\vdots\\ p_{1n}&p_{2n}&\cdots&p_{nn}\end{pmatrix}\begin{pmatrix}\boldsymbol{\alpha}_1\\ \boldsymbol{\alpha}_2\\ \vdots\\ \boldsymbol{\alpha}_n\end{pmatrix}=\boldsymbol{P}^{\mathrm{T}}\begin{pmatrix}\boldsymbol{\alpha}_1\\ \boldsymbol{\alpha}_2\\ \vdots\\ \boldsymbol{\alpha}_n\end{pmatrix}$$

或

$$(\boldsymbol{\beta}_1,\boldsymbol{\beta}_2,\cdots,\boldsymbol{\beta}_n)=(\boldsymbol{\alpha}_1,\boldsymbol{\alpha}_2,\cdots,\boldsymbol{\alpha}_n)\boldsymbol{P}. \tag{7.2}$$

式(7.1)或式(7.2)称为**基变换公式**，矩阵 $\boldsymbol{P}$ 称为由基 $\boldsymbol{\alpha}_1,\boldsymbol{\alpha}_2,\cdots,\boldsymbol{\alpha}_n$ 到基 $\boldsymbol{\beta}_1,\boldsymbol{\beta}_2,\cdots,\boldsymbol{\beta}_n$ 的**过渡矩阵**. 由于 $\boldsymbol{\beta}_1,\boldsymbol{\beta}_2,\cdots,\boldsymbol{\beta}_n$ 线性无关，故过渡矩阵 $\boldsymbol{P}$ 可逆.

利用两组基之间的过渡矩阵 $\boldsymbol{P}$ 可逆这个性质，如果已知 V_n 的一组基 $\boldsymbol{\alpha}_1,\boldsymbol{\alpha}_2,\cdots,\boldsymbol{\alpha}_n$ 和一个 n 阶可逆矩阵 $\boldsymbol{P}$，由基变换公式(7.2)就可以构造出 V_n 的另一组基 $\boldsymbol{\beta}_1,\boldsymbol{\beta}_2,\cdots,\boldsymbol{\beta}_n$，并且使已知的可逆矩阵 $\boldsymbol{P}$ 成为这两组基之间的过渡矩阵.

定理 7.2　设 V_n 中的元素 $\boldsymbol{\alpha}$ 在基 $\boldsymbol{\alpha}_1,\boldsymbol{\alpha}_2,\cdots,\boldsymbol{\alpha}_n$ 下的坐标为 $(x'_1,x'_2,\cdots,x'_n)^{\mathrm{T}}$，在基 $\boldsymbol{\beta}_1,\boldsymbol{\beta}_2,\cdots,\boldsymbol{\beta}_n$ 下的坐标为 $(x'_1,x'_2,\cdots,x'_n)^{\mathrm{T}}$. 若两组基满足关系式(7.2)，则有坐标变换公式

$$\begin{pmatrix}x_1\\x_2\\\vdots\\x_n\end{pmatrix}=\boldsymbol{P}\begin{pmatrix}x'_1\\x'_2\\\vdots\\x'_n\end{pmatrix}\quad 或\quad \begin{pmatrix}x'_1\\x'_2\\\vdots\\x'_n\end{pmatrix}=\boldsymbol{P}^{-1}\begin{pmatrix}x_1\\x_2\\\vdots\\x_n\end{pmatrix}. \tag{7.3}$$

证明　因为

$$\boldsymbol{\alpha}=(\boldsymbol{\alpha}_1,\boldsymbol{\alpha}_2,\cdots,\boldsymbol{\alpha}_n)\begin{pmatrix}x_1\\x_2\\\vdots\\x_n\end{pmatrix}=(\boldsymbol{\beta}_1,\boldsymbol{\beta}_2,\cdots,\boldsymbol{\beta}_n)\begin{pmatrix}x'_1\\x'_2\\\vdots\\x'_n\end{pmatrix}=(\boldsymbol{\alpha}_1,\boldsymbol{\alpha}_2,\cdots,\boldsymbol{\alpha}_n)\boldsymbol{P}\begin{pmatrix}x'_1\\x'_2\\\vdots\\x'_n\end{pmatrix},$$

由于 $\boldsymbol{\alpha}_1,\boldsymbol{\alpha}_2,\cdots,\boldsymbol{\alpha}_n$ 线性无关，所以有关系式(7.3)成立.

定理 7.2 的逆命题也成立，即若任一元素的两种坐标满足坐标变换公式(7.3)，则两组基满足基变换公式(7.2).

例 7.10　已知 $\mathbf{R}^3$ 的两组基为 $\boldsymbol{\alpha}_1,\boldsymbol{\alpha}_2,\boldsymbol{\alpha}_3$；$\boldsymbol{\beta}_1,\boldsymbol{\beta}_2,\boldsymbol{\beta}_3$，其中 $\boldsymbol{\alpha}_1=(1,1,1)^{\mathrm{T}}$，$\boldsymbol{\alpha}_2=(0,1,1)^{\mathrm{T}}$，$\boldsymbol{\alpha}_3=(0,0,1)^{\mathrm{T}}$，$\boldsymbol{\beta}_1=(1,0,1)^{\mathrm{T}}$，$\boldsymbol{\beta}_2=(0,1,-1)^{\mathrm{T}}$，$\boldsymbol{\beta}_3=(0,1,-1)^{\mathrm{T}}$. 求：

(1)基 $\boldsymbol{\alpha}_1,\boldsymbol{\alpha}_2,\boldsymbol{\alpha}_3$ 到基 $\boldsymbol{\beta}_1,\boldsymbol{\beta}_2,\boldsymbol{\beta}_3$ 的过渡矩阵；

(2)$\boldsymbol{\alpha}$ 在基 $\boldsymbol{\alpha}_1,\boldsymbol{\alpha}_2,\boldsymbol{\alpha}_3$ 下的坐标为 $(1,-2,-1)^{\mathrm{T}}$，求 $\boldsymbol{\alpha}$ 在基 $\boldsymbol{\beta}_1,\boldsymbol{\beta}_2,\boldsymbol{\beta}_3$ 下的坐标.

解　(1)因为 $(\boldsymbol{\beta}_1,\boldsymbol{\beta}_2,\boldsymbol{\beta}_3)=(\boldsymbol{\alpha}_1,\boldsymbol{\alpha}_2,\boldsymbol{\alpha}_3)\boldsymbol{P}$，所以

$$\begin{aligned}\boldsymbol{P}&=(\boldsymbol{\alpha}_1,\boldsymbol{\alpha}_2,\boldsymbol{\alpha}_3)^{-1}(\boldsymbol{\beta}_1,\boldsymbol{\beta}_2,\boldsymbol{\beta}_3)\\&=\begin{pmatrix}1&0&0\\1&1&0\\1&1&1\end{pmatrix}^{-1}\begin{pmatrix}1&0&1\\0&1&2\\1&-1&0\end{pmatrix}=\begin{pmatrix}1&0&0\\-1&1&0\\0&-1&1\end{pmatrix}\begin{pmatrix}1&0&1\\0&1&2\\1&-1&0\end{pmatrix}\\&=\begin{pmatrix}1&0&1\\-1&1&1\\1&2&2\end{pmatrix};\end{aligned}$$

(2)设 $\boldsymbol{\alpha}$ 在基 $\boldsymbol{\beta}_1,\boldsymbol{\beta}_2,\boldsymbol{\beta}_3$ 下的坐标为 $(x'_1,x'_2,\cdots,x'_n)^{\mathrm{T}}$，则

$$\begin{pmatrix} x'_1 \\ x'_2 \\ x'_3 \end{pmatrix} = \boldsymbol{P}^{-1}\begin{pmatrix} 1 \\ -2 \\ -1 \end{pmatrix} = \begin{pmatrix} 0 & -2 & -1 \\ -1 & -3 & -2 \\ 1 & 2 & 1 \end{pmatrix}\begin{pmatrix} 1 \\ -2 \\ -1 \end{pmatrix} = \begin{pmatrix} 5 \\ 7 \\ -4 \end{pmatrix}.$$

例 7.11　在 $\mathbf{R}[x]_4$ 取两组基 $\boldsymbol{\alpha}_1 = x^3+2x^2-x, \boldsymbol{\alpha}_2 = x^3-x^2+x+1, \boldsymbol{\alpha}_3 = -x^3+2x^2+x+1, \boldsymbol{\alpha}_4 = -x^3-x^2+1$ 和 $\boldsymbol{\beta}_1 = 2x^3+x^2+1, \boldsymbol{\beta}_2 = x^2+2x+2, \boldsymbol{\beta}_3 = -2x^3+x^2+x+2, \boldsymbol{\beta}_4 = x^3+3x^2+x+2$，求坐标变换公式.

解　将 $\boldsymbol{\beta}_1, \boldsymbol{\beta}_2, \boldsymbol{\beta}_3, \boldsymbol{\beta}_4$ 用 $\boldsymbol{\alpha}_1, \boldsymbol{\alpha}_2, \boldsymbol{\alpha}_3, \boldsymbol{\alpha}_4$ 表示，由

$$(\boldsymbol{\alpha}_1, \boldsymbol{\alpha}_2, \boldsymbol{\alpha}_3, \boldsymbol{\alpha}_4) = (x^3, x^2, x, 1)\boldsymbol{A}, \quad (\boldsymbol{\beta}_1, \boldsymbol{\beta}_2, \boldsymbol{\beta}_3, \boldsymbol{\beta}_4) = (x^3, x^2, x, 1)\boldsymbol{B},$$

其中 $\boldsymbol{A} = \begin{pmatrix} 1 & 1 & -1 & -1 \\ 2 & -1 & 2 & -1 \\ -1 & 1 & 1 & 0 \\ 0 & 1 & 1 & 1 \end{pmatrix}, \boldsymbol{B} = \begin{pmatrix} 2 & 0 & -2 & 1 \\ 1 & 1 & 1 & 3 \\ 0 & 2 & 1 & 1 \\ 1 & 2 & 2 & 2 \end{pmatrix}$，得

$$(\boldsymbol{\beta}_1, \boldsymbol{\beta}_2, \boldsymbol{\beta}_3, \boldsymbol{\beta}_4) = (\boldsymbol{\alpha}_1, \boldsymbol{\alpha}_2, \boldsymbol{\alpha}_3, \boldsymbol{\alpha}_4)\boldsymbol{A}^{-1}\boldsymbol{B}.$$

故坐标变换公式为

$$\begin{pmatrix} x'_1 \\ x'_2 \\ x'_3 \\ x'_4 \end{pmatrix} = \boldsymbol{B}^{-1}\boldsymbol{A}\begin{pmatrix} x_1 \\ x_2 \\ x_3 \\ x_4 \end{pmatrix}.$$

用矩阵的初等行变换求 $\boldsymbol{B}^{-1}\boldsymbol{A}$：

$$(\boldsymbol{B} \vdots \boldsymbol{A}) \xrightarrow{\text{行变换}} (\boldsymbol{E} \vdots \boldsymbol{B}^{-1}\boldsymbol{A}).$$

计算如下：

$$(\boldsymbol{B} \vdots \boldsymbol{A}) = \left(\begin{array}{cccc:cccc} 2 & 0 & -2 & 1 & 1 & 1 & -1 & -1 \\ 1 & 1 & 1 & 3 & 2 & -1 & 2 & -1 \\ 0 & 2 & 1 & 1 & -1 & 1 & 1 & 0 \\ 1 & 2 & 2 & 2 & 0 & 1 & 1 & 1 \end{array}\right)$$

$$\xrightarrow[r_4 - r_2]{r_1 - 2r_2} \left(\begin{array}{cccc:cccc} 0 & -2 & -4 & -5 & -3 & 3 & -5 & 1 \\ 1 & 1 & 1 & 3 & 2 & -1 & 2 & -1 \\ 0 & 2 & 1 & 1 & -1 & 1 & 1 & 0 \\ 0 & 1 & 1 & -1 & -2 & 2 & -1 & 2 \end{array}\right)$$

$$\xrightarrow[r_3 - 2r_4]{\substack{r_1 + 2r_4 \\ r_4 - r_2}} \left(\begin{array}{cccc:cccc} 0 & 0 & -2 & -7 & -7 & 7 & -7 & 5 \\ 1 & 0 & 0 & 4 & 4 & -3 & 3 & -3 \\ 0 & 0 & -1 & 3 & 3 & -3 & 3 & -4 \\ 0 & 1 & 1 & -1 & -2 & 2 & -1 & 2 \end{array}\right)$$

$$\xrightarrow[r_4+r_3]{r_1-2r_3}\left(\begin{array}{cccc:cccc}0&0&0&-13&-13&13&-13&13\\1&0&0&4&4&-3&3&-3\\0&0&-1&3&3&-3&3&-4\\0&1&0&2&1&-1&2&-2\end{array}\right)$$

$$\xrightarrow[\substack{r_3-3r_1\\ r_4-2r_1}]{\substack{r_1\div(-13)\\ r_2-4r_1}}\left(\begin{array}{cccc:cccc}0&0&0&1&1&-1&1&-1\\1&0&0&0&0&1&-1&1\\0&0&-1&0&0&0&0&-1\\0&1&0&0&-1&1&0&0\end{array}\right)$$

$$\xrightarrow[r_2\leftrightarrow r_4]{\substack{r_1\leftrightarrow r_2\\ r_3\div(-1)}}\left(\begin{array}{cccc:cccc}1&0&0&0&0&1&-1&1\\0&1&0&0&-1&1&0&0\\0&0&1&0&0&0&0&1\\0&0&0&1&1&-1&1&-1\end{array}\right),$$

即得

$$\begin{pmatrix}x'_1\\x'_2\\x'_3\\x'_4\end{pmatrix}=\begin{pmatrix}0&1&-1&1\\-1&1&0&0\\0&0&0&1\\1&-1&1&-1\end{pmatrix}\begin{pmatrix}x_1\\x_2\\x_3\\x_4\end{pmatrix}.$$

例 7.12　已知 $\boldsymbol{E}_{11}=\begin{pmatrix}1&0\\0&0\end{pmatrix}$，$\boldsymbol{E}_{12}=\begin{pmatrix}0&1\\0&0\end{pmatrix}$，$\boldsymbol{E}_{22}=\begin{pmatrix}0&0\\0&1\end{pmatrix}$与 $\boldsymbol{F}_1,\boldsymbol{F}_2,\boldsymbol{F}_3$ 是二阶上三角矩阵所构成线性空间的两个基，又由基 $\boldsymbol{E}_{11},\boldsymbol{E}_{12},\boldsymbol{E}_{22}$ 到基 $\boldsymbol{F}_1,\boldsymbol{F}_2,\boldsymbol{F}_3$ 的过渡矩阵为$\boldsymbol{C}=\begin{pmatrix}1&0&1\\0&2&3\\1&-1&5\end{pmatrix}$，试求基 $\boldsymbol{F}_1,\boldsymbol{F}_2,\boldsymbol{F}_3$.

解　按过渡矩阵定义，有

$$(\boldsymbol{F}_1,\boldsymbol{F}_2,\boldsymbol{F}_3)=(\boldsymbol{E}_{11},\boldsymbol{E}_{12},\boldsymbol{E}_{22})\boldsymbol{C}=(\boldsymbol{E}_{11},\boldsymbol{E}_{12},\boldsymbol{E}_{22})\begin{pmatrix}1&0&1\\0&2&3\\1&-1&5\end{pmatrix},$$

得

$$\boldsymbol{F}_1=\boldsymbol{E}_{11}+\boldsymbol{E}_{22}=\begin{pmatrix}1&0\\0&1\end{pmatrix},\quad \boldsymbol{F}_2=2\boldsymbol{E}_{12}-\boldsymbol{E}_{22}=\begin{pmatrix}0&2\\0&-1\end{pmatrix},$$

$$\boldsymbol{F}_3=\boldsymbol{E}_{11}+3\boldsymbol{E}_{12}+5\boldsymbol{E}_{22}=\begin{pmatrix}1&3\\0&5\end{pmatrix}.$$

7.4 线性变换

7.4.1 线性变换的定义

本节将研究线性空间中元素之间的联系，这种联系是通过线性空间到线性空间的映射来实现的，为此，先介绍映射的概念.

定义 7.5 设 M 与 M' 是两个集合，所谓集合 M 到集合 M' 的一个**映射** σ，是指一个法则，它使 M 中的每一个元素 $\boldsymbol{\alpha}$ 都有 M' 中的一个确定的元素 $\boldsymbol{\alpha}'$ 与之对应，如果映射 σ 使元素 $\boldsymbol{\alpha}' \in M'$ 与元素 $\boldsymbol{\alpha} \in M$ 对应，就记作

$$\sigma(\boldsymbol{\alpha})=\boldsymbol{\alpha}',$$

称 $\boldsymbol{\alpha}'$ 为 $\boldsymbol{\alpha}$ 的映射 σ 下的**像**，而称 $\boldsymbol{\alpha}$ 为 $\boldsymbol{\alpha}'$ 在映射 σ 下的一个**原像**.

映射的概念是函数概念的推广. 例如，设二元函数 $z=f(x,y)$ 的定义域为平面区域 G，函数值域为 $\mathbf{Z}$，那么，函数关系 f 就是一个从定义域 G 到实数域 $\mathbf{R}$ 的映射；函数值 $f(x_0,y_0)=z_0$ 就是元素 (x_0,y_0) 的像，(x_0,y_0) 就是 z_0 的原像.

集合 M 到自身的映射，有时也称为 M 到自身的**变换**. 因此，线性空间 V 到其自身的映射就是 V 的一个变换. 因此有以下定义.

定义 7.6 设 σ 是线性空间 V 的一个变换，如果对于 V 中的任意元素 $\boldsymbol{\alpha}$，$\boldsymbol{\beta}$ 和实数域 $\mathbf{R}$ 中的任意数 k，都有

$$\sigma(\boldsymbol{\alpha}+\boldsymbol{\beta})=\sigma(\boldsymbol{\alpha})+\sigma(\boldsymbol{\beta}),$$
$$\sigma(k\boldsymbol{\alpha})=k\sigma(\boldsymbol{\alpha}),$$

则称 σ 是线性空间 V 的一个**线性变换**，$\sigma(\boldsymbol{\alpha})$ 称为元素 $\boldsymbol{\alpha}$ 在线性变换 σ 下的**像**.

由定义 7.6 可以看出：线性变换保持元素的加法和数量乘法运算，即线性变换就是保持线性组合的对应的变换.

例 7.13 线性空间 V 中的恒等变换 ε：$\varepsilon(\boldsymbol{\alpha})=\boldsymbol{\alpha}$，$\boldsymbol{\alpha} \in V$，与零变换 o：$o(\boldsymbol{\alpha})=0$，$\boldsymbol{\alpha} \in V$，均是 V 中的线性变换.

例 7.14 设 σ 是 $\mathbf{R}^3$ 上的一个变换：$\sigma(\boldsymbol{\alpha})=\lambda\boldsymbol{\alpha}$，其中 $\boldsymbol{\alpha} \in \mathbf{R}^3$，$\lambda \in \mathbf{R}$，则对任意的 $\boldsymbol{\alpha}$，$\boldsymbol{\beta} \in \mathbf{R}^3$，$k \in \mathbf{R}$，有

$$\sigma(\boldsymbol{\alpha}+\boldsymbol{\beta})=\lambda(\boldsymbol{\alpha}+\boldsymbol{\beta})=\lambda\boldsymbol{\alpha}+\lambda\boldsymbol{\beta}=\sigma(\boldsymbol{\alpha})+\sigma(\boldsymbol{\beta}),$$
$$\sigma(k\boldsymbol{\alpha})=\lambda(k\boldsymbol{\alpha})=k(\lambda\boldsymbol{\alpha})=k\sigma(\boldsymbol{\alpha}).$$

因此，σ 是 $\mathbf{R}^3$ 上的一个线性变换，称为由数 λ 决定的**数乘变换**. 其几何意义是：如果 $\lambda>1$，则变换将 $\boldsymbol{\alpha}$ 扩大 λ 倍；如果 $0<\lambda<1$，则变换将 $\boldsymbol{\alpha}$ 缩小 λ 倍. 特别地，当 $\lambda=1$ 时即为恒等变换；当 $\lambda=0$ 时即为零变换.

例 7.15 考虑平面上的向量构成的二维线性空间 $\mathbf{R}^2$. 由转轴公式知：若设向量

$\boldsymbol{\alpha}=\begin{pmatrix}x\\y\end{pmatrix}$绕坐标原点逆时针方向旋转 θ 角($\theta>0$)得到 $\boldsymbol{\beta}=\begin{pmatrix}x'\\y'\end{pmatrix}$,则有

$$\begin{cases}x'=x\cos\theta-y\sin\theta,\\y'=x\sin\theta+y\cos\theta.\end{cases}$$

若记

$$\mathbf{A}=\begin{pmatrix}\cos\theta & -\sin\theta\\ \sin\theta & \cos\theta\end{pmatrix},$$

则 $\sigma(\boldsymbol{\alpha})=\mathbf{A}\boldsymbol{\alpha}$,称为 $\mathbf{R}^2$ 中的旋转变换. 由定义 7.6 可以证明旋转变换是一个线性变换.

例 7.16　设 σ 是 $\mathbf{R}^3$ 上的一个变换,对任意 $\boldsymbol{\alpha}=(a_1,a_2,a_3)^{\mathrm{T}}\in\mathbf{R}^3$,定义

$$\sigma(\boldsymbol{\alpha})=\sigma\begin{pmatrix}a_1\\a_2\\a_3\end{pmatrix}=\begin{pmatrix}a_1\\a_2\\0\end{pmatrix},$$

这是 $\mathbf{R}^3$ 上的一个线性变换. 其几何意义是将向量 $\boldsymbol{\alpha}$ 投影到 xOy 平面上,因此也称这个线性变换为**投影变换**(图 7-1).

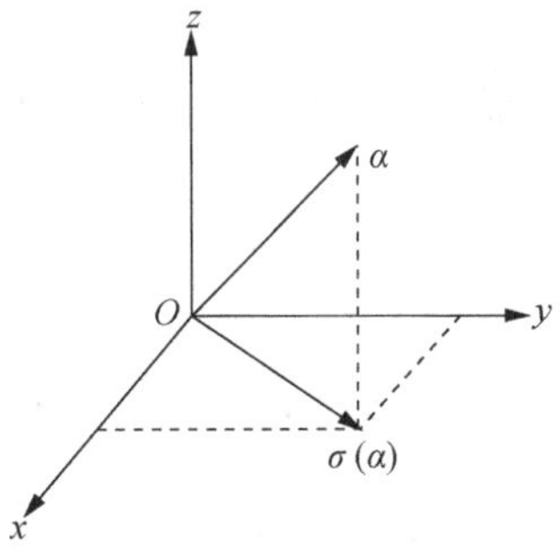

图 7-1　投影变换

例 7.17　在线性空间 $\mathbf{R}[x]_n$ 中,定义变换

$$D(f(x))=\frac{\mathrm{d}}{\mathrm{d}x}f(x),\quad f(x)\in\mathbf{R}[x]_n,$$

则由导数性质可以证明 D 是 $\mathbf{R}[x]_n$ 的一个线性变换. 这个变换也称为**微分变换**.

例 7.18　判断下列变换是不是线性空间 V 上的线性变换? 为什么?

(1)在三维向量空间内,

$$\sigma\begin{pmatrix}x\\y\\z\end{pmatrix}=\begin{pmatrix}x+y\\2z\\x\end{pmatrix};$$

(2)在线性空间 V 中,

$$\sigma(\boldsymbol{\alpha})=\boldsymbol{\alpha}_0,\quad\forall\boldsymbol{\alpha}\in V,$$

其中 $\boldsymbol{\alpha}_0$ 是 V 中一个固定的向量;

(3)$M_2(\mathbf{R})$是实数域$\mathbf{R}$上二阶矩阵所构成的线性空间

$$\sigma(\boldsymbol{A})=\boldsymbol{A}^*,\quad \forall \boldsymbol{A}\in M_2(\mathbf{R}),$$

其中$\boldsymbol{A}^*$是$\boldsymbol{A}$的伴随矩阵；

(4)在二维向量空间内

$$\sigma\begin{pmatrix}x\\y\end{pmatrix}=\begin{pmatrix}xy\\x-y\end{pmatrix}.$$

解　(1)是. 设$\boldsymbol{\alpha}=(a_1,a_2,a_3)^{\mathrm{T}}$,$\boldsymbol{\beta}=(b_1,b_2,b_3)^{\mathrm{T}}$,则

$$\sigma(\boldsymbol{\alpha}+\boldsymbol{\beta})=\sigma\begin{pmatrix}a_1+b_1\\a_2+b_2\\a_3+b_3\end{pmatrix}=\begin{pmatrix}a_1+b_1+a_2+b_2\\2(a_3+b_3)\\a_1+b_1\end{pmatrix}=\begin{pmatrix}a_1+a_2\\2a_3\\a_1\end{pmatrix}+\begin{pmatrix}b_1+b_2\\2b_3\\b_1\end{pmatrix}=\sigma(\boldsymbol{\alpha})+\sigma(\boldsymbol{\beta}),$$

$$\sigma(k\boldsymbol{\alpha})=\sigma\begin{pmatrix}ka_1\\ka_2\\ka_3\end{pmatrix}=\begin{pmatrix}ka_1+ka_2\\2ka_3\\ka_1\end{pmatrix}=k\begin{pmatrix}a_1+a_2\\2a_3\\a_1\end{pmatrix}=k\sigma(\boldsymbol{\alpha}),$$

所以σ是三维向量空间上的线性变换.

(2)当$\boldsymbol{\alpha}_0=0$时,是;当$\boldsymbol{\alpha}_0\neq 0$时,不是.

若$\boldsymbol{\alpha}_0=0$,则

$$\sigma(\boldsymbol{\alpha}+\boldsymbol{\beta})=0=0+0=\sigma(\boldsymbol{\alpha})+\sigma(\boldsymbol{\beta}),$$

$$\sigma(k\boldsymbol{\alpha})=\mathbf{0}=k\mathbf{0}=k\sigma(\boldsymbol{\alpha}),$$

所以σ是一个线性变换；

若$\boldsymbol{\alpha}_0\neq 0$,则

$$\sigma(\boldsymbol{\alpha}+\boldsymbol{\beta})=\boldsymbol{\alpha}_0\neq 2\boldsymbol{\alpha}_0=\boldsymbol{\alpha}_0+\boldsymbol{\alpha}_0=\sigma(\boldsymbol{\alpha})+\sigma(\boldsymbol{\beta}),$$

所以σ不是一个线性变换.

(3) 是. 设$\boldsymbol{A}=\begin{pmatrix}a_1&a_2\\a_3&a_4\end{pmatrix}$,$\boldsymbol{B}=\begin{pmatrix}b_1&b_2\\b_3&b_4\end{pmatrix}\in M_2(\mathbf{R})$,

则

$$\boldsymbol{A}+\boldsymbol{B}=\begin{pmatrix}a_1+b_1&a_2+b_2\\a_3+b_3&a_4+b_4\end{pmatrix},$$

有

$$(\boldsymbol{A}+\boldsymbol{B})^*=\begin{pmatrix}a_1+b_1&-a_2-b_2\\-a_3-b_3&a_1+b_1\end{pmatrix}.$$

而

$$\boldsymbol{A}^*=\begin{pmatrix}a_4&-a_2\\-a_3&a_1\end{pmatrix},\quad \boldsymbol{B}^*=\begin{pmatrix}b_4&-b_2\\-b_3&b_1\end{pmatrix},$$

于是

$$\sigma(\boldsymbol{A}+\boldsymbol{B})=(\boldsymbol{A}+\boldsymbol{B})^*=\boldsymbol{A}^*+\boldsymbol{B}^*=\sigma(\boldsymbol{A})+\sigma(\boldsymbol{B}).$$

又

$$\sigma(k\boldsymbol{A})=\begin{pmatrix} ka_4 & -ka_2 \\ -ka_3 & ka_1 \end{pmatrix}=k\boldsymbol{A}^*=k\sigma(\boldsymbol{A}),$$

所以 σ 是 $M_2(\mathbf{R})$ 上的一个线性变换.

(4) 不是. 因为当 $k\neq 1$ 时,

$$\sigma\begin{pmatrix} kx \\ ky \end{pmatrix}=\begin{pmatrix} k^2xy \\ kx-ky \end{pmatrix}=k\begin{pmatrix} kxy \\ x-y \end{pmatrix}\neq k\begin{pmatrix} xy \\ x-y \end{pmatrix}=k\sigma\begin{pmatrix} x \\ y \end{pmatrix}.$$

7.4.2　线性变换的简单性质

由定义 7.6 容易推出线性变换有以下简单性质.

实数域 $\mathbf{R}$ 上的线性空间 V 的线性变换 σ 有以下性质.

性质 7.5　$\sigma(0)=0,\sigma(-\boldsymbol{\alpha})=-\sigma(\boldsymbol{\alpha})(\forall\boldsymbol{\alpha}\in V)$.

性质 7.6　若 $\boldsymbol{\beta}=k_1\boldsymbol{\alpha}_2+k_2\boldsymbol{\alpha}_2+\cdots+k_n\boldsymbol{\alpha}_n(k_i\in\mathbf{R},\boldsymbol{\alpha}_i\in V,i=1,2,\cdots,n)$,则 $\sigma(\boldsymbol{\beta})=k_1\sigma(\boldsymbol{\alpha}_1)+k_2\sigma(\boldsymbol{\alpha}_2)+\cdots+k_n\sigma(\boldsymbol{\alpha}_n)$.

性质 7.7　若 $\boldsymbol{\alpha}_1,\boldsymbol{\alpha}_2,\cdots,\boldsymbol{\alpha}_n$ 线性相关,则 $\sigma(\boldsymbol{\alpha}_1),\sigma(\boldsymbol{\alpha}_2),\cdots,\sigma(\boldsymbol{\alpha}_n)$ 也线性相关.

这些性质请读者证明. 注意性质 7.7 的逆命题是不成立的,即若 $\boldsymbol{\alpha}_1,\boldsymbol{\alpha}_2,\cdots,\boldsymbol{\alpha}_n$ 线性无关,则 $\sigma(\boldsymbol{\alpha}_1),\sigma(\boldsymbol{\alpha}_2),\cdots,\sigma(\boldsymbol{\alpha}_n)$ 不一定线性无关. 最简单的例子是零变换.

性质 7.8　线性变换 σ 的像集 $\sigma(V)$ 是一个线性空间(V 的子空间),称为线性变换 σ 的**值域**.

证明　设 $\boldsymbol{\beta}_1,\boldsymbol{\beta}_2\in\sigma(V)$,则有 $\boldsymbol{\alpha}_1,\boldsymbol{\alpha}_2\in V$,使 $\sigma(\boldsymbol{\alpha}_1)=\boldsymbol{\beta}_1,\sigma(\boldsymbol{\alpha}_2)=\boldsymbol{\beta}_2$,从而

$$\boldsymbol{\beta}_1+\boldsymbol{\beta}_2=\sigma(\boldsymbol{\alpha}_1)+\sigma(\boldsymbol{\alpha}_2)=\sigma(\boldsymbol{\alpha}_1+\boldsymbol{\alpha}_2)\in\sigma(V)\quad(\text{因 }\boldsymbol{\alpha}_1,\boldsymbol{\alpha}_2\in V),$$

$$k\boldsymbol{\beta}_1=k\sigma(\boldsymbol{\alpha}_1)=\sigma(k\boldsymbol{\alpha}_1)\in\sigma(V)\quad(\text{因 }k\boldsymbol{\alpha}_1\in V).$$

由于 $\sigma(V)\subset V$,由以上证明知它对 V 中的线性运算封闭,故它是 V 的子空间.

性质 7.9　使 $\sigma(\boldsymbol{\alpha})=0$ 的 $\boldsymbol{\alpha}$ 的全体

$$S_\sigma=\{\boldsymbol{\alpha}\mid\boldsymbol{\alpha}\in V,\sigma(\boldsymbol{\alpha})=0\}$$

也是 V 的子空间. S_σ 称为线性变换的 σ 的**核**.

证明　$S_\sigma\subset V$,且若 $\boldsymbol{\alpha}_1,\boldsymbol{\alpha}_2\in S_\sigma$,即 $\sigma(\boldsymbol{\alpha}_1)=0,\sigma(\boldsymbol{\alpha}_2)=0$,则 $\sigma(\boldsymbol{\alpha}_1+\boldsymbol{\alpha}_2)=\sigma(\boldsymbol{\alpha}_1)+\sigma(\boldsymbol{\alpha}_2)=\mathbf{0}$,所以 $\boldsymbol{\alpha}_1+\boldsymbol{\alpha}_2\in S_\sigma$;

若 $\boldsymbol{\alpha}_1\in S_\sigma,k\in\mathbf{R}$,则 $\sigma(k\boldsymbol{\alpha}_1)=k\sigma(\boldsymbol{\alpha}_1)=k\mathbf{0}=\mathbf{0}$,所以 $k\boldsymbol{\alpha}_1\in S_\sigma$.

以上表明 S_σ 对线性运算封闭,所以 S_σ 是 V 的子空间.

例 7.19　设有 n 阶方阵

$$\boldsymbol{A}=\begin{pmatrix} a_{11} & a_{12} & \cdots & a_{1n} \\ a_{21} & a_{22} & \cdots & a_{2n} \\ \vdots & \vdots & & \vdots \\ a_{n1} & a_{n2} & \cdots & a_{m} \end{pmatrix}=(\boldsymbol{\alpha}_1,\boldsymbol{\alpha}_2,\cdots,\boldsymbol{\alpha}_n),$$

其中

$$\boldsymbol{\alpha}_i=\begin{pmatrix}a_{1i}\\a_{2i}\\\vdots\\a_{ni}\end{pmatrix},\quad i=1,2,\cdots,n.$$

定义 $\mathbf{R}^n$ 中的变换 $y=\sigma(x)$ 为

$$\sigma(x)=\mathbf{A}x,\quad x\in\mathbf{R}^n,$$

则 σ 为线性交换. 原因如下:

设 $\boldsymbol{\alpha},\boldsymbol{\beta}\in\mathbf{R}_n$,则

$$\sigma(\boldsymbol{\alpha}+\boldsymbol{\beta})=\mathbf{A}(\boldsymbol{\alpha}+\boldsymbol{\beta})=\mathbf{A}\boldsymbol{\alpha}+\mathbf{A}\boldsymbol{\beta}=\sigma(\boldsymbol{\alpha})+\sigma(\boldsymbol{\beta}),$$
$$\sigma(k\boldsymbol{\alpha})=\mathbf{A}(k\boldsymbol{\alpha})=k\mathbf{A}\boldsymbol{\alpha}=k\sigma(\boldsymbol{\alpha}).$$

又 σ 的值域就是由 $\boldsymbol{\alpha}_1,\boldsymbol{\alpha}_2,\cdots,\boldsymbol{\alpha}_n$ 所生成的向量空间

$$\sigma(\mathbf{R}^n)=\{y=x_1\boldsymbol{\alpha}_1+x_2\boldsymbol{\alpha}_2+\cdots+x_n\boldsymbol{\alpha}_n\mid x_1,x_2,\cdots,x_n\in\mathbf{R}\}.$$

σ 的核 S_σ 就是齐次线性方程组 $\mathbf{A}\boldsymbol{x}=0$ 的解空间.

7.5　线性变换的矩阵表示

设 V 是实数域 $\mathbf{R}$ 上的 n 维线性空间 $\boldsymbol{\alpha}_1,\boldsymbol{\alpha}_2,\cdots,\boldsymbol{\alpha}_n$ 是 V 的一组基,对于 V 中的任一元素 $\boldsymbol{\alpha}$,设

$$\boldsymbol{\alpha}=x_1\boldsymbol{\alpha}_1+x_2\boldsymbol{\alpha}_2+\cdots+x_n\boldsymbol{\alpha}_n,$$

其中的组合系数是唯一确定的,它们就是 $\boldsymbol{\alpha}$ 在基 $\boldsymbol{\alpha}_1,\boldsymbol{\alpha}_2,\cdots,\boldsymbol{\alpha}_n$ 下的坐标. 由于线性变换保持线性关系不变,因此,在 V 的线性变换 σ 下,有

$$\sigma(\boldsymbol{\alpha})=x_1\sigma(\boldsymbol{\alpha}_1)+x_2\sigma(\boldsymbol{\alpha}_2)+\cdots+x_n\sigma(\boldsymbol{\alpha}_n).$$

上式表明:只要知道了基 $\boldsymbol{\alpha}_1,\boldsymbol{\alpha}_2,\cdots,\boldsymbol{\alpha}_n$ 的像,那么线性空间 V 中任何一个元素的像也就知道了. 因此,如果有 V 的两个线性变换 σ 与 τ,它们在同一组基 $\boldsymbol{\alpha}_1,\boldsymbol{\alpha}_2,\cdots,\boldsymbol{\alpha}_n$ 下的像相同,即

$$\sigma(\boldsymbol{\alpha}_i)=\tau(\boldsymbol{\alpha}_i),\quad i=1,2,\cdots,n,$$

则对 V 中任一元素 $\boldsymbol{\alpha}$,都有 $\sigma(\boldsymbol{\alpha})=\tau(\boldsymbol{\alpha})$,那么 $\sigma=\tau$,即线性变换完全被它在一组基上的作用所决定.

下面通过线性变换对一组基的作用来建立线性变换与矩阵的联系.

定义 7.7　设 $\boldsymbol{\alpha}_1,\boldsymbol{\alpha}_2,\cdots,\boldsymbol{\alpha}_n$ 是实数域 $\mathbf{R}$ 上 n 维线性空间 V 的一组基,σ 是 V 中的一个线性变换,基的像 $\sigma(\boldsymbol{\alpha}_1),\sigma(\boldsymbol{\alpha}_2),\cdots,\sigma(\boldsymbol{\alpha}_n)$(作为 V 中的元素)可以被基 $\boldsymbol{\alpha}_1,\boldsymbol{\alpha}_2,\cdots,\boldsymbol{\alpha}_n$ 线性表出,设为

$$\begin{cases}\sigma(\boldsymbol{\alpha}_1)=a_{11}\boldsymbol{\alpha}_1+a_{21}\boldsymbol{\alpha}_2+\cdots+a_{n1}\boldsymbol{\alpha}_n,\\\sigma(\boldsymbol{\alpha}_2)=a_{12}\boldsymbol{\alpha}_1+a_{22}\boldsymbol{\alpha}_2+\cdots+a_{n2}\boldsymbol{\alpha}_n,\\\qquad\qquad\cdots\cdots\\\sigma(\boldsymbol{\alpha}_n)=a_{1n}\boldsymbol{\alpha}_1+a_{2n}\boldsymbol{\alpha}_2+\cdots+a_{nn}\boldsymbol{\alpha}_n.\end{cases}$$

记 $\sigma(\boldsymbol{\alpha}_1,\boldsymbol{\alpha}_2,\cdots,\boldsymbol{\alpha}_n)=(\sigma(\boldsymbol{\alpha}_1),\sigma(\boldsymbol{\alpha}_2),\cdots,\sigma(\boldsymbol{\alpha}_n))$，用矩阵来表示就是

$$\sigma(\boldsymbol{\alpha}_1,\boldsymbol{\alpha}_2,\cdots,\boldsymbol{\alpha}_n)=(\boldsymbol{\alpha}_1,\boldsymbol{\alpha}_2,\cdots,\boldsymbol{\alpha}_n)\boldsymbol{A},$$

其中

$$\boldsymbol{A}=\begin{pmatrix} a_{11} & a_{12} & \cdots & a_{1n} \\ a_{21} & a_{22} & \cdots & a_{2n} \\ \vdots & \vdots & & \vdots \\ a_{n1} & a_{n2} & \cdots & a_{nn} \end{pmatrix}.$$

矩阵 $\boldsymbol{A}$ 称为线性变换 σ 在基 $\boldsymbol{\alpha}_1,\boldsymbol{\alpha}_2,\cdots,\boldsymbol{\alpha}_n$ 下的**矩阵**，其中 $\boldsymbol{A}$ 的第 j 列是 $\sigma(\boldsymbol{\alpha}_j)$ 在基 $\boldsymbol{\alpha}_1,\boldsymbol{\alpha}_2,\cdots,\boldsymbol{\alpha}_n$ 下的**坐标**.

显然，矩阵 $\boldsymbol{A}$ 由基的像 $\sigma(\boldsymbol{\alpha}_1),\sigma(\boldsymbol{\alpha}_2),\cdots,\sigma(\boldsymbol{\alpha}_n)$ 唯一确定.

下面讨论如何用 σ 在一组基下的矩阵 $\boldsymbol{A}$ 来求 $\sigma(\boldsymbol{\alpha})$.

定理 7.3　设 n 维线性空间 V 的线性变换 σ，在基 $\boldsymbol{\alpha}_1,\boldsymbol{\alpha}_2,\cdots,\boldsymbol{\alpha}_n$ 下的矩阵为 $\boldsymbol{A}$，元素 $\boldsymbol{\alpha}$ 在基下的坐标为

$$\boldsymbol{x}=(x_1,x_2,\cdots,x_n)^{\mathrm{T}},$$

$\sigma(\boldsymbol{\alpha})$ 在基下的坐标为

$$\boldsymbol{y}=(y_1,y_2,\cdots,y_n)^{\mathrm{T}},$$

则 $\boldsymbol{y}=\boldsymbol{A}\boldsymbol{x}$.

证明　已知

$$\sigma(\boldsymbol{\alpha}_1,\boldsymbol{\alpha}_2,\cdots,\boldsymbol{\alpha}_n)=(\sigma(\boldsymbol{\alpha}_1),\sigma(\boldsymbol{\alpha}_2),\cdots,\sigma(\boldsymbol{\alpha}_n))=\sigma(\boldsymbol{\alpha}_1,\boldsymbol{\alpha}_2,\cdots,\boldsymbol{\alpha}_n)\boldsymbol{A},$$

$$\boldsymbol{\alpha}=x_1\boldsymbol{\alpha}_1+x_2\boldsymbol{\alpha}_2+\cdots+x_n\boldsymbol{\alpha}_n=(\boldsymbol{\alpha}_1,\boldsymbol{\alpha}_2,\cdots,\boldsymbol{\alpha}_n)\begin{pmatrix} x_1 \\ x_2 \\ \vdots \\ x_n \end{pmatrix},$$

则

$$\begin{aligned}\sigma(\boldsymbol{\alpha})&=x_1\sigma(\boldsymbol{\alpha}_1)+x_2\sigma(\boldsymbol{\alpha}_2)+\cdots+x_n\sigma(\boldsymbol{\alpha}_n)\\&=(\sigma(\boldsymbol{\alpha}_1),\sigma(\boldsymbol{\alpha}_2),\cdots,\sigma(\boldsymbol{\alpha}_n))\begin{pmatrix} x_1 \\ x_2 \\ \vdots \\ x_n \end{pmatrix}=(\boldsymbol{\alpha}_1,\boldsymbol{\alpha}_2,\cdots,\boldsymbol{\alpha}_n)\boldsymbol{A}\begin{pmatrix} x_1 \\ x_2 \\ \vdots \\ x_n \end{pmatrix},\end{aligned}$$

故 $\sigma(\boldsymbol{\alpha})$ 在基 $(\boldsymbol{\alpha}_1,\boldsymbol{\alpha}_2,\cdots,\boldsymbol{\alpha}_n)$ 下的坐标为

$$\begin{pmatrix} y_1 \\ y_2 \\ \vdots \\ y_n \end{pmatrix}=\boldsymbol{A}\begin{pmatrix} x_1 \\ x_2 \\ \vdots \\ x_n \end{pmatrix},$$

即

$$\boldsymbol{y}=\boldsymbol{A}\boldsymbol{x}.$$

例 7.20　已知在三维向量空间上有线性变换

$$\sigma\begin{pmatrix}x\\y\\z\end{pmatrix}=\begin{pmatrix}x+y\\x-y\\z\end{pmatrix}.$$

求线性变换 σ 在基

$$\boldsymbol{\alpha}_1=\begin{pmatrix}1\\0\\0\end{pmatrix},\quad \boldsymbol{\alpha}_2=\begin{pmatrix}1\\1\\0\end{pmatrix},\quad \boldsymbol{\alpha}_3=\begin{pmatrix}1\\1\\1\end{pmatrix}$$

下的对应矩阵.

解　因为

$$\sigma(\boldsymbol{\alpha}_1)=\sigma\begin{pmatrix}1\\0\\0\end{pmatrix}=\begin{pmatrix}1\\1\\0\end{pmatrix}=\boldsymbol{\alpha}_2,\quad \sigma(\boldsymbol{\alpha}_2)=\sigma\begin{pmatrix}1\\1\\0\end{pmatrix}=\begin{pmatrix}2\\0\\0\end{pmatrix}=2\boldsymbol{\alpha}_1,$$

$$\sigma(\boldsymbol{\alpha}_3)=\sigma\begin{pmatrix}1\\1\\1\end{pmatrix}=\begin{pmatrix}2\\0\\1\end{pmatrix}=2\boldsymbol{\alpha}_1-\boldsymbol{\alpha}_2+\boldsymbol{\alpha}_3,$$

故

$$\sigma(\boldsymbol{\alpha}_1,\boldsymbol{\alpha}_2,\boldsymbol{\alpha}_3)=(\boldsymbol{\alpha}_1,\boldsymbol{\alpha}_2,\boldsymbol{\alpha}_3)\begin{pmatrix}0&2&2\\1&0&-1\\0&0&1\end{pmatrix}.$$

所以线性变换 σ 在基 $\boldsymbol{\alpha}_1,\boldsymbol{\alpha}_2,\boldsymbol{\alpha}_3$ 下的对应矩阵为

$$\boldsymbol{A}=\begin{pmatrix}0&2&2\\1&0&-1\\0&0&1\end{pmatrix}.$$

线性变换矩阵 $\sigma(\boldsymbol{\alpha}_1,\boldsymbol{\alpha}_2,\cdots,\boldsymbol{\alpha}_n)=(\boldsymbol{\alpha}_1,\boldsymbol{\alpha}_2,\cdots,\boldsymbol{\alpha}_n)\boldsymbol{A}$ 中的第 j 列就是 $\sigma(\boldsymbol{\alpha}_j)$ 在基 $\boldsymbol{\alpha}_1,\boldsymbol{\alpha}_2,\cdots,\boldsymbol{\alpha}_n$ 下的坐标.

例 7.21　设 $M_2(\mathbf{R})$ 为二阶矩阵所构成的线性空间,其上的线性变换 σ 定义为

$$\sigma(\boldsymbol{A})=\boldsymbol{A}^*.$$

求 σ 在基

$$\boldsymbol{E}_{11}=\begin{pmatrix}1&0\\0&0\end{pmatrix},\quad \boldsymbol{E}_{12}=\begin{pmatrix}0&1\\0&0\end{pmatrix},\quad \boldsymbol{E}_{21}=\begin{pmatrix}0&0\\1&0\end{pmatrix},\quad \boldsymbol{E}_{22}=\begin{pmatrix}0&0\\0&1\end{pmatrix}$$

下的对应矩阵.

解　按线性变换 σ 的定义,有

$$\sigma(\boldsymbol{E}_{11})=\begin{pmatrix}1&0\\0&0\end{pmatrix}^*=\begin{pmatrix}0&0\\0&1\end{pmatrix}=\boldsymbol{E}_{22},$$

$$\sigma(\boldsymbol{E}_{12})=\begin{pmatrix}0&1\\0&0\end{pmatrix}^*=\begin{pmatrix}0&-1\\0&0\end{pmatrix}=-\boldsymbol{E}_{12},$$

$$\sigma(\boldsymbol{E}_{21})=\begin{pmatrix}0&0\\1&0\end{pmatrix}^*=\begin{pmatrix}0&0\\-1&0\end{pmatrix}=-\boldsymbol{E}_{21},$$

$$\sigma(\boldsymbol{E}_{22})=\begin{pmatrix}0&0\\0&1\end{pmatrix}^*=\begin{pmatrix}1&0\\0&0\end{pmatrix}=\boldsymbol{E}_{11}.$$

故

$$\sigma(\boldsymbol{E}_{11},\boldsymbol{E}_{12},\boldsymbol{E}_{21},\boldsymbol{E}_{22})=(\boldsymbol{E}_{11},\boldsymbol{E}_{12},\boldsymbol{E}_{21},\boldsymbol{E}_{22})\begin{pmatrix}0&0&0&1\\0&-1&0&0\\0&0&-1&0\\1&0&0&0\end{pmatrix}.$$

所以线性变换 σ 在基 $\boldsymbol{E}_{11},\boldsymbol{E}_{12},\boldsymbol{E}_{21},\boldsymbol{E}_{22}$ 下的对应矩阵为

$$\boldsymbol{A}=\begin{pmatrix}0&0&0&1\\0&-1&0&0\\0&0&-1&0\\1&0&0&0\end{pmatrix}$$

例 7.22　设 σ 是 $\mathbf{R}^3$ 的一个线性变换，$\boldsymbol{\alpha}_1,\boldsymbol{\alpha}_2,\boldsymbol{\alpha}_3$ 是 $\mathbf{R}^3$ 的一组基. 已知

$$\boldsymbol{\alpha}_1=(1,0,0)^{\mathrm{T}},\quad \boldsymbol{\alpha}_2=(1,1,0)^{\mathrm{T}},\quad \boldsymbol{\alpha}_3=(1,1,1)^{\mathrm{T}},$$

$$\sigma(\boldsymbol{\alpha}_1)=(1,-1,0)^{\mathrm{T}},\quad \sigma(\boldsymbol{\alpha}_2)=(-1,1,-1)^{\mathrm{T}},\quad \sigma(\boldsymbol{\alpha}_3)=(1,-1,2)^{\mathrm{T}}.$$

(1)求 σ 在基 $\boldsymbol{\alpha}_1,\boldsymbol{\alpha}_2,\boldsymbol{\alpha}_3$ 下的矩阵；

(2)求 $\sigma^2(\boldsymbol{\alpha}_1),\sigma^2(\boldsymbol{\alpha}_2),\sigma^2(\boldsymbol{\alpha}_3)$；

(3)已知 $\sigma(\boldsymbol{\beta})$ 在基 $\boldsymbol{\alpha}_1,\boldsymbol{\alpha}_2,\boldsymbol{\alpha}_3$ 下的坐标为(2,1,−2)，问 $\sigma(\boldsymbol{\beta})$ 的原像 $\boldsymbol{\beta}$ 是否唯一？并求 $\boldsymbol{\beta}$ 在基 $\boldsymbol{\alpha}_1,\boldsymbol{\alpha}_2,\boldsymbol{\alpha}_3$ 下的坐标.

解　(1) $(\sigma(\boldsymbol{\alpha}_1),\sigma(\boldsymbol{\alpha}_2),\sigma(\boldsymbol{\alpha}_3))=(\boldsymbol{\alpha}_1,\boldsymbol{\alpha}_2,\boldsymbol{\alpha}_3)\boldsymbol{A}$，即

$$\begin{pmatrix}1&-1&1\\-1&1&-1\\0&-1&2\end{pmatrix}=\begin{pmatrix}1&1&1\\0&1&1\\0&0&1\end{pmatrix}\boldsymbol{A},$$

因此，σ 在基 $\boldsymbol{\alpha}_1,\boldsymbol{\alpha}_2,\boldsymbol{\alpha}_3$ 下的矩阵为

$$\boldsymbol{A}=\begin{pmatrix}1&1&1\\0&1&1\\0&0&1\end{pmatrix}^{-1}\begin{pmatrix}1&-1&1\\-1&1&-1\\0&-1&2\end{pmatrix}=\begin{pmatrix}2&-2&2\\-1&2&-3\\0&-1&2\end{pmatrix};$$

(2) $\sigma(\boldsymbol{\alpha}_1,\boldsymbol{\alpha}_2,\boldsymbol{\alpha}_3)=(\sigma(\boldsymbol{\alpha}_1),\sigma(\boldsymbol{\alpha}_2),\sigma(\boldsymbol{\alpha}_3))=(\boldsymbol{\alpha}_1,\boldsymbol{\alpha}_2,\boldsymbol{\alpha}_3)\boldsymbol{A}$，将等式两边再用 σ 作用，就有

$$\begin{aligned}\sigma(\sigma(\boldsymbol{\alpha}_1),\sigma(\boldsymbol{\alpha}_2),\sigma(\boldsymbol{\alpha}_3))&=\sigma((\boldsymbol{\alpha}_1,\boldsymbol{\alpha}_2,\boldsymbol{\alpha}_3)\boldsymbol{A})=(\sigma(\boldsymbol{\alpha}_1,\boldsymbol{\alpha}_2,\boldsymbol{\alpha}_3))\boldsymbol{A}\\&=(\boldsymbol{\alpha}_1,\boldsymbol{\alpha}_2,\boldsymbol{\alpha}_3)\boldsymbol{A}^2=(\boldsymbol{\alpha}_1,\boldsymbol{\alpha}_2,\boldsymbol{\alpha}_3)\begin{pmatrix}6&-10&14\\-4&9&-14\\1&-4&7\end{pmatrix},\end{aligned}$$

由此可得

$$\sigma^2(\boldsymbol{\alpha}_1)=\sigma(\sigma(\boldsymbol{\alpha}_1))=6\boldsymbol{\alpha}_1-4\boldsymbol{\alpha}_2+\boldsymbol{\alpha}_3=(3,-3,1)^{\mathrm{T}},$$
$$\sigma^2(\boldsymbol{\alpha}_2)=\sigma(\sigma(\boldsymbol{\alpha}_2))=-10\boldsymbol{\alpha}_1+9\boldsymbol{\alpha}_2-4\boldsymbol{\alpha}_3=(-5,5,-4)^{\mathrm{T}},$$
$$\sigma^2(\boldsymbol{\alpha}_3)=\sigma(\sigma(\boldsymbol{\alpha}_3))=14\boldsymbol{\alpha}_1-14\boldsymbol{\alpha}_2+7\boldsymbol{\alpha}_3=(7,-7,7)^{\mathrm{T}};$$

(3)设 $\boldsymbol{\beta}$ 在基 $\boldsymbol{\alpha}_1,\boldsymbol{\alpha}_2,\boldsymbol{\alpha}_3$ 下的坐标为 $(x_1,x_2,x_3)^{\mathrm{T}}$，由定理 7.3 得

$$\begin{pmatrix}2&-2&2\\-1&2&-3\\0&-1&2\end{pmatrix}\begin{pmatrix}x_1\\x_2\\x_3\end{pmatrix}=\begin{pmatrix}2\\1\\-2\end{pmatrix},$$

解此方程组得

$$(x_1,x_2,x_3)^{\mathrm{T}}=(3,2,0)^{\mathrm{T}}+k(1,2,1)^{\mathrm{T}},$$

其中 k 为任意常数，故 $\sigma(\boldsymbol{\beta})$ 的原像 $\boldsymbol{\beta}$ 不唯一.

线性变换用矩阵表示是与空间的一组基相联系的，一般情况下，线性变换在不同基下的矩阵是不相同的. 下面揭示同一个线性变换在不同基下的矩阵之间的相互关系.

定理 7.4　设线性空间 V 中取定两组基 $\boldsymbol{\alpha}_1,\boldsymbol{\alpha}_2,\cdots,\boldsymbol{\alpha}_n$ 和 $\boldsymbol{\beta}_1,\boldsymbol{\beta}_2,\cdots,\boldsymbol{\beta}_n$，由基 $\boldsymbol{\alpha}_1,\boldsymbol{\alpha}_2,\cdots,\boldsymbol{\alpha}_n$ 到基 $\boldsymbol{\beta}_1,\boldsymbol{\beta}_2,\cdots,\boldsymbol{\beta}_n$ 的过渡矩阵为 $\boldsymbol{P}$，V 中的线性变换 σ 在这两个基下的矩阵依次为 $\boldsymbol{A}$ 和 $\boldsymbol{B}$，那么 $\boldsymbol{B}=\boldsymbol{P}^{-1}\boldsymbol{A}\boldsymbol{P}$.

证明　根据已知条件有

$$(\boldsymbol{\beta}_1,\boldsymbol{\beta}_2,\cdots,\boldsymbol{\beta}_n)=(\boldsymbol{\alpha}_1,\boldsymbol{\alpha}_2,\cdots,\boldsymbol{\alpha}_n)\boldsymbol{P},$$

$\boldsymbol{P}$ 可逆，而

$$\sigma(\boldsymbol{\alpha}_1,\boldsymbol{\alpha}_2,\cdots,\boldsymbol{\alpha}_n)=(\boldsymbol{\alpha}_1,\boldsymbol{\alpha}_2,\cdots,\boldsymbol{\alpha}_n)\boldsymbol{A},$$
$$\sigma(\boldsymbol{\beta}_1,\boldsymbol{\beta}_2,\cdots,\boldsymbol{\beta}_n)=(\boldsymbol{\beta}_1,\boldsymbol{\beta}_2,\cdots,\boldsymbol{\beta}_n)\boldsymbol{B},$$

于是

$$\begin{aligned}\sigma(\boldsymbol{\beta}_1,\boldsymbol{\beta}_2,\cdots,\boldsymbol{\beta}_n)\boldsymbol{B}&=\sigma(\boldsymbol{\beta}_1,\boldsymbol{\beta}_2,\cdots,\boldsymbol{\beta}_n)=\sigma((\boldsymbol{\alpha}_1,\boldsymbol{\alpha}_2,\cdots,\boldsymbol{\alpha}_n)\boldsymbol{P})\\&=\sigma(\boldsymbol{\alpha}_1,\boldsymbol{\alpha}_2,\cdots,\boldsymbol{\alpha}_n)\boldsymbol{P}=(\boldsymbol{\alpha}_1,\boldsymbol{\alpha}_2,\cdots,\boldsymbol{\alpha}_n)\boldsymbol{A}\boldsymbol{P}\\&=(\boldsymbol{\beta}_1,\boldsymbol{\beta}_2,\cdots,\boldsymbol{\beta}_n)\boldsymbol{P}^{-1}\boldsymbol{A}\boldsymbol{P}.\end{aligned}$$

因为 $\boldsymbol{\beta}_1,\boldsymbol{\beta}_2,\cdots,\boldsymbol{\beta}_n$ 线性无关，所以

$$\boldsymbol{B}=\boldsymbol{P}^{-1}\boldsymbol{A}\boldsymbol{P}.$$

定理 7.4 表明，同一线性变换在不同基下的矩阵是相似矩阵，且两个基之间的过渡矩阵 $\boldsymbol{P}$ 就是相似变换矩阵；反之，若 $\boldsymbol{A}$ 和 $\boldsymbol{B}$ 相似，且 $\boldsymbol{A}$ 是 σ 在一组基下的矩阵，则 $\boldsymbol{B}$ 必是 σ 在另一组基下的矩阵.

例 7.23　设 $\mathbf{R}^3$ 中线性变换 σ 在标准基 $\boldsymbol{\varepsilon}_1,\boldsymbol{\varepsilon}_2,\boldsymbol{\varepsilon}_3$ 下的矩阵

$$\boldsymbol{A}=\begin{pmatrix}2&-1&-1\\-1&2&-1\\-1&-1&2\end{pmatrix}.$$

(1)求 σ 在基 $\boldsymbol{\beta}_1,\boldsymbol{\beta}_2,\boldsymbol{\beta}_3$ 下的矩阵，其中

$$\boldsymbol{\beta}_1=(1,1,1)^{\mathrm{T}},\quad \boldsymbol{\beta}_2=(-1,1,0)^{\mathrm{T}},\quad \boldsymbol{\beta}_3=(-1,0,1)^{\mathrm{T}};$$

(2)若 $\boldsymbol{\alpha}=(1,2,3)^{\mathrm{T}}$,求 $\sigma(\boldsymbol{\alpha})$ 在基 $\boldsymbol{\beta}_1,\boldsymbol{\beta}_2,\boldsymbol{\beta}_3$ 下的坐标 $(y_1,y_2,y_3)^{\mathrm{T}}$ 及 $\sigma(\boldsymbol{\alpha})$.

解　(1)先求 $\boldsymbol{\varepsilon}_1,\boldsymbol{\varepsilon}_2,\boldsymbol{\varepsilon}_3$ 到 $\boldsymbol{\beta}_1,\boldsymbol{\beta}_2,\boldsymbol{\beta}_3$ 的过渡矩阵 $\boldsymbol{P}$.

根据 $(\boldsymbol{\beta}_1,\boldsymbol{\beta}_2,\boldsymbol{\beta}_3)=(\boldsymbol{\varepsilon}_1,\boldsymbol{\varepsilon}_2,\boldsymbol{\varepsilon}_3)\boldsymbol{P}$,得

$$\boldsymbol{P}=(\boldsymbol{\beta}_1,\boldsymbol{\beta}_2,\boldsymbol{\beta}_3)=\begin{pmatrix}1&-1&-1\\1&1&0\\1&0&1\end{pmatrix},\quad \boldsymbol{P}^{-1}=\frac{1}{3}\begin{pmatrix}1&1&1\\-1&2&-1\\-1&-1&2\end{pmatrix}.$$

由定理 7.4 知,σ 在基 $\boldsymbol{\beta}_1,\boldsymbol{\beta}_2,\boldsymbol{\beta}_3$ 下矩阵为

$$\begin{aligned}\boldsymbol{B}&=\boldsymbol{P}^{-1}\boldsymbol{A}\boldsymbol{P}\\&=\frac{1}{3}\begin{pmatrix}1&1&1\\-1&2&-1\\-1&-1&2\end{pmatrix}\begin{pmatrix}2&-1&-1\\-1&2&-1\\-1&-1&2\end{pmatrix}\begin{pmatrix}1&-1&-1\\1&1&0\\1&0&1\end{pmatrix}\\&=\begin{pmatrix}0&0&0\\0&3&0\\0&0&3\end{pmatrix}.\end{aligned}$$

(2)设 $\boldsymbol{\alpha}$ 在 $\boldsymbol{\beta}_1,\boldsymbol{\beta}_2,\boldsymbol{\beta}_3$ 下的坐标为 $(x_1,x_2,x_3)^{\mathrm{T}}$,由于 $\boldsymbol{\alpha}$ 在标准基 $\boldsymbol{\varepsilon}_1,\boldsymbol{\varepsilon}_2,\boldsymbol{\varepsilon}_3$ 下的坐标为 $(1,2,3)^{\mathrm{T}}$,因此,根据坐标变换公式可得

$$\begin{pmatrix}x_1\\x_2\\x_3\end{pmatrix}=\boldsymbol{P}^{-1}\begin{pmatrix}1\\2\\3\end{pmatrix}=\frac{1}{3}\begin{pmatrix}1&1&1\\-1&2&-1\\-1&-1&2\end{pmatrix}\begin{pmatrix}1\\2\\3\end{pmatrix}=\begin{pmatrix}2\\0\\1\end{pmatrix}.$$

由定理 7.3 知

$$\begin{pmatrix}y_1\\y_2\\y_3\end{pmatrix}=\boldsymbol{B}\begin{pmatrix}x_1\\x_2\\x_3\end{pmatrix}=\begin{pmatrix}0&0&0\\0&3&0\\0&0&3\end{pmatrix}\begin{pmatrix}2\\0\\1\end{pmatrix}=\begin{pmatrix}0\\0\\3\end{pmatrix},$$

所以 $\sigma(\boldsymbol{\alpha})$ 在基 $\boldsymbol{\beta}_1,\boldsymbol{\beta}_2,\boldsymbol{\beta}_3$ 下的坐标 $(0,0,3)^{\mathrm{T}}$,从而 $\sigma(\boldsymbol{\alpha})=0\boldsymbol{\beta}_1+0\boldsymbol{\beta}_2+3\boldsymbol{\beta}_3=(-3,0,3)^{\mathrm{T}}$.

定理 7.5　线性变换在不同的基下所对应的矩阵是相似的;反过来,如果两个矩阵相似,那么它们可以看成同一个线性变换在两组基下对应的矩阵.

证明　前一个命题可由定理 7.4 得证. 仅需证第二个命题,设 n 阶矩阵 $\boldsymbol{A}$ 和 $\boldsymbol{B}$ 相似,$\boldsymbol{A}$ 可以看成 n 维线性空间 V 中一个线性空间变换 σ 在基 $\boldsymbol{\varepsilon}_1,\boldsymbol{\varepsilon}_2,\cdots,\boldsymbol{\varepsilon}_n$ 下的矩阵. 因为 $\boldsymbol{B}=\boldsymbol{P}^{-1}\boldsymbol{A}\boldsymbol{P}$,其中 $\boldsymbol{P}$ 为过渡矩阵,令

$$(\boldsymbol{\beta}_1,\boldsymbol{\beta}_2,\cdots,\boldsymbol{\beta}_n)=(\boldsymbol{\varepsilon}_1,\boldsymbol{\varepsilon}_2,\cdots,\boldsymbol{\varepsilon}_n)\boldsymbol{P},$$

显然,$(\boldsymbol{\beta}_1,\boldsymbol{\beta}_2,\cdots,\boldsymbol{\beta}_n)$ 也是一组基,σ 在这组基下的矩阵就是 $\boldsymbol{B}$.

本 章 小 结

本章主要讲述了线性空间和线性变换的基础内容. 线性空间和线性变换是线性

代数的重要内容和理论基础之一，在数学专业学习的高等代数中也占有重要的位置，也有某些有关高等代数的教材直接命名为《线性空间引论》(例如：陈恭亮，叶明训，郑延履，《线性空间引论》(第 3 版)，北京：清华大学出版社，2009.).

本章内容包括线性空间的定义和性质，维数、基与坐标，基变换与坐标变换，线性变换及其矩阵表示等内容，其中线性空间的定义、性质、基底以及线性空间中点的坐标是本章的基础内容，主要向读者讲述线性空间中的基本概念和基础性质. 而线性变换及其矩阵表示则是本章的重点. 线性变换是线性代数中一个重要概念，在很多学科有重要应用. 将线性变换与矩阵一一对应起来具有重要的理论意义，写出线性变换的变换矩阵不仅可以直接求出变换结果，清楚变换过程，而且也有助于了解变换的性质. 这也是本章学习的难点.

习　题　7

1. 验证：

(1)二阶方阵的全体 S_1；

(2)主对角线上的元素之和等于 0 的二阶方阵的全体 S_2；

(3)二阶对称方阵的全体 S_3，

对于矩阵的加法和数乘运算构成线性空间，并写出各个空间的一个基.

2. 验证：与向量$(0,0,1)^T$ 不平行的全体三维数组向量，对于数组向量的加法和数乘运算不构成线性空间.

3. 设 U 是线性空间 V 的一个子空间. 试证：若 U 与 V 的维数相等，则 $U=V$.

4. 设 V_r 是 n 维线性空间 V_n 的一个子空间，$\boldsymbol{\alpha}_1,\boldsymbol{\alpha}_2,\cdots,\boldsymbol{\alpha}_r$ 是 V_r 的一组基. 试证：V_n 中存在元素 $\boldsymbol{\alpha}_{r+1},\boldsymbol{\alpha}_{r+2},\cdots,\boldsymbol{\alpha}_{r+n}$，使 $\boldsymbol{\alpha}_1,\cdots,\boldsymbol{\alpha}_r,\boldsymbol{\alpha}_{r+1},\cdots,\boldsymbol{\alpha}_{r+n}$ 是 V_n 的一组基.

5. 已知 $\mathbf{R}^3$ 的两组基为

$$\boldsymbol{\alpha}_1=(1,2,1)^T,\quad \boldsymbol{\alpha}_2=(2,3,3)^T,\quad \boldsymbol{\alpha}_3=(3,7,1)^T;$$
$$\boldsymbol{\beta}_1=(3,1,4)^T,\quad \boldsymbol{\beta}_2=(5,2,1)^T,\quad \boldsymbol{\beta}_3=(1,1,-6)^T.$$

求：(1)向量 $\boldsymbol{\gamma}=(3,6,2)^T$ 在基 $\boldsymbol{\alpha}_1,\boldsymbol{\alpha}_2,\boldsymbol{\alpha}_3$ 下的坐标；

(2)基 $\boldsymbol{\alpha}_1,\boldsymbol{\alpha}_2,\boldsymbol{\alpha}_3$ 到基 $\boldsymbol{\beta}_1,\boldsymbol{\beta}_2,\boldsymbol{\beta}_3$ 的过渡矩阵；

(3)$\boldsymbol{\gamma}$ 在基 $\boldsymbol{\beta}_1,\boldsymbol{\beta}_2,\boldsymbol{\beta}_3$ 下的坐标.

6. 在 $\mathbf{R}^4$ 中取两组基

$$\begin{cases}\boldsymbol{\varepsilon}_1=(1,0,0,0)^T,\\ \boldsymbol{\varepsilon}_2=(0,1,0,0)^T,\\ \boldsymbol{\varepsilon}_3=(0,0,1,0)^T,\\ \boldsymbol{\varepsilon}_4=(0,0,0,1)^T;\end{cases}\qquad \begin{cases}\boldsymbol{\alpha}_1=(2,1,-1,1)^T,\\ \boldsymbol{\alpha}_2=(0,3,1,0)^T,\\ \boldsymbol{\alpha}_3=(5,3,2,1)^T,\\ \boldsymbol{\alpha}_4=(6,6,1,3)^T.\end{cases}$$

求：(1)由前一组基到后一组基的过渡矩阵；

(2)向量$(x_1,x_2,x_3,x_4)^T$ 在后一组基下的坐标；

(3)在两组基下有相同坐标的向量.

7. 说明 xOy 平面上变换 $\boldsymbol{T}\begin{pmatrix}x\\y\end{pmatrix}=\boldsymbol{A}\begin{pmatrix}x\\y\end{pmatrix}$ 的几何意义，其中

(1) $\boldsymbol{A}=\begin{pmatrix}-1&0\\0&1\end{pmatrix}$；　　(2) $\boldsymbol{A}=\begin{pmatrix}0&0\\0&1\end{pmatrix}$；

(3) $\boldsymbol{A}=\begin{pmatrix}0&1\\1&0\end{pmatrix}$；　　(4) $\boldsymbol{A}=\begin{pmatrix}0&1\\-1&0\end{pmatrix}$.

8. 设 $\boldsymbol{\alpha}=(x_1,x_2,x_3)^{\mathrm{T}}\in\mathbf{R}^3$，下列变换 σ 是 $\mathbf{R}^3$ 的线性变换？并证明：

(1) $\sigma(\boldsymbol{\alpha})=(2x_1,0,0)^{\mathrm{T}}$；　　(2) $\sigma(\boldsymbol{\alpha})=(x_1,x_2,0,x_2)^{\mathrm{T}}$；

(3) $\sigma(\boldsymbol{\alpha})=(x_1,x_2,-x_3)^{\mathrm{T}}$；　　(4) $\sigma(\boldsymbol{\alpha})=(1,1,x_3)^{\mathrm{T}}$.

9. 对第 8 题的(1)、(3)两个线性变换，分别求：

(1) $\boldsymbol{\alpha}$ 在标准基下 $\boldsymbol{\varepsilon}_1,\boldsymbol{\varepsilon}_2,\boldsymbol{\varepsilon}_3$ 下的矩阵；

(2) $\boldsymbol{\alpha}$ 在基 $\boldsymbol{\alpha}_1=(1,0,0)^{\mathrm{T}},\boldsymbol{\alpha}_2=(-1,1,0)^{\mathrm{T}},\boldsymbol{\alpha}_3=(1,-1,1)^{\mathrm{T}}$ 下的矩阵.

10. 函数集合

$$V_3=\{\boldsymbol{\alpha}=(\boldsymbol{\alpha}_2x^2+\boldsymbol{\alpha}_1x+\boldsymbol{\alpha}_0)\mathrm{e}^x\mid\boldsymbol{\alpha}_2,\boldsymbol{\alpha}_1,\boldsymbol{\alpha}_0\in\mathbf{R}\}$$

对于函数的线性运算构成三维线性空间. 在 V_3 中取一组基

$$\boldsymbol{\alpha}_1=x^2\mathrm{e}^x,\quad \boldsymbol{\alpha}_2=x\mathrm{e}^x,\quad \boldsymbol{\alpha}_3=\mathrm{e}^x,$$

求微分运算 D 在这个基下的矩阵.

11. 已知 $\mathbf{R}^3$ 的线性变换 σ 对于基 $\boldsymbol{\alpha}_1=(-1,0,2)^{\mathrm{T}},\boldsymbol{\alpha}_2=(0,1,1)^{\mathrm{T}},\boldsymbol{\alpha}_3=(3,-1,-6)^{\mathrm{T}}$ 的像为 $\sigma(\boldsymbol{\alpha}_1)=\boldsymbol{\beta}_1=(-1,0,1)^{\mathrm{T}},\sigma(\boldsymbol{\alpha}_2)=\boldsymbol{\beta}_2=(0,-1,2)^{\mathrm{T}},\sigma(\boldsymbol{\alpha}_3)=\boldsymbol{\beta}_3=(-1,-1,3)^{\mathrm{T}}$.

(1) 求 σ 在基 $\boldsymbol{\alpha}_1,\boldsymbol{\alpha}_2,\boldsymbol{\alpha}_3$ 下的矩阵表示；

(2) 求 $\sigma(\boldsymbol{\beta}_1),\sigma(\boldsymbol{\beta}_2),\sigma(\boldsymbol{\beta}_3)$；

(3) $\boldsymbol{\alpha}$ 在基 $\boldsymbol{\alpha}_1,\boldsymbol{\alpha}_2,\boldsymbol{\alpha}_3$ 下的坐标为(5,1,1)，求 $\sigma(\boldsymbol{\alpha})$ 在基 $\boldsymbol{\alpha}_1,\boldsymbol{\alpha}_2,\boldsymbol{\alpha}_3$ 下的坐标.

12. 二阶对称矩阵的全体

$$V_3=\left\{\mathbf{A}=\begin{pmatrix}x_1&x_2\\x_2&x_3\end{pmatrix}\middle|\,x_1,x_2,x_3\in\mathbf{R}\right\}$$

对于矩阵的线性运算构成三维线性空间. 在 V_3 中取一组基

$$\mathbf{A}_1=\begin{pmatrix}1&0\\0&0\end{pmatrix},\quad \mathbf{A}_2=\begin{pmatrix}0&1\\1&0\end{pmatrix},\quad \mathbf{A}_3=\begin{pmatrix}0&0\\0&1\end{pmatrix},$$

在 V_3 中定义合同变换

$$\sigma(\mathbf{A})=\begin{pmatrix}1&0\\1&1\end{pmatrix}\mathbf{A}\begin{pmatrix}1&1\\0&1\end{pmatrix},$$

求 σ 在基 $\mathbf{A}_1,\mathbf{A}_2,\mathbf{A}_3$ 下的矩阵.

第8章　线性方程组与矩阵特征值的数值解法

经济中的许多数学模型最后通常归结为求解线性方程组，这些方程组中的未知数有时多达几十个甚至成千上万个，对于这样的大型线性方程组，若用人工手算来求解，其计算量相当惊人. 另外，振动问题、稳定性问题等一些工程技术问题，以及算子谱的计算都需要求解矩阵的特征值，但是这些问题所导出的矩阵阶数往往几十阶甚至上百阶，通过求解矩阵的特征多项式来求解特征值比较烦琐，还有可能解不出来. 因此，有必要讨论借助于计算机，利用数值的方法求解线性方程组与矩阵的特征值. 本章将介绍线性方程组的两种数值算法以及矩阵的特征值的三种数值算法.

8.1　高斯消去法

消去法也就是第4章中所说的消元法，本章是从电算的角度出发重点讨论数值解法. 本节首先介绍一种最基本的消去法——高斯消去法. 下面用例子来说明高斯消去法的基本思想.

例 8.1　求解线性方程组

$$\begin{cases} 2x_1+2x_2+3x_3=3, \\ 4x_1+7x_2+7x_3=1, \\ -2x_1+4x_2+5x_3=-7. \end{cases} \tag{8.1}$$

解

$$(\boldsymbol{A} \vdots \boldsymbol{b})=\begin{pmatrix} 2 & 2 & 3 & 3 \\ 4 & 7 & 7 & 1 \\ -2 & 4 & 5 & -7 \end{pmatrix} \to \begin{pmatrix} 2 & 2 & 3 & 3 \\ 0 & 3 & 1 & -5 \\ 0 & 6 & 8 & -4 \end{pmatrix} \to \begin{pmatrix} 2 & 2 & 3 & 3 \\ 0 & 3 & 1 & -5 \\ 0 & 0 & 6 & 6 \end{pmatrix},$$

得到同解方程组

$$\begin{cases} 2x_1+2x_2+3x_3=3, \\ \qquad 3x_2+\ x_3=-5, \\ \qquad\qquad 6x_3=6. \end{cases} \tag{8.2}$$

从式(8.2)的最后一个方程组中解出 x_3，代入第二个方程，解出 x_2，再将 x_2，x_3 代入

第一个方程，解出 x_1. 即有

$$\begin{cases} x_3=\dfrac{6}{6}=1, \\ x_2=\dfrac{-5-x_3}{3}=\dfrac{-5-1}{3}=-2, \\ x_1=\dfrac{3-2x_2-3x_3}{2}=\dfrac{3-2\times(-2)-3\times 1}{2}=2. \end{cases} \tag{8.3}$$

于是，所给方程组的解为

$$x_1=2,\quad x_2=-2,\quad x_3=1.$$

由式(8.1)得到式(8.2)的过程称为**消元过程**. 由式(8.3)决定的计算过程称为**回代过程**. 高斯消去法就是由这两个过程来实现的.

例 8.1 所给出的仅是人工手算时采用的计算过程(如同 4.1 节一样)，这个过程还不能为计算机所直接接受，为了电算的需要，必须把上述计算过程用公式来表达，并加以适当整理，才可以方便地编制程序，上机计算. 因为计算机运算需要根据给定的算法或者公式编制程序，然后才可以按照程序的命令进行大量的复杂的计算.

为简便起见，我们以三元方程组为例，导出高斯消去法的计算公式. 设有三元方程组

$$\begin{cases} a_{11}x_1+a_{12}x_2+a_{13}x_3=b_1, & ① \\ a_{21}x_1+a_{22}x_2+a_{23}x_3=b_2, & ② \\ a_{31}x_1+a_{32}x_2+a_{33}x_3=b_3. & ③ \end{cases}$$

(1)消元过程.

第一步：假设 $a_{11}\neq 0$，则用方程①消去方程②，方程③中带有 x_1 的项，即由变换 $r_2-\dfrac{a_{21}}{a_{22}}r_1, r_3-\dfrac{a_{31}}{a_{11}}r_1$ 得

$$\begin{cases} a_{11}x_1+a_{12}x_2+a_{13}x_3=b_1, & ① \\ \qquad a_{22}^{(1)}x_2+a_{23}^{(1)}x_3=b_2^{(1)}, & ④ \\ \qquad a_{32}^{(1)}x_2+a_{33}^{(1)}x_3=b_3^{(1)}. & ⑤ \end{cases}$$

记 $L_{21}=\dfrac{a_{21}}{a_{11}}, L_{31}=\dfrac{a_{31}}{a_{11}}$，则变换后方程④和方程⑤的系数和右端项由下列公式计算：

$$a_{22}^{(1)}=a_{22}-L_{21}a_{12},\quad a_{23}^{(1)}=a_{23}-L_{21}a_{13},\quad b_2^{(1)}=b_2-L_{21}b_1,$$
$$a_{32}^{(1)}=a_{32}-L_{31}a_{12},\quad a_{33}^{(1)}=a_{33}-L_{31}a_{13},\quad b_3^{(1)}=b_3-L_{31}b_1.$$

将它们归纳起来，可写成

$$\begin{cases} L_{i1}=\dfrac{a_{i1}}{a_{11}}, & i=2,3, \\ a_{ij}^{(1)}=a_{ij}-L_{i1}a_{1j}, & i,j=2,3, \\ b_i^{(1)}=b_i-L_{i1}b_1, & i=2,3. \end{cases} \tag{8.4}$$

第二步:假设 $a_{22}^{(1)} \neq 0$,则用方程④消去方程⑤中带有 x_2 的项,即再由变换 $r_3 - \frac{a_{32}^{(1)}}{a_{22}^{(1)}} r_2$ 得

$$\begin{cases} a_{11}x_1 + a_{12}x_2 + a_{13}x_3 = b_1, & \text{①} \\ a_{22}^{(1)}x_2 + a_{23}^{(1)}x_3 = b_2^{(1)}, & \text{④} \\ a_{33}^{(2)}x_3 = b_3^{(2)}. & \text{⑥} \end{cases} \tag{8.5}$$

相应的计算公式为

$$\begin{cases} L_{32} = \frac{a_{32}^{(1)}}{a_{22}^{(1)}}, \\ a_{32}^{(2)} = a_{33}^{(1)} - L_{32}a_{23}^{(1)}, \\ b_3^{(2)} = b_3^{(1)} - L_{32}b_2^{(1)}. \end{cases} \tag{8.6}$$

(2)回代过程.

从方程组(8.5)的最后一个方程开始,依次解出 x_3, x_2, x_1,计算公式为

$$\begin{cases} x_3 = \frac{b_3^{(2)}}{a_{22}^{(1)}}, \\ x_2 = \frac{b_2^{(1)} - a_{23}^{(1)}x_3}{a_{22}^{(1)}}, \\ x_1 = \frac{b_1^{(0)} - a_{12}^{(0)}x_2 - a_{13}^{(0)}x_3}{a_{11}^{(0)}}, \end{cases} \tag{8.7}$$

其中 $a_{ij}^{(0)} = a_{ij}, b_i^{(0)} = b_i$.

综上所述,高斯消去法消元过程的计算公式由式(8.4)和式(8.6)给出,回代过程的计算公式由式(8.7)给出.

对于 n 元线性方程组,其高斯消去法与上面讲的完全类似,故不再重复推导,直接给出计算公式:

$$\begin{cases} L_{ik} = \frac{a_{ik}^{(k-1)}}{a_{kk}^{(k-1)}}, & (8.8) \\ a_{ij}^{(k)} = a_{ij}^{(k-1)} - L_{ik}a_{kj}^{(k-1)}, & (8.9) \\ b_i^{(k)} = b_i^{(k-1)} - L_{ik}b_k^{(k-1)}, & (8.10) \end{cases}$$

$$k = 1, 2, \cdots, n-1; \quad i, j = k+1, k+2, \cdots, n,$$

$$\begin{cases} x_n = \frac{b_n^{(n-1)}}{a_{nn}^{(n-1)}}, \\ x_k = \frac{b_k^{(k-1)} - \sum\limits_{j=k+1}^{n} a_{kj}^{(k-1)}x_j}{a_{kk}^{(k-1)}}, \quad k = n-1, \cdots, 2, 1. \end{cases} \tag{8.11}$$

式(8.8)~式(8.11)是编制计算机程序时所采用的公式.有关计算机程序编制的内容,已不属于本课程的研究内容.为了熟悉上述公式的运用,用这些公式重新对例8.1进行求解.

例 8.2　用高斯消去法解方程组

$$\begin{pmatrix} 2 & 2 & 3 \\ 4 & 7 & 7 \\ -2 & 4 & 5 \end{pmatrix}\begin{pmatrix} x_1 \\ x_2 \\ x_3 \end{pmatrix}=\begin{pmatrix} 3 \\ 1 \\ -7 \end{pmatrix}.$$

解　消元过程.

第一步：于式(8.8)中先置 $k=1$,再分别令 $i=2,3$ 可算出

$$L_{21}=\frac{a_{21}^{(0)}}{a_{11}^{(0)}}=\frac{4}{2}=2,$$

$$L_{31}=\frac{a_{31}^{(0)}}{a_{11}^{(0)}}=-\frac{2}{2}=-1.$$

于式(8.9)中先置 $k=1$,再分别令 $i=2,j=2,3;i=3,j=2,3$ 可算出

$$a_{22}^{(1)}=a_{22}^{(0)}-L_{21}a_{12}^{(0)}=7-2\times2=3,$$

$$a_{23}^{(1)}=a_{23}^{(0)}-L_{23}a_{13}^{(0)}=7-2\times3=1,$$

$$a_{32}^{(1)}=a_{32}^{(0)}-L_{31}a_{12}^{(0)}=4-(-1)\times2=6,$$

$$a_{33}^{(1)}=a_{33}^{(0)}-L_{31}a_{13}^{(0)}=5-(-1)\times3=8.$$

于式(8.10)中先置 $k=1$,再令 $i=2,3$ 可算出

$$b_2^{(1)}=b_2^{(0)}-L_{21}b_1^{(0)}=1-2\times3=-5,$$

$$b_3^{(1)}=b_3^{(0)}-L_{31}b_1^{(0)}=-7-(-1)\times3=-4.$$

第二步：于式(8.8)～式(8.10)中先置 $k=2,i=3,j=3$ 可算出

$$\begin{cases} L_{32}=\dfrac{a_{32}^{(1)}}{a_{22}^{(1)}}=\dfrac{6}{3}=2, \\ a_{33}^{(2)}=a_{33}^{(1)}-L_{32}a_{23}^{(1)}=8-2\times1=6, \\ b_3^{(2)}=b_3^{(1)}-L_{32}b_2^{(1)}=-4-2\times(-5)=6. \end{cases}$$

回代过程.

由式(8.11)可算得

$$\begin{cases} x_3=\dfrac{b_3^{(2)}}{a_{22}^{(2)}}=\dfrac{6}{6}=1, \\ x_2=\dfrac{b_2^{(1)}-a_{23}^{(1)}x_3}{a_{22}^{(1)}}=\dfrac{-5-1\times1}{3}=-2, \\ x_1=\dfrac{b_1^{(0)}-a_{12}^{(0)}x_2-a_{13}^{(0)}x_3}{a_{11}^{(0)}}=\dfrac{3-2\times(-2)-3\times1}{2}=2. \end{cases}$$

于是,求得所给方程组的解为 $x_1=2,x_2=-2,x_3=1$.

8.2　高斯主元素消去法

8.1 节介绍的高斯消去法是按自然顺序消元,因此并不总是成功的. 若在计算过程中出现了某个 $a_{kk}^{(k-1)}=0$,则 $L_{ik}=a_{ik}^{(k-1)}/a_{kk}^{(k-1)}$ 便无法计算,这时计算过程只能是无

结果地中断. 即便是所有的 $a_{kk}^{(k-1)}\neq 0(k=1,2,\cdots,n-1)$，但一旦出现 $|a_{kk}^{(k-1)}|\ll|a_{ik}^{(k-1)}|$（$\ll$表示远远小于），则 $L_{ik}=a_{ik}^{(k-1)}/a_{kk}^{(k-1)}$ 的值将很大，用一个绝对值很大的数 L_{ik} 乘一个方程，会将方程中各系数原有的舍入误差放大好多倍，积累下去便会导致计算结果的失真；如果改变上述消元法中那种按自然顺序消元的过程，使 L_{ik} 的绝对值很小，也就是使 $a_{kk}^{(k-1)}$ 的绝对值较大，便可有效地减少舍入误差所造成的影响，提高计算的精确度. 这就是本节要介绍的高斯主元素消去法的思想.

高斯主元素消去法也分消元和回代两个过程，且所用的公式与高斯消去法完全相同，所不同之处就在于这里是在某范围内选择绝对值最大的系数作为主对角元素，称为**主元素**. 下面以一个三元线性方程组为例，具体说明每一步消元之前选主元的方法.

例 8.3 用选主元方法解方程组

$$\begin{pmatrix}\boxed{5}&-4&1&0\\-4&6&-4&1\\1&-4&6&-4\\0&1&-4&5\end{pmatrix}\begin{pmatrix}x_1\\x_2\\x_3\\x_4\end{pmatrix}=\begin{pmatrix}0\\1\\0\\0\end{pmatrix}.$$

解 第一步：在系数矩阵 $\boldsymbol{A}$ 的第 1 列中，从第 1 行开始到最后一行范围内，选绝对值最大者，即 $a_{11}=5$（用方框标出），已在主元位置，然后进行消元，得到

$$\begin{pmatrix}\boxed{5}&-4&1&0\\0&14/5&-16/5&1\\0&\boxed{-16/5}&29/5&-4\\0&1&-4&5\end{pmatrix}\begin{pmatrix}x_1\\x_2\\x_3\\x_4\end{pmatrix}=\begin{pmatrix}0\\1\\0\\0\end{pmatrix}.$$

第二步：在上述方程组系数矩阵的第 2 列中，从第二行开始到最后一行的范围内选绝对值最大者，即 $-16/5$ 为主元素，且将第二、三两个方程互换，使 $-16/5$ 变到主对角线上，得到

$$\begin{pmatrix}\boxed{5}&-4&1&0\\0&\boxed{-16/5}&29/5&-4\\0&14/5&-16/5&1\\0&1&-4&5\end{pmatrix}\begin{pmatrix}x_1\\x_2\\x_3\\x_4\end{pmatrix}=\begin{pmatrix}0\\0\\1\\0\end{pmatrix}.$$

以 $-16/5$ 为主元素消元，得到

$$\begin{pmatrix}\boxed{5}&-4&1&0\\0&\boxed{-16/5}&29/5&-4\\0&0&15/8&-5/2\\0&0&\boxed{-35/16}&15/4\end{pmatrix}\begin{pmatrix}x_1\\x_2\\x_3\\x_4\end{pmatrix}=\begin{pmatrix}0\\0\\1\\0\end{pmatrix}.$$

第三步:类似前面的做法选主元并消元得到

$$\begin{pmatrix} \boxed{5} & -4 & 1 & 0 \\ 0 & \boxed{-16/5} & 2/5 & -4 \\ 0 & 0 & \boxed{-35/16} & 15/4 \\ 0 & 0 & 0 & 5/7 \end{pmatrix} \begin{pmatrix} x_1 \\ x_2 \\ x_3 \\ x_4 \end{pmatrix} = \begin{pmatrix} 0 \\ 0 \\ 0 \\ 1 \end{pmatrix}.$$

第四步:回代得到原方程的解

$$x_4=\frac{7}{5}, \quad x_3=\frac{12}{5}, \quad x_2=\frac{13}{5}, \quad x_1=\frac{8}{5}.$$

这种选主元的方法称为**按列选主元**,是应用最广的一种方法. 下面将高斯按列选主元消去法的计算步骤归纳如下.

(1)选主元:确定 r,使

$$|a_{rk}^{(k-1)}|=\max_{l\geqslant k}|a_{lk}^{(k-1)}|;$$

(2)交换第 r,k 两个方程的位置;

(3)消元:

$$\begin{cases} L_{ik}=\dfrac{a_{ik}^{(k-1)}}{a_{kk}^{(k-1)}}, \\ a_{ij}^{(k)}=a_{ij}^{(k-1)}-L_{ik}a_{kj}^{(k-1)}, \\ b_i^{(k)}=b_i^{(k-1)}-L_{ik}b_k^{(k-1)}, \end{cases}$$

$$k=1,2,\cdots,n-1, \quad i,j=k+1,k+2,\cdots,n;$$

(4)回代:

$$\begin{cases} x_n=\dfrac{b_n^{(n-1)}}{a_{nn}^{(n-1)}}, \\ x_k=\dfrac{b_k^{(k-1)}-\sum\limits_{j=k+1}^{n}a_{kj}^{(k-1)}x_j}{a_{kk}^{(k-1)}}, \end{cases}$$

$$k=n-1,\cdots,2,1.$$

8.3 迭 代 法

8.3.1 迭代法的基本思想

先用一个例子说明迭代法的概念.

例 8.4 求解线性方程组

$$\begin{cases}10x_1-\ x_2-2x_3=7.2,\\-x_1+10x_2-2x_3=8.3,\\-x_1-\ x_2+5x_3=4.2.\end{cases}\tag{8.12}$$

解　分别从方程组(8.12)的第一、第二、第三个方程中分离整理出 x_1,x_2 和 x_3，得

$$\begin{cases}x_1=0.1x_2+0.2x_3+0.72,\\x_2=0.1x_1+0.2x_3+0.83,\\x_3=0.2x_1+0.2x_2+0.84.\end{cases}\tag{8.13}$$

方程组(8.13)已成为便于迭代的形式，称为**迭代形式**. 以任意一组值$(x_1^{(0)},x_2^{(0)},x_3^{(0)})$替代方程组(8.13)右端的 x_1,x_2,x_3，通常取 $x_1^{(0)}=x_2^{(0)}=x_3^{(0)}=0$，这里也是如此，得一组值：

$$x^{(1)}=(x_1^{(0)},x_2^{(0)},x_3^{(0)})=(0.72,0.83,0.84);$$

再以 $x^{(1)}$ 代入方程组(8.13)右端的 x_1,x_2,x_3，得一组值 $x^{(2)}$. 如此重复下去，就得到一系列的值：

$$\begin{aligned}&\quad\ \ x_1\qquad\ \ x_2\qquad\ \ x_3\\ \boldsymbol{x}^{(1)}&=(0.7200,0.8300,0.8400),\\ \boldsymbol{x}^{(2)}&=(0.9710,1.0700,1.1500),\\ \boldsymbol{x}^{(3)}&=(1.0570,1.1571,1.2482),\\ \boldsymbol{x}^{(4)}&=(1.0854,1.1853,1.2828),\\ \boldsymbol{x}^{(5)}&=(1.0951,1.1951,1.2941),\\ \boldsymbol{x}^{(6)}&=(1.0983,1.1983,1.2950),\\ \boldsymbol{x}^{(7)}&=(1.0994,1.1998,1.2993),\\ &\cdots\cdots\end{aligned}$$

可以看出，$\boldsymbol{x}^{(k)}(k=1,2,\cdots,7,\cdots)$的三个值逐渐接近于精确解(1.1,1.2,1.3). 而它是以一组彼此独立的线性表达式

$$\begin{cases}x_1^{(k)}=0.1x_2^{(k-1)}+0.2x_3^{(k-1)}+0.72,\\x_2^{(k)}=0.1x_1^{(k-1)}+0.2x_3^{(k-1)}+0.83,\\x_3^{(k)}=0.2x_1^{(k-1)}+0.2x_2^{(k-1)}+0.84\end{cases}\tag{8.14}$$

为统一的迭代公式得出的，这种方法就称为**迭代法**，式(8.14)称为**迭代格式**，$(x_1^{(0)},x_2^{(0)},x_3^{(0)})$称为**初值**. 而任意一组 $\boldsymbol{x}^{(k)}=(x_1^{(k)},x_2^{(k)},x_3^{(k)})(k=1,2,\cdots)$就是 $\boldsymbol{x}=(x_1,x_2,x_3)$的一组近似值.

8.3.2　迭代公式

下面就实际中常遇到的两类方程组给出迭代法的一般公式.

(1)方程组直接由迭代形式给出：

$$\begin{cases} x_1 = a_{11}x_1 + a_{12}x_2 + \cdots + a_{1n}x_n + b_1, \\ x_2 = a_{21}x_1 + a_{22}x_2 + \cdots + a_{2n}x_n + b_2, \\ \qquad\cdots\cdots \\ x_n = a_{n1}x_1 + a_{n2}x_2 + \cdots + a_{nn}x_n + b_n, \end{cases} \tag{8.15}$$

其矩阵形式为

$$\boldsymbol{x} = \boldsymbol{A}\boldsymbol{x} + \boldsymbol{b}, \tag{8.16}$$

矩阵 $\boldsymbol{A}$ 又称为**迭代矩阵**.

为了便于编制计算机程序,通常将方程组(8.15)写成

$$x_i = \sum_{j=1}^{n} a_{ij}x_j + b_i, \quad i = 1,2,\cdots,n, \tag{8.17}$$

则迭代格式为

$$x_i^{(k)} = \sum_{j=1}^{n} a_{ij}x_j^{(k-1)} + b_i, \quad i = 1,2,\cdots,n. \tag{8.18}$$

(2)方程组为标准形式:

$$\begin{cases} c_{11}x_1 + c_{12}x_2 + \cdots + c_{1n}x_n = d_1, \\ c_{21}x_1 + c_{22}x_2 + \cdots + c_{2n}x_n = d_2, \\ \qquad\cdots\cdots \\ c_{n1}x_1 + c_{n2}x_2 + \cdots + c_{nn}x_n = d_n. \end{cases} \tag{8.19}$$

方程组(8.19)又可写成

$$\sum_{j=1}^{n} c_{ij}x_j = d_j, \quad i = 1,2,\cdots,n, \tag{8.20}$$

从式(8.20)分离整理出变元 x_i 有

$$x_i = -\sum_{j=1,j\neq i}^{n} \frac{c_{ij}}{c_{ii}}x_j + \frac{d_i}{c_{ii}}, \quad i = 1,2,\cdots,n,$$

则迭代格式为

$$x_i^{(k)} = -\sum_{j=1,j\neq i}^{n} \frac{c_{ij}}{c_{ii}}x_j^{(k-1)} + \frac{d_i}{c_{ii}}, \quad i = 1,2,\cdots,n, \tag{8.21}$$

迭代格式(8.21)是迭代格式(8.18)的特例,若在迭代格式(8.18)中令

$$a_{ij} = \begin{cases} 0, & i=j, \\ \dfrac{c_{ij}}{c_{ii}}, & i=j, \end{cases} \quad i,j=1,2,\cdots,n,$$

$$b_i = \frac{d_i}{c_{ii}}, \quad i=1,2,\cdots,n,$$

便得到式(8.21).

8.3.3 迭代法收敛的条件

在例 8.4 的方程中，分别从方程(8.12)的第二、第三、第一个方程分离整理出 x_1，x_2 和 x_3，并建立相应的迭代格式

$$\begin{cases} x_1^{(k)}=10x_2^{(k-1)}-2x_3^{(k-1)}-8.3, \\ x_2^{(k)}=-x_1^{(k-1)}+5x_3^{(k-1)}-4.2, \\ x_3^{(k)}=5x_1^{(k-1)}-0.5x_2^{(k-1)}-3.6. \end{cases} \tag{8.22}$$

取好初始值 $x_1^{(0)}=x_2^{(0)}=x_3^{(0)}=0$，迭代得到

$$\begin{aligned} & \quad\ \ x_1 \qquad x_2 \qquad x_3 \\ \boldsymbol{x}^{(1)} &=(-8.3,-4.2,-3.6), \\ \boldsymbol{x}^{(2)} &=(-43.1,-13.9,-43.0). \end{aligned}$$

继续算下去，结果(绝对值)会越来越大，可见迭代格式(8.22)是发散的.

怎样才能保证迭代过程的收敛呢?

考察形如式(8.15)的方程组及其对应的迭代格式(8.18).

设 $\boldsymbol{x}^*=(x_1^*,x_2^*,\cdots,x_n^*)$ 是方程组(8.15)的精确解，由式(8.16)知

$$x_i^* = \sum_{j=1}^{n} a_{ij}x_j^* + b_i, \quad i=1,2,\cdots,n;$$

设 $\boldsymbol{x}^k=(x_1^{(k)},x_2^{(k)},\cdots,x_n^{(k)})$ 是方程组(8.15)的第 k 次近似解，即

$$x_i^{(k)} = \sum_{j=1}^{n} a_{ij}x_j^{(k-1)} + b_i, \quad i=1,2,\cdots,n.$$

记

$$e_k=\max_{1\leqslant i\leqslant n}|x_i^*-x_i^{(k)}|$$

表示第 k 次近似值 $(x_1^{(k)},x_2^{(k)},\cdots,x_n^{(k)})$ 的误差，如果 $\lim\limits_{k\to\infty}x_i^{(k)}=x_i^*\ (i=1,2,\cdots,n)$，则称迭代格式(8.18)是**收敛**的. 由 e_k 的定义知，上述极限式成立等价于 $\lim\limits_{k\to\infty}e_k=0$.

因为

$$x_i^*-x_i^{(k)} = \sum_{j=1}^{n} a_{ij}(x_j^*-x_j^{(k-1)}),$$

从而有

$$|x_i^*-x_i^{(k)}| \leqslant \sum_{j=1}^{n} |a_{ij}|\,|x_j^*-x_j^{(k-1)}|.$$

设

$$L=\max_{1\leqslant i\leqslant n}\sum_{j=1}^{n}|a_{ij}|,$$

则有

$$|x_i^*-x_i^{(k)}| \leqslant L\cdot\max_{1\leqslant j\leqslant n}|x_j^*-x_j^{(k-1)}|,$$

上式对一切 $i=1,2,\cdots,n$ 成立，故有

$$\max_{1\leqslant i\leqslant n}\left|x_i^*-x_i^{(k)}\right|\leqslant L\cdot\max_{1\leqslant j\leqslant n}\left|x_j^*-x_j^{(k-1)}\right|,$$

即

$$e_k\leqslant Le_{k-1},$$

上式对任意的 k 均成立，故有

$$e_k\leqslant Le_{k-1}\leqslant L^2e_{k-2}\leqslant\cdots\leqslant L^ke_0,$$

即 $0\leqslant e_k\leqslant L^k\cdot e_0\left(e_0=\max\limits_{1\leqslant i\leqslant n}\left|x_i^*-x_i^{(0)}\right|\right)$. 由此得知，如果 $L<1$，则当 $k\to\infty$ 时，必有 $e_k\to 0$.

定理 8.1　若形如式(8.15)的方程组满足

$$\max_{1\leqslant i\leqslant n}\sum_{j=1}^{n}\left|a_{ij}\right|<1, \tag{8.23}$$

则迭代格式(8.18)对任意给定的初值 $\boldsymbol{x}^{(0)}$ 均收敛.

对于形如式(8.19)的方程组及其相应的迭代格式(8.21)，由迭代格式(8.21)与迭代格式(8.18)的对应关系，应用定理 8.1，有下述定理成立.

定理 8.2　若方程组(8.19)的系数矩阵 $\boldsymbol{C}$ 满足

$$\sum_{j=1,j\neq i}^{n}\left|c_{ij}\right|<\left|c_{ii}\right|,\quad i=1,2,\cdots,n, \tag{8.24}$$

则迭代格式(8.21)对任意给定的初值均收敛.

收敛性条件(8.24)表明，系数矩阵 $\boldsymbol{C}$ 的主对角元素的绝对值大于同行其他元素绝对值之和，这类矩阵称为"**具有主对角线优势**".

用迭代法解方程组时，应当检查方程组中矩阵是否满足收敛条件，对于有些形如式(8.19)的方程组，虽不具主对角线优势，但经过适当地交换某些方程的位置之后，可以变为具有主对角线优势的方程组.

8.3.4　停机准则与具体算例

迭代法是求方程组的近似解，从理论上说，如果迭代格式收敛，当 $k\to\infty$ 时，近似解 $\boldsymbol{x}^{(k)}$ 趋近于精确解 $\boldsymbol{x}^*$，但是不可能无休止地计算下去. 因此，实际上机计算过程中必须解决何时停机也就是停机准则问题.

对于一个具体的实际问题的求解，一般是要求所求的近似解满足一定的精度，只要误差小于已给的允许误差 ε 即可. 但是真解 $\boldsymbol{x}^*$ 事先并不知道，因此无法直接得到 $\boldsymbol{x}^{(k)}$ 与 $\boldsymbol{x}^*$ 的差. 通常的做法是，当相邻两次迭代近似值的差的绝对值都小于允许误差，即当

$$\left|x_i^{(k)}-x_i^{(k-1)}\right|<\varepsilon,\quad i=1,2,\cdots,n$$

都成立时，迭代停止，把最后得到的 $\boldsymbol{x}^{(k)}$ 作为可以接受的近似解.

虽然迭代法求的是近似解，且收敛性的要求又限制了它的使用范围，但由于该方

法具有算法简便的特点,因此凡能使用迭代法的场合,人们都喜欢使用这种方法.尤其对某些特殊的问题,该方法还是相当方便而有效的.

在经济分析中应用非常广泛的投入产出数学模型中,各部门的总产品 $\boldsymbol{x}$ 与最终产品 $\boldsymbol{y}$ 之间满足产品分配平衡方程组 $\boldsymbol{x}=\boldsymbol{A}\boldsymbol{x}+\boldsymbol{y}$ 中,其中,$\boldsymbol{A}$ 为直接消耗系数矩阵,它满足 $\sum_{j=1}^{n}|a_{ij}|<1(i=1,2,\cdots,n)$,因此用迭代法求解这种方程组可以说是最恰当的.下面给出一个用迭代法求解产品分配平衡方程组的例子.

例 8.5 某包括 3 个部门的经济系统的产品分配平衡方程组 $\boldsymbol{x}=\boldsymbol{A}\boldsymbol{x}+\boldsymbol{y}$ 中,直接消耗系数矩阵 $\boldsymbol{A}$ 与最终产品 $\boldsymbol{y}$ 分别为

$$\boldsymbol{A}=\begin{pmatrix}0.25 & 0.1 & 0.1\\ 0.2 & 0.2 & 0.1\\ 0.1 & 0.1 & 0.2\end{pmatrix},\quad \boldsymbol{y}=\begin{pmatrix}245\\ 90\\ 175\end{pmatrix},$$

求各部门的总产品 $\boldsymbol{x}$(给定允许误差为 $\varepsilon=0.5$).

解 方程组的具体形式为

$$\begin{cases}x_1=0.25x_2+0.1x_2+0.1x_3+245,\\ x_2=0.2x_1+0.2x_2+0.1x_3+90,\\ x_3=0.1x_1+0.1x_2+0.2x_3+175.\end{cases}$$

该方程组满足迭代收敛条件(8.23),可用迭代法求解,迭代格式为

$$\begin{cases}x_1^{(k)}=0.25x_1^{(k-1)}+0.1x_2^{(k-1)}+0.1x_3^{(k-1)}+245,\\ x_2^{(k)}=0.2x_1^{(k-1)}+0.2x_2^{(k-1)}+0.1x_3^{(k-1)}+90,\\ x_3^{(k)}=0.1x_1^{(k-1)}+0.1x_2^{(k-1)}+0.2x_3^{(k-1)}+175.\end{cases}$$

取初始值 $x_1^{(0)}=x_2^{(0)}=x_3^{(0)}=0$,经迭代计算有

(1)245.00 90.00 175.00,
(2)332.75 174.50 243.50,
(3)369.98 215.80 274.43,
(4)386.52 234.60 288.46,
(5)393.94 243.07 294.80,
(6)397.27 246.88 297.66,
(7)398.77 248.60 298.95,
(8)399.45 249.37 299.53,
(9)399.75 249.72 299.79,

$$|x_i^{(9)}-x_i^{(8)}|<0.5,\quad i=1,2,3,$$

故 $(x_1^{(9)},x_2^{(9)},x_3^{(9)})=(399.75,249.72,299.79)$ 可作为所求的近似解.此时与精确解 $\boldsymbol{x}=(400,250,300)$ 已很接近了,且误差不超过 0.5.

8.3.5　迭代法的改进

在方程组的迭代解法中，除了收敛性之外，还有一个重要的因素要考虑，这就是收敛的速度. 为了提高收敛的速度，可以对前面所提到的迭代法（称为简单迭代法）进行一些改进，这就是所谓的**塞德尔迭代法**. 仍然考察例 8.4，将近似值（$x_1^{(k-1)}$，$x_2^{(k-1)}$，$x_3^{(k-1)}$）代入方程组（8.14）的第一个方程，得到变元 x_1 的新的近似值

$$x_1^{(k)}=0.1x_2^{(k-1)}+0.2x_3^{(k-1)}+0.72.$$

这样求出的新值 $x_1^{(k)}$ 常比老值 $x_1^{(k-1)}$ 准确一些. 因此用它替换老值进行进一步的计算.

将 $x_1^{(k)}$ 和 $x_3^{(k-1)}$ 代入方程组（8.14）的第二个方程右端，得到

$$x_2^{(k)}=0.1x_1^{(k)}+0.2x_3^{(k-1)}+0.83.$$

出于同样的考虑，用新值 $x_2^{(k)}$ 替代老值 $x_3^{(k-1)}$，由方程组（8.14）的第三个方程得

$$x_3^{(k)}=0.2x_1^{(k)}+0.2x_2^{(k)}+0.84.$$

这种充分利用新值建立起来的迭代格式

$$\begin{cases} x_1^{(k)}=0.1x_2^{(k-1)}+0.2x_3^{(k-1)}+0.72, \\ x_2^{(k)}=0.1x_1^{(k)}+0.2x_3^{(k-1)}+0.83, \\ x_3^{(k)}=0.2x_1^{(k)}+0.2x_2^{(k)}+0.84 \end{cases} \tag{8.25}$$

称为**塞德尔迭代格式**. 仍取 $x_1^{(0)}=x_2^{(0)}=x_3^{(0)}=0$，塞德尔迭代格式（8.25）的迭代结果如下：

$$\begin{aligned} & \quad\ \ x_1 \qquad\quad x_2 \qquad\quad x_3 \\ \boldsymbol{x}^{(1)} &=(0.72,\quad 0.902,\quad 1.1644), \\ \boldsymbol{x}^{(2)} &=(1.04308,1.16719,1.28205), \\ \boldsymbol{x}^{(3)} &=(1.09313,1.19572,1.29778), \\ \boldsymbol{x}^{(4)} &=(1.09913,1.19947,1.29972), \\ \boldsymbol{x}^{(5)} &=(1.09989,1.19993,1.29996). \end{aligned}$$

比较两种迭代过程的计算结果可以看出，塞德尔迭代格式（8.25）确实比简单迭代格式（8.14）收敛得快.

对于形如式（8.15）的方程组，其塞德尔迭代格式是

$$x_i^{(k)}=\sum_{j=1}^{i-1}a_{ij}x_j^{(k)}+\sum_{j=i}^{n}a_{ij}x_j^{(k-1)}+b_i,\quad i=1,2,\cdots,n; \tag{8.26}$$

对于标准形式的方程组（8.19），其塞德尔迭代格式是

$$x_i^{(k)}=-\sum_{j=1}^{i-1}\frac{c_{ij}}{c_{ii}}x_j^{(k)}-\sum_{j=i+1}^{n}\frac{c_{ij}x_j^{(k-1)}}{c_{ii}}+\frac{d_i}{c_{ii}},\quad i=1,2,\cdots,n. \tag{8.27}$$

收敛条件（8.23）对于塞德尔迭代格式（8.26），收敛条件（8.24）对于塞德尔迭代格式（8.27）仍然成立.

8.4 幂法与反幂法

8.4.1 幂法

幂法是求方阵的模最大的特征值和相应的特征向量的一种迭代法.

设方阵 $\boldsymbol{A}$ 具有 n 个线性无关的特征向量 $\boldsymbol{\alpha}_1,\boldsymbol{\alpha}_2,\cdots,\boldsymbol{\alpha}_n$,其相应的特征值为 $\lambda_1,\lambda_2,\cdots,\lambda_n$,且满足

$$|\lambda_1|>|\lambda_2|\geqslant\cdots\geqslant|\lambda_n|. \tag{8.28}$$

由于$\{\boldsymbol{\alpha}_1,\boldsymbol{\alpha}_2,\cdots,\boldsymbol{\alpha}_n\}$构成 n 维线性空间 $\boldsymbol{C}^n$ 的一组基,因此,对于任给的非零向量 $\boldsymbol{x}_0$ 可表示为

$$\boldsymbol{x}_0=l_1\boldsymbol{\alpha}_1+l_2\boldsymbol{\alpha}_2+\cdots+l_n\boldsymbol{\alpha}_n, \tag{8.29}$$

于是,有

$$\begin{aligned}\boldsymbol{x}_k &= \boldsymbol{A}^k x_0 = \boldsymbol{A}^k(l_1\boldsymbol{\alpha}_1+l_2\boldsymbol{\alpha}_2+\cdots+l_n\boldsymbol{\alpha}_n) = \boldsymbol{A}^k\sum_{i=1}^n l_i\boldsymbol{\alpha}_i = \sum_{i=1}^n l_i\boldsymbol{A}^k\boldsymbol{\alpha}_i\\ &= \sum_{i=1}^n l_i\lambda_i^k\boldsymbol{\alpha}_i = \lambda_1^k\left[l_i\boldsymbol{\alpha}_i+\sum_{i=2}^n\left(\frac{\lambda_i}{\lambda_1}\right)^k l_i\boldsymbol{\alpha}_i\right].\end{aligned} \tag{8.30}$$

若 $l_1\neq0$,由式(8.28)知$|\lambda_i/\lambda_1|<1(2\leqslant i\leqslant n)$,必有

$$\lim_{k\to\infty}\frac{\boldsymbol{x}_k}{\lambda_1^k}=l_1\boldsymbol{\alpha}_1, \tag{8.31}$$

故当 k 充分大时,

$$\boldsymbol{A}^k\boldsymbol{x}_0\approx\lambda_1^k l_1\boldsymbol{\alpha}_1. \tag{8.32}$$

由此可知,当 k 充分大时,$\boldsymbol{A}^k\boldsymbol{x}_0$ 可以近似作为 $\boldsymbol{A}$ 的关于 λ_1 的特征向量.

由式(8.30)得

$$\boldsymbol{x}_{k+1}=\lambda_1^{k+1}\left[l_i\boldsymbol{\alpha}_i+\sum_{i=2}^n\left(\frac{\lambda_i}{\lambda_1}\right)^{k+1}l_i\boldsymbol{\alpha}_i\right]. \tag{8.33}$$

比较式(8.30)与式(8.33),$\boldsymbol{x}_{k+1}$与 $\boldsymbol{x}_k$ 的对应分量比为

$$\frac{(\boldsymbol{x}_{k+1})_j}{(\boldsymbol{x}_k)_j}=\lambda_1\frac{\left(l_1\boldsymbol{\alpha}_1+\sum\limits_{i=2}^n(\lambda_i/\lambda_1)^{k+1}l_i\boldsymbol{\alpha}_i\right)_j}{\left(l_1\boldsymbol{\alpha}_1+\sum\limits_{i=2}^n(\lambda_i/\lambda_1)^k l_i\boldsymbol{\alpha}_i\right)_j},$$

故有

$$\lim_{x\to\infty}\frac{(\boldsymbol{x}_{k+1})_j}{(\boldsymbol{x}_k)_j}=\lambda_1. \tag{8.34}$$

从而对于充分大的 k 有

$$\frac{(\boldsymbol{x}_{k+1})_j}{(\boldsymbol{x}_k)_j}\approx\lambda_1. \tag{8.35}$$

上述计算过程有一明显的缺点. 当 $|\lambda_1|>1$ 或 $|\lambda_1|<1$ 时，向量序列 $\boldsymbol{x}_k$ 中，不为零的分量将随 k 的增大而无限增大或随 k 的增大而趋于零，用计算机计算时会出现"上溢"或"下溢". 因此，实际计算时，每步将 $\boldsymbol{x}_k$ 规范化，于是可得如下算法.

任给的非零向量 $\boldsymbol{x}_0$，

$$\begin{cases} \boldsymbol{y}_k = \boldsymbol{A}\boldsymbol{x}_{k-1}, \\ m_k = \max\{\boldsymbol{y}_k\}, \quad k=1,2,\cdots, \\ \boldsymbol{x}_k = \dfrac{\boldsymbol{y}_k}{m_k}, \end{cases} \tag{8.36}$$

其中 $\max\{\boldsymbol{y}_k\}$ 表示 $\boldsymbol{y}_k$ 中绝对值最大的分量. 相应地，取

$$\begin{cases} \lambda_1 \approx m_k, \\ \boldsymbol{\alpha}_1 = \boldsymbol{x}_k (\text{或 } \boldsymbol{y}_k). \end{cases}$$

例 8.6　用幂法求方阵 $\boldsymbol{A}$ 的模最大的特征值和特征向量，

$$\boldsymbol{A} = \begin{pmatrix} 2 & 4 & 6 \\ 3 & 9 & 15 \\ 4 & 16 & 36 \end{pmatrix}.$$

解　取 $\boldsymbol{x}_0=(1,1,1)^{\mathrm{T}}$，利用式(8.36)计算，见下表.

表　幂法

k	x_k			y_k		
0	1	1	1	1	1	1
1	12	27	56	0.2143	0.4821	1
2	8.357	19.98	44.57	0.1875	0.4483	1
3	8.168	19.60	43.92	0.1860	0.4463	1
4	8.157	19.57	43.88	0.1859	0.4460	1
5	8.157	19.57	43.88	0.1859	0.4460	1

方阵 $\boldsymbol{A}$ 的模最大的特征值 $\lambda_1 \approx 43.88$，相应的特征向量为

$$\boldsymbol{\alpha}_1 = (0.1859, 0.4460, 1)^{\mathrm{T}}.$$

8.4.2　反幂法

设矩阵 $\boldsymbol{A}$ 可逆，用 $\boldsymbol{A}^{-1}$ 代替 $\boldsymbol{A}$ 作幂法称为**反幂法**. 由于 $\boldsymbol{A}\boldsymbol{\alpha}_i=\lambda_i\boldsymbol{\alpha}_i$，可推得 $\boldsymbol{A}^{-1}\boldsymbol{\alpha}_i=\dfrac{1}{\lambda_i}\boldsymbol{\alpha}_i$，所以 $\boldsymbol{A}$ 的特征值满足 $|\lambda_1|\geqslant|\lambda_2|\geqslant\cdots\geqslant|\lambda_n|$ 时，$\boldsymbol{A}^{-1}$ 的特征值满足

$$\left|\frac{1}{\lambda_n}\right| \geqslant \left|\frac{1}{\lambda_{n-1}}\right| \geqslant \cdots \geqslant \left|\frac{1}{\lambda_1}\right|.$$

$\boldsymbol{A}$ 对应于 λ_i 的特征向量与 $\boldsymbol{A}^{-1}$ 对应于 $\dfrac{1}{\lambda_i}$ 的特征向量相同.

由此可知,用 $\boldsymbol{A}^{-1}$ 代替 $\boldsymbol{A}$ 作幂法得到的是 $\boldsymbol{A}$ 的模最小的特征值和相应的特征向量.

利用式(8.36)可得反幂法的计算步骤:

$$\begin{cases}\boldsymbol{A}\boldsymbol{y}_k=\boldsymbol{x}_{k-1},\\ m_k=\max\{\boldsymbol{y}_k\}, \quad k=1,2,\cdots,\\ \boldsymbol{x}_k=\dfrac{\boldsymbol{y}_k}{m_k},\end{cases} \tag{8.37}$$

相应地,取

$$\begin{cases}\lambda_1\approx\dfrac{1}{m_k},\\ \boldsymbol{\alpha}_1=\boldsymbol{x}_k(\text{或 } \boldsymbol{y}_k).\end{cases}$$

8.5 QR 方法

QR 方法是目前求一般矩阵全部特征值最有效的方法之一. QR 方法是一种矩阵迭代法.

8.5.1 QR 分解

若矩阵 $\boldsymbol{A}$ 能够分解成正交矩阵 $\boldsymbol{Q}$ 与实的可逆上三角矩阵 $\boldsymbol{R}$ 的乘积,即

$$\boldsymbol{A}=\boldsymbol{Q}\boldsymbol{R}, \tag{8.38}$$

则称 **$\boldsymbol{A}$ 可正交三角分解**,式(8.38)称为 **$\boldsymbol{A}$ 的 QR 分解**.

通常可以利用施密特(Schmidt)正交化方法得 $\boldsymbol{A}$ 的 QR 分解.

下面以例 8.7 为例来说明上述分解过程.

例 8.7　利用施密特正交化方法求矩阵

$$\boldsymbol{A}=\begin{pmatrix}1&2&2\\2&1&2\\1&2&1\end{pmatrix}$$

的 QR 分解.

解　设 $\boldsymbol{\alpha}_1=(1,2,1)^{\mathrm{T}}, \boldsymbol{\alpha}_2=(2,1,2)^{\mathrm{T}}, \boldsymbol{\alpha}_3=(2,2,1)^{\mathrm{T}}$,则矩阵 $\boldsymbol{A}$ 可表示成 $\boldsymbol{A}=(\boldsymbol{\alpha}_1,\boldsymbol{\alpha}_2,\boldsymbol{\alpha}_3)$.

由施密特正交化方法,得

$$
\begin{aligned}
&\boldsymbol{\beta}_1=\boldsymbol{\alpha}_1=(1,2,1)^{\mathrm{T}},\\
&\|\boldsymbol{\beta}_1\|=\sqrt{6},\\
&\boldsymbol{\varepsilon}_1=\frac{\boldsymbol{\beta}_1}{\|\boldsymbol{\beta}_1\|}=\frac{1}{\sqrt{6}}=(1,2,1)^{\mathrm{T}},\\
&\boldsymbol{\alpha}_1=\sqrt{6}\boldsymbol{\varepsilon}_1,\\
&\boldsymbol{\beta}_2=\boldsymbol{\alpha}_2-\frac{\boldsymbol{\beta}_1^{\mathrm{T}}\boldsymbol{\alpha}_2}{\boldsymbol{\beta}_1^{\mathrm{T}}\boldsymbol{\beta}_1}\boldsymbol{\beta}_1=(1,-1,1)^{\mathrm{T}},\\
&\|\boldsymbol{\beta}_2\|=\sqrt{3},\\
&\boldsymbol{\varepsilon}_2=\frac{\boldsymbol{\beta}_2}{\|\boldsymbol{\beta}_2\|}=\frac{1}{\sqrt{3}}=(1,-1,1)^{\mathrm{T}},
\end{aligned}
\tag{8.39}
$$

由式(8.39),得

$$
\begin{gathered}
\boldsymbol{\alpha}_2=\sqrt{6}\boldsymbol{\varepsilon}_1+\sqrt{3}\boldsymbol{\varepsilon}_2,\\
\boldsymbol{\beta}_3=\boldsymbol{\alpha}_3-\frac{\boldsymbol{\beta}_1^{\mathrm{T}}\boldsymbol{\alpha}_3}{\boldsymbol{\beta}_1^{\mathrm{T}}\boldsymbol{\beta}_1}\boldsymbol{\beta}_1-\frac{\boldsymbol{\beta}_2^{\mathrm{T}}\boldsymbol{\alpha}_3}{\boldsymbol{\beta}_2^{\mathrm{T}}\boldsymbol{\beta}_2}\boldsymbol{\beta}_2=\left(\frac{1}{2},0,-\frac{1}{2}\right)^{\mathrm{T}},\\
\boldsymbol{\varepsilon}_3=\frac{\boldsymbol{\beta}_3}{\|\boldsymbol{\beta}_3\|}=\left(\frac{1}{\sqrt{2}},0,-\frac{1}{\sqrt{2}}\right)^{\mathrm{T}},
\end{gathered}
\tag{8.40}
$$

由式(8.40),得

$$
\boldsymbol{\alpha}_3=\frac{7\sqrt{6}}{6}\boldsymbol{\varepsilon}_1+\frac{\sqrt{3}}{3}\boldsymbol{\varepsilon}_2+\frac{\sqrt{2}}{2}\boldsymbol{\varepsilon}_3;
$$

由此可得

$$
\boldsymbol{A}=\begin{pmatrix}\frac{\sqrt{6}}{6} & \frac{\sqrt{3}}{3} & \frac{\sqrt{2}}{2}\\ \frac{\sqrt{6}}{3} & -\frac{\sqrt{3}}{3} & 0\\ \frac{\sqrt{6}}{6} & \frac{\sqrt{3}}{3} & -\frac{\sqrt{2}}{2}\end{pmatrix}\begin{pmatrix}\sqrt{6} & \sqrt{6} & \frac{7\sqrt{6}}{6}\\ & \sqrt{3} & \frac{\sqrt{3}}{3}\\ & & \frac{\sqrt{2}}{2}\end{pmatrix}=\boldsymbol{QR}.
$$

8.5.2　计算公式

对于矩阵 $\boldsymbol{A}$,从 $\boldsymbol{A}\triangleq\boldsymbol{A}_1$ 开始,对 $\boldsymbol{A}_1$ 进行 QR 分解,得 $\boldsymbol{A}_1=\boldsymbol{Q}_1\boldsymbol{R}_1$;逆序相乘,得 $\boldsymbol{A}_2=\boldsymbol{R}_1\boldsymbol{Q}_1$;再以 $\boldsymbol{A}_2$ 代替 $\boldsymbol{A}_1$ 重复上述步骤得 $\boldsymbol{A}_3$;依次计算,QR 分解的计算公式为

$$
\begin{cases}\boldsymbol{A}_k=\boldsymbol{QR},\\ \boldsymbol{A}_{k+1}=\boldsymbol{R}_k\boldsymbol{Q}_k,\end{cases}\quad k=1,2,\cdots.
\tag{8.41}
$$

这样产生矩阵序列$\{\boldsymbol{A}_k\}$.

显然,只要矩阵序列$\{\boldsymbol{A}_k\}$趋于分块上三角矩阵,且 $\boldsymbol{A}_k$ 的对角子块在 $k\to\infty$时收敛于一阶或二阶的方阵即可,与子块以上元素无关.矩阵的这种收敛称为**本质收敛**.

定理 8.3 设 $\boldsymbol{A}\in\mathbf{R}^{n\times n}$，满足：

(1)$\boldsymbol{A}$ 的 n 个特征值 $\lambda_1,\lambda_2,\cdots,\lambda_n$ 有

$$|\lambda_1|>|\lambda_2|>\cdots>|\lambda_n|>0;$$

(2)$\boldsymbol{A}$ 可对角化，即存在 $\boldsymbol{P}$，使 $\boldsymbol{P}^{-1}\boldsymbol{A}\boldsymbol{P}=\operatorname{diag}\{\lambda_1,\lambda_2,\cdots,\lambda_n\}$，且 $\boldsymbol{P}^{-1}$ 可以三角分解为 $\boldsymbol{P}^{-1}=\boldsymbol{L}\boldsymbol{R}$，其中，$\boldsymbol{L}$ 是单位下三角矩阵，$\boldsymbol{R}$ 为上三角矩阵，则有

$$\lim_{k\to\infty}a_{ii}^{(k)}=\lambda_i,\quad i=1,2,\cdots,n,$$

$$\lim_{k\to\infty}a_{ij}^{(k)}=0,\quad i>j,$$

其中 $a_{ij}^{(k)}$ 是 A_k 的元素.

定理不加证明，感兴趣的读者可以查阅有关文献.

例 8.8 用 QR 方法求矩阵 **A** 的特征值.

$$\boldsymbol{A}=\begin{pmatrix}5&-2&-5&-1\\1&0&-3&2\\0&2&2&-3\\0&0&1&-2\end{pmatrix}.$$

解 用施密特正交化方法 QR 分解.

$$\begin{aligned}\boldsymbol{A}_1&=\boldsymbol{A}=\boldsymbol{Q}_1\boldsymbol{R}_1\\&=\begin{pmatrix}0.9806&-0.0377&0.6923&-0.1038\\0.1961&-1887&-0.8804&-0.4192\\0&0.9813&-0.1761&0.0740\\0&0&0.3962&-0.8989\end{pmatrix}\\&\quad\times\begin{pmatrix}5.0992&-1.9612&-5.4912&-0.3922\\0&2.0381&1.5852&-2.5288\\0&0&2.5242&-3.2736\\0&0&0&0.7822\end{pmatrix},\\\boldsymbol{A}_2&=\boldsymbol{R}_1\boldsymbol{Q}_1\\&=\begin{pmatrix}4.6157&5.9508&1.5922&0.2390\\0.3997&1.9401&-2.5171&1.5361\\0&2.4770&-0.8525&3.1294\\0&0&0&-0.7031\end{pmatrix}.\end{aligned}$$

重复上述计算过程，计算 11 次后可得

$$\boldsymbol{A}_{12}=\begin{pmatrix}4.000&*&*&*\\&1.8789&-3.5910&*\\&1.3290&0.1211&*\\&&&-1.0000\end{pmatrix}.$$

由此可得，$\boldsymbol{A}$ 的一个特征值为 4，另一个是 -1，余下两个可通过解方程

$$\begin{vmatrix} \lambda-1.8789 & 3.5910 \\ -1.3290 & \lambda-0.1211 \end{vmatrix}=0$$

求得，$\boldsymbol{A}$ 的特征值为 $1\pm 2\mathrm{i}$.

本章小结

本章讲述了线性方程组与矩阵特征值的数值解法. 许多数学模型可归结为求解大型的线性方程组，其中的方程和未知数可多达成千上万个. 力学中的非线性震动、刚体的滚动及稳定性、算子谱的计算等一些工程技术和实际问题其实都是求解矩阵特征值的问题，而这些问题所导出的矩阵结果有时高达上百阶. 这两类问题单纯依靠理论计算是无法解决的，必须要借助于计算机和软件，这就是数值计算的内容. 线性代数中方程组的求解以及矩阵特征值、特征向量的计算是数值计算的一个重要内容.

本章讲述了两种求解大型线性方程的方法：高斯消去法和迭代法. 这两种方法属于数值计算中线性方程组求解的两种简单而经典的算法，容易掌握且实用性强. 高斯消去法的思想是消元. 迭代法需首先任意给一组初值，然后利用迭代格式多次重复迭代，直到两次迭代近似值的差的绝对值小于允许误差时迭代停止，把最后得到的迭代结果作为可以接受的近似解. 本章还介绍了求解矩阵特征值的三种数值解法：幂法与反幂法，QR 方法. 幂法是求方阵的模最大的特征值和相应的特征向量的一种迭代法，而反幂法是利用 $\boldsymbol{A}^{-1}$ 代替 $\boldsymbol{A}$ 作幂法的方法. QR 方法是目前求一般矩阵全部特征值最有效的方法之一，需要首先将矩阵 $\boldsymbol{A}$ 分解为正交矩阵 $\boldsymbol{Q}$ 和实的可逆的上三角矩阵 $\boldsymbol{R}$ 的乘积，即 $\boldsymbol{A}=\boldsymbol{QR}$，然后逆序相乘，即 $\boldsymbol{A}_1=\boldsymbol{RQ}$，再以 $\boldsymbol{A}_1$ 代替 $\boldsymbol{A}$ 重复上述步骤，多次重复可得矩阵序列 $\{\boldsymbol{A}_k\}$，只要 $\{\boldsymbol{A}_k\}$ 趋于分块上三角矩阵，且 $\{\boldsymbol{A}_k\}$ 的对角子块在 $k\to\infty$ 时收敛于一阶或二阶方阵，即可求出 $\boldsymbol{A}$ 的所有特征值.

习题 8

1. 分别用高斯消去法和高斯主元素消去法解方程组

$$\begin{cases} 5x+2y+3z+2\omega=-1, \\ 2x+4y+z-2\omega=5, \\ x-3y+4z+3\omega=4, \\ 3x+2y+2z+8\omega=-6. \end{cases}$$

2. 判别下面的迭代格式是否收敛：

$$\begin{cases} x_1=0.3x_1-0.1x_2+0.2x_3+8, \\ x_2=0.2x_1+0.4x_2-0.3x_3-6, \\ x_3=-0.15x_1+0.1x_2+0.2x_3+2. \end{cases}$$

3. 试将方程组

$$\begin{cases}11x_1-3x_2-33x_3=1,\\-22x_1+11x_2+x_3=0,\\x_1-4x_2+2x_3=1\end{cases}$$

化成收敛的迭代形式.

4. 分别用简单迭代法和塞德尔迭代法求解方程组

$$\begin{cases}8x+y-2z=9,\\3x-10y+z=1,\\5x-2y+20z=72.\end{cases}$$

5. 用幂法求矩阵

$$\boldsymbol{A}=\begin{pmatrix}6&2&1\\2&3&1\\1&1&1\end{pmatrix}$$

的模最大的特征值与相应的特征向量，要求$|m_k-m_{k-1}|<10^{-2}$.

6. 对矩阵

$$\boldsymbol{A}=\begin{pmatrix}1&2&2\\2&\dfrac{2}{3}&-1\\2&\dfrac{1}{3}&-1\end{pmatrix}$$

作 QR 分解.

第 9 章　MATLAB 软件应用

MATLAB 是 Matrix Laboratory 的缩写，是一个集数值计算、图形处理、符号运算、文字处理、数学建模、实时控制、动态仿真和信号处理等功能为一体的数学应用软件. MATLAB 的基本数据结构是矩阵，又具有数量巨大的内部函数和多个工具箱，使得该软件迅速普及到各个领域，如工业制造、电力、电子、医疗、建筑等领域. MATLAB现在已成为世界上应用最广泛的工程计算软件之一，也是最优秀的数学软件之一. 在大学校园里，许多学生借助它来学习大学数学等课程，并用它做数值计算和图形处理等工作. 在这里，我们仅介绍用它做与线性代数相关的数学实验.

9.1　矩阵的生成与操作

9.1.1　矩阵的生成

在 MATLAB 中，可以采用多种不同的方式生成矩阵.

(1)直接输入矩阵元素.

对于阶数较低的简单矩阵，可以从键盘上直接输入矩阵的数值创建矩阵. 输入时，矩阵的元素用方括号括起来，行内元素用逗号分隔或空格分隔，各行之间用分号分隔或直接回车.

注　创建矩阵在方括号的末尾，可以用回车或分号结束，用回车结束，显示所输入的矩阵；用分号结束，不显示所输入的矩阵.

例 9.1　输入矩阵 $\boldsymbol{A}=\begin{pmatrix}1 & 1 & 2\\ -1 & 0 & 3\\ 4 & -5 & 6\end{pmatrix}$.

可以在命令窗口中输入

```
>>A = [1  1  2;-1  0  3;4  -5  6]
            A =
```

```
     1     1  2
    -1     0  3
     4    -5  6
```

(2)生成分块矩阵.

在 MATLAB 中,可以将小矩阵作为元素按照上面的规则连接起来生成一个较大的矩阵,即生成分块矩阵.

例 9.2 输入矩阵 $\boldsymbol{C}=(\boldsymbol{A}\quad\boldsymbol{B})$,其中 $\boldsymbol{A}=\begin{pmatrix}1&1&2\\-1&0&3\\4&-5&6\end{pmatrix}$, $\boldsymbol{B}=\begin{pmatrix}1&2&3\\-1&0&1\\4&5&6\end{pmatrix}$.

在命令窗口中输入

```
≫A=[1  1  2;-1  0  3;4  -5  6];B=[1  2  3;-1  0  1;4  5  6]
≫C=[A  B]
  C=
     1     1  2     1  2  3
    -1     0  3    -1  0  1
     4    -5  6     4  5  6
```

9.1.2 常用矩阵的生成

下面介绍一些常用矩阵的生成命令:zeros,ones,eye 和 rand.

(1)zeros 生成零矩阵.

调用格式为

B=zeros(n):生成元素全为 0 的 $n\times n$ 矩阵,如果 n 不是标量将给出出错信息;

B=zeros(m,n):生成元素全为 0 的 $m\times n$ 矩阵.

B=zeros(size(A)):生成与矩阵 A 同型的元素全为 0 的矩阵.

注 在 MATLAB 中不需要预先定义矩阵的维数,MATLAB 自动为矩阵分配存储空间.尽管如此,如果采用零矩阵为矩阵生成的全部元素或某一行、某一列的元素保留存储空间,则大多数 MATLAB 程序将运行得更快.

(2)ones 生成元素全为 1 的矩阵.

调用格式为

Y=ones(n):生成元素全为 1 的 $n\times n$ 矩阵;如果 n 不是标量将给出出错信息;

Y=ones(m,n):生成元素全为 $\boldsymbol{A}$ 的 $m\times n$ 矩阵;

Y=ones(size(A)):生成与矩阵 $\boldsymbol{A}$ 同型且元素全为 1 的矩阵.

(3)eye 生成单位阵.

调用格式为

Y=eye(n):生成 $n\times n$ 单位矩阵;

Y = eye(m,n):生成对角线元素为 1 其余元素为 0 的 $m\times n$ 矩阵;

Y = eye(size(A)):生成一个与矩阵 **A** 同型的单位矩阵.

注　在 MATLAB 中,单位矩阵的定义比线性代数中的定义更广泛.例如,

```
>>eye(3,2)
ans =
     1  0
     0  1
     0  0
```

(4)生成均匀分布的随机矩阵.

调用格式为

Y = rand(n):生成一个 $n\times n$ 的随机矩阵,如果 n 不是标量将给出出错信息;

Y = rand(m,n):生成一个 $m\times n$ 的随机矩阵;

Y = rand(size(A)):生成一个与矩阵 **A** 大小相同的随机阵.

说明:rand 函数产生 0,1 之间均匀分布的随机数.

例 9.3　生成 3 行 4 列的随机矩阵.

```
>>rand(3,4)
ans =
     0.9501  0.4860  0.4565  0.4447
     0.2311  0.8913  0.0185  0.6154
     0.6068  0.7621  0.8214  0.7919
```

9.1.3　矩阵结构的操作

输入矩阵后,可以对矩阵进行的主要操作包括矩阵的扩充、矩阵元素的提取、矩阵元素的部分删除等,下面对其进行简单介绍.

(1)矩阵的扩充.

例如,用下列命令可以在上述矩阵 **A** 下面再加上一个行向量.

```
>>A(4,:) = [1  3  2]
A =
     1    1  2
    -1    0  3
     4   -5  6
     1    3  2
```

下列命令可以在上述矩阵 **A** 下面再加上一个列向量(注意,**A** 现在为 4 行 3 列的矩阵).

```
>>A(;,4) = [-1  0  3  2]
```

```
A =
     1    1  2  -1
    -1    0  3   0
     4   -5  6   3
     1    3  2   2
```

可以用下述命令对矩阵进行翻转和旋转：

fliplr(A): 矩阵 $\boldsymbol{A}$ 左右翻转；

flipud(A):矩阵 $\boldsymbol{A}$ 上下翻转；

rot90(A):矩阵 $\boldsymbol{A}$ 整体逆时针旋转 90 度.

(2)矩阵元素的提取.

可以用下述命令提取上述矩阵 $\boldsymbol{A}$ 的第 3 行第 1 列的元素.

```
>>A(3,1)
ans =
    4
```

可以用下述命令提取上述矩阵 $\boldsymbol{A}$ 的第 1 列和第 3 列的元素.

```
>>A(:,[1,3])
ans =
     1  2
    -1  3
     4  6
     1  2
```

可以用下述命令提取矩阵的上三角部分、下三角部分和对角线元素.

triu(A):提取矩阵 $\boldsymbol{A}$ 的上三角部分；

tril(A):提取矩阵 $\boldsymbol{A}$ 的下三角部分；

diag(A):提取矩阵 $\boldsymbol{A}$ 的对角线元素.

(3)矩阵元素的删除.

可以用下述命令删除上述矩阵 $\boldsymbol{A}$ 的第二行的元素.

```
>>A(2,:) = [  ]
ans =
    1  2
    4  6
    1  2
```

9.2 矩阵的基本运算

在 MATLAB 语言中,矩阵的运算既可以使用运算符,也可以使用等效的运算函数.

9.2.1 加法和减法运算

对于矩阵加减运算可以由下面的命令执行:

```
C = A + B 或 C = pius(A,B)
C = A - B 或 C = minus(A,B)
```

这里要求 **A** 和 **B** 必须有相同的行数和相同的列数,如果 **A** 和 **B** 不是同型矩阵, MATLAB将自动给出错误信息,但是 MATLAB 允许标量和任意大小的矩阵相加减,结果是把矩阵中的每个元素和这个标量相加减.

在 MATLAB 中,算术运算符"+"和"−"可以作为一元运算符使用,+**A** 就是取 **A**,而−**A** 则是对 **A** 中的每个元素取负.

例 9.4 计算$\begin{pmatrix}1 & 2 & 3\\4 & 5 & 6\end{pmatrix}+\begin{pmatrix}7 & 8 & 9\\4 & 6 & 8\end{pmatrix}$.

```
>>A = [1  2  3;4  5  6];B = [7  8  9;4  6  8];
>>C = A + B
C =
   8  10  12
   8  11  14
```

再进行标量运算.

```
>>C = C - 2
   C =
      6  8  10
      6  9  12
>>C = -C
   C =
      -6   -8   -10
      -6   -9   -12
```

9.2.2 转置运算

矩阵转置的运算命令:A'.

例 9.5 设 $\boldsymbol{A}=\begin{pmatrix}1 & 2 & 3\\4 & 5 & 6\end{pmatrix}$,求 $\boldsymbol{A}^{\mathrm{T}}$.

```
>>A = [1  2  3;4  5  6];A'.
ans =
```

```
1  4
2  5
3  6
```

9.2.3 乘法运算

矩阵乘的运算命令为 A * B 或 mtimes(A,B).

矩阵乘 $A*B$ 的条件：矩阵 $\boldsymbol{A}$ 的列数必须等于矩阵 $\boldsymbol{B}$ 的行数，就是线性代数中的矩阵的乘法. 同样，MATLAB 中标量可以和任意大小的矩阵相乘，即数乘运算.

例 9.6 计算$\begin{pmatrix}1&2&3\\4&5&6\end{pmatrix}\begin{pmatrix}1&1&1\\1&1&1\\1&1&1\end{pmatrix}$.

```
>>A=[1  2  3;4  5  6];  B=ones(3)
  B=
     1  1  1
     1  1  1
     1  1  1
>>C=A*B
  C=
     6   6   6
     15  15  15
```

例 9.7 计算 $2\times\begin{pmatrix}1&2&3\\4&5&6\end{pmatrix}$.

```
>>A=[1  2  3;4  5  6];
>>2*A
  ans=
     2   4   6
     8  10  12
```

9.2.4 矩阵的逆

方阵的求逆函数为 B=inv(A).

该函数返回方阵 $\boldsymbol{A}$ 的逆矩阵，如果 $\boldsymbol{A}$ 不是方阵或接近奇异，则会给出警告信息.

在线性代数中，只有矩阵的逆的定义，而没有矩阵除法的运算，而在 MATLAB 中，定义了矩阵的除法运算，矩阵除法的运算在 MATLAB 中是一个十分有用的运算，根据实际问题的需要，定义了两种除法命令：左除和右除.

矩阵左除：

C = A\B 或 C = mldivide(A,B)

矩阵右除：

C = A/B 或 C = mldivide(A,B)

通常矩阵左除不等于右除，如果 $\boldsymbol{A}$ 是方阵，$\boldsymbol{A}\backslash\boldsymbol{B}$ 等效于 $\boldsymbol{A}$ 的逆阵左乘矩阵 $\boldsymbol{B}$，也就是 inv(A) * B，如果 $\boldsymbol{A}$ 是一个 $n\times n$ 矩阵，$\boldsymbol{B}$ 是一个 n 维列向量，或是有若干这样的列的矩阵，则 $\boldsymbol{A}\backslash\boldsymbol{B}$ 就是采用高斯消去法求得的方程 $\boldsymbol{AX}=\boldsymbol{B}$ 的解. 如果 $\boldsymbol{A}$ 接近奇异的，MATLAB将会给出警告信息. 如果 $\boldsymbol{A}$ 是一个 $m\times n$ 矩阵，其中 m 不等于 n，$\boldsymbol{B}$ 是一个 m 维列向量，或是由若干这样的列的矩阵，则 $\boldsymbol{X}=\boldsymbol{A}\backslash\boldsymbol{B}$ 是不定或超定方程组 $\boldsymbol{AX}=\boldsymbol{B}$ 的最小二乘解. $\boldsymbol{B}/\boldsymbol{A}$ 大体等效于 B * inv(A)（$\boldsymbol{B}$ 右乘 $\boldsymbol{A}$ 的逆阵），但在计算方法上存在差异. 更精确地，$\boldsymbol{B}/\boldsymbol{A}=(\boldsymbol{A}^{\mathrm{T}}\backslash\boldsymbol{B}^{\mathrm{T}})^{\mathrm{T}}$.

例 9.8 设 $\boldsymbol{A}=\begin{pmatrix}1&2&3\\4&5&7\\4&7&9\end{pmatrix}$，$\boldsymbol{B}=\begin{pmatrix}1&3&7\\3&5&7\\8&5&1\end{pmatrix}$，计算 $\boldsymbol{A}^{-1}\boldsymbol{B}$，$\boldsymbol{AB}^{-1}$.

```
>>A = [1  2  3;4  5  7;4  7  9];B = [1  3  7;3  5  7;8  5  1];
>>A\B
  ans =
        - 0.7500     - 0.5000     - 2.0000
          5.7500     - 3.5000     - 18.0000
        - 3.2500       3.5000       15.0000
>>A/B
  ans =
        - 0.0217       0.4565     - 0.0435
          0.6522       0.3043     - 0.3043
        - 0.5652       1.8696     - 0.1304
```

9.2.5 方阵的幂运算

矩阵的幂或乘方命令为 C = A^P 或 C = mpower(A,P).

矩阵的乘方运算要求 $\boldsymbol{A}$ 是一个方阵，且 P 是一个标量，$\boldsymbol{A}$^$\boldsymbol{P}$ 的意思是矩阵 $\boldsymbol{A}$ 的 P 次方. 如果 P 是正整数，则 $\boldsymbol{A}$^P 是矩阵 $\boldsymbol{A}$ 自乘 P 次；如果 P 是一个负整数，则首先对 $\boldsymbol{A}$ 求逆，然后将它自乘 P 次.

例 9.9 设 $\boldsymbol{A}=\begin{pmatrix}1&2&3\\4&5&7\\4&7&9\end{pmatrix}$，计算 $\boldsymbol{A}^2$，$\boldsymbol{A}^{-2}$.

```
>>A = [1  2  3;4  5  7;4  7  9];A^2
```

```
ans =
    21   33   44
    52   82  110
    68  106  142
>>A^-2
ans =
   -1.0000  -1.3750   1.3750
    6.0000  -0.6250  -1.3750
   -4.0000   1.1250   0.3750
```

9.2.6 方阵的行列式

方阵的行列式运算函数是 det(A). 如果矩阵 **A** 不是方阵,会给出警告信息.

例 9.10 设 $\boldsymbol{A}=\begin{pmatrix}1&2&3\\4&5&7\\4&7&9\end{pmatrix}$,计算 $|\boldsymbol{A}|$.

```
>>A=[1  2  3;4  5  7;4  7  9];det(A)
ans =
    4
```

对于符号行列式的计算,仍然是 det( )函数,但是需要使用 syms 来定义符号变量. 例如,

syms x,y: 定义符号变量 x,y;

det(A(x,y)): 计算含有符号变量 x,y 的行列式.

例 9.11 计算 $\begin{vmatrix}1+x&1&1&1\\1&1+x&1&1\\1&1&1+y&1\\1&1&1&1+y\end{vmatrix}$.

程序运行结果如下:

```
>>syms  x  y
>>A=[1+x  1  1  1;1  1+x  1  1;1  1  1+y  1;1  1  1  1+y];
>>det(A)
ans =
   2*x*y^2+2*y+x^2*y^2
```

9.2.7 矩阵的秩

矩阵的求秩函数是 rank(A).

例 9.12　设 $A=\begin{pmatrix}3 & 1 & 0 & 2\\ 1 & -1 & 2 & -1\\ 1 & 3 & -4 & 4\end{pmatrix}$,计算 A 的秩.

```
>>A=[3  1  0  2;1  -1  2  -1;1  3  -4  4];rank(A)
  ans =
       2
```

例 9.13　设 $A=\begin{pmatrix}1 & 2 & -1\\ 0 & 1 & 2\\ -3 & 6 & 4\end{pmatrix}$,$B=\begin{pmatrix}-1 & 0 & 1\\ 0 & 2 & 2\\ 3 & 5 & 1\end{pmatrix}$,计算 A^T,$A+B$,AB,A^2,$A^{-1}B$.

程序如下:

```
>>A=[1  2  -1;0  1  2;-3  6  4]
A=
     1  2  -1
     0  1   2
    -3  6   4
>>B=[-1  0  1;0  2  2;3  5  1]
B=
    -1  0  1
     0  2  2
     3  5  1
>>A'
ans =
       1  0  -3
       2  1   6
      -1  2   4
>>A+B
ans =
     0   2  0
     0   3  4
     0  11  5
>>A*B
ans =
```

```
      -4   -1   4
       6   12   4
      15   32  13
>>A^2
ans =
       4   -2   -1
      -6   13   10
      15   24   31
>>int(A)*B
ans =
     -1.0000   0.1304   1.3478
           0   0.3478   0.2609
           0   0.8261   0.8696
```

例 9.14　判断向量组：$\boldsymbol{\alpha}_1=\begin{pmatrix}1\\1\\2\\3\end{pmatrix},\boldsymbol{\alpha}_2=\begin{pmatrix}1\\-1\\1\\1\end{pmatrix},\boldsymbol{\alpha}_3=\begin{pmatrix}2\\0\\3\\3\end{pmatrix},\boldsymbol{\alpha}_4=\begin{pmatrix}3\\1\\5\\4\end{pmatrix}$是否线性相关？

由 $\boldsymbol{\alpha}_1,\boldsymbol{\alpha}_2,\boldsymbol{\alpha}_3,\boldsymbol{\alpha}_4$所组成的矩阵 $\boldsymbol{A}=\begin{pmatrix}1&1&2&3\\1&-1&0&1\\2&1&3&5\\3&1&3&4\end{pmatrix}$，求出 $\boldsymbol{A}$ 的秩或者 $\boldsymbol{A}$ 的行列式即可判断其线性相关性，因此，在 MATLAB 命令窗口下，键入：

```
>>A=[1 1 2 3;1 -1 0 1;2 1 3 5;3 1 3 4];rank(A)
  ans =
       3
```

即 $R(\boldsymbol{A})=3<4$，故 $\boldsymbol{\alpha}_1,\boldsymbol{\alpha}_2,\boldsymbol{\alpha}_3,\boldsymbol{\alpha}_4$线性相关.

9.3　线性方程组的求解

关于线性方程组的求解，MATLAB 中常用的几个命令为

rref(A)：$\boldsymbol{A}$ 的最简行阶梯形矩阵；

null(A,′r′)：求齐次方程组 $\boldsymbol{A}x=\boldsymbol{0}$ 的基础解系.

例 9.15　将矩阵 $\boldsymbol{A}=\begin{pmatrix}7&1&-1&10&1\\4&8&-2&4&3\\12&1&-1&-1&5\end{pmatrix}$化为最简行阶梯形矩阵.

```
>>A=[7 1 -1 10;4 8 -2 4 3;12 1 -1 -15];
```

```
>>rref(A)
  ans =
       1.0000      0         0       -2.2000   0.8000
         0       1.0000      0       -6.3333   1.5000
         0         0       1.0000   -31.7333   6.1000
```

例 9.16　求解线性方程组

$$\begin{cases} x_1+3x_2-2x_3+4x_4+x_5=7, \\ 2x_1+6x_2+5x_4+2x_5=5, \\ 4x_1+11x_2+8x_3+5x_5=3, \\ x_1+3x_2+2x_3+x_4+x_5=-2. \end{cases}$$

程序结果如下：

```
>>B=[1 3 -2 4 1 7;2 6 0 5 2 5;4 11 8 0 5 3;1 3 2 1 1 -2]
B =
   1   3   -2   4   1    7
   2   6    0   5   2    5
   4  11    8   0   5    3
   1   3    2   1   1   -2
>>rref(B)
  ans =
       1.0000      0         0      -9.5000    4.0000    35.5000
         0       1.0000      0       4.0000   -1.0000   -11.0000
         0         0       1.0000   -0.7500      0       -2.2500
         0         0         0         0         0         0
```

所以原方程组等价于方程组

$$\begin{cases} x_1+9.5x_4+x_5=35.5, \\ x_2+4x_4-x_5=-11, \\ x_3-0.75x_4=-2.25. \end{cases}$$

故方程组的通解为

$$\boldsymbol{X}=c_1\begin{pmatrix} 9.5 \\ -4 \\ 0.75 \\ 1 \\ 0 \end{pmatrix}+c_2\begin{pmatrix} -4 \\ 1 \\ 0 \\ 0 \\ 1 \end{pmatrix}+\begin{pmatrix} 35.5 \\ -11 \\ -2.25 \\ 0 \\ 0 \end{pmatrix},$$

其中 $c_1,c_2\in\mathbf{R}$.

例 9.17　求齐次方程组

$$\begin{cases}x_1+2x_2-x_3-2x_4=0,\\2x_1-x_2-x_3+x_4=0,\\3x_1+x_2-2x_3-x_4=0\end{cases}$$

的基础解系及全部解.

该方程组的矩阵表示形式为

$$\begin{pmatrix}1&2&-1&-2\\2&-1&-2&1\\3&1&-2&-1\end{pmatrix}\boldsymbol{X}=0.$$

则在MATLAB命令窗口下,键入

```
>>A = [1  2  -1  -2;2  -1  -1  1;3  1  -2  -1]
  ans =
        0.6000      0
        0.2000   1.0000
        1.0000      0
           0     1.0000
```

即两个基础解系分别为

$$\boldsymbol{\eta}_1=\begin{pmatrix}0.6\\0.2\\1\\0\end{pmatrix},\quad \boldsymbol{\eta}_2=\begin{pmatrix}0\\1\\0\\1\end{pmatrix}.$$

故原方程通解为 $\boldsymbol{y}=k_1\boldsymbol{\eta}_1+k_2\boldsymbol{\eta}_2$($k_1,k_2$为任意常数).

例 9.18 解方程 $\begin{vmatrix}3&2&1&1\\3&2&2-x^2&1\\5&1&3&2\\7-x^2&1&3&2\end{vmatrix}=0.$

求解符号行列式的方法,编写M文件如下la01.m.

```
clear  all                                          & 清除各种变量
syms  x                                             & 定义x为符号变量
A = [3 2 1 1;3 2 2  -x^2 1;5 1 3 2;7  -x^2 1 3 2]   & 给矩阵A赋值
D = det(A)                                          & 计算矩阵A的行列式D
f = factor(D)                                       & 对行列式D进行因式分解
x = solve(D)                                        & 求解方程"D=0"的解
```

在MATLAB命令窗口下,键入

```
>>la01.m
  A =
```

```
[       3,   2,   1,          1]
[       3,   2,   2-x^2,      1]
[       5,   1,   3,          2]
[7-x^2,      1,   3,          2]
D=
-6+9*x^2-3*x^4
f=
-3*(x-1)*(x+1)*(x^2-2)
X=
      -1
       1
   2^(1/2)
  -2^(1/2)
```

9.4　特征向量与二次型

方阵的特征值与特征向量在矩阵对角化和微分方程组等问题中有着广泛的应用. 在 MATLAB 中与矩阵的对角化、二次型化标准形、分析二次型的正定性等相关的命令主要有

poly(A):　求 $\boldsymbol{A}$ 的特征多项式.

roots(P)　求多项式 P 的零点.

orth(A):　求出矩阵 $\boldsymbol{A}$ 的列向量构成空间的一个规范正交基.

[V,U]=eig(A): $\boldsymbol{A}$ 的特征值与特征向量.

例 9.19　将矩阵 $\boldsymbol{A}=\begin{pmatrix}-1 & 1 & 0\\ -4 & 3 & 0\\ 1 & 0 & 2\end{pmatrix}$ 的特征值与特征向量.

程序运行结果如下:

```
>>A=[-1  1  0;-4  3  0;1  0  2]
A=
    -1  1  0
    -4  3  0
     1  0  2
>>E=eig(A)
E=
   2
   1
```

```
    1
>>[V,D] = eig(A)
V =
         0    0.4082   0.4082
         0    0.8165   0.8165
    1.0000    0.4082   0.4082
D =
    2  0  0
    0  1  0
    0  0  1
```

例 9.20 将矩阵 $\boldsymbol{A}=\begin{pmatrix}5&0&0\\0&3&1\\0&1&3\end{pmatrix}$ 对角化.

程序运行结果：

```
>>A = [5  0  0;0  3  1;0  1  3]
A =
    5  0  0
    0  3  1
    0  1  3
>>[P,D] = eig(A)
P =
          0          0   1.0000
    -0.7071     0.7071   0
     0.7071     0.7071   0
D =
    2  0  0
    0  4  0
    0  0  5
>>B = inv(P) * A* P
B =
    2.0000         0        0
         0    4.0000        0
         0         0   5.0000
```

例 9.21 用正交变换法将二次型 $f(x_1,x_2,x_3)=x_1^2+2x_2^2+2x_3^2+4x_2x_3$ 化为标准形.

在 MATLAB 中编写 M 文件如下 la02.m 如下：

```
clear
A=[1  0  0;0  2  2;0  2  2];                 & 给矩阵A赋值
[V,D]=eig(A)                                  & 计算矩阵A的行列式D
disp('正交矩阵为');
V
disp('对角矩阵为');
D
disp('标准化的二次型为');
syms  y1  y2  y3
f=  [y1  y2  y3]*D*[y1;y2;y3]
```

在 MATLAB 命令窗口中运行

```
>>la02
V=

        0    1.0000         0
  -0.7071         0    0.7071
   0.7071         0    0.7071

D=

     0     0     0
     0     1     0
     0     0     4

正交矩阵为
V=

        0    1.0000         0
  -0.7071         0    0.7071
   0.7071         0    0.7071

对角矩阵为
D=

     0     0     0
     0     1     0
     0     0     4

标准化的二次型为
```

f = y2^2 + 4 * y3^2.

本 章 小 结

MATLAB 是由美国 mathworks 公司发布的主要面对科学计算，可视化以及交互式程序设计的高科技计算环境. 它将数值分析、矩阵计算、科学数据可视化以及非线性动态系统的建模和仿真等许多强大功能集成在一个易于使用的视窗环境中,为科学研究、工程设计以及必须进行有效数值计算的众多科学领域提供了一种全面的解决方案,并在很大程度上摆脱了非交互式程序设计语言(如 C. Fortran)的编辑模式,代表了当今国际科学计算机软件的先进水平.

本章讲述了 MATLAB 软件在线性代数中的应用,包括矩阵的生成、矩阵结构的操作、矩阵的加法和减法、矩阵的转置、矩阵的乘法、矩阵的逆、方阵的幂、方阵的行列式、矩阵的秩,线性方程组的求解以及矩阵特征值、特征向量的计算和二次型的标准化和正定性分析等. 利用 MATLAB 可以进行线性代数中绝大多数问题的计算,并且程序简单,计算方便,是解决这些问题的一种快捷高效的方法.

习　题　9

1. 计算行列式:

$$D=\begin{vmatrix}1&2&2&2\\2&2&2&2\\2&2&3&2\\2&2&2&4\end{vmatrix}.$$

2. 求矩阵 $\boldsymbol{A}=\begin{pmatrix}1&0&3&-1\\2&1&0&2\end{pmatrix}$ 与 $\boldsymbol{B}=\begin{pmatrix}4&1&0\\-1&1&3\\2&0&1\\1&3&4\end{pmatrix}$ 的乘积 $\boldsymbol{AB}$.

3. 设 $\boldsymbol{A}=\begin{pmatrix}1&1&1\\-1&1&1\\1&-1&1\end{pmatrix}$, $\boldsymbol{B}=\begin{pmatrix}1&2&1\\1&3&-1\\2&1&4\end{pmatrix}$. 求(1) $(\boldsymbol{A}-\boldsymbol{B})(\boldsymbol{A}+\boldsymbol{B})$;(2) $\boldsymbol{A}^2-\boldsymbol{B}^2$.

4. 用逆矩阵解方程组 $\begin{cases}2x_1-x_2-x_3=4,\\3x_1+4x_2-2x_3=11,\\3x_1-2x_2+4x_3=11.\end{cases}$

5. 已知 $f(x)=x^2-5x+3$, $\boldsymbol{A}=\begin{pmatrix}2&-1\\0&3\end{pmatrix}$, 求 $f(\boldsymbol{A})$. (提示:也可使用 polyvalm() 函数)

6. 求矩阵 $\boldsymbol{A}=\begin{pmatrix}1&1&1\\2&1&0\\1&1&0\end{pmatrix}$ 的伴随矩阵.

7. 求矩阵 $\boldsymbol{A}=\begin{pmatrix}2&-2&0&6&-2\\2&-1&2&4&-2\\3&-1&4&4&-3\\1&1&1&8&2\end{pmatrix}$ 的简化行阶梯形矩阵.

8. 求向量组

$\boldsymbol{\alpha}_1=(1,-1,2,4)^{\mathrm{T}}$, $\boldsymbol{\alpha}_2=(0,3,1,2)^{\mathrm{T}}$, $\boldsymbol{\alpha}_3=(3,0,7,14)^{\mathrm{T}}$, $\boldsymbol{\alpha}_4=(1,-1,2,0)^{\mathrm{T}}$, $\boldsymbol{\alpha}_5=(2,1,5,6)^{\mathrm{T}}$ 的秩.

9. 求矩阵 $\boldsymbol{A}=\begin{pmatrix}-2 & 1 & 1\\ 0 & 2 & 0\\ -4 & 1 & 3\end{pmatrix}$的特征值和特征向量.

10. 求一个正交变换 $\boldsymbol{X}=\boldsymbol{PY}$ 把二次型 $f=x_1^2+x_2^2+x_3^2-2x_1x_3$ 化为标准形.

第 10 章　常见的线性代数模型

随着科学技术的迅速发展，数学模型变得越来越重要. 数学建模作为联系数学与应用的必要途径和关键环节得到了普遍认可. 本章将给出几个应用线性代数知识建立模型的实例.

10.1　关于数学模型方法

一般地，当实际问题需要我们对所研究的现实对象提供分析、预报、决策、控制等方面的定量结果时，往往都离不开数学的应用，而建立数学模型则是这个过程的关键环节. 建立数学模型的全过程可以分为表述、求解、解释、验证等几个阶段，并且通过这些阶段完成从现实对象到数学模型，再从数学模型回到现实对象的循环，如图10-1所示.

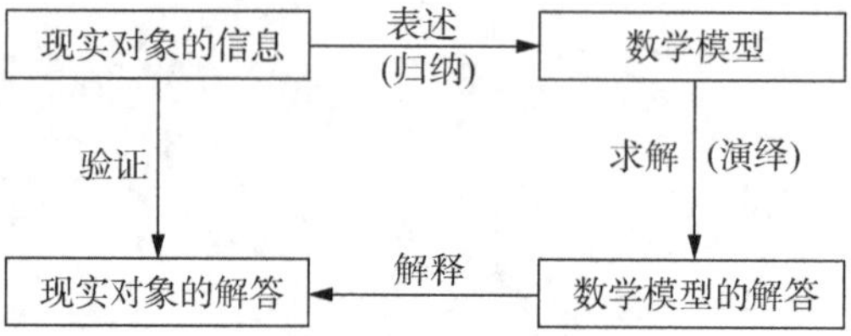

图 10-1　现实对象和数学模型的关系

表述是指根据建模的目的和掌握的信息(如数据、现象)，将实际问题翻译成数学问题，用数学语言确切地表述出来.

求解是指选择适当的数学方法求得数学模型的解.

解释是指把数学语言表述的解答翻译回现实对象，给出实际问题的解答.

验证是指用现实对象的信息检验得到的解答，以确认结果的正确性.

表述属于**归纳**法，求解属于**演绎**法. 归纳这一步包括从事实的观察中抽象出概念，提出问题与假设，从个别现象推断出一般规律. 这往往需要很高的创造力和灵感. 然而任何事物的本质都要通过现象来反映，必然要透过偶然来表露，一般要通过个别来展示. 所以正确的归纳不是主观的，盲目的，而是有其客观基础的. 演绎是把逻辑推理应用于概念与假设上，推导出一些见解. 这些见解对解释现象、作出科学预见有重要意义. 但是演绎是以归纳的结论(假设)为出发点的，在这些前提下结论的正确性才有保证. 因此归纳与演绎是一个辩证的过程：归纳是演绎的基础，演绎是归纳的指导.

10.2　投入产出模型

经济体系是一个有很多相互依赖变量的复杂网络. 经济体系中某一部门的变化都可能对其他部门产生影响. 对如此复杂的对象进行描述和预测曾经令经济学家感到困惑. 本节所叙述的列昂节夫(Leontief，他荣获 1973 年第五届诺贝尔经济学奖)投入产出模型是现在世界各国广泛使用的模型的基础.

10.2.1　投入产出的例子

考虑一个具有很多部门的经济体系，其中两个部门为钢铁业和制造业. 这两个部门在满足其他部门(除钢铁业和制造业外)需求的同时，它们之间也相互影响. 例如，当其他部门对制造业的需求增加时，制造业对钢铁的需求是否会相应增加？或者，当其他部门对钢铁业的需求降低时，钢铁业对制造业的需求是否会相应下降？根据统计可得表 10-1，它给出某年各部门投入与产出. 所有的投入与产出都以百万美元为单位. 例如，2664 表示制造业消耗掉 2664 单位的钢铁产品. 注意一个部门也可以消耗掉本部门的一些产品.

表 10-1　投入产出数据表　　单位：百万美元

	钢铁业消耗	制造业消耗	其他部门消耗	总量
钢铁业	5 395	2 664		25 448
制造业	48	9 030		30 346

我们可以很容易算出其他部门对钢铁产品的需求是 17 389，对制造业产品的需求是 21 268. 这样，我们就对本年的最终需求(非生产部门所需求的钢铁业和制造业的产品)及两个部门如何协调满足这些需求有一个完整的描述.

现在想象一下，近年来对钢铁的需求每年增加 200，故我们估计接下来的一年对钢铁的最终需求是 17 589. 同样，我们估计接下来的一年对制造业的最终需求下降了 25 即 21 243. 我们希望预测接下来的一年的总产出. 这不能简单地将钢铁的总需求加上 200 并将制造业的总需求减去 25 而得到. 首先，对钢铁需求的增加将增加钢铁业对制造业的需求，这在一定程度上将补偿制造业最终需求的降低. 其次，外部对制造业的需求降低也使得制造业对钢铁的需求降低，从而在一定程度上抑制对钢铁需求的增加. 总之,这两个部门形成一个系统. 我们需要根据两部门构成的整体所处的状态来预测总需求.

设下一年钢铁业和制造业的总需求分别为 s 和 a. 综合上面对最终需求的预测,我们可得表 10-2.

表 10-2　投入产出数据表　　单位:百万美元

	钢铁业消耗	制造业消耗	其他部门消耗	总量
钢铁业	x_{11}	x_{12}	17 589	s
制造业	x_{21}	x_{22}	21 243	a

其中 x_{11}, x_{12} 分别表示下一年钢铁业和制造业消耗的钢铁的数量,x_{21}, x_{22} 分别表示下一年钢铁业和制造业消耗的制造业产品的数量.

假如有一生产水平 $\boldsymbol{x}=(s,a)^{\mathrm{T}}$ 恰好满足这一生产水平的总需求,即

$$\{总产出\ \boldsymbol{x}\}=\{中间需求\}+\{最终需求\}, \tag{10.1}$$

则

$$\begin{cases} x_{11}+x_{12}+17\,589=s, \\ x_{21}+x_{22}+21\,243=a. \end{cases}$$

为了得到 $x_{11}, x_{12}, x_{21}, x_{22}$ 的值,可借助表 10-1 提供的信息. 注意到本年钢铁业的投入和产出之比为 5395/25 448,那么可以预期当产出为 s 时,钢铁业消耗的钢铁的价值 x_{11} 为 $s\cdot(5395)/(25\,448)$(这里只是简单地假设投入和产出成比例且比例系数不随时间而变,在实际中可以考虑系数的变化). 其他各项类似理解就得到

$$\begin{cases} \dfrac{5395}{25\,448}\cdot s+\dfrac{2664}{30\,346}\cdot a+17\,589=s, \\ \dfrac{48}{25\,448}\cdot s+\dfrac{9030}{30\,346}\cdot a+21\,243=a. \end{cases} \tag{10.2}$$

方程组(10.2)的唯一解为 $s=25\,697.92$,$a=30\,311.08$. 利用线性方程组(10.2)可以方便地讨论当最终需求变化时,总产出的变化情况.

10.2.2　列昂节夫投入产出模型

设某国的经济体系分为 n 个部门,这些部门生产商品和服务. 设 $\boldsymbol{x}$ 为 $\mathbf{R}^n$ 中**产出向量**,它给出了每一部门一年中的产出. 同时,经济体系的另一部分不生产产品与服务,仅消费商品与服务,$\boldsymbol{d}$ 为**最终需求向量**,它给出经济体系中的各非生产部门所需求的商品和服务. 由于各部门生产商品以满足消费者需求,生产者本身创造了**中间需求**,需要这些产品作为生产部门的投入. 见表 10-3.

表 10-3　投入产出表

部门	1	2	…	n	最终需求	总产出
1	x_{11}	x_{12}	…	x_{1n}	d_1	x_1
2	x_{21}	x_{22}	…	x_{2n}	d_2	x_2
⋮	⋮	⋮		⋮	⋮	⋮
n	x_{n1}	x_{n2}	…	x_{nn}	d_n	x_n
原始投入	v_1	v_2	…	v_n		

其中 x_{ij} 表示第 j 个部门在生产过程中所消耗掉的第 i 个部门产品的价值.

列昂节夫思考是否存在某一生产水平 $\boldsymbol{x}$ 恰好满足这一生产水平的总需求,那么

$$\{\text{总产出 } \boldsymbol{x}\}=\{\text{中间需求}\}+\{\text{最终需求}\}. \tag{10.3}$$

进一步记

$$c_{ij}=\frac{x_{ij}}{x_j},\quad i,j=1,2,\cdots,n,$$

$$\boldsymbol{c}_j=(c_{1j},c_{2j},\cdots,c_{nj})^{\mathrm{T}},\quad j=1,2,\cdots,n,$$

$$\boldsymbol{C}=(\boldsymbol{c}_1,\boldsymbol{c}_2,\cdots,\boldsymbol{c}_n)=(c_{ij})_{n\times n},$$

称 c_{ij} 为**直接消耗系数**,其经济意义是第 j 个部门生产单位产品消耗掉第 i 个部门产品的数量. $\boldsymbol{c}_j$ 列出了第 j 个部门的单位产出所需的投入,称为**单位消费向量**. $\boldsymbol{C}$ 称为**直接消耗系数矩阵**. 通常情况下,$\boldsymbol{C}$ 的每一列的和 $\sum\limits_{i=1}^{n}c_{ij}\ (j=1,2,\cdots,n)$ 是小于 1 的,因为一个部门要生产一单位产出所需投入的总价值应该小于 1.

若生产水平为 $\boldsymbol{x}$,则中间需求为

$$\{\text{中间需求}\}=x_1\boldsymbol{c}_1+x_2\boldsymbol{c}_2+\cdots+x_n\boldsymbol{c}_n=\boldsymbol{Cx}. \tag{10.4}$$

方程(10.3)和方程(10.4)给出列昂节夫投入产出模型:

$$\boldsymbol{x}=\boldsymbol{Cx}+\boldsymbol{d}. \tag{10.5}$$

定理 10.1　设 $\boldsymbol{C}$ 为某一直接消耗系数矩阵,$\boldsymbol{d}$ 为最终需求. 若 $\boldsymbol{C}$ 和 $\boldsymbol{d}$ 的元素非负,且 $\boldsymbol{C}$ 的每一列元素的和小于 1,则 $(\boldsymbol{E}-\boldsymbol{C})$ 可逆,且 $(\boldsymbol{E}-\boldsymbol{C})^{-1}$ 的元素都是非负的,此时方程组(10.5)的唯一解为

$$\boldsymbol{x}=(\boldsymbol{E}-\boldsymbol{C})^{-1}\boldsymbol{d}. \tag{10.6}$$

证明　对于任意正整数 m,记 $\boldsymbol{D}_m=\boldsymbol{E}+\boldsymbol{C}+\boldsymbol{C}^2+\cdots+\boldsymbol{C}^m$,则有恒等式

$$(\boldsymbol{E}-\boldsymbol{C})\boldsymbol{D}_m=(\boldsymbol{E}-\boldsymbol{C})(\boldsymbol{E}+\boldsymbol{C}+\boldsymbol{C}^2+\cdots+\boldsymbol{C}^m)=\boldsymbol{E}-\boldsymbol{C}^{m+1}. \tag{10.7}$$

再令 $M=\max\limits_{1\leqslant i,j\leqslant n}c_{ij}$,$\theta=\max\limits_{1\leqslant j\leqslant n}\sum\limits_{i=1}^{n}c_{ij}$,则 $\theta<1$. 由数学归纳法可得

$$(\boldsymbol{C}^{m+1})_{ij}\leqslant M\theta^{m-1},\quad i,j=1,2,\cdots,n. \tag{10.8}$$

由于 $\theta<1$,故 $\lim\limits_{m\to\infty}(\boldsymbol{C}^{m+1})_{ij}=0,i,j=1,2,\cdots,n$ 即 $\lim\limits_{m\to\infty}\boldsymbol{C}^{m+1}=\boldsymbol{O}$. 再由式(10.8)又得

$$(\boldsymbol{D}_m)_{ij} \leqslant \sum_{k=1}^{m} M\theta^{k-1}, \quad i,j=1,2,\cdots,n.$$

所以$\lim\limits_{m\to\infty}\boldsymbol{D}_m$存在. 记$\boldsymbol{D}=\lim\limits_{m\to\infty}\boldsymbol{D}_m=\lim\limits_{n\to\infty}(\boldsymbol{E}+\boldsymbol{C}+\boldsymbol{C}^2+\cdots+\boldsymbol{C}^m)$，则有(本章习题第 4 题)

$$\lim_{m\to\infty}(\boldsymbol{E}-\boldsymbol{C})\boldsymbol{D}_m=(\boldsymbol{E}-\boldsymbol{C})\boldsymbol{D}. \tag{10.9}$$

又$\lim\limits_{m\to\infty}(\boldsymbol{E}-\boldsymbol{C}^{m+1})=\boldsymbol{E}$，由式(10.7)得$(\boldsymbol{E}-\boldsymbol{C})\boldsymbol{D}=\boldsymbol{E}$. 从而

$$(\boldsymbol{E}-\boldsymbol{C})^{-1}=\boldsymbol{D}=\lim_{m\to\infty}(\boldsymbol{E}+\boldsymbol{C}+\boldsymbol{C}^2+\cdots+\boldsymbol{C}^m). \tag{10.10}$$

由式(10.10)易知$(\boldsymbol{E}-\boldsymbol{C})^{-1}$的元素都是非负的且式(10.5)的唯一解为$\boldsymbol{x}=(\boldsymbol{E}-\boldsymbol{C})^{-1}\boldsymbol{d}$.

注　$(\boldsymbol{E}-\boldsymbol{C})^{-1}$中元素的经济重要性. $(\boldsymbol{E}-\boldsymbol{C})^{-1}$中的元素是有经济意义的，因为它们可以用来预计当最终需求$\boldsymbol{d}$改变时，产出向量$\boldsymbol{x}$如何改变. 事实上，$(\boldsymbol{E}-\boldsymbol{C})^{-1}$的第$j$列表示当第$j$个部门最终需求增加一个单位时，各部门需要增加的产出的数量. 见本章习题第 5 题.

10.3　有限马尔可夫链

10.3.1　人口迁移的例子

人口迁移是常见的社会现象. 某国家连续几年对城镇与农村之间的人口流动情况进行调查，发现有如下稳定的流动趋势：

(1)每年，约有 5%的农村居民移居城镇；

(2)每年，约有 1%的城镇居民移居农村.

现在全国总人口(城镇与农村人口的总和)中 70%住在城镇. 假定全国人口一直保持不变，并且这种人口流动的趋势继续下去. 那么，1 年以后住在城镇的人口占总人口的比例是多少？2 年以后呢？10 年以后呢？最终的情况如何？

乍看起来好像城镇居民在总人口中占的比例将逐年增加. 但是如果由此推断最终全国人口都会住在城镇，那就不对了.

以x_0，y_0分别表示现在城镇居民与农村居民占总人口的比例，x_k，y_k($k=1,2,\cdots$)分别表示第k年后城镇居民与农村居民占总人口的比例. 则

$$\begin{cases} x_1=0.99x_0+0.05y_0 \\ y_1=0.01x_0+0.95y_0 \end{cases} \text{或} \begin{pmatrix} x_1 \\ y_1 \end{pmatrix}=\begin{pmatrix} 0.99 & 0.05 \\ 0.01 & 0.95 \end{pmatrix}\begin{pmatrix} x_0 \\ y_0 \end{pmatrix}=\boldsymbol{A}\begin{pmatrix} x_0 \\ y_0 \end{pmatrix}. \tag{10.11}$$

类似地，有

$$\begin{pmatrix} x_2 \\ y_2 \end{pmatrix}=\begin{pmatrix} 0.99 & 0.05 \\ 0.01 & 0.95 \end{pmatrix}\begin{pmatrix} x_1 \\ y_1 \end{pmatrix}=\boldsymbol{A}\left[\boldsymbol{A}\begin{pmatrix} x_0 \\ y_0 \end{pmatrix}\right]=(\boldsymbol{A}\boldsymbol{A})\begin{pmatrix} x_0 \\ y_0 \end{pmatrix}=\boldsymbol{A}^2\begin{pmatrix} x_0 \\ y_0 \end{pmatrix},$$

$$\cdots\cdots$$

$$\begin{pmatrix} x_{10} \\ y_{10} \end{pmatrix}=\boldsymbol{A}\begin{pmatrix} x_9 \\ y_9 \end{pmatrix}=\boldsymbol{A}^2\begin{pmatrix} x_8 \\ y_8 \end{pmatrix}=\cdots=\boldsymbol{A}^{10}\begin{pmatrix} x_0 \\ y_0 \end{pmatrix}, \tag{10.12}$$

……

$$\begin{pmatrix}x_n\\y_n\end{pmatrix}=\boldsymbol{A}\begin{pmatrix}x_{n-1}\\y_{n-1}\end{pmatrix}=\boldsymbol{A}^2\begin{pmatrix}x_{n-2}\\y_{n-2}\end{pmatrix}=\cdots=\boldsymbol{A}^n\begin{pmatrix}x_0\\y_0\end{pmatrix}. \tag{10.13}$$

由于 x_0，y_0已知，直接计算可得

$$\begin{pmatrix}x_1\\y_1\end{pmatrix}=\begin{pmatrix}0.99&0.05\\0.01&0.95\end{pmatrix}\begin{pmatrix}0.7\\0.3\end{pmatrix}=\begin{pmatrix}0.708\\0.292\end{pmatrix},$$

$$\begin{pmatrix}x_2\\y_2\end{pmatrix}=\begin{pmatrix}0.99&0.05\\0.01&0.95\end{pmatrix}\begin{pmatrix}0.708\\0.292\end{pmatrix}=\begin{pmatrix}0.715\,52\\0.284\,48\end{pmatrix}.$$

然而，直接利用式(10.12)一步一步地计算 x_{10}，y_{10}会非常麻烦，也不易判断出人口的最终分布情况. 问题已经转化为计算 $\boldsymbol{A}^n$.

由

$$|\lambda\boldsymbol{E}-\boldsymbol{A}|=\begin{vmatrix}\lambda-0.99&0.05\\0.01&\lambda-0.95\end{vmatrix}=\lambda^2-1.94\lambda+0.94$$

可知矩阵 $\boldsymbol{A}$ 的特征值为$\lambda_1=1$，$\lambda_2=0.94$. 又易求出矩阵 $\boldsymbol{A}$ 对应这两个特征值的特征向量分别为$\boldsymbol{\xi}_1=k_1\begin{pmatrix}5\\1\end{pmatrix}$，$\boldsymbol{\xi}_2=k_2\begin{pmatrix}1\\-1\end{pmatrix}$($k_1\neq0$，$k_2\neq0$). 由此可得

$$\boldsymbol{A}=\boldsymbol{S\Lambda S}^{-1}=\begin{pmatrix}\frac{5}{6}&\frac{1}{6}\\\frac{1}{6}&\frac{-1}{6}\end{pmatrix}\begin{pmatrix}1&0\\0&0.94\end{pmatrix}\begin{pmatrix}1&1\\1&-5\end{pmatrix}.$$

从而

$$\begin{aligned}\begin{pmatrix}x_n\\y_n\end{pmatrix}&=\boldsymbol{A}^n\begin{pmatrix}x_0\\y_0\end{pmatrix}=\boldsymbol{S\Lambda}^n\boldsymbol{S}^{-1}\begin{pmatrix}x_0\\y_0\end{pmatrix}=\begin{pmatrix}\frac{5}{6}&\frac{1}{6}\\\frac{1}{6}&-\frac{1}{6}\end{pmatrix}\begin{pmatrix}1^n&0\\0&0.94^n\end{pmatrix}\begin{pmatrix}1&1\\1&-5\end{pmatrix}\begin{pmatrix}x_0\\y_0\end{pmatrix}\\&=(x_0+y_0)\begin{pmatrix}\frac{5}{6}\\\frac{1}{6}\end{pmatrix}+(x_0-5y_0)0.94^n\begin{pmatrix}\frac{1}{6}\\-\frac{1}{6}\end{pmatrix}.\end{aligned} \tag{10.14}$$

由式(10.14)得

$$\begin{pmatrix}x_{10}\\y_{10}\end{pmatrix}=\boldsymbol{A}^{10}\begin{pmatrix}x_0\\y_0\end{pmatrix}=\begin{pmatrix}\frac{5}{6}\\\frac{1}{6}\end{pmatrix}+(0.7-5\times0.3)\times0.94^n\begin{pmatrix}\frac{1}{6}\\-\frac{1}{6}\end{pmatrix}\approx\begin{pmatrix}0.792\\0.238\end{pmatrix}.$$

进一步，由式(10.14)还可知

$$\begin{pmatrix}x_\infty\\y_\infty\end{pmatrix}=\lim_{n\to\infty}\boldsymbol{A}^n\begin{pmatrix}x_0\\y_0\end{pmatrix}=(x_0+y_0)\begin{pmatrix}\frac{5}{6}\\\frac{1}{6}\end{pmatrix}=\begin{pmatrix}\frac{5}{6}\\\frac{1}{6}\end{pmatrix},$$

称它为**极限分布**.

注 本题的描述是确定性的，即人口以确定的比例流动. 但是如果考察的是每个个体，那么这个比例就成为概率，即城镇居民的个体以 0.01 的概率从城镇移居农村，而农村居民的个体以 0.95 的概率从农村移居城镇. 这样就得到所谓的随机过程，而矩阵 $\boldsymbol{A}$ 称为**转移矩阵**.

10.3.2 有限马尔可夫链

称矩阵 $\boldsymbol{P}=(p_{ij})_{n\times n}$, $p_{ij}\geqslant 0$ **为马尔可夫**(Markov，1856～1922)**矩阵**或**随机矩阵**，若

$$\sum_{i=1}^{n} p_{ij}=1,\quad j=1,2,\cdots,n,$$

称向量 $\boldsymbol{x}=(x_1,x_2,\cdots x_n)^{\mathrm{T}}$ 为**概率向量**，若 $x_i\geqslant 0$，且 $\sum_{i=1}^{n} x_i=1$.

考虑概率向量序列 $\boldsymbol{\beta}_0,\boldsymbol{\beta}_1,\boldsymbol{\beta}_2,\boldsymbol{\beta}_3,\cdots$ 和一个随机矩阵 $\boldsymbol{P}$ 满足

$$\boldsymbol{\beta}_1=\boldsymbol{P}\boldsymbol{\beta}_0,\quad \boldsymbol{\beta}_2=\boldsymbol{P}\boldsymbol{\beta}_1,\quad \boldsymbol{\beta}_3=\boldsymbol{P}\boldsymbol{\beta}_2,\quad \cdots. \tag{10.15}$$

或写成如下的一阶**差分方程**

$$\boldsymbol{\beta}_{k+1}=\boldsymbol{P}\boldsymbol{\beta}_k,\quad k=0,1,2,\cdots. \tag{10.16}$$

模型(10.15)通常用来描述一个系统或试验的序列，$\boldsymbol{\beta}_k$ 中的分量分别为系统处于 n 个可能状态的概率，或试验结果是 n 个可能结果之一的概率. 此时矩阵 $\boldsymbol{P}$ 称为**转移概率矩阵**，简称为**转移矩阵**. 而模型(10.15)就给出了最简单的有限马尔可夫链的例子.

定理 10.2 关于模型(10.15)有如下结论：

(1) $\lambda_1=1$ 是矩阵 $\boldsymbol{P}$ 的特征值；

(2) 除 $\lambda_1=1$ 外，矩阵 $\boldsymbol{P}$ 的其他特征值 λ_i 满足 $|\lambda_i|\leqslant 1$；

(3) 如果存在正整数 m，使得 $(\boldsymbol{P}^m)_{ij}>0\ (i,j=1,2,\cdots,n)$ (此时，有限马尔可夫链是**遍历的**)，那么除 $\lambda_1=1$ 外，矩阵 $\boldsymbol{P}$ 的其他特征值 λ_i 满足 $|\lambda_i|<1$；

(4) 若矩阵 $\boldsymbol{P}$ 满足(3)的条件，则其对于任意概率向量 $\boldsymbol{\beta}_0\boldsymbol{\beta}_k=\boldsymbol{P}^k\boldsymbol{\beta}_0$ 满足

$$\lim_{k\to\infty}\boldsymbol{\beta}_k=\frac{\boldsymbol{\xi}_1}{\|\boldsymbol{\xi}_1\|},$$

其中 $\boldsymbol{\xi}_1$ 为矩阵 $\boldsymbol{P}$ 对应于特征值 $\lambda_1=1$ 的特征向量. 通常称 $\dfrac{\boldsymbol{\xi}_1}{\|\boldsymbol{\xi}_1\|}$ 为**极限分布**，它可以由 $\boldsymbol{P}\boldsymbol{\xi}=\boldsymbol{\xi}$, $\|\boldsymbol{\xi}\|=1$ 联立解得.

10.4 图论模型

10.4.1 人和熊过河问题

有一个简单游戏：两个人和两只熊要过河，现在只有一只空船，最多能载两个乘客，但若人比熊少时，则熊就会把人吃掉. 假设每只熊都会划船，问应如何过河？

只要进行简单的试验，就会得到如下的 4 种不同的过河方法(图 10-2).

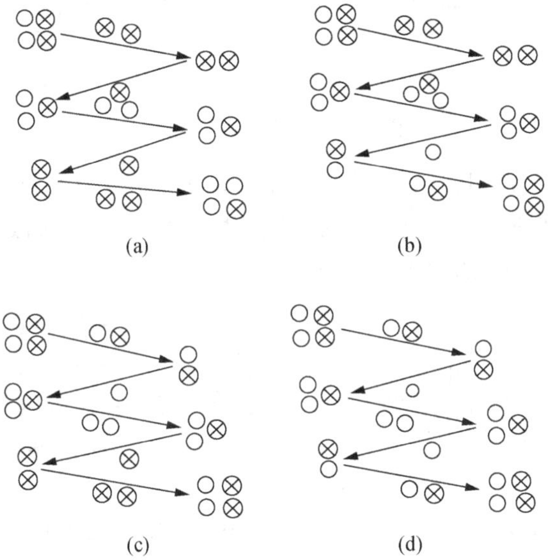

图 10-2　人和熊过河示意图

其中○表示人，⊗表示熊

也许读者会认为这样简单的问题，不值得去进一步分析思考. 但是当人和熊的数量增加(如 4 个人和 4 只熊过河)，如果仍用穷举法去试验，那就不容易成功. 再如，为什么上述问题只有 4 种不同的方法？这个数“4”是偶然的吗？为什么上述 4 种方法都是用 5 次船，这个数“5”也是偶然的吗？

细心的读者会注意到：用船的次数必然是奇数次. 因为一来一回，相加为 2，无论来回多少次，其和总是偶数；而最后一次只是“过去”没有“回来”，所以用船的次数必然是奇数. 但是我们尚未能说明何以会出现“4”和“5”.

现在，用(m,n)表示 m 个人和 n 只熊同在河一边的状态. 则系统允许的状态有

$$(2,2),(0,2),(2,1),(1,1),(0,0),(2,0).$$

一般地，把同一时刻河的两岸所处的状态称为是互补的，即(m',n')与(m,n)称为是互补的，若 $m+m'=2,n+n'=2$.

在互补的状态中只取其一，记为 i=(2,2)，ii=(0,2)，iii=(2,1)，iv=(1,1)并把这 4 个状态的相互转化作图(图 10-3(a)). 在图 10-3(a)中从状态 i 到状态 ii 的箭头(图 10-3(b))的意思是表示从状态 i=(2,2)开始，船在这一边(此时对岸的状态是(0,0))，让两只熊坐到对岸，则对岸的状态就成为 ii=(0,2). 相反，若从状态 ii=(0,2)开始，船在这一边，让两只熊坐到对岸，则对岸的状态成为 i=(2,2). 请读者解释状态 iii 到自身的箭头表示的意义(图 10-3(c)).

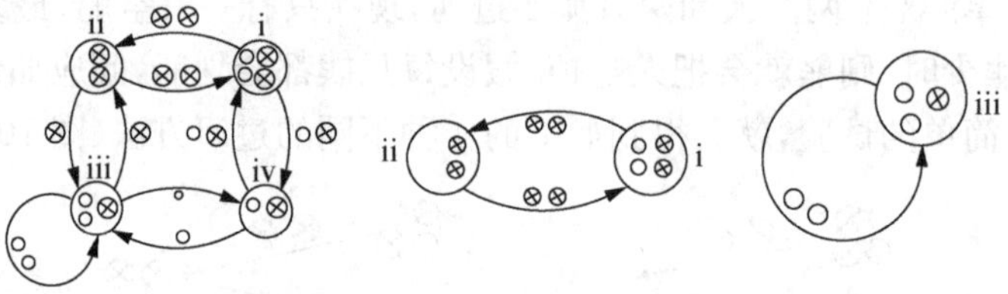

(a)　　　　(b)　　　　(c)

图 10-3　状态转化示意图

把图 10-3(a)简化为图 10-4. 寻求一个过河的办法，相当于在图 10-4 中寻求一条“路径”，使得从状态 i 出发经过奇数条边(理由已在前面分析过)又能回到状态 i. 这种不同的路径有 4 条，如图 10-5 所示.

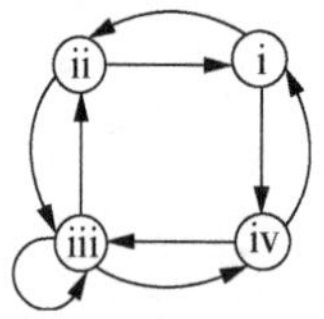

图10-4　图 10-3(a)的简化

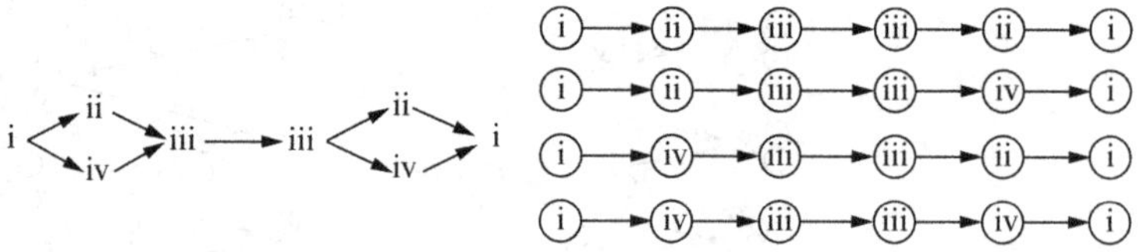

(a)　　　　(b)

图 10-5　状态转化有向图

可能有些读者对上述的解释还是不满意，觉得还是没有把 5 和 4 这两个数字的来源分析透彻. 下面利用“转移矩阵”进行深入的分析.

根据图 10-4 的两个状态之间是否有“箭头”，写出如下矩阵

$$\begin{array}{c} \\ \boldsymbol{A}= \end{array}\begin{array}{c} \\ \text{i} \\ \text{ii} \\ \text{iii} \\ \text{iv} \end{array}\begin{array}{c} \begin{array}{cccc} \text{i} & \text{ii} & \text{iii} & \text{iv} \end{array} \\ \begin{pmatrix} 0 & 1 & 0 & 1 \\ 1 & 0 & 1 & 0 \\ 0 & 1 & 1 & 1 \\ 1 & 0 & 1 & 0 \end{pmatrix} \end{array}, \tag{10.17}$$

在矩阵 $\boldsymbol{A}$ 中，第 i 行第 j 列的元素的数字表示从第 i 个状态经过一次转移(一次用船)能使对岸的状态变为的第 j 个状态的可能走法的个数. 如 $\boldsymbol{A}_{41}=1$，表示从第 iv 个状态出发经过一次转移能使对岸的状态变为状态 i 的走法只有一种. 若要考虑经过两次转移，状态互相转化的情况，只需计算矩阵的 2 次幂，即二次转移矩阵为

$$\boldsymbol{A}^2=\boldsymbol{A}\boldsymbol{A}=\begin{pmatrix}0&1^*&0&1^*\\1&0&1&0\\0&1&1&1\\1&0&1&0\end{pmatrix}\begin{pmatrix}0&1&0&1\\1&0&1^*&0\\0&1&1&1\\1&0&1^*&0\end{pmatrix}=\begin{pmatrix}2&0&2^*&0\\0&2&1&2\\2&1&3&1\\0&2&1&2\end{pmatrix}.$$

实际上,由矩阵乘法的定义知,$\boldsymbol{A}^2$中的元素(以$(\boldsymbol{A}^2)_{13}$为例)是按下列方式计算得到的:

$$(\boldsymbol{A}^2)_{13}=\boldsymbol{A}_{11}\boldsymbol{A}_{13}+\boldsymbol{A}_{12}\boldsymbol{A}_{23}+\boldsymbol{A}_{13}\boldsymbol{A}_{33}+\boldsymbol{A}_{14}\boldsymbol{A}_{43}=0\times0+1\times1+0\times1+1\times1=2,$$

因为$\boldsymbol{A}_{1k}$表示经一次转移从第 1 个状态到第 k 个状态的走法个数,而$\boldsymbol{A}_{k3}$表示经一次转移从第 k 个状态到第 3 个状态的走法个数,所以$\boldsymbol{A}_{1k}\boldsymbol{A}_{k3}(k=1,2,3,4)$表示以第 k 个状态为周转经过两次转移从第 1 个状态到第 3 个状态的可能走法的个数. 从而$(\boldsymbol{A}^2)_{13}$表示经过两次转移从第 1 个状态到第 3 个状态的所有可能走法的总数.

类似地,n 步转移矩阵为$\boldsymbol{A}^n$. 根据问题的要求,需要找出一个最小的奇数 n,使得$(\boldsymbol{A}^n)_{11}\neq0$.　直接计算有

$$\boldsymbol{A}^3=\boldsymbol{A}^2\boldsymbol{A}=\begin{pmatrix}2&0&2^*&0\\0&2&1&2\\2&1&3&1\\0&2&1&2\end{pmatrix}\begin{pmatrix}0&1&0&1\\1&0&1&0\\0&1&1^*&1\\1&0&1&0\end{pmatrix}=\begin{pmatrix}0&4&2^*&4\\4&1&5&1\\2&5&5&5\\4&1&5&1\end{pmatrix},$$

$$\boldsymbol{A}^4=\boldsymbol{A}^3\boldsymbol{A}=\begin{pmatrix}0&4&2^*&4\\4&1&5&1\\2&5&5&5\\4&1&5&1\end{pmatrix}\begin{pmatrix}0&1&0&1\\1&0&1&0\\0&1^*&1&1^*\\1&0&1&0\end{pmatrix}=\begin{pmatrix}8&2^*&10&2^*\\2&9&7&9\\10&7&15&7\\2&9&7&9\end{pmatrix},$$

$$\boldsymbol{A}^5=\boldsymbol{A}^4\boldsymbol{A}=\begin{pmatrix}8&2^*&10&2^*\\2&9&7&9\\10&7&15&7\\2&9&7&9\end{pmatrix}\begin{pmatrix}0&1&0&1\\1^*&0&1&0\\0&1&1&1\\1^*&0&1&0\end{pmatrix}=\begin{pmatrix}4^*&18&14&18\\18&9&25&9\\14&25&29&25\\18&9&25&9\end{pmatrix}.$$

因为奇数步转移矩阵$(\boldsymbol{A}^5)_{11}=4$,首次出现非零数字,所以最少要经过 5 次转移,而且有 4 种不同的走法,可以使两个人和两只熊安全过河. 到此为止,我们利用转移矩阵这个工具,只是通过计算矩阵的幂而不是靠穷举碰运气,很自然地求得“4”和“5”这两个数字. 至于 4 种走法的具体路线,可以通过沿相反方向追查左上角数字 4 的形成原因而得到. 请读者自己分析(留意矩阵表达式中带 * 号的数字).

10.4.2　图及其邻接矩阵

上面的例子中,通过图 10-4 写出矩阵 $\boldsymbol{A}$ 对于解决问题起到了关键作用.

一个**图**是任何种类的对象(称为点)的有限总体,其中某些点之间的连接称为线. 以小写字母表示点,用(p,q)表示点 p 到 q 的连线. 对于一个普通的图,线是由两点

决定的,因此(p,q)与(q,p)是相同的. 当我们希望对两者区分时,则称为**有向图**. 如果图中有一条线(p,q),则称 p 和 q 为邻接点. 在点 p 和 q 之间的一条道路是形如$(p,a),(a,b),\cdots,(c,d),(d,q)$这些线段的序列,其中点 $a,b,\cdots,c,d$ 全都不同,且 p 和 q 也不同. 如果 p 和 q 相同,则此道路称为一个**圈**. 一个图是连通的,如果在任何两点间有一条**道路**. 图的严格定义如下.

图论中的**无向图**(**有向图**)G 是指有序二元组$(V(G),E(G))$,其中$V(G)$表示图的**顶点**的集合,$E(G)$表示图 G 的**边**的集合$(V(G)\cap E(G)=\varnothing)$,连同一个**关联函数** Ψ_G,Ψ_G是边集$E(G)$到顶点集$V(G)$的无序(有序)偶对集合的映射. 当 $V(G)$是有限集时,称 G 为有限图.

例如,$G=(V(G),E(G))$,其中

$$V(G)=\{v_1,v_2,v_3,v_4,v_5,v_6,v_7\},$$
$$E(G)=\{e_1,e_2,e_3,e_4,e_5,e_6,e_7,e_8\},$$

而 Ψ_G定义为

$$\Psi_G(e_1)=v_1v_1,\quad \Psi_G(e_2)=v_1v_2,\quad \Psi_G(e_3)=v_1v_5,\quad \Psi_G(e_4)=v_2v_3,$$
$$\Psi_G(e_5)=v_3v_4,\quad \Psi_G(e_6)=v_4v_5,\quad \Psi_G(e_7)=v_3v_6,\quad \Psi_G(e_8)=v_4v_7.$$

这里用 v_iv_j 表示顶点 v_i,v_j 构成的无序偶对. 这个图可形象地表示为图 10-6.

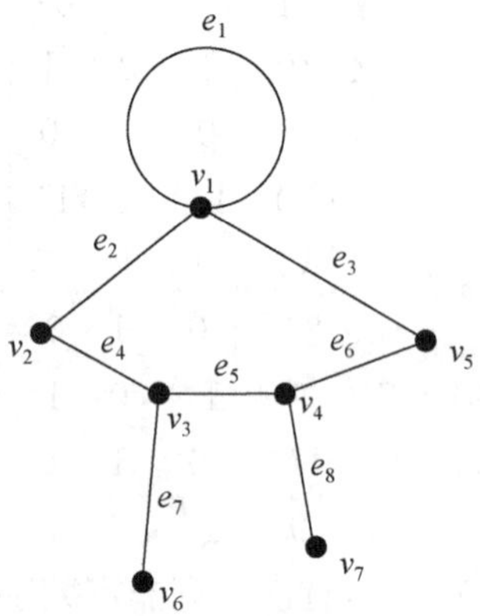

图 10-6　图 G 的示意图

在图 $G=(V(G),E(G))$中,如果 $\Psi_G(e_k)=\Psi_G(e_l)$,则称 e_k,e_l 为平行边.

设图 $G=(V(G),E(G))$没有平行边,且顶点集 $V(G)=\{v_1,v_2,\cdots,v_n\}$,令

$$a_{ij}=\begin{cases}1, & \text{如果存在 } e_s\text{,使得 } \Psi_G(e_s)=v_iv_j,\\ 0, & \text{其他,}\end{cases}$$

称矩阵 $\boldsymbol{A}(G)=(a_{ij})_{n\times n}$为图 G 的**邻接矩阵**. 例如,上面例子中图 G 的邻接矩阵为

$$
\boldsymbol{A}(G)=\begin{pmatrix} 1 & 1 & 0 & 0 & 1 & 0 & 0 \\ 1 & 0 & 1 & 0 & 0 & 0 & 0 \\ 0 & 1 & 0 & 1 & 0 & 1 & 0 \\ 0 & 0 & 1 & 0 & 1 & 0 & 1 \\ 1 & 0 & 0 & 1 & 0 & 0 & 0 \\ 0 & 0 & 1 & 0 & 0 & 0 & 0 \\ 0 & 0 & 0 & 1 & 0 & 0 & 0 \end{pmatrix}.
$$

而式(10.17)所给矩阵 $\boldsymbol{A}$ 就是图 10-4 的邻接矩阵. 在邻接矩阵反映的图的性质中，一个精彩的性质是可由邻接矩阵求得两顶点间任意长的道路的条数，确切地，有定理 10.3.

定理 10.3　若矩阵 $\boldsymbol{A}(G)=(a_{ij})_{n\times n}$ 为无向(有向)图 G 其邻接矩阵，则 $\boldsymbol{A}^m(G)$ 的 (i,j) 元素是图 G 中从 v_i 到 v_j 的长为 m 的道路(有向道路)的条数.

证明　利用数学归纳法可证.

本 章 小 结

本章介绍了投入产出模型、有限马尔可夫链以及图论模型的简单应用. 对于每一个具体的模型，都是从具体问题出发，然后抽象出一般的模型，而把一般性结论的证明放到习题中. 这样，既方便读者自学，也可供教师教学参考.

习　题　10

1. 10.2 节中的引例中，求当下一年外部对钢铁的需求增加 200 而对制造业产品需求不变时的总产出.

2. 将表 10-1 与表 10-2 具体写出，解释每个量变化的经济意义.

3. 用数学归纳法证明式(10.8).

4. 给定方阵序列 $\boldsymbol{A}_m=(a_{ij}^{(m)})_{n\times n}$，$m=1,2,3,\cdots$ 及矩阵 $\boldsymbol{A}=(a_{ij})_{n\times n}$. 若 $\lim\limits_{m\to\infty}a_{ij}^{(m)}=a_{ij}$ 对任意 $i,j=1,2,\cdots,n$ 成立，则称**方阵序列 $\boldsymbol{A}_m$ 以方阵 $\boldsymbol{A}$ 为极限**，记作 $\lim\limits_{m\to\infty}\boldsymbol{A}_m=\boldsymbol{A}$. 求证：若 $\lim\limits_{m\to\infty}\boldsymbol{A}_m=\boldsymbol{A}$，$\lim\limits_{m\to\infty}\boldsymbol{B}_m=\boldsymbol{B}$，则 $\lim\limits_{m\to\infty}(\boldsymbol{A}_m+\boldsymbol{B}_m)=\boldsymbol{A}+\boldsymbol{B}$，$\lim\limits_{m\to\infty}\boldsymbol{A}_m\boldsymbol{B}_m=\boldsymbol{AB}$.

5. 设 $\boldsymbol{C}$ 为某一直接消耗系数矩阵，$\boldsymbol{d}$ 为最终需求且满足定理 10.1 的条件，又设 $\boldsymbol{x}$ 与 $\Delta\boldsymbol{x}$ 分别为满足最终需求 $\boldsymbol{d}$ 与 $\Delta\boldsymbol{d}$ 的产出向量.

(1)证明若最终需求从 $\boldsymbol{d}$ 变为 $\boldsymbol{d}$ 与 $\boldsymbol{d}+\Delta\boldsymbol{d}$，则新的产出向量必为 $\boldsymbol{x}+\Delta\boldsymbol{x}$；

(2)当 $\Delta\boldsymbol{d}=\boldsymbol{e}_j$，说明为什么对应的产出 $\Delta\boldsymbol{x}$ 是 $(\boldsymbol{E}-\boldsymbol{C})^{-1}$ 的第 j 列. 这证明，$(\boldsymbol{E}-\boldsymbol{C})^{-1}$ 的第 j 列给出当第 j 部门最终需求增加一个单位时，其他部门需要增加的产出.

6. 一位艺人带着一只狼、一只羊和一篮子白菜在旅途中遇到一条河，唯一的渡河工具是一条小船，他只能载他自己和所带的三样东西之一. 显然他不能把狼和羊留下，也不能把羊和白菜留下. 问题是他们怎么样才能安全地渡过河去?

7. 人熊过河问题属于摆渡问题. 中世纪的数学家(如 Tartaglia,约 1499～1557)提出过许多类似的问题. 下面是这种问题的一个常见的典型. 三个美丽的夫人和她们的丈夫一同旅行. 三位先生都很年轻、殷勤而又心怀猜忌. 他们来到了一条河边,要想过河但是只有一条至多能载两人的小船. 于是约定,除非自己的丈夫在身旁,任一女士不得和男人们在一起. 问怎么安排渡河的步骤?如果有四对夫妇又如何呢[MATLAB]?

8. 给定矩阵 $\boldsymbol{P}=(p_{ij})_{n\times n}$,求证:

(1)$\boldsymbol{P}$ 为马尔可夫矩阵当且仅当对任意的概率向量 $\boldsymbol{\alpha}$,都有 $\boldsymbol{P\alpha}$ 为概率向量;

(2)如果 $\boldsymbol{P}$ 为**正的马尔可夫矩阵**($p_{ij}>0,\forall i,j$),则对任意概率向量 $\boldsymbol{\alpha}$,都有 $\boldsymbol{P\alpha}$ 为**正的概率向量**(分量都大于零的概率向量);

(3)如果 $\boldsymbol{P}$ 和 $\boldsymbol{Q}$ 都是马尔可夫矩阵,则 $\boldsymbol{PQ}$ 也是. 特别地,马尔可夫矩阵 $\boldsymbol{P}$ 的幂 $\boldsymbol{P}^k$ 仍是马尔可夫矩阵.

9. 考虑斐波那契(Fibonacci,约 1170～1250)数列:

$$F_0=0,\quad F_1=1,\quad F_{k+1}=F_k+F_{k-1},\quad k=1,2,3,\cdots.$$

(1)求证:$\begin{pmatrix}F_{k+1}\\F_k\end{pmatrix}=\begin{pmatrix}1&1&F_k\\1&0&F_{k-1}\end{pmatrix}=\boldsymbol{A}\begin{pmatrix}F_k\\F_{k-1}\end{pmatrix}$及$\begin{pmatrix}F_{n+1}&F_n\\F_n&F_{n-1}\end{pmatrix}=\boldsymbol{A}^n$;

(2)通过计算 $\boldsymbol{A}^n$,求出斐波那契数列的通项公式;

(3)利用通项公式证明$\lim\limits_{k\to\infty}\dfrac{F_k}{F_{k+1}}=\dfrac{\sqrt{5}-1}{2}$(黄金比);

(4)$\begin{pmatrix}F_{n+1}&F_n\\F_n&F_{n-1}\end{pmatrix}=\boldsymbol{A}^n$等式两边取行列式,能得到什么关系?

(5)求幂级数 $\sum\limits_{n=0}^{\infty}F_nx^n$ 及和函数,特别地,当 $x=\dfrac{1}{2}$,$x=\dfrac{1}{10}$时级数的和是多少?

(6)求行列式 $\begin{vmatrix}F_4&F_3&F_2\\F_3&F_2&F_1\\F_2&F_1&F_0\end{vmatrix}$,$\begin{vmatrix}F_3&F_4&F_5\\F_6&F_7&F_8\\F_9&F_{10}&F_{11}\end{vmatrix}$.

10. 给定常数 $a_1,a_2,\cdots,a_n(a_n\neq0)$,方程

$$y_{k+n}+a_1y_{k+n-1}+\cdots+a_{n-1}y_{k+1}+a_ny_k=0,\quad k=0,1,2,\cdots$$

称为 **n 阶常系数齐次线性差分方程.**

通过令 $\boldsymbol{x}_n=(y_k,y_{k-1},\cdots,y_{k+n-1})^{\mathrm{T}}$,上面的方程可以改写为

$$\boldsymbol{x}_{k+1}=\boldsymbol{A}\boldsymbol{x}_k.$$

求出其中的矩阵 $\boldsymbol{A}$.

11. 10 000 元的贷款每月有 1%的利息和 450 元的月供. 一月之后在 $k=1$ 时办理第一次付款. 对 $k=0,1,2,\cdots$,设 y_k是第 k 个月付款刚办理后贷款的未付余额,则

$$y_1=100\ 00+0.01\times10\ 000-450.$$

新余额　还贷额　附加利息　月供

(1)写出 y_k满足的差分方程;

(2)作一张表,列出月份 k 与余额 y_k;

(3)最后一次付款,k 为多少?最后一次付款是多少?借款者共支付多少钱?

12. 有向图可以表示社会结构中的通信网,这里的基本关系是"x 可以(直接)发消息给 y". 如图 10-7 所示的某城市的警察局的通信网. 在无线电台车中的警察 r 可以和调度员 d 发消息,而调

度员也可以发消息给他. 在巡逻区域的任何一个警察 c_1，c_2 可以通过无线电话与办公室中的警察 S 通话，但后者却不能直接与前者通话. 然而他可以通过呼叫无线电台车，并通过车上的警察给巡逻区域警察发消息. l 是负责这个单位的官员. 对于这样一个结构中的一个给定的人员的重要程度，我们是有兴趣的. 在缺少任何进一步信息的情况下，假定发信息者等可能地给每一个可能接收到他消息的人发送消息，从而得到以下列矩阵 $\boldsymbol{P}$ 为转移矩阵的马尔可夫链. 问，在长期中，通过每个人手中的信息比例是多少. 借此可以给出每个人重要程度的测度.

(1)求 $\boldsymbol{P}^5$[MATLAB]；

(2)求矩阵 $\boldsymbol{P}$ 的特征值以及特征向量[MATLAB]；

(3)求出极限分布；

(4)给出解释.

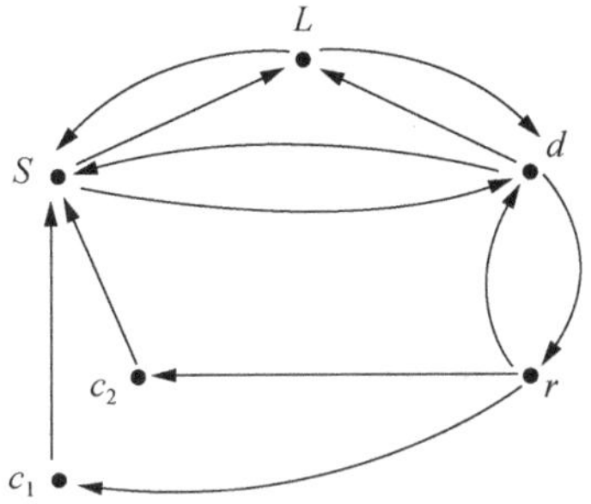

图 10-7　警察局的通信网示意图

$$P=\begin{array}{c} \\ L \\ S \\ d \\ c_1 \\ c_2 \\ r \end{array}\begin{array}{c} \begin{array}{cccccc} L & S & d & c_1 & c_2 & r \end{array} \\ \begin{pmatrix} 0 & 1/2 & 1/3 & 0 & 0 & 0 \\ 1/2 & 0 & 1/3 & 1 & 1 & 1/3 \\ 1/2 & 1/2 & 0 & 0 & 0 & 1/3 \\ 0 & 0 & 0 & 0 & 0 & 1/3 \\ 0 & 0 & 0 & 0 & 0 & 0 \\ 0 & 0 & 1/3 & 0 & 0 & 0 \end{pmatrix} \end{array}$$

13. 写出下列各无向图的邻接矩阵.

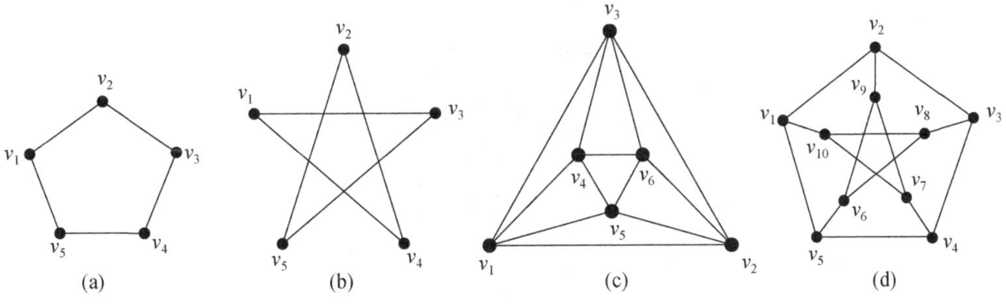

14. 利用图论的方法说明下列事实.

(1)在有 6 人的集会上，必有 3 人互相认识或 3 人谁也不认识谁，假定认识是相互的；

(2)9 个人中一定有 3 个人互相认识或者 5 个人互相不认识.

习题答案

习 题 1

1. 略.

2. 零元是$\begin{pmatrix}0&0\\0&0\end{pmatrix}$,$\boldsymbol{A}$的负元是$\begin{pmatrix}-a_{11}&-a_{12}\\-a_{21}&-a_{22}\end{pmatrix}$.

3～4. 略.

5. 不是.

6. $\left\{x\begin{pmatrix}2\\0\end{pmatrix}+y\begin{pmatrix}0\\1\end{pmatrix}\middle|0\leqslant x\leqslant 1,0\leqslant y\leqslant 1\right\}$, $\left\{x\begin{pmatrix}1\\0\end{pmatrix}+y\begin{pmatrix}3\\1\end{pmatrix}\middle|0\leqslant x\leqslant 1,0\leqslant y\leqslant 1\right\}$,

$$\left\{x\begin{pmatrix}\frac{1}{2}\\ \frac{\sqrt{3}}{2}\end{pmatrix}+y\begin{pmatrix}\frac{-\sqrt{3}}{2}\\ \frac{1}{2}\end{pmatrix}\middle|0\leqslant x\leqslant 1,0\leqslant y\leqslant 1\right\}.$$

7. 都是椭圆. 其方程分别为

$$\frac{x^2}{16}+y^2=1,\quad \frac{(x-3y)^2}{4}+y^2=1,\quad \frac{(x+\sqrt{3}y)^2}{16}+\frac{(-\sqrt{3}x+y)^2}{4}=1.$$

8～10. 略.

11. (1)略；(2)$\begin{pmatrix}a_{11}b_{11}+a_{12}b_{21}&a_{11}b_{12}+a_{12}b_{22}\\a_{21}b_{11}+a_{22}b_{21}&a_{21}b_{12}+a_{22}b_{22}\end{pmatrix}$;

(3)$\left\{(x,y)\middle|\frac{5^n-2^n}{5^n+2^{n-1}}x\leqslant y\leqslant\frac{5^n+2^{n+1}}{5^n-2^n}x,x\geqslant 0\right\}$.

12～14. 略.

15. 参考下图.

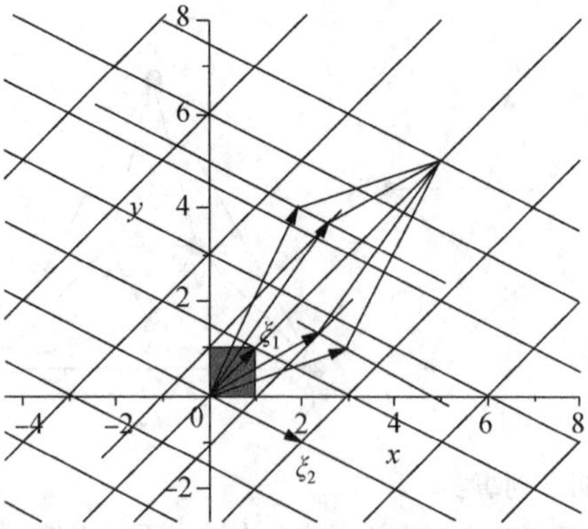

15题第二问参考图

16. 略.

17. (1)略;(2)六边形的面积为 9.

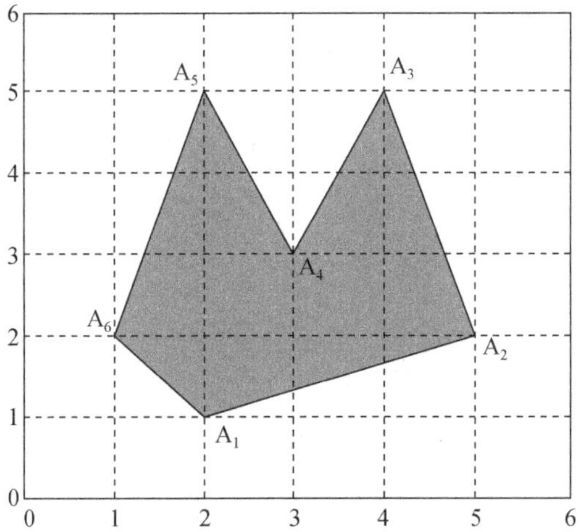

17 题参考图

18. 共有八个线性变换满足条件,它们在基 $\boldsymbol{\varepsilon}_1,\boldsymbol{\varepsilon}_2$ 下的矩阵分别是

$$\begin{pmatrix}1&0\\0&1\end{pmatrix},\quad \begin{pmatrix}0&-1\\1&0\end{pmatrix},\quad \begin{pmatrix}0&-1\\-1&0\end{pmatrix},\quad \begin{pmatrix}0&1\\-1&0\end{pmatrix},$$

$$\begin{pmatrix}1&0\\0&-1\end{pmatrix},\quad \begin{pmatrix}-1&0\\0&1\end{pmatrix},\quad \begin{pmatrix}0&1\\1&0\end{pmatrix},\quad \begin{pmatrix}0&-1\\-1&0\end{pmatrix}.$$

19. 略.

习　题　2

1. 方程 $ax=b$ 解的情况有三种(无解、唯一解、无穷多解). 方程组 I 的解也会出现三种情况. 例如,下列三个方程组分别属于三种情形.

$$\begin{cases}2x+3y=30,\\4x+6y=19;\end{cases}\quad \begin{cases}2x+3y=30,\\3x+6y=19;\end{cases}\quad \begin{cases}2x+3y=30,\\4x+6y=60.\end{cases}$$

一般地,

(1)当 $\begin{vmatrix}a_{11}&a_{12}\\a_{21}&a_{22}\end{vmatrix}\neq 0$ 时,方程组 I 有唯一解;

(2)当存在常数 λ,使得 $(a_{11},a_{12},b_1)=\lambda(a_{21},a_{22},b_2)$ 时,方程组 I 有无穷多解;

(3)除(1)和(2)两种情形外,方程组 I 无解.

2. 0, $3abc-a^3-b^3-c^3$, 0.

3. 180, 2520, 40.

4. 排列(4,5,3,1,2)的所有逆序为 43,41,42,53,51,52,31,32. 排列(4,5,3,1,2)的逆序数为 8. 1,2,3,4,5 的全排列共有 120 个,其中奇排列有 60 个.

5. x^3 的系数为 -3,x^4 的系数为 1.

6. 两个行列式中第一列元素的余子式和代数余子式 $M_{i1},A_{i1}(i=1,2,3,4)$ 相同.

$$M_{11}=-54,\quad M_{21}=36,\quad M_{31}=-36,\quad M_{41}=-90;$$
$$A_{11}=-54,\quad A_{21}=-36,\quad A_{31}=-36,\quad A_{41}=90.$$

7～10. 略.

11. (1)8； (2)1； (3)$abcd(b-a)(c-a)(d-a)(c-b)(d-b)(d-c)$；
(4)-0.10024941764； (5)1； (6)36； (7)$c(bd-qr)(ae-ps)$.

12. (1)$n!$； (2)$(-1)^{n+1}x^{n-2}(n\geqslant 3)$； (3)$(-1)^{\frac{n(n-1)}{2}}\dfrac{n^{n-1}(n+1)}{2}$； (4)$\prod_{i=1}^{n} b_i$.

13. $\lambda=2$.

14～15. 略.

16. $\begin{vmatrix} b & bc & ac \\ b' & b'c' & a'c' \\ b'' & b''c'' & a''c'' \end{vmatrix}=0$.

17. 略.

习　题　3

1. 略.

2. (1)$\boldsymbol{M}=\begin{pmatrix} 0&0&1&1&0\\ 1&0&1&0&1\\ 0&0&0&1&0\\ 0&1&0&0&0\\ 1&0&1&1&0 \end{pmatrix}$，$\boldsymbol{M}^2=\begin{pmatrix} 0&0&1&1&0\\ 1&0&2&3&1\\ 0&1&0&0&0\\ 1&0&1&0&1\\ 0&1&1&2&0 \end{pmatrix}$，$\boldsymbol{M}^3=\begin{pmatrix} 1&1&1&0&1\\ 0&3&1&3&0\\ 1&0&1&0&1\\ 1&0&2&3&0\\ 1&2&1&1&1 \end{pmatrix}$；

(2)$\boldsymbol{wM}=(2,1,3,3,1)$，$\boldsymbol{Mw}^{\mathrm{T}}=(2,3,1,1,3)^{\mathrm{T}}$，$(\boldsymbol{wM})^{\mathrm{T}}+\boldsymbol{Mw}^{\mathrm{T}}=(4,4,4,4,4)^{\mathrm{T}}$；

(3)$(\boldsymbol{M}+\boldsymbol{M}^2)\boldsymbol{w}^{\mathrm{T}}=(4,9,2,4,7)^{\mathrm{T}}$，$(\boldsymbol{M}+\boldsymbol{M}^2+\boldsymbol{M}^3)\boldsymbol{w}^{\mathrm{T}}=(8,16,5,10,13)^{\mathrm{T}}$.

3. 略.

4. 除下列结果外，其他运算无意义.

$$\boldsymbol{A}+\boldsymbol{B}=\begin{pmatrix} 12&-5&6\\ -4&8&-4 \end{pmatrix},\quad -2\boldsymbol{A}+3\boldsymbol{B}=\begin{pmatrix} 31&-25&3\\ -2&9&-12 \end{pmatrix},$$
$$\boldsymbol{CC}=\begin{pmatrix} -3&24\\ -6&21 \end{pmatrix},\quad \boldsymbol{CA}=\begin{pmatrix} -7&14&3\\ -11&13&-3 \end{pmatrix},\quad \boldsymbol{CBD}=\begin{pmatrix} -30\\ -78 \end{pmatrix}.$$

5～7. 略.

8. $\boldsymbol{B}=\begin{pmatrix} -4&-43&24\\ 7&74&-41 \end{pmatrix}$，第一列为$(-4,7)^{\mathrm{T}}$，第三列为$(24,-41)^{\mathrm{T}}$.

9. (1)$\begin{pmatrix} 9&29&27&62&79\\ 12&43&39&91&116 \end{pmatrix}$； (2)$\begin{pmatrix} 9&29\\ 12&43 \end{pmatrix}$； (3)$\begin{bmatrix} -9\\ 3\\ -15 \end{bmatrix}$； (4)$\begin{bmatrix} 15\\ -21\\ -12\\ -72 \end{bmatrix}$；

(5)$\begin{pmatrix} 0&0&0&0\\ x&y&z&w\\ 0&0&0&0\\ 0&0&0&0 \end{pmatrix}$； (6)$\begin{pmatrix} 0&0&b&0\\ 0&0&2&0\\ 0&0&y&0\\ 0&0&q&0 \end{pmatrix}$； (7)$\begin{pmatrix} 4&0&0&0\\ 0&4&0&0\\ 0&0&4&0\\ 0&0&0&4 \end{pmatrix}$； (8)$\begin{pmatrix} 5&0&0&0\\ 0&5&0&0\\ 0&0&5&0\\ 0&0&0&5 \end{pmatrix}$；

(9) $\begin{pmatrix} 2 & -1 & 2 \\ -6 & 0 & -2 \\ 8 & -1 & 5 \end{pmatrix}$； (10) $\begin{pmatrix} 2 & -4 & 4 & 2 \\ 6 & -9 & 7 & -3 \\ -2 & 10 & -10 & -13 \end{pmatrix}$.

10. (1) $\boldsymbol{A}^n=\begin{pmatrix} 1 & n \\ 0 & 1 \end{pmatrix}$； (2) $\boldsymbol{A}^n=\begin{pmatrix} 1 & \dfrac{1-(-2)^n}{3} \\ 0 & (-2)^n \end{pmatrix}$； (3) $\boldsymbol{A}^n=\begin{pmatrix} \cos n\theta & -\sin n\theta \\ \sin n\theta & \cos n\theta \end{pmatrix}$；

(4) $\boldsymbol{A}^{3k-2}=\boldsymbol{A},\boldsymbol{A}^{3k-1}=\begin{pmatrix} -1 & 1 \\ -1 & 0 \end{pmatrix},\boldsymbol{A}^{3k}=\boldsymbol{E},k=1,2,3,\cdots$；

(5) $\boldsymbol{A}^{3k-2}=\boldsymbol{A},\boldsymbol{A}^{3k-1}=\begin{pmatrix} 0 & 1 & 0 \\ 0 & 0 & 1 \\ 1 & 0 & 0 \end{pmatrix},\boldsymbol{A}^{3k}=\begin{pmatrix} 1 & 0 & 0 \\ 0 & 1 & 0 \\ 0 & 0 & 1 \end{pmatrix},k=1,2,3,\cdots$；

(6) $\boldsymbol{A}^{2k-1}=\dfrac{1}{3^{k-1}}\boldsymbol{A},\boldsymbol{A}^{2k}=\dfrac{1}{3^{k-1}}\boldsymbol{A}^2=\dfrac{1}{3^{k-1}}\begin{pmatrix} \frac{1}{6} & 0 & \frac{1}{6} \\ 0 & \frac{1}{3} & 0 \\ \frac{1}{6} & 0 & \frac{1}{6} \end{pmatrix},k=1,2,3,\cdots$；

(7) $\boldsymbol{A}^{2k-1}=4^{k-1}\boldsymbol{A},\boldsymbol{A}^{2k}=4^k\boldsymbol{E},k=1,2,3,\cdots$.

11. (1) $\boldsymbol{B}=\begin{pmatrix} a & 0 \\ 0 & b \end{pmatrix}$； (2) $\boldsymbol{B}=\begin{pmatrix} a & b \\ 2b & a \end{pmatrix}$； (3) $\boldsymbol{B}=\begin{pmatrix} a & b & c \\ 0 & a & b \\ 0 & 0 & a \end{pmatrix}$； (4) $\boldsymbol{B}=\begin{pmatrix} a & b & c \\ 0 & a & b \\ 0 & 0 & a \end{pmatrix}$.

(其中 a,b,c 可以取任意实数)

12. 略.

13. 可取 $\boldsymbol{A}=\begin{pmatrix} 0 & 1 \\ 0 & 0 \end{pmatrix},\boldsymbol{B}=\begin{pmatrix} -2a & b \\ 0 & a \end{pmatrix}$，其中 $a\neq 0$.

14. 略.

15. 可取 $\boldsymbol{A}=\begin{pmatrix} a & c \\ c & b \end{pmatrix},\boldsymbol{B}=\begin{pmatrix} \delta & \varepsilon \\ \varepsilon & \gamma \end{pmatrix}$，其中 $(a-b)\varepsilon\neq(\delta-\gamma)c$.

16. 略.

17. 结果都是 $f(\boldsymbol{A})=\begin{pmatrix} 0 & 0 \\ 0 & 0 \end{pmatrix}$.

18～21. 略.

22. 16384.

23. (1) $\begin{pmatrix} \boldsymbol{X} & \boldsymbol{Y} \\ \boldsymbol{AX}+\boldsymbol{Z} & \boldsymbol{AY}+\boldsymbol{W} \end{pmatrix}$； (2) $\begin{pmatrix} \boldsymbol{AY} & \boldsymbol{O} \\ \boldsymbol{O} & \boldsymbol{BX} \end{pmatrix}$； (3) $\begin{pmatrix} \boldsymbol{AX} & \boldsymbol{AZ}+\boldsymbol{CY} \\ \boldsymbol{O} & \boldsymbol{BY} \end{pmatrix}$.

24. 由 $\left|\begin{pmatrix} \boldsymbol{E} & \boldsymbol{O} \\ \boldsymbol{A} & \boldsymbol{E} \end{pmatrix}\right|=1$ 知道可逆，由 23 题(1)可知 $\begin{pmatrix} \boldsymbol{E} & \boldsymbol{O} \\ \boldsymbol{A} & \boldsymbol{E} \end{pmatrix}^{-1}=\begin{pmatrix} \boldsymbol{E} & \boldsymbol{O} \\ -\boldsymbol{A} & \boldsymbol{E} \end{pmatrix}$.

25. $\begin{pmatrix} \boldsymbol{O} & \boldsymbol{A} \\ \boldsymbol{B} & \boldsymbol{O} \end{pmatrix}^{-1}=\begin{pmatrix} \boldsymbol{O} & \boldsymbol{B}^{-1} \\ \boldsymbol{A}^{-1} & \boldsymbol{O} \end{pmatrix}$.

26. $\begin{pmatrix} \boldsymbol{A} & \boldsymbol{C} \\ \boldsymbol{O} & \boldsymbol{B} \end{pmatrix}^{-1}=\begin{pmatrix} \boldsymbol{A}^{-1} & -\boldsymbol{A}^{-1}\boldsymbol{C}\boldsymbol{B}^{-1} \\ \boldsymbol{O} & \boldsymbol{B}^{-1} \end{pmatrix}$.

27. $\boldsymbol{AB}=\begin{pmatrix}1\\4\end{pmatrix}(4\quad 5)+\begin{pmatrix}-5\\2\end{pmatrix}(3\quad 0)+\begin{pmatrix}2\\3\end{pmatrix}(1\quad 2)=\begin{pmatrix}4&5\\16&20\end{pmatrix}+\begin{pmatrix}-15&0\\6&0\end{pmatrix}+\begin{pmatrix}2&4\\3&6\end{pmatrix}$

$=\begin{pmatrix}-7&9\\25&26\end{pmatrix}$.

28. (1) $\boldsymbol{A}^{-1}=\frac{1}{|\boldsymbol{A}|}\boldsymbol{A}^{*}=\frac{1}{8}\begin{pmatrix}-1&9&-7\\-1&1&1\\4&-4&4\end{pmatrix}=\begin{pmatrix}-\frac{1}{8}&\frac{9}{8}&-\frac{7}{8}\\-\frac{1}{8}&\frac{1}{8}&\frac{1}{8}\\\frac{1}{2}&-\frac{1}{2}&\frac{1}{2}\end{pmatrix}$;

(2) $\frac{1}{4}\begin{pmatrix}3&-2&1\\-2&4&-2\\1&-2&3\end{pmatrix}$; (3) $\frac{1}{6}\begin{pmatrix}6&-15&8\\0&3&-4\\0&0&2\end{pmatrix}$; (4) $\frac{1}{24}\begin{pmatrix}0&0&8\\12&-18&0\\-6&15&0\end{pmatrix}$.

29. (1) $\frac{1}{4}\begin{pmatrix}-1&1&1&1\\1&-1&1&1\\1&1&-1&1\\1&1&1&-1\end{pmatrix}$; (2) $\begin{pmatrix}1&-\frac{5}{2}&5&-\frac{35}{4}\\0&\frac{1}{2}&-1&\frac{7}{4}\\0&0&\frac{1}{3}&-\frac{7}{12}\\0&0&0&\frac{1}{4}\end{pmatrix}$;

(3) $\begin{pmatrix}2&-1&0&0\\-1&2&-1&0\\0&-2&2&-1\\0&0&-1&2\end{pmatrix}$.

30. (1) $\begin{pmatrix}\cos\theta&\sin\theta&0&0\\-\sin\theta&\cos\theta&0&0\\0&0&\cos\varphi&\sin\varphi\\0&0&-\sin\varphi&\sin\varphi\end{pmatrix}$; (2) $\begin{pmatrix}0&0&5&-7\\0&0&-2&3\\-7&2&0&0\\4&-1&0&0\end{pmatrix}$;

(3) $\begin{pmatrix}1&0&0&0\\0&1&0&0\\3&-2&1&0\\-6&-1&0&1\end{pmatrix}$.

31～32. 略.

33. $(\boldsymbol{E}-\boldsymbol{A})^{-1}=\boldsymbol{E}+\boldsymbol{A}+\boldsymbol{A}^2=\begin{pmatrix}1&0&0\\1&1&0\\1&1&1\end{pmatrix}$,

$(\boldsymbol{E}+\boldsymbol{A})^{-1}=\boldsymbol{E}+(-\boldsymbol{A})+(-\boldsymbol{A})^2=\begin{pmatrix}1&0&0\\-1&1&0\\1&-1&1\end{pmatrix}$.

34. 略.

35. 结果不唯一. 例如, $\boldsymbol{A}=\begin{pmatrix}1&2\\3&4\end{pmatrix}=\begin{pmatrix}1&0\\3&1\end{pmatrix}\begin{pmatrix}1&-1\\0&1\end{pmatrix}\begin{pmatrix}1&0\\0&-2\end{pmatrix}$.

36. 略.

37. (1) $\boldsymbol{X}=\begin{pmatrix}\frac{1}{2}&0\\0&\frac{1}{3}\end{pmatrix}$; (2) $\boldsymbol{X}=\begin{pmatrix}\frac{5}{2}&\frac{7}{2}\\\frac{3}{2}&\frac{3}{2}\\1&1\end{pmatrix}$; (3) $\boldsymbol{X}=\begin{pmatrix}\frac{5}{6}&-\frac{1}{6}\\1&0\end{pmatrix}$;

(4) $\boldsymbol{X}=\begin{pmatrix}-\frac{1}{2}&\frac{3}{4}&\frac{3}{4}\\-\frac{1}{2}&\frac{7}{4}&\frac{7}{4}\\-\frac{1}{2}&\frac{11}{4}&\frac{11}{4}\end{pmatrix}$; (5) $\boldsymbol{X}=\begin{pmatrix}-5&8&5\\-10&12&3\\-6&2&3\end{pmatrix}$.

38. 提示：先变形为 $(\boldsymbol{A}-\boldsymbol{B})\boldsymbol{X}(\boldsymbol{A}-\boldsymbol{B})=\boldsymbol{E}$. $\boldsymbol{X}=((\boldsymbol{A}-\boldsymbol{B})^{-1})^2=\begin{pmatrix}1&2&5\\0&1&2\\0&0&1\end{pmatrix}$.

39. $\boldsymbol{X}=\begin{pmatrix}\frac{1}{4}&\frac{1}{4}&0\\0&\frac{1}{4}&\frac{1}{4}\\\frac{1}{4}&0&\frac{1}{4}\end{pmatrix}$.

40～41. 略.

42. 3 个矩阵的简化行阶梯形、标准形及矩阵的秩分别为

(1) $\begin{pmatrix}1&0&2&0&\frac{1}{3}\\0&1&0&0&\frac{1}{3}\\0&0&0&1&0\\0&0&0&0&0\end{pmatrix}$, $\begin{pmatrix}1&0&0&0&0\\0&1&0&0&0\\0&0&1&0&0\\0&0&0&0&0\end{pmatrix}$, 3;

(2) $\begin{pmatrix}1&0&3&0\\0&1&0&2\\0&0&0&0\\0&0&0&0\end{pmatrix}$, $\begin{pmatrix}1&0&0&0\\0&1&0&0\\0&0&0&0\\0&0&0&0\end{pmatrix}$, 2;

(3) $\begin{pmatrix}1&0&0&0\\0&1&0&2\\0&0&1&0\\0&0&0&0\end{pmatrix}$, $\begin{pmatrix}1&0&0&0\\0&1&0&0\\0&0&1&0\\0&0&0&0\end{pmatrix}$, 3.

43～44. 略.

45. $R(\boldsymbol{A}^*)=\begin{cases}0, & R(\boldsymbol{A})=0,\\1, & 0<R(\boldsymbol{A})<n,\\n, & R(\boldsymbol{A})=n.\end{cases}$

46. $R(\mathbf{A})=\begin{cases}0, & a=b=0,\\ 1, & a=b\neq 0,\\ 3, & a=-3b\neq 0,\\ 4, & (a+3b)(a-b)\neq 0.\end{cases}$

47. 略.

习 题 4

1. (1)$\begin{cases}x_1=1,\\ x_2=2,\\ x_3=1;\end{cases}$ (2)无解； (3)$\begin{cases}x_1=\frac{1}{2}+k_1,\\ x_2=k_1,\\ x_3=\frac{1}{2}+k_2,\\ x_4=k_2,\end{cases}$ $k_1,k_2\in\mathbf{R}$； (4)$\begin{cases}x_1=0,\\ x_2=0,\\ x_3=0;\end{cases}$

(5)$\begin{cases}x_1=-k_1+\frac{7}{6}k_2,\\ x_2=k_1+\frac{5}{6}k_2,\\ x_3=k_1,\\ x_4=\frac{1}{3}k_2,\\ x_5=k_2,\end{cases}$ $k_1,k_2\in\mathbf{R}.$

2. (1)当 $a=1$ 时,有无穷多解:$\begin{cases}x_1=1-k_1-k_2,\\ x_2=k_1,\\ x_3=k_2,\end{cases}$ $k_1,k_2\in\mathbf{R}$;

当 $a\neq 1$ 且 $a\neq -2$ 时,有唯一解:

$$\begin{cases}x_1=\dfrac{-(a+1)}{a+2},\\ x_2=\dfrac{1}{a+2},\\ x_3=\dfrac{(a+1)^2}{a+2}.\end{cases}$$

(2)当 $a=-2$ 时无解. 当 $a=1$,且 $b=-1$ 时,有解:

$$\begin{cases}x_1=-4k_2,\\ x_2=1+k_1+k_2,\\ x_3=k_1,\\ x_4=k_2,\end{cases}\quad k_1,k_2\in\mathbf{R}.$$

3. (1)$\boldsymbol{u}=(-4,0,-5,-9)^{\mathrm{T}}$； (2)$\boldsymbol{v}=\left(7,-5,\frac{11}{2},\frac{27}{2}\right)^{\mathrm{T}}$.

4. (1)$\boldsymbol{\beta}=-11\boldsymbol{\alpha}_1+14\boldsymbol{\alpha}_2+9\boldsymbol{\alpha}_3$； (2)$\boldsymbol{\beta}=2\boldsymbol{\varepsilon}_1-\boldsymbol{\varepsilon}_2+5\boldsymbol{\varepsilon}_3+\boldsymbol{\varepsilon}_4$.

5～9. 略.

10. (1)线性无关的充要条件是 $a_{11}a_{22}\cdots a_{nn}\neq 0$;(2)线性无关.

11～12. 略.

13. $\boldsymbol{\gamma}_1=4\boldsymbol{\alpha}_1+4\boldsymbol{\alpha}_2-17\boldsymbol{\alpha}_3$, $\boldsymbol{\gamma}_2=23\boldsymbol{\alpha}_2-7\boldsymbol{\alpha}_3$.

14. $\boldsymbol{\alpha}_1=\frac{1}{2}\boldsymbol{\beta}_1+\frac{1}{2}\boldsymbol{\beta}_2$, $\boldsymbol{\alpha}_2=\frac{1}{2}\boldsymbol{\beta}_2+\frac{1}{2}\boldsymbol{\beta}_3$, $\boldsymbol{\alpha}_3=\frac{1}{2}\boldsymbol{\beta}_1+\frac{1}{2}\boldsymbol{\beta}_3$.

15. (1) $\boldsymbol{\alpha}_1$, $\boldsymbol{\alpha}_2$ 为极大无关组, $\boldsymbol{\alpha}_3=2\boldsymbol{\alpha}_1+\boldsymbol{\alpha}_2$;

(2) $\boldsymbol{\alpha}_1$, $\boldsymbol{\alpha}_2$, $\boldsymbol{\alpha}_3$ 线性无关,它是极大无关组, $\boldsymbol{\alpha}_4=\boldsymbol{\alpha}_1+\frac{1}{2}\boldsymbol{\alpha}_2+\boldsymbol{\alpha}_3$;

(3) $\boldsymbol{\alpha}_1$, $\boldsymbol{\alpha}_2$ 为极大无关组, $\boldsymbol{\alpha}_3=-4\boldsymbol{\alpha}_1-5\boldsymbol{\alpha}_2$, $\boldsymbol{\alpha}_4=-\boldsymbol{\alpha}_1-3\boldsymbol{\alpha}_2$.

16. 这样的矩阵不唯一 $\begin{pmatrix}1&0&1&0&0\\1&-1&0&0&0\\0&0&1&0&0\\0&0&0&1&0\\0&0&0&0&0\end{pmatrix}$.

17. 行向量组的极大无关组可取 $\boldsymbol{\alpha}_1$, $\boldsymbol{\alpha}_2$, $\boldsymbol{\alpha}_4$;列向量组的极大无关组可取 $\boldsymbol{\beta}_1$, $\boldsymbol{\beta}_2$, $\boldsymbol{\beta}_3$.

18～21. 略.

22. (1) $\begin{pmatrix}0&0&0\\1&0&3\\0&1&-1\end{pmatrix}$; (2) $|\mathbf{A}|=0$.

23. $\mathbf{V}_1$ 是, $\mathbf{V}_2$ 不是.

24. 略.

25. $\boldsymbol{v}_1=2\boldsymbol{\alpha}_1+3\boldsymbol{\alpha}_2-\boldsymbol{\alpha}_3$, $\boldsymbol{v}_2=3\boldsymbol{\alpha}_1-3\boldsymbol{\alpha}_2-2\boldsymbol{\alpha}_3$.

26. (1) $\boldsymbol{v}_1=\begin{pmatrix}0\\2\\1\\0\end{pmatrix}$; (2) $\boldsymbol{v}_1=\begin{pmatrix}4\\-9\\4\\3\end{pmatrix}$; (3) $\boldsymbol{v}_1=\begin{pmatrix}-2\\1\\0\\0\end{pmatrix}$, $\boldsymbol{v}_2=\begin{pmatrix}1\\0\\0\\1\end{pmatrix}$;

(4) $\boldsymbol{v}_1=\begin{pmatrix}-\frac{1}{2}\\-\frac{1}{2}\\\frac{1}{2}\\1\\0\end{pmatrix}$, $\boldsymbol{v}_2=\begin{pmatrix}\frac{7}{8}\\\frac{5}{8}\\-\frac{5}{8}\\0\\1\end{pmatrix}$.

27. $\begin{cases}x_1-2x_2+x_3=0,\\2x_1-3x_2+x_4=0.\end{cases}$

28. $\begin{pmatrix}1&0\\5&2\\8&1\\0&1\end{pmatrix}$.

29. (1)无解; (2) $\boldsymbol{u}=\begin{pmatrix}-1\\2\\0\end{pmatrix}+k\begin{pmatrix}-2\\1\\1\end{pmatrix}$ (k 为任意常数);

(3)$\boldsymbol{u}=\begin{pmatrix}0\\0\\-1\\0\end{pmatrix}+k_1\begin{pmatrix}1\\0\\2\\0\end{pmatrix}+k_2\begin{pmatrix}0\\1\\1\\0\end{pmatrix}$($k_1,k_2$ 为任意常数)；

(4)$\boldsymbol{v}=k\begin{pmatrix}15\\24\\-4\\2\end{pmatrix}$($k$ 为任意常数)；

(5)$\boldsymbol{u}=\begin{pmatrix}-16\\23\\0\\0\\0\end{pmatrix}+k_1\begin{pmatrix}1\\-2\\0\\1\\0\end{pmatrix}+k_2\begin{pmatrix}5\\-6\\0\\0\\1\end{pmatrix}$($k_1,k_2$ 为任意常数).

30. $\boldsymbol{u}=\begin{pmatrix}2\\3\\4\\5\end{pmatrix}+k\begin{pmatrix}3\\4\\5\\6\end{pmatrix}$($k$ 为任意常数).

31. (1)$\lambda=-4$ 且 $\theta\neq0$；　(2)$\lambda\neq-4$；　(3)$\lambda=-4$ 且 $\theta=0$，$\boldsymbol{\beta}=c\boldsymbol{\alpha}_1-(2c+1)\boldsymbol{\alpha}_2+\boldsymbol{\alpha}_3$($c$ 为任意常数).

32. 略.

33. 是，因为它们线性无关，也是该方程组的解，而且 $\boldsymbol{\alpha}_1,\boldsymbol{\alpha}_2$ 可以由它们线性表示.

34～35. 略.

36. (1)$\lambda\neq0,\lambda\neq1$ 时有唯一解；　(2)$\lambda=0$ 无解；　(3)$\lambda=1$ 有无穷多解，一般解 $\begin{pmatrix}x_1\\x_2\\x_3\end{pmatrix}=\begin{pmatrix}1\\-3\\0\end{pmatrix}+k\begin{pmatrix}-1\\2\\1\end{pmatrix}$($k\in\mathbf{R}$).

37. 略.

习　题　5

1. (1)$\lambda_1=7,k\begin{pmatrix}1\\1\end{pmatrix}(k\neq0)$；　$\lambda_2=-2,k\begin{pmatrix}-4\\5\end{pmatrix}(k\neq0)$；

(2)$\lambda_1=-1,k\begin{pmatrix}1\\0\\1\end{pmatrix}(k\neq0)$；　$\lambda_2=\lambda_3=2,k_1\begin{pmatrix}0\\1\\-1\end{pmatrix}+k_2\begin{pmatrix}1\\0\\4\end{pmatrix}$($k_1,k_2$ 不全为零)；

(3)$\lambda_1=1,k_1\begin{pmatrix}0\\1\\-2\end{pmatrix}+k_2\begin{pmatrix}1\\0\\-2\end{pmatrix}$($k_1,k_2$ 不全为零)，　$\lambda_2=10,k\begin{pmatrix}2\\2\\1\end{pmatrix}(k\neq0)$；

(4)$\lambda=1, k_1\begin{pmatrix}1\\0\\0\end{pmatrix}+k_2\begin{pmatrix}0\\0\\1\end{pmatrix}$($k_1,k_2$ 不全为零)；

(5)$\lambda_1=\lambda_2=\lambda_3=2, k_1\begin{pmatrix}-2\\1\\0\end{pmatrix}+k_2\begin{pmatrix}1\\0\\1\end{pmatrix}$($k_1,k_2$ 不全为零)；

(6)$\lambda_1=\lambda_2=\lambda_3=2,\quad k_1\begin{pmatrix}1\\1\\0\\0\end{pmatrix}+k_2\begin{pmatrix}1\\0\\1\\0\end{pmatrix}+k_3\begin{pmatrix}1\\0\\0\\1\end{pmatrix}$($k_1,k_2,k_3$ 不全为零)，

$\lambda_4=-2, k_4\begin{pmatrix}-1\\1\\1\\1\end{pmatrix}$($k_4\neq0$)；

(7)$\lambda=a, k\begin{pmatrix}1\\0\\\vdots\\0\end{pmatrix}$($k\neq0$)；

(8)$\lambda_1=\sum\limits_{i=1}^{n}a_i^2, \lambda_2=\cdots=\lambda_n=0$，

$$(\boldsymbol{p}_1,\boldsymbol{p}_2,\cdots,\boldsymbol{p}_n)=\begin{pmatrix}a_1 & -a_2 & \cdots & -a_n\\ a_2 & a_1 & & \\ \vdots & \vdots & \ddots & \\ a_n & a_{n-1} & \cdots & a_1\end{pmatrix}.$$

2～3. 略.

4. (1),(2),(3),(6),(8)能；(4),(5),(7)不能.

5. (1)$\boldsymbol{\beta}_1=\begin{pmatrix}1\\1\\1\end{pmatrix}, \boldsymbol{\beta}_2=\begin{pmatrix}-1\\0\\1\end{pmatrix}, \boldsymbol{\beta}_3=\frac{1}{3}\begin{pmatrix}1\\-2\\1\end{pmatrix}$； (2)$\boldsymbol{\beta}_1=\begin{pmatrix}1\\0\\-1\\1\end{pmatrix}, \boldsymbol{\beta}_2=\frac{1}{3}\begin{pmatrix}1\\-3\\2\\1\end{pmatrix}, \boldsymbol{\beta}_3=\frac{1}{5}\begin{pmatrix}-1\\3\\3\\4\end{pmatrix}$，

6. (1)不是； (2)是.

7～10. 略.

11. $x=4, y=5$.

12. 略.

13. $\boldsymbol{A}=\frac{1}{3}\begin{pmatrix}-1 & 0 & 2\\ 0 & 1 & 2\\ 2 & 2 & 0\end{pmatrix}$.

14. $\boldsymbol{A}=\begin{pmatrix}4 & 1 & 1\\ 1 & 4 & 1\\ 1 & 1 & 4\end{pmatrix}$.

15. 略.

16. (1) $-2\begin{pmatrix}1 & 1\\ 1 & 1\end{pmatrix}$；(2) $2\begin{pmatrix}1 & 1 & -2\\ 1 & 1 & -2\\ -2 & -2 & 4\end{pmatrix}$.

17. (1) $\boldsymbol{P}=\frac{1}{3}\begin{pmatrix}1 & 2 & 2\\ 2 & 1 & -2\\ 2 & -2 & 1\end{pmatrix}, \boldsymbol{P}^{-1}\boldsymbol{AP}=\begin{pmatrix}-2 & & \\ & 1 & \\ & & 4\end{pmatrix}$；

(2) $\boldsymbol{P}=\frac{1}{3}\begin{pmatrix}1 & 2 & -2\\ 2 & 1 & 2\\ -2 & 2 & 1\end{pmatrix}, \boldsymbol{P}^{-1}\boldsymbol{AP}=\begin{pmatrix}10 & & \\ & 1 & \\ & & 1\end{pmatrix}$.

18. 略.

19. $x=-1$.

习　题　6

1. (1) $\begin{pmatrix}1 & -1 & \frac{3}{2}\\ -1 & -2 & 4\\ \frac{3}{2} & 4 & 3\end{pmatrix}$；(2) $\begin{pmatrix}0 & \frac{1}{2} & -\frac{1}{2} & 0\\ \frac{1}{2} & 0 & 1 & 0\\ -\frac{1}{2} & 1 & 0 & 0\\ 0 & 0 & 0 & 1\end{pmatrix}$.

2. (1) $f(x_1,x_2)=2x_1x_2$；

(2) $f(x_1,x_2)=ax_1^2+2bx_1x_2+ax_2^2$；

(3) $f(x_1,x_2,x_3)=x_1^2+2x_1x_2-x_2^2+4x_2x_3$；

(4) $f(x_1,x_2,x_3)=-x_1^2+2x_1x_2-6x_1x_3-\sqrt{2}x_2^2+4x_3^2$.

3. (1) $y_1^2+4y_1y_2-6y_1y_3+4y_2^2-24y_2y_3-9y_3^2$；

(2) $-8y_1^2-4y_1y_2+34y_1y_3+y_2^2-6y_2y_3+y_3^2$.

4. (1) $\begin{pmatrix}x_1\\ x_2\\ x_3\end{pmatrix}=\begin{pmatrix}1 & 0 & 0\\ 0 & \frac{1}{\sqrt{2}} & \frac{1}{\sqrt{2}}\\ 0 & \frac{1}{\sqrt{2}} & -\frac{1}{\sqrt{2}}\end{pmatrix}\begin{pmatrix}y_1\\ y_2\\ y_3\end{pmatrix}, f=2y_1^2+5y_2^2+y_3^2$；

(2) $\boldsymbol{x}=\begin{pmatrix}-\frac{1}{\sqrt{5}} & \frac{4}{3\sqrt{5}} & \frac{2}{3}\\ \frac{2}{\sqrt{5}} & \frac{2}{3\sqrt{5}} & \frac{1}{3}\\ 0 & -\frac{5}{3\sqrt{5}} & \frac{2}{3}\end{pmatrix}\boldsymbol{y}, f=5y_1^2+5y_2^2-4y_3^2$；

(3) $\boldsymbol{x}=\begin{pmatrix}\frac{\sqrt{6}}{3} & -\frac{\sqrt{3}}{3} & 0\\ 0 & 0 & 1\\ \frac{\sqrt{3}}{3} & \frac{\sqrt{6}}{3} & 0\end{pmatrix}\boldsymbol{y}, f=3y_1^2-3y_2^2+5y_3^2.$

5. 略.

6. $\begin{pmatrix}0 & 1 & 0\\ 1 & 0 & 0\\ 0 & 0 & 1\end{pmatrix}.$

7. (1) $\begin{pmatrix}1 & -2 & 0\\ 0 & 1 & 0\\ 0 & -\frac{1}{3} & 1\end{pmatrix}$; (2) $\begin{pmatrix}1 & -\frac{1}{2} & 1\\ 1 & \frac{1}{2} & 2\\ 0 & 0 & 1\end{pmatrix}.$

8. (1) $\boldsymbol{x}=\begin{pmatrix}1 & -\frac{1}{2} & \frac{5}{6}\\ 0 & \frac{1}{2} & -\frac{1}{6}\\ 0 & 0 & \frac{1}{3}\end{pmatrix}\boldsymbol{y}, f=y_1^2+y_2^2-y_3^2;$

(2) $\boldsymbol{x}=\begin{pmatrix}1 & -\frac{3}{\sqrt{6}} & -1\\ 1 & -\frac{2}{\sqrt{6}} & -1\\ 0 & \frac{5}{2\sqrt{6}} & 1\end{pmatrix}\boldsymbol{y}, f=y_1^2+y_2^2-y_3^2.$

注:可逆变换及标准形不唯一.

9. $a=b=0$, $\boldsymbol{P}=\begin{pmatrix}\frac{1}{\sqrt{2}} & 0 & \frac{1}{\sqrt{2}}\\ 0 & 1 & 0\\ -\frac{1}{\sqrt{2}} & 0 & \frac{1}{\sqrt{2}}\end{pmatrix}.$

10. $a=3, b=1$, $\boldsymbol{P}=\begin{pmatrix}\frac{1}{\sqrt{2}} & \frac{1}{\sqrt{3}} & \frac{1}{\sqrt{6}}\\ 0 & -\frac{1}{\sqrt{3}} & \frac{2}{\sqrt{6}}\\ -\frac{1}{\sqrt{2}} & \frac{1}{\sqrt{3}} & \frac{1}{\sqrt{6}}\end{pmatrix}.$

11. (1) $a=0$; (2) $\boldsymbol{x}=\begin{pmatrix}\frac{1}{\sqrt{2}} & 0 & \frac{1}{\sqrt{2}}\\ \frac{1}{\sqrt{2}} & 0 & -\frac{1}{\sqrt{2}}\\ 0 & 1 & 0\end{pmatrix}\boldsymbol{y}$, $f=2y_1^2+2y_2^2$;

(3) $\begin{pmatrix} x_1 \\ x_2 \\ x_3 \end{pmatrix}=k\begin{pmatrix} 1 \\ -1 \\ 0 \end{pmatrix}$,其中 k 为任意实数.

12.(1)非正定；(2)正定.

13.(1)$-0.8<\lambda<0$；(2)$\lambda>2$.

14. 提示:利用定义证明,设 $\boldsymbol{y}=\boldsymbol{U}\boldsymbol{x}$.

15～16. 略.

17. 提示:设 $\lambda_1,\lambda_2,\cdots,\lambda_n$ 是 $\boldsymbol{A}$ 的 n 个特征值,由于 $\boldsymbol{A}$ 正定,知 $\lambda_i>0(i=1,2,\cdots,n)$. 又 $\boldsymbol{A}+2\boldsymbol{E}$ 的特征值是 $\lambda_1+2,\lambda_2+2,\cdots,\lambda_n+2$.

18. 提示:$\boldsymbol{B}^{\mathrm{T}}=(\lambda\boldsymbol{E}+\boldsymbol{A}^{\mathrm{T}}\boldsymbol{A})^{\mathrm{T}}=\lambda\boldsymbol{E}+\boldsymbol{A}^{\mathrm{T}}\boldsymbol{A}=\boldsymbol{B}$,所以 $\boldsymbol{B}$ 是 n 阶实对称阵,构造二次型 $\boldsymbol{x}^{\mathrm{T}}\boldsymbol{B}\boldsymbol{x}$,利用定义证明.

19. 提示:根据条件求出 $\boldsymbol{A}$ 的特征值为 1(r 重)和 0($n-r$ 重),再证明 $\boldsymbol{E}+\boldsymbol{A}+\boldsymbol{A}^2+\cdots+\boldsymbol{A}^n$ 的特征值为 $1+n$(r 重)和 1($n-r$ 重).

习　题　7

1. 各个线性空间的基可取为

(1)$\boldsymbol{\alpha}_1=\begin{pmatrix} 1 & 0 \\ 0 & 0 \end{pmatrix},\boldsymbol{\alpha}_2=\begin{pmatrix} 0 & 1 \\ 0 & 0 \end{pmatrix},\boldsymbol{\alpha}_3=\begin{pmatrix} 0 & 0 \\ 1 & 0 \end{pmatrix},\boldsymbol{\alpha}_4=\begin{pmatrix} 0 & 0 \\ 0 & 1 \end{pmatrix}$；

(2)$\boldsymbol{\alpha}_1=\begin{pmatrix} 1 & 0 \\ 0 & -1 \end{pmatrix},\boldsymbol{\alpha}_2=\begin{pmatrix} 0 & 1 \\ 0 & 0 \end{pmatrix},\boldsymbol{\alpha}_3=\begin{pmatrix} 0 & 0 \\ 1 & 0 \end{pmatrix}$；

(3)$\boldsymbol{\alpha}_1=\begin{pmatrix} 1 & 0 \\ 0 & 0 \end{pmatrix},\boldsymbol{\alpha}_2=\begin{pmatrix} 0 & 0 \\ 0 & 1 \end{pmatrix},\boldsymbol{\alpha}_3=\begin{pmatrix} 0 & 1 \\ 1 & 0 \end{pmatrix}$.

2～4. 略.

5.(1)$(2,1,1)^{\mathrm{T}}$；(2)$\boldsymbol{A}=\begin{pmatrix} -27 & -71 & -41 \\ 9 & 20 & 9 \\ 4 & 12 & 8 \end{pmatrix}$；(3)$\frac{1}{4}(153,-106,83)^{\mathrm{T}}$.

6.(1)$\boldsymbol{A}=\begin{pmatrix} 2 & 0 & 5 & 6 \\ 1 & 3 & 3 & 6 \\ -1 & 1 & 2 & 1 \\ 1 & 0 & 1 & 3 \end{pmatrix}$；(2)$\begin{pmatrix} x'_1 \\ x'_2 \\ x'_3 \\ x'_4 \end{pmatrix}=\frac{1}{27}\begin{pmatrix} 12 & 9 & -27 & -33 \\ 1 & 12 & -9 & -23 \\ 9 & 0 & 0 & -18 \\ -7 & -3 & 9 & 26 \end{pmatrix}\begin{pmatrix} x_1 \\ x_2 \\ x_3 \\ x_4 \end{pmatrix}$；

(3)$k(1,1,-1)^{\mathrm{T}}$.

7.(1)关于 y 轴对称；(2)投影到 y 轴；(3)关于直线 $y=x$ 对称；(4)逆时针方向旋转 90°.

8.(1)、(3)是,(2)、(4)否.

9.(1)$\begin{pmatrix} 2 & 0 & 0 \\ 0 & 0 & 0 \\ 0 & 0 & 0 \end{pmatrix},\begin{pmatrix} 1 & 0 & 0 \\ 0 & 1 & 0 \\ 0 & 0 & -1 \end{pmatrix}$；(2)$\begin{pmatrix} 2 & -2 & 2 \\ 0 & 0 & 0 \\ 0 & 0 & 0 \end{pmatrix},\begin{pmatrix} 1 & -1 & 0 \\ 0 & 1 & -2 \\ 0 & 0 & -1 \end{pmatrix}$.

10. $\begin{pmatrix} 1 & 0 & 0 \\ 2 & 1 & 0 \\ 0 & 1 & 1 \end{pmatrix}$.

11. (1) $\begin{pmatrix} -2 & 9 & 7 \\ -1 & 2 & 1 \\ -1 & 3 & 2 \end{pmatrix}$； (2) $(3,2,7)^T,(-12,-5,22)^T,(-9,-3,15)^T$； (3) $(6,-2,0)^T$.

12. $\begin{pmatrix} 1 & 0 & 0 \\ 1 & 1 & 0 \\ 1 & 2 & 1 \end{pmatrix}$.

习 题 8

1. $x=-2, y=1, z=3, \omega=-1$.

2. 收敛.

3. $\begin{cases} x_1=\dfrac{1}{22}(11x_2+x_3), \\ x_2=\dfrac{1}{4}(x_1+2x_3-1), \\ x_3=\dfrac{1}{33}(11x_1-3x_2-1). \end{cases}$

4. $x=2, y=-1, z=3$.

5. $\lambda_1=7.291, \boldsymbol{\alpha}_1=(1,0.5232,0.2423)^T$.

6. $\boldsymbol{Q}=\dfrac{1}{15}\begin{pmatrix} -5 & -10 & -10 \\ 14 & -2 & -5 \\ 2 & -11 & 10 \end{pmatrix}, \boldsymbol{R}=\dfrac{1}{3}\begin{pmatrix} -9 & -4 & 2 \\ 0 & 5 & 7 \\ 0 & 0 & 1 \end{pmatrix}$.

习 题 9

1. -4.

2. $\begin{pmatrix} 9 & -2 & -1 \\ 9 & 9 & 11 \end{pmatrix}$.

3. (1) $\begin{pmatrix} 0 & -4 & 0 \\ 2 & -14 & 6 \\ -11 & -11 & -17 \end{pmatrix}$； (2) $\begin{pmatrix} -4 & -8 & 0 \\ -3 & -11 & 7 \\ -8 & -12 & -16 \end{pmatrix}$.

4. $x_1=3, x_2=1, x_3=1$.

5. $\begin{pmatrix} -3 & 0 \\ 0 & -3 \end{pmatrix}$.

6. $\begin{pmatrix} 0 & 1 & -1 \\ 0 & -1 & 2 \\ 1 & 0 & -1 \end{pmatrix}$.

7. $\boldsymbol{A}=\begin{pmatrix}1&0&0&0&1\\0&1&0&0&2\\0&0&1&0&-1\\0&0&0&1&0\end{pmatrix}$.

8. 3.

9. $\lambda_1=-1,\lambda_2=\lambda_3=2$；属于 $\lambda_1=-1$ 的特征向量为 $\begin{pmatrix}-0.7071\\0\\-0.7071\end{pmatrix}$；属于 $\lambda_2=\lambda_3=2$ 的特征向量为 $\begin{pmatrix}-0.2425\\0\\-0.9701\end{pmatrix},\begin{pmatrix}0.3015\\0.9045\\0.3015\end{pmatrix}$.

10. $\begin{pmatrix}-0.7071&0&-0.7071\\0&1.000&0\\-0.7071&0&0.7071\end{pmatrix}$；$f=y_2^2+2y_3^2$.

习　题　10

1. $s=25701.88,a=30346.68$.

2～5. 略.

6. 两条路线.

$\xrightarrow{去}$人、羊$\xrightarrow{回}$人$\xrightarrow{去}$人、狼$\xrightarrow{回}$人、羊$\xrightarrow{去}$人、菜$\xrightarrow{回}$人$\xrightarrow{去}$人、羊

$\xrightarrow{去}$人、羊$\xrightarrow{回}$人$\xrightarrow{去}$人、菜$\xrightarrow{回}$人、羊$\xrightarrow{去}$人、狼$\xrightarrow{回}$人$\xrightarrow{去}$人、羊

7. 最少需要 11 次用船才能使三对夫妇渡过河，且有四种不同的方法. 例如，用 A,B,C 表示男人，用 Aa,Bb,Cc 表示三对夫妇，则有以下渡河方案（只考虑河此岸的人，一个箭头→表示一个"来回"后河此岸的人）：

$$\begin{pmatrix}A&B&C\\a&b&c\end{pmatrix}\to\begin{pmatrix}A&B&C\\a&b&\end{pmatrix}\to\begin{pmatrix}A&B&C\\a&&\end{pmatrix}$$

$$\to\begin{pmatrix}A&B&\\a&b&\end{pmatrix}\to\begin{pmatrix}&&\\a&b&c\end{pmatrix}\to\begin{pmatrix}&\\a&b\end{pmatrix}\to\begin{pmatrix}\ \\ \ \end{pmatrix}.$$

如果是四对夫妇在所给条件下无法渡河.

8. 略.

9. (1)略；　(2)$F_n=\dfrac{1}{\sqrt5}\left[\left(\dfrac{1+\sqrt5}{2}\right)^n-\left(\dfrac{1-\sqrt5}{2}\right)^n\right]$；　(3) 略；

(4)$F_{n+1}F_{n-1}-F_n^2=(-1)^n,n\geqslant1$；

(5) $\sum\limits_{n=0}^{\infty}F_nx^n=\dfrac{x}{1-x-x^2},|x|<\dfrac{\sqrt5-1}{2}$. 当 $x=\dfrac12,x=\dfrac{1}{10}$时，级数的和分别为 $2,\dfrac{10}{89}$；

(6)两个行列式都是 0.

10. $\boldsymbol{A}=\begin{pmatrix} 0 & 1 & 0 & \cdots & 0 \\ 0 & 0 & 1 & \cdots & 0 \\ \vdots & \vdots & \vdots & & \vdots \\ 0 & 0 & 0 & \cdots & 1 \\ -a_n & -a_{n-1} & -a_{n-2} & \cdots & -a_1 \end{pmatrix}$.

11. (1) $\begin{cases} y_{k+1}=(1+0.01)y_k-450, k\geqslant 0, \\ y_0=10\ 000. \end{cases}$

(2)由(1)可以解得 $y_k=45\ 000-35\ 000\times(1.01)^k, k\geqslant 0$.

(3)最后一次付款,k 为 25.最后一次付款是 114.借款者共支付 10 914.88 元.

$k=0$	$k=1$	$k=2$	$k=3$	$k=4$	$k=5$	$k=6$
10 000	9 650	9 296.5	8 939.47	8 578.86	8 214.65	7 846.79
$k=7$	$k=8$	$k=9$	$k=10$	$k=11$	$k=12$	$k=13$
7 475.26	7 100.02	6 721.02	6 338.23	5 951.61	5 561.12	5 166.74
$k=14$	$k=15$	$k=16$	$k=17$	$k=18$	$k=19$	$k=20$
4 768.4	4 366.09	3 959.75	3 549.34	3 134.84	2 716.19	2 293.35
$k=21$	$k=22$	$k=23$	$k=24$	$k=25$		
1 866.28	1 434.94	999.294	559.287	114.88		

12. (1) $\boldsymbol{P}^5=\begin{pmatrix} \frac{13}{54} & \frac{235}{864} & \frac{841}{3888} & \frac{43}{216} & \frac{43}{216} & \frac{187}{648} \\ \frac{235}{864} & \frac{13}{54} & \frac{841}{3888} & \frac{161}{432} & \frac{161}{432} & \frac{109}{648} \\ \frac{841}{2592} & \frac{841}{2592} & \frac{53}{216} & \frac{37}{144} & \frac{37}{144} & \frac{88}{243} \\ \frac{25}{648} & \frac{25}{648} & \frac{1}{54} & \frac{1}{36} & \frac{1}{36} & \frac{13}{243} \\ \frac{25}{648} & \frac{25}{648} & \frac{1}{54} & \frac{1}{36} & \frac{1}{36} & \frac{13}{243} \\ \frac{37}{432} & \frac{37}{432} & \frac{127}{972} & \frac{25}{216} & \frac{25}{216} & \frac{2}{27} \end{pmatrix}$;

(2)矩阵 $\boldsymbol{P}$ 的特征值为 $0,1,-\frac{2}{3},-\frac{1}{2},\frac{1+\sqrt{23}\mathrm{i}}{12},\frac{1-\sqrt{23}\mathrm{i}}{12}$,对应于 1 的特征向量为

$$k\left(\frac{22}{9},\ \frac{26}{9},\ 3,\ \frac{1}{3},\ \frac{1}{3},\ 1\right)^{\mathrm{T}},\quad k\neq 0.$$

(3)极限分布为 $\left(\frac{22}{90},\ \frac{26}{90},\ \frac{3}{10},\ \frac{1}{30},\ \frac{1}{30},\ \frac{1}{10}\right)^{\mathrm{T}}$;

(4)可以认为调度员 d 在系统中重要程度大.

13. (a) $\boldsymbol{A}(G)=\begin{pmatrix}0&1&0&0&1\\1&0&1&0&0\\0&1&0&1&0\\0&0&1&0&1\\1&0&0&1&0\end{pmatrix}$; (b) $\boldsymbol{A}(G)=\begin{pmatrix}0&0&1&1&0\\0&0&0&1&1\\1&0&0&0&1\\1&1&0&0&0\\0&1&1&0&0\end{pmatrix}$;

(c) $\boldsymbol{A}(G)=\begin{pmatrix}0&1&1&1&1&0\\1&0&1&0&1&1\\1&1&0&1&0&1\\1&0&1&0&1&1\\1&1&0&1&0&1\\0&1&1&1&1&0\end{pmatrix}$;

(d) $\boldsymbol{A}(G)=\begin{pmatrix}0&1&0&0&1&0&0&0&0&1\\1&0&1&0&0&0&0&0&1&0\\0&1&0&1&0&0&0&1&0&0\\0&0&1&0&1&0&1&0&0&0\\1&0&0&1&0&1&0&0&0&0\\0&0&0&0&1&0&0&1&1&0\\0&0&0&1&0&0&0&0&1&1\\0&0&1&0&0&1&0&0&0&1\\0&1&0&0&0&1&1&0&0&0\\1&0&0&0&0&0&1&1&0&0\end{pmatrix}$.

14. 略.